宗教文化译丛

印度六派哲学

〔日〕木村泰贤 著
〔日〕高楠顺次郎 审阅
宋立道 译

商務印書館
创于1897 The Commercial Press

木村泰賢
印度六派哲學

根据日本东京丙午出版社 1915 年版译出

“宗教文化译丛”总序

遥想远古，文明伊始。散居在世界各地的初民，碍于山高水险，路途遥远，彼此很难了解。然而，天各一方的群落却各自发明了语言文字，发现了火的用途，使用了工具。他们在大自然留下了印记，逐渐建立了相对稳定的家庭、部落和族群。人们的劳作和交往所留下的符号，经过大浪淘沙般的筛选和积淀后，便形成了文化。

在纷纭复杂的文化形态中，有一种形态叫“宗教”。如果说哲学源于人的好奇心和疑问，那么宗教则以相信超自然力量的存在为前提。如果说哲学的功用是教人如何思维，训练的是人的理性认知能力，那么宗教则是教人怎样行为。即把从信仰而来的价值与礼法落实于生活，教人做“君子”，让社会有规范。信而后行，是宗教的一大特点。

宗教现象，极为普遍。亚非拉美，天涯海角，凡有人群的地方，大都离不开宗教生活。自远古及今，宗教虽有兴衰嬗变，但从未止息。宗教本身形式多样，如拜物图腾、万物有灵、通神巫术、多神信仰、主神膜拜、唯一神教，林林总总，构成了纷纭复杂、光怪陆离的宗教光谱。宗教有大有小，信众多者为大，信众寡者为小。宗教有区域性的，也有跨区域性的或世界性的。世界性宗教包括基督教、伊斯兰教、佛教等大教。还有的宗教，因为信众为单一民族，被视为民族性宗教，如犹太教、印度教、祆教、神道教等。宗教犹如一面硕大无朋的神圣之网，笼罩着全世界大大小小的民族和亿万信众，其影响既广泛又久远。

宗教的功能是满足人的宗教生活需要。阶级社会，人有差等，但无人不需精神安顿。而宗教之于酋长与族人、君主与臣民、贵族与平民、总统与公民，皆不分贵贱，一视同仁地慰藉其精神。有时，人不满足于生活的平淡无奇，需要一种仪式感，这时，宗教便当仁不让。个人需要内在的道德，家庭、社会、国家需要伦理和秩序，宗教虽然不能“包打天下”，却可以成为不可多得的选项。人心需要温暖，贫民需要救济，宗教常常能够雪中送炭，带给需要者慈爱、关怀、衣食或资金。人是社会的动物，宗教恰巧有团体生活，方便社交，有利于人们建立互信和友谊。

“太阳照好人，也照歹人。”宗教劝人积德行善，远离邪恶，但并非所有的“善男信女”都是仁人君子，歹徒恶人也不乏其例。宗教也不总是和平的使者。小到个人权斗、“人肉炸弹”，大到“9·11”空难，更大的还有“十字军东征”“三十年战争”“纳粹大屠杀”。凡此种种大小纷争、冲突、战争和屠戮，都有宗教如影随形。美国学者亨廷顿早在1993年就曾预言：未来的冲突将发生在几大宗教文明之间。姑且不说“文明”之间是否“应该”发生冲突，宗教冲突或与之相关的各种“事件”时有发生，却是一个不争的事实。

既然宗教极其既深且广的影响是事实存在，那么介绍和诠释宗教经典，阐释教义学说，研究宗教历史，宗教与政治经济，以及宗教间的关系等理论和现实问题，就有了“充足的理由”和“必要”。

1873年，马克斯·缪勒出版了《宗教学导论》，其中首次使用了“宗教学”概念。从此，宗教研究成了一门学科，与文学、历史学、哲学、社会学、心理学、民族学等并驾齐驱。在宗教学内部，宗教哲学、宗教人类学、宗教社会学、宗教心理学等分支也随之出现，成就了泰勒、韦伯、蒂利希、詹姆斯、布伯、巴特、莫尔特曼、尼布尔、汉斯·昆等一大批宗教思想家。1964年，根据毛泽东主席批示的精神，中国科学院哲学社会科学学部组建了世界宗教研究所。从此以后，宗教学和更广意义的宗教研究也渐次在社会主义中国生根、开花、结果，在学术界独树一帜，为世人所瞩目。

宗教经典的翻译、诠释与研究，自古有之，时盛时衰，绵延不绝。中国唐代的玄奘、义净，历经千辛万苦西行取经，而后毕生翻译佛典，成为佛教界的佳话；葛洪、寇谦之、陶弘景承续、改革道教，各成一时之盛；早期的犹太贤哲研讨《托拉》、编纂《塔木德》，开启了《圣经》之后的拉比犹太教；奥利金、德尔图良、奥古斯丁等教父，解经释经，对于厘定基督教教义，功莫大焉；斐洛、迈蒙尼德等犹太哲人诠释《圣经》，调和理性与信仰，增益了犹太教；托马斯·阿奎那、邓斯·司各脱、威廉·奥康等神学大师，建立并发展了宏大深邃的经院哲学，把基督教神学推到了顶峰。还须指出，传教士们，包括基督教教士和佛教高僧大德，致力于各自宗教的本土化，著书立说，融通异教，铺设了跨宗教和多元文化对话的桥梁。

学生的学习，学者的研究，都离不开书。而在某个特定的历史时期，外著移译，显得尤为必要和重要。试想，假如没有严复译的《天演论》《法意》，没有陈望道译的《共产党宣言》、傅雷译的法国小说、朱生豪译的莎士比亚诗歌与戏剧，等等，中国的思想文化界乃至政治、经济、社会等各个领域，是一个什么景象？假如没有贺麟、蓝公武、王太庆、苗力田、陈修斋、梁志学、何兆武等前辈学者翻译的西方哲学名著，中国的哲学界将是什么状态？假如没有宗教学以及犹太教、基督教、伊斯兰教、佛教等宗教经典或研究性著作的翻译出版，我们的宗教学研究会是何等模样？虽说“试想”，但实际上根本“无法设想”。无疑，中国自古以来不乏学问和智慧，但是古代中国向来缺少严格意义上的学科和学术方法论。近现代以来中国分门别类的学科和学术研究是“西学东渐”的结果，而“西学东渐”是与外籍汉译分不开的。没有外籍的汉译，就没有现代中国的思想文化和学术。此论一点也不夸张。

众所周知，在出版界商务印书馆以出版学术著作著称，尤其以出版汉译名著闻名于世。远的不说，“文革”后上大学的文科学子，以及众多的人文社科爱好者，无不受益于商务印书馆的“汉译世界学术名著丛书”，我本人就是在这套丛书的滋养熏陶下走上学术之路的。

为了满足众多宗教研究者和爱好者的需要，商务印书馆对以前出版过的“宗教文化译丛”进行了改版，并扩大了选题范围。此次出版的译丛涵盖了宗教研究的诸多领域，所选原作皆为各教经典或学术力作，译者多为行家里手，译作质量堪属上乘。

宗教文化，树大根深，名篇巨制，浩如烟海，非几十本译作可以穷尽。因此，我们在为商务印书馆刊行“宗教文化译丛”而欢欣鼓舞的同时，也期待该丛书秉持开放原则，逐渐将各大宗教和宗教学研究的经典、权威性论著尽收囊中，一者泽被学林，繁荣学术；二者惠及普通读者，引导大众正确认识宗教。能否如愿以偿？是所望焉。谨序。

傅有德

2019年9月22日

目　　录

第四篇 瑜伽派

第五篇　胜论派

第六篇 正理派

第七篇　吠檀多派

第三版序

自初版以来，本书已历二周岁矣。初未预料会有多少读者，然却受到各方面的欢迎，实非始料所及。今此第三版将面世，作者窃以为荣焉。值此之机，本当不只订证前误、弥补脱文，实亦为对全书做整体审读的机会。然而，一则因余公私事务多忙，一则亦因纸型无法大动，以此无从得遂初愿，遗憾甚焉。

本版之特别可向读者报告者，唯卷末补入的《数论的三德论》一文。著者此文曾发表于《宗教研究》第2期。当初曾设想当成本书第三篇“数论派”中之章节。然因不足以达此预想目的，而又已经写作成文，故今决定作为附录，放在书后，以不负原本写作的初衷。该文算是本书出版以来，著者继续研究与考察的一种成果。相信其有助于展现较为难解的数论三德观，为之提供些微的新见解。读者若阅读本书中数论部分，不妨参照此文一并审阅。至于本书全体之校改，求其臻于完备者，唯有待于他日再改版之时焉。深望读者能够见谅。

作者谨记

绪　言

一、吾人前此曾协助高楠教授撰写《印度宗教哲学史》一书，欲以该书究明无学派时代之根本思想，得学界欢迎深以为幸，于斯学稍有推进贡献，吾人窃以为足焉。今此《印度六派哲学》得以公刊，算是对先前预告之继续印度哲学研究事业一言之兑现矣。本书为吾人前此所说五篇研究印度哲学计划之第二也。

二、按原计划，《印度宗教哲学史》系协助高楠教授所著。本书亦然，应为计划之一部分。自根本上言之，本书亦当为与教授之合作产物。说到当初，本书完成时著者尚在大学中学习。若论对印度哲学各派之考究以及结果之总结，皆得教授之提点。至若写作则为吾人自行承担。若从总体上看待《印度宗教哲学史》之五篇，虽有印度思想史总体的设想，然各篇亦仍有各各独立的意义。唯其如此，吾人在研究生院就学时，在本书考究过程中，从原典之解读到思想之诠释权衡，无不得益于教授之指导；加之本书稿成之后，教授又亲作审读，且为论证彻底而补漏拾遗，又为斟酌文句，指摘不妥当者，处处改订，费神亦实不少。故虽称为审阅，实乃共著矣。此愿读者诸君谅之。

三、印度六派哲学，实乃印度大乘佛教之外相当完备之哲学学派。盖因此中含藏有纯粹之印度思想焉。诚如欧洲学者所言，若谈印度哲学，必先自六派哲学始。不过吾国日本，若论六派哲学，因昔时汉译佛典所及故，对其中数论、胜论已有多少认识。至若其他四派，大约名称亦不甚了解。此岂非学界之憾事焉。故此吾人当就印度古代思想史之学派时代加以介绍，因择此题目作为撰写计划之第二篇也。

四、本书撰写之方针，当大同于《印度宗教哲学史》，在叙述内容的同时，显明研究方法；介绍哲学问题之同时，兼作一定批评。因之，本书既是研究书亦为通俗读本，是为著者之目的。简而言之，本书既可做真正初学者之入门手册，亦可当作专业研究者之参考书。此即为本书撰写时的总方针。

五、本书草创之初尽其可能参照了国内外学者之研究成果。然研究所据之材料，均直接来自原典出处，而对其他学者的意见，几乎无一不有批判与检讨。此种结果，基础薄弱之憾庶几可免。此为总体之评价。至若局部，若与西洋研究者之成果相比较，自信也有几分特色发挥。又书中各篇因他人启发而提出新问题，或者得他人尝试之新解释不下五六处。不过，此诸成果，虽得前人之益，仍可谓吾人之新见地。切望读者诸君不吝赐教，以判正确与否。

六、本书页码正文有650页。此种分量，已经不能再称小册子。然就实质而言，看吾人针对各派各家的研究笔记，更要远出于此等分量。又依据书肆要求，页码数量亦应比照前书《印度宗教哲学史》。是以，在本书篇幅安排，吾人实在颇费用心，踌躇再三，最终总算束成现在的模样。虽受此限制，吾人在探究各派主张之表达时，凡有结果心得，一定尽量保存原典自身的论证叙述。以是原因，篇幅页码也就不免增加。亦因于此，本书当中仍有多处材料未有充分说明，亦有多处说明甚不充足，为此本人深有所憾焉。

又尤其是关于吠檀多派之哲学，吾人感觉遗憾颇多。盖因六派当中之吠檀多派学者，精通商羯罗阿阇梨者为跋达罗衍那。吾人为显示其思想，在本书中不仅分析了跋达罗衍那及商羯罗二者的差别，又增加了对《曼杜基颂》中思想、罗摩奴阇思想及吠檀多精要等各节。原意是从整体上完成一篇吠檀多派之思想发展史之概略考究。然从体裁上看，相较于他派之论究，仍然稍显简略。此亦是为了不违与书肆的约定。他日若有机会，著者当另外草撰“商羯罗之哲学”以作补偿。此处唯乞读者谅宥也。

七、如前所述，本书为日本之第一部有关印度六派哲学之介绍书。因之著者深信其能够发挥相当特色。著者本人，原本文字及学识功夫均未称成熟。所以走笔行文往往未能尽意。发文述意，不免流于表面观察。对其深层意蕴，未必能尽现本来妙味。遗漏既多，缺负自然不少。因此，无论读者于本书作何评价，言论短长，直接间接，均为吾人所乐以闻，且会吸收于将来之学术研究中，是为幸焉。

八、本书得以完成，第一应当感谢者，乃是对吾人耳提面命之高楠先生。此感恩之心终生不渝。第二应当感谢者，乃著者友人文学士宫坂喆宗君之助力甚大。著者前书《印度宗教哲学史》均得宫坂君数度校正，又对目录、索引等一并下功。本书内容体裁，若言幸无大过者，皆为宫坂君之辛劳所赐矣。于此当特致以感忱之意也。

大正四年（1915）五月十日

木村泰贤 识

第一篇

总　叙

第一章　六派以前的思想史概观

此问题吾人已经在前书《印度宗教哲学史》中有详尽叙述。于此，对未读过该书的读者仍应有一定的说明。

盖印度哲学思想之萌芽，发生于公元前1000年顷，当梨俱吠陀时代的末期。彼时人们对以往五花八门的神话说明开始觉得不能满足。希望对于宇宙和诸神的起源，以及对人类自身的本源有一种统一的了解，这就唤起了哲学认识的动机。这种思考的结果，产生了对宇宙中万有的太原的玄想。彼或亦称为生主（Prajāpati）或者造一切者（Viśvakarman），或者祈祷主（Brahmaṇaspati），也有时称之为原人（Puruṣa），如是等等。无论如何，此时出现了所有自然神之上的唯一原理——宇宙万有皆从他而生。传播这种观念的，是梨俱吠陀中的所谓创造赞歌。这一类歌赞为数甚多，内容极为驳杂。虽然，若以探究的态度于其中发掘，可以洞见哲学思想萌生的种子。这对印度哲学史有极重要的意义[①]。

然此等真诚探究的风气以后有了改变。及至僧族婆罗门种姓掌握了思想界的权柄后，又逐渐转向重视外表形式之祭祀法术。再后来的二三百年，竟然演变成为思想的桎梏。加之再后来从夜

---

① 高楠顺次郎、木村泰贤：《印度宗教哲学史》，第一篇第四章第二节。

柔吠陀阐释中出来的梵书（Brahmaṇas），及彼之时代形成的众多神学书籍，都是同样的思想倾向，一时崇尚祭祀的追求，蔚为风气。当此之时，印度的思想陷于完全的机械与凝固，再看不出热情而不倦的哲学探求。尽管从思想寻求的广度上看，哲学的思索倒也不是一点没有。但从质量和深刻性上观察，诸梵书涉及虽广，思考的内容却无甚可观。总体上看，已经不再有洋溢于梨俱吠陀的哲学赞歌里的遒劲的思想力量。

大致说来，梵书只是因其时代较后而可称之为“新”，其内容虽称“丰富”，然亦仅与神学解释相关。偶尔，虽会有一些新颖的譬喻涉及中心原理，对于宇宙人生不失某种总体观察。例如，梵书中的思考仍会涉及印度哲学的根本大问题：若梵（Brahman）、若我（Ātman）的讨论，梵我关系的思考亦在此过程中养成。然总体上看，此种思考活动，实际上都缺乏活泼的生气，因而始终成为印度哲学思想史中之遗憾①。

如斯状态，又持续了二三百年，此后方有热心探究的风气开始回潮，构成针对梵书时期思想特点的反动。思想上异常活跃，实为奥义书（Upaniṣad）时代的特色，整个思想界当时皆致力于通过文字而表达其哲学思索与考辨。从奥义书在印度思想圣典中的地位来看，它讨论的问题在广度上虽然并未溢出梵书的范围，但在思想深度上已经断然可见其同之前有了深刻的差异。再从年代上看，印度学者通常认为，古奥义书是公元前八世纪至公元前五六世纪之产物。然若细看其中思想内容之种种，作为印度思想始终

① 高楠顺次郎、木村泰贤：《印度宗教哲学史》，第二篇。

关注之“梵我同一”问题，即大宇宙原理之梵与个人原理之梵在本质上完全同一的思考，一直都隐现其间。正是在此种思想运动中，逐步养成了泛神论的思潮、印度的观念论和实在论之宇宙观，亦孕育了印度思想中特有的人生观，以及以后印度哲学中多数话题。实际上，奥义书的思想可以称作古代印度哲学的精华，也是后来发展出来的印度诸哲学派别的大源泉。此言实不为过矣。

于此，吾人应当注意：上述种种思想，总体上看，均为自然发生之观念学说，并无特别的创始人，又其间也看不出有相对立的异学派别。如此来看，诚如传说，印度诸学说只是人格身份不明之圣者贤达（Ṛṣajaḥ）或者各学苑（aśrama，修行处）中寻常思索谈论的内容。因此，诸说之间不仅没有一点思想分化与组织化的痕迹，甚至也可在同一部圣典当中看到完全矛盾的说法同置并处。似此情况，比比皆是，可称司空见惯。

一般通称之婆罗门教一名，实则乃是对后世各个学派之统称，这些学派之间，并无系统的有机联系。但人类的思维总不会满足于这种状况，思想之力总会不断前进，致力于将其加以彻底的系统化整理。特别是奥义书，它既是婆罗门思想的产物，同时又是刹帝利自由思想所激发的结果。奥义书的全体充满了自由思想的气势，其中包含的思想因素虽然往往相互矛盾，然其正是以后导致分裂、形成不同思想体系的依据。自由思想发展的结果，至奥义书时代末期，致使印度思想界空前混乱，其间的二三百年，产生了许多学派及思想潮流。这就是学派时代初期的情况。此期间，种种思潮抬头，或者继承以往的婆罗门主义，或者对它加以改造，也有因受它的刺激而全然独立出来的思潮运动。总而言之，思想分立，层出不穷。以吾人之见，此之思想活跃期之终了，可以分出四大潮流[①]。（1）正统婆罗门的潮流：其可总结为婆罗门主义之三大纲领，即吠陀神权主义、祭祀万能主义以及婆罗门至上主义。此为延续保存传统思想的潮流，故可称为纯正统的思潮。此思潮的成果便是附属于吠陀文献的三经书——所谓的《天启经》（*Śrauta-sūtra*）、《家庭经》（*Gṛhya-sūtra*）以及《法经》（*Dharma-sutra*），三者并立。其主要特色乃是重视婆罗门教社会之制度形式。（2）有神论的潮流：此之潮流上承自梨俱吠陀以来的诸神之俗信仰。然延至此时代，则有新势力加入，其为梵天（Brahmā）、毗湿奴天（Viṣṇu）和湿婆天（Śiva）之人格神，作为纯粹之宗教运动，所追求者不过是邀取此诸神祇的恩宠。此等潮流既是对古代婆罗门教之总结，也是吸取其中种种宗教因素后的发展。因之古代思想观念成为了后来婆罗门教各派别的肇因及基础。大型叙事史诗《摩诃婆罗多》（*Mahābhārata*）中即往往可见各种思潮观念的表现。（3）正统哲学的潮流：此思潮远绍于梨俱吠陀时代的哲学思想，近则直承奥义书之气运。其研究万有本原及种种现象元素之成立，使成立为系统化之观念体系。所谓印度哲学诸派大抵可以视为此潮流的产物。（4）非吠陀的潮流：以上三种潮流，若从广义上看，未必是对往昔婆罗门教之完全否定，相反，其与婆罗门古代思潮有着多方面之联系。然而势必有穷，至此时代，因对婆罗门教有所否定而作独立思维，遂有新潮流产生出来，名之为非吠陀思潮。此方面，破坏有力之代表者，首为所谓顺世派（Lokāyata）；于此

① 高楠顺次郎、木村泰贤：《印度宗教哲学史》，第三篇。

方面，建设有成就者，正是耆那教（Jaina）与佛教（Buddhism）。此二者中，佛教贡献最是伟大，终成全世界之光明灯塔。

毋庸多言，三种思潮严格地说来，不会同时产生，亦非俱时并立。此中当然有先出后来的顺序。但都大约在奥义书时代的末期。此期持续大约二三百年。自其哲学体系的要点而言，视为同一时代所出当无大谬①。

接下来，吾人欲作简单介绍的六派哲学，均属于前面所说之第三哲学潮流。此处的所谓六派，则是：（1）前弥曼差派（Pūrva-mīmāṅsā），略称弥曼差派，其系统完成者为斋弥尼（Jaimini）；（2）后弥曼差派（Uttara-mīmāṅsā），亦称吠檀多派，其系统完成者为跋达罗衍那（Bādarāyaṇa）；（3）僧佉耶派（Sāṅkhya），也称数论派，其开祖是迦毗罗（Kapīla）；（4）瑜伽派（Yoga），系统完成者是波檀迦梨（Patañjani）；（5）吠世师迦派（Vaiśeṣika），亦称胜论派，系统完成者为迦那陀（Kaṇāda）；（6）尼夜耶派（Nyāya），亦译正理派，其开祖为乔答摩（Gotama）。

于此称为开祖者，皆为传说中的该派创始人，而称为系统完成者，则是其思想继承前人而有所发展，如同教科书之编写整理完成也。然于实际上，两者的区别界限并不分明，只是吾人的权宜做法而已。此中所说的弥曼差派，其为梵书思想的主要继承者。该派通常只对祭祀仪做理论之考究，几乎不过问其哲学含义。然就印度哲学范围言，其依旧不失为一种派别立场。吠檀多派是真正只对奥义书中的思想加以整理发挥的学派。六派当中，其深邃

① 高楠顺次郎、木村泰贤：《印度宗教哲学史》，第493—499页。

的哲理特为丰富。数论与瑜伽两家虽然也发源于奥义书，但发展方向稍稍走偏，前者成立了二元论的世界观，后者则以二元论为思想背景而着力组织自己的禅定法。胜论与正理两派恐怕也自弥曼差派中脱化出来。前者主张世界是物质性的，后者虽也承认物质世界，但注意力主要放在论理逻辑的考究上。

第二章　六派群体之形成过程

上一章仅从思想上概括叙述了六派的地位。依吾人之见，所谓六派，共各家的理论主张，在学派时代的开端，恐怕尚无完备的体系。吾人认为此诸派别各各独立的理论体系当形成于公元前五六世纪直至公元前四五世纪这个历史阶段。至若称六种思想为六派或六见者，已经是某种总结派别风气的手法，应为非常晚出的事。吾等认为此之学风，当发生在十世纪以后。如果考察十世纪之前的文献，可以看出诸种思想被当作各个群体看待是后来逐渐形成的。

首先当看佛教方面的史料。原始圣典——此大体局限于阿含经——当中，有关六派思想的材料，都没有文字形式的，至少无法证明：当时的文字资料究竟可判定是哪一家的明确主张。此之时代，姑不论是否存在着类似弥曼差派的思想，或数论或瑜伽的思想，若想判定哪些文句可作哪一家独立成派的先兆，都是无据可凭的事。依吾人所见，先不说弥曼差派，且看瑜伽派也好，胜论-正理派也好，代表其主张的教典显然都受到佛教的影响。因之，大体说来，六派全体都只能看作是原始佛教以后的产物。又后世的佛教经论中，诚然虽可见到对数论、胜论、声论此诸外道的有力指责，然对其学说主张之完整叙述却付阙如。尤其是若看三世纪顷的《方便心论》，据称它是龙树所作。该论显然已知正理派的学说，也触及胜论、数论、瑜伽和耆那等教派的主张，然却未曾言及吠檀多派思想；再拿提婆的《外道小乘涅槃论》来看，其所介绍的二十个学派中，就有此处吾人所说六派中的数论与胜论。此外，若看无著、世亲的著作，或观清辩、护法之论书，其中虽然也触及吠檀多思想，然对六派同时批驳的地方仍然不见。简而言之，就吾人所知，印度之佛书，对于六派学说仅有零散涉及的，而将其当作一类群体者，全然无有这样的痕迹。自古以来，中国、日本虽有论议六师之说者，然吾人以为，皆不过细枝末节。至若称其为六派者，则根本没有理由。

另外，若对所谓外道的史料加以考察，如下面吾人所述，六派的教典多是其他派别为反驳它们而拟设。就六派自身而言，恐怕并无所持的教义典籍。此处尤可以八世纪之商羯罗为例，其所撰的《吠檀多经注》系针对数论、瑜伽、尼夜耶、佛教、耆那教、兽主派（Pāśupata）、五夜（Pañcarātra）派、顺世论者而作的抨击。此外，商羯罗也说到弥曼差派的主张。显而易见，商羯罗知道自家以外的其他五家学说。此之时代，诸派之间虽然相提并论，但乍看上去，尚不存在各各有别于其他思想的六派群体自觉意识，也未把其他门派当作一类思想来批判的意思。以是可知，商羯罗当世尚未有所谓六派的说法。又，至十二世纪，耆那派学者宝月（Hemacandra）撰《布施瑰宝论》（Abhidāna-cintamani）之辞书。其中可见到耆那派（Ārahata）、佛教、瑜伽派、正理派、数论派等名称，但仍然未见有合称六派者。

若作更加广泛的考察，同时杜绝那些想当然的臆断，则“六见”

（ṣaḍdarśana）之名出现，恐怕只好说是十二世纪以后的事了。

然时势变迁，到十四世纪顷，六派之名称随时运风习之流播，已然成为专名。特别显著的例子是，十四世纪之商羯罗派学者马达婆阿阇梨（Mādhavācārya）撰《摄一切见论》（*Sarvadarśana-samgraha*），其书中介绍顺世论者以下十六派别，其先后顺序如次：（1）顺世派（Cārvāka-darśana）；（2）佛教（Buddha-darśana）；（3）耆那派（Ārahata-darśana）；（4）摩奴阇派（Rāmānuja-darśana）；（5）满智派（Pūrṇaprajña-darśana）；（6）那库里沙兽主派（Nakalīśa-pāśupata darśana）；（7）湿婆派（Śaiva-darśana）；（8）悟证派（Pratyabhijñā-darśana）；（9）水银派（Raseśvara-darśana）；（10）吠世师迦派（Aulukya-darśana）；（11）尼夜耶派（Akṣapāda-darśana）；（12）弥曼差派（Jaimini-darśana）；（13）拜尼尼派（Pāṇini-darśana）；（14）僧佉耶派（Sāṅkhya-darśana）；（15）瑜伽派（Pātañjala-darśana）；（16）商羯罗派（Śānkara-darśana）。

此顺序是马达婆自己的看法，在他眼中，所有见解都不及商羯罗派吠檀多优胜，因此居其下位。最下方的是顺世论者，然后各家思想的地位渐次升高，直到吠檀多成为终结之学。此说是否正确姑且不论，当注意者，从第十位开始，除了语法学派，其余的正好是六派之数。

换言之，马达婆认为所有印度思想诸家，唯六派据有卓越地位。从根本上看，此处除了把文法一派也放在其中而稍欠圆熟外，可以据此得出结论，马达婆时代印度社会中已经形成了固定的六派的看法。马达婆曾引用水银派的一个总结性颂子，原偈颂对于六派有批评性的总结：Saḍdarśane'pi muktistu darśita piṇḍapādane（至若六派见解，其解脱死后乃得）。

这里的“六派见解”，显而易见，不是指的佛教所谓的“六师”，而是此处马达婆所举水银派以上的六种派别。马达婆在此引用，显然是按照当时已经成为习惯的列举方法，将其放到《摄一切见论》当中去的。但又因为水银派上面的那个偈颂制作年代不确定，便不好断定马达婆之前是否已有这种“六派”的习惯说法。不过，更早些（窃以为此前不超过百年），吾人可以在据称为帕拉萨罗（Parasara）所作的《毗湿奴往世书注释》（*Upa-purāna*）一书中，找到一处同时并举六派之名的意见。其曰：“关于（正理师）足目（Akṣapāda）与（胜论师）迦那陀的学说，以及数论与瑜伽的系统，吾人不得不略去其不合圣教（吠陀）的部分，而在（弥曼差的）斋弥尼和毗耶沙（Vyāsa）的学说中违反圣教的地方并未指明。”①

这里的足目是正理派之开祖，迦那陀是胜论开祖，斋弥尼是《弥曼差经》的编纂者，毗耶沙是《吠檀多经》的作者。如果再加上数论与瑜伽，这里受评估的便是六派全体。于此，非常可惜的是，无法确定帕拉萨罗其人的年代，因此，吾人无从得知其《毗湿奴往世书注释》的制作时间。又，已知该往世书（Purāna）曾有附录，它被十六世纪的学者作《数论经注释》时曾有所引用。因此，此处六派并举，似乎也还是在后马达婆的时代。

总结上面的叙述，要而言之，依据文献至十二世纪尚未形成六派并称的习惯。再往后，至十四世纪，此种说法方才大略形成。

---

① 转引自识比丘（Vijñāna Bhikṣu）的《数论经疏》。

盖因十三世纪以降，除佛教与耆那教，六派地位渐重，其理论组织亦逐渐完备，其中的许多婆罗门学者皆自任圣传正统，直接抨击顺世论者与回教徒。因此之故，当时致力于复兴婆罗门教之诸家学者纷纷深入各家经典，将其纳为自家利器，诸种教典的判释遂成系统化。又此中尤其善于利用多有发挥的弥曼差派和吠檀多派教徒，以其他四家理论为踏足石，大大提高了自宗理论地位。其结果便是六派学问并兴，且被社会上一般人所公认。

以上所述，是作为同时代之群体的六派之学形成的大略过程。六派得名，甚有偶然，其之形成，属于历史过程中之无意识的行为。因之，吾人所称“印度六派哲学”，也仅仅是放在婆罗门主义之背景下，将其视为思想讨论的六种重要的派别而已，此外并无其他特别的意思。这与学界一般在“佛教史”论题下讨论各个部派的意思大致相当。不过，从另一面看，六派的思想源头也还大致属于同一时代，以六派定名目也有方便权宜的考虑。不仅其中各家思想时代相同，其间也往往存在密切之相互联系。因此，用六派的名目来加以统摄，倒也不是完全非历史的一种考察方法。更何况，吾人所以采用“六派”的名称，虽其实际形成时间较晚，但毕竟它是无论印度本土学者还是西洋学者都能接受的名称。采用“六派”的说法，目的亦仅限于绍介各家思想，并无硬要将“六派”认作印度思想史上一个特别时代的意思。亦因于此，吾人虽知“六派”之名从哲学史上看未必妥当，但依然权且袭用为本书之名。总之虽非强词夺理，亦是权宜方便之计也。本书写作中，吾人倒也不会亦步亦趋，追随马达婆撰《摄一切见论》的路径，而在相关内容上自有考据、自有论证，亦自有判断焉。

第三章　六派之间主要的同异点

以下虽可以直接转入第二阶段，逐一地介绍六派哲学。但吾人仍需就六派之间的同异点，从整体上稍加说明。盖若对此论题先有一定了解，不仅方便于后面论述中的要点把握，且在对于六派做对照研究时，读者心目中有大概的轮廓。吾人先会介绍《印度宗教哲学史》终篇的内容，即印度诸派所共通的思想。把这些思想分拟为不同的项目。六派哲学的思想基础当然也还不出这个范围，此为不言自明的道理。不过，无论是相同点，还是相异点，于此也都会从这两个方面来观察看待。同中之异与异中之同也都会有所涉及。

第一，是六派的组合。若从内在思想联系来对六派教系做分类，大致有三，即弥曼差派与吠檀多派属一家，数论派与瑜伽派为一家，而胜论与正理又是一家。弥曼差派主要基于梵书，对吠陀祭祀仪进行理论研究。吠檀多派则基于奥义书，对梵教做系统化的整理。两者的共同之处从广义上讲，都属于对梵书中要点的对照研究。即弥曼差派的关注点主要在吠陀经典的业分（karmakāṇḍa）上，吠檀多派则主要关注智分（jñānakāṇḍa）。婆罗门教义从整体上讲，正是这两个方面的结合。亦因如此，才有前、后弥曼差派的称呼。又僧伽耶（数论）与瑜伽是古奥义书中就有的，因之数论－瑜伽的名称，在某种程度上，从一开始在源头上就有相互的深刻联系。但在学理上，它们两边理论组织的方法不同，以其借以立足的形而上学原理不同而已。不过，数论这边更重视理论，瑜伽方面则倚重实践技巧。因此，若把两边视为一家亦无不可。再者，胜论派与正理派的关系也是如此，作为其名相观念之诸范畴（padārtha，句义）是共同的，其特别重视这些概念的分析与综合作用，它们两边对于原子（paramāṇu，极微）的假定亦颇多共同点。细想起来，六派之间所以有如是的关联，从根本上说，三大潮流都不过是同一系统的分衍。再者，被称为理论派的也并不会舍弃实践方法，而称作方法派的也有其理论建树。因之，想必六派中也不会有只重某一侧面而片面孤立发展的教理哲学。

以上是基于教义性质的教系组合。如果从发生与发展的顺序上看，它们自有或本或末的区别。从本末先后来看，六派可以分为两系——吠檀多系与弥曼差系。前者以奥义书中的思想为主要依据。吠檀多派是根本系统，而数论派与瑜伽派是其末系。盖不但是吠檀多派的奥义书可称为根本基础，就是数论与瑜伽起初也是从奥义书的内部发生的，其逐步地壮大而独立出来是以后的事。弥曼差派属于吠陀祭祀仪的系统，其所依据的是梵书。弥曼差派是根本系，而胜论与正理两家则是末系。此之历史事实，似乎无人会执异议。依吾人的研究，胜论与正理也是因弥曼差派思潮所激发，这是有确凿的理由可以证明的。又特别从其末系的理论特征中可以见得。此诸意见，后文还会一再加以提醒和论证。无论如何，读者当注意，本书叙述过程中，六派虽各各独立，自有体系特色，然其间又有着密切的内在联系，此乃不言自明之事实。

然而，此六个学派，依何年代顺序，如何一步步发展而独立出来，若要确定其关节点，亦为非常困难之事。单从思潮内容上看，此之产生系列，最古老的当算弥曼差派，其次为吠檀多，其次为数论和瑜伽，最后则是胜论与正理派。然而，若欲判定某一学派的完成时期，需有特定的教义文本，并通过文本来显明其与他派的主张对立，看其如何申明自宗教义，又如何确立其在学界中的地位，则六派成立的顺序只能依傍印度各思潮涌现的过程来确定。何故必须如此呢？因非此莫能确定本系与末枝之间孰先孰后的关系地位。而如果依据现存的各派教义文本，其间大抵相互驳难、互不以对方为然。批驳对象你中有我、我中有你，相互指责又互有引用，实在难得分辨它们孰先孰后的关系。此诸派别的教义书籍，一般而论，都是教派形成百年以后的总结。此处如果吾人省去具体的推定考辨，径直提出大抵的产生年代的话，则可以说最早出现的当为数论，而后瑜伽，随后才是胜论与正理。估计弥曼差派与吠檀多派是最后才出现于世的。所以如此判定，盖因前面四家并不算是梵书与奥义书的纯粹继承者，其有必要申张且鼓吹自宗教义的缘故。至于后面两家，本来它们就以正统派自居，认为自家只是固守吠陀圣典中的真义，用不着另打锣鼓另开张，再以某种新义为自家扬名立万矣。

下面当述各家教义上的异同之处。此处不妨先作一判定，所谓六派哲学，实则其中的弥曼差派并无哲学讨论，此为该派与其他各家不同的地方。

第二，是知识论。知识论的目的究竟为何，先不去说。只要是探究哲理的行为，首先不得不做的是考察这种行为的所据。所以知识探究必从吾人的智识能力开始。此正是亚里士多德的器官（organ）和康德纯粹理性批判为哲学讨论之出发点的缘故。然就印度哲学而论，有趣的地方在于，诸家各派其先所着意的也是此点。他们都把知识论当作一个重要论题。所谓知识论称作“量”（pramāṇa），印度各派在此题目之下，探究的是知识的来源和标准等。不过，印度哲学各派对于量的内容看法并不必然一致。胜论立有现量（pratyakaṣa）与比量（anumaṇā）两种；瑜伽派在此二种外再加上声量（śabda），也就是所谓圣教量（āptavacanam），成为三种量；正理派更加上譬喻量（upamāṇa），成为四种量。弥曼差派和吠檀多派相信真智的唯一来源只有《天启经》和《传承书》的圣典，因之知识来源只有声量一种。但两家仍然允许使用现量与比量的术语，不但如此，弥曼差派还在前面所说的四量之外，又添加了义准量（arthāpatthi）和无体量（abhāva）二者。

对所有这些知识工具的讨论，后文中讲正理派时自有详说，于此只是简单地解释一下四种量。现量，指见闻觉知这样的直接感觉活动及其心理机能和认识结果；比量，推理比知的心理作用；而所谓声量是基于宗教权威的知识方式；譬喻量则意指这样的心理作用，先因为名称而了解，随后才知道实物对象。也就是说，印度六派都相信，以上的这些认识工具，都是我们据以得真智的途径，也是吾人用来研究并把握可靠的哲理之手段。这当中的六派都自视为正统的思想系统，因此无论如何都要肯定吠陀的宗教权威。吠陀，其本身就是声量的一种。不过，吠陀经典所涉及的范围太广，因之六派对于吠陀权威地位的认肯也还是有程度差别的。例如，数论派就对于《本集》（*Saṁhitā*）和（狭义的）梵书经书（Brāhmaṇa-sūtra）

有所排斥，但从他们信受数论经（Sāṅkhya-sūtra），又承认奥义书为权威证据这点看，也还是承认吠陀经典的神圣性的；而胜论派不太关心奥义书，但又采取了吠陀祭祀的仪礼，在此意义上他们也承认吠陀的权威性。又尤其是前后两个弥曼差派，他们一方面是正统派中的正统派。此中，前弥曼差派关注的是梵书的仪式部分，对于奥义书倒没有什么兴趣；而后弥曼差派则相反，他们认为奥义书完全符合吠陀仪礼，体现了吠陀本意，因此是吠陀的辅助工具。所有这些学派的教义，其间有差异甚至有对立，但又都各各宣称自己属于吠陀正统派阵营，并且指斥别家不符合圣说传统。

要言之，六派的知识论皆主要以经验与实际为基础，尚未进到批判认识论的层次。虽然，至此时代，有关认识论的重要话题也都差不多论到了。正是这一点透露出各派在哲学方法上的周密用意。

第三，是本体观。由于本体立场不同，总会影响到各派的哲学价值之评定标准。首先，从其对存在根本原理的数量看，六派的观念大约分为三种：一元论的、二元论的以及多元论的。吠檀多派承认唯一的梵才是精神性的实在。世间万有，物也罢，心也罢，都从梵发展而来。他们主张，哲学的目的只是追求个人精神与实在之梵的融合。数论与瑜伽的二元论，则立足于神我（puruṣa）与自性（prakṛti）两者。作为精神性原理的神我是无数无量的，作为万物由中衍生的自性只是唯一的。他们的主要学说，便是讲述世界万有皆因为此二元原理相合而成就。此种见地相较于吠檀多派言，其高远可谓不足，然其对万有衍生变化的原因解说又更为完备。

而说到胜论与尼夜耶派，其学说主张机械论多元主义，谓万有的结合赖种种原理才得以成就。就本体论而言，胜论较其他诸家要输一筹，然其事物组织合成之法更要精密许多，较之吠檀多派甚至数论等都更显卓越。

如果考察六派诸家是否承认最高之神祇，则吠檀多派显然视大梵为神格，自是有神论一派。但如果将梵看成只是纯然之精神，则其流为观念论而已。数论因为不承认二元以外之人格神，可以认为他们属于无神主义的实在论。瑜伽派和胜论派、正理派的神祇观甚为暧昧，从教理上看，彼等主张皆无关乎最高神祇的成立与否。从权宜方便上说，不妨认为彼等属于自然神教一系。

最后，虽然弥曼差派属于多神论之有神主义，而其所表现出来的则又与无神主义态度相像。因之无论如何，彼诸神祇观无关哲学讨论，可以置而不论。

如是，皆为从本体观出发之种种相异立场。从总体上看，（除弥曼差派以外）应当视为最重要的论题尚有一个，即是自我（ātman，puruṣa）问题。盖因自我问题是自奥义书以来印度哲学的中心问题。它正是六派这样的哲学诸家所欲处理的主要问题。理所当然地，有关自我的问题，在各家那里虽然说法不一，但自我之灵体却恒常不变，且以一旦发显成解脱之前的条件，则诸家的立场又都应是同一的（诸学派都在寻求自我的解脱，都不能不肯定自我的存在）。

第四，是宇宙观。随各派之间本体观的不同，宇宙观也就相应地有所区别。宇宙之于数论和瑜伽派，是从被称为“自性”的物质原理衍化出来的。且不独物质世界由自性流衍出来，就是吾人的生理与心理器官也都是物质性组织的。胜论派与尼夜耶派将万有视为诸种基本原理的复合，特别是物质世界，他们认为由称作极微的原子才聚合成立。这种观念被称为所谓的原子世界观（Atomistische Weltanschauung）。又若论吠檀多派，一方面跋达罗衍那（《梵经》作者）认为宇宙界是梵之自体发展出来的；不过也有另外的看法，商羯罗阿阇梨认为世界只是吾人迷妄的产物，因之，在他的眼中，也就没有（客观）宇宙论。名为萨罗室伐底（Madhusūdana Sarasvati）的学者在其《诸学分别》（*Prasthāna-bheda*）中，说印度的宇宙观是三足并立的——其为发展说（Pariṇāma-vāda）、积聚说（Ārambha-vāda）和迷妄说（Vivarta-vāda）。又若考辨六派所见的宇宙太原与万物的因果关系，知其大致可分成两类——因中有果说（Satkārya-vāda）和因中无果说（Asatkārya-vāda）。因中有果说认为，作为质量因的太原当中已经包藏着以后可以成为万有事物的结果。而因中无果说则认为，在诸因相俟万有形成之前，太原当中内在地并无因位的结果。数论、瑜伽、跋达罗衍那等都持因中有果论，胜论与正理派则认为因中无果（商羯罗亦执这种否定性立场）。盖前者属于发展说的必然结果，而后者虽然只是积聚说的结论，但依据积聚说亦可引出相反的结论。总而言之，类似的话题在印度哲学背景下非常热闹。这在下文的数论篇与胜论篇会有详细讨论。

虽然有如是种种的不同意见，但对于世界的看法中，仍有不少相同的地方。物质的（器物的）世界，其成立要素是地、水、火、风四大。此为相同的意见之一。世界又是生起还灭的，这叫劫波说（Kalpa-vāda），此为相同意见之二。所谓劫波说，是说世界在一期中生起，经一期又坏灭，再经一期又复再生成立，如是循环不已。这种看法，恐怕是创造说与轮回说调和的结果。此种教理在奥义书时代就已经显露萌芽。又若说到世界形体论，一般都会主张须弥山（Sumeru，苏迷卢）为世界中心的说法。依此见解，吾等世界的中心是称“须弥”的大山，日月二轮都围绕须弥山运行。山顶上是神仙住处。山又在大海中间，海中又有四大部洲。吾等所居的世界属于南方大洲。也许是等世界结构只是朦胧的地理观察再加上神话说明的结果。不过，印度人通常所坚信者，是从天文学角度来看待的世界观。最后，关于这个世界的存在意义，印度思想各派的意见大致是一致的：一方面，此世界是客观存在；另一方面，此世界对所有的有情众生既是诱惑，又是其最终出离的目标。世界是轮回与解脱的道场。

第五，是有情观。所谓有情即是生物的意思。有情的中心便是人类。印度有情观，说到底即是人类观。自然，此问题在印度思想各派都是尽力探讨的中心。就是本体观或世界观这样的大问题，也是围绕人类观（人生观）而进行的，不过只是按修行的途径来叙述而已。各派思想中就有情观而意见纷纭，然争论最大者，乃是关于有情的主体，即自我的本性为何的问题。吠檀多派认为，个人之我是宇宙之梵的一部分。其亦为人的活动与知觉认识的本质。但跋达罗衍那认为，自我与完全的大我之梵在本质上应视为同格。商羯罗主张，真正的实在之我，是排除了杂多之后的不动不变的知觉体，此外再无任何属性。数论派与瑜伽派在起点上承认各个自我的独立性，但又主张自我的本性是寂静的灵体；胜论派与正理派都主张自我的多数性与独立性，又认为作为知觉活动体，自我主导着有情的知情意。然而如前所述，一方面，各派思想均认为自我是自由无缚的、常住不变的灵体；另一方面，此灵体本身又因为与物质身体结合在一起，而本质受到束缚而显得晦暗。盖视肉体为精神之牢笼的看法是希腊精神中就有的。而在印度，思想家们对此感触尤其痛切。正因自我受到制约，所以产生种种痛苦烦恼与妄见，因之造作诸业。受诸业余势（karma-adṛṣṭa）的熏习，有情不得不轮回流转于种种境界。这就是轮回说的大概。关于轮回的境界，各派思想有不同看法。大体说来，都以人间为中心，人世间的下界是地狱界和畜生界，而上界则是天界，说法虽有细部的不同，大体也都差不多。此处的天界，其中是梨俱吠陀以来的神话中诸神的存在境界，其地位最低者略高于人世间，然若堕落，则可堕至人世间以下。此为印度诸家思想所认同。

要言之，有情之本性，虽为常恒不变之灵体，但因往往迷误的缘故，成为苦乐交谢、变化流转的分裂体。此即为各派共认之人生观的根底。从而，无论何甚派别，都带有一定厌世情绪，此已成为确定而当然无疑之事。如何摆脱多多少少分裂之当体，开拓其自主独立的灵光之地，便成了彼等修学实践的最终目的。这样的宗旨意味，在六派中间无不禀有，无论其哲学还是宗教，都可以下此断语，作此判断。

第六，是修行解脱论。如何达到解脱，各派之间的修行方法各有差别。虽然，六派既称哲学，就总有理智主义（理性主义）色彩。各家均相信依据真智（tattyajñāna）能达到解脱目的。总而言之，各派的理论其出发点不外于此，因之理论都在阐明获得真智的种种途径而已。但此种真智之获得，在各个派别倒也不是一味地死抠道理，更需要据文索义，身体力行，在自家行止活动当中体味感触，才能达到目标。以是，为确立其信心，各派都有养习之方，称为瑜伽或禅定。重视实行，笃实究理的也包括胜论与尼夜耶这样的派别。盖瑜伽行法，一方面在抑制牢笼精神的肉体之欲望，另一方面在依此行法可以扩大与增强对理想界的体味，也是为解脱目标的实现而铺垫基础和养成资格。因此，对瑜伽方法的详细讨论，不只是瑜伽派的任务，也是各家都要讲求的普遍修行法。

依据这样的思路与观法而达到的解脱境地，由于各派之间的本体观不同，所以具体主张也就不会完全一样。数论派与瑜伽派的解脱讲的是打破物质对于精神的系缚，而吠檀多派则讲小我与大我的融合。胜论派与尼夜耶派追求自我达到无属性的状态，然后才由神来加以摄理。此亦并非判然有别于弥曼差派的主张——后者只相信解脱是自我往生于天上。尽管如此，各家各派针对其解脱境界有着不同的风光景象，但他们也有共同的憧憬处，这就是不生不灭、绝对安稳、常恒不变、时空无限的自由状态。一言以蔽之，彼之天地乃是言诠不及、意路不到的妙乐之境。此种看法在各个派别的期望当中并无不同。

最后，说说本书对各家各派的叙述体裁。执照吾等的论述计划，本来希望的是，按六派思潮大体形成的先后来叙述。即是说，依顺序一一介绍弥曼差派、吠檀多派、数论派、瑜伽派、胜论派、正理派。不过，这里说的吠檀多派，并非只对奥义书加以总结整理就可以说明白的。以吾人所见，各家各派一旦兴起，末了总会有某种综合倾向。为方便故，想将总体的纲要总结放到最后来讲。其次，吾等不单是叙述各派的思想内容，更要绍介他们主要的经书思想材料；

不单是对各家各派做静态的观察，还要对其历史形成的过程加以考察。例如，数论、瑜伽非回溯到奥义书，不足以显明其思想发展之脉络。又如吠檀多，仅按跋达罗衍那、商羯罗这样的叙述方针，恐怕也不能揭示这个潮流的全部概况。再次，关于叙述体裁，为容易阅读，吾等会用近世以来的语言风格来叙述整理六派的思想。与此同时，为显示各派论主的背景立场，又不得不屡屡引用原典。最后，关于六派思想的共通之处，虽然叙述当中免不了反复论及，然还是有所侧重的。而且，往往此处详者，彼处即略。因之体裁上仍有调整变化。有的时候，考虑在他处会有详尽介绍，行文当中，此处也就一笔带过。所以如此安排，皆因从整体上加以全盘考量的缘故。

末了，将与六派哲学之全体相关的参考书列出。至于各家各派的分部参考书，列在后文中专论各派的相应篇节。

参考文献

(1) *Ṣaddarśana Cintanikā or Studies in Indian Philosophy* (monthly publication), 1877, Poona.

(2) Colebrooke, *Miscellaneous Essays*, Vol. Ⅱ. 1873, London.

(3) John Davies, *Hindu Philosophy*, 1881, London.

(4) Max Muller, *The Six Systems of Indian Philosophy*, 1903 (New Edition).

(5) Mādhava, *Sarvadarśana Saṅgraha*, 1906 (Anandarsrama series).

(6) Cowell and Gough, *Sarvadarśana Saṅgraha* (English Version).

(7) Deussen, *Allgemeine Geschichte der Philosophie*, Ⅰ. 3. 1908, Leipzig.

第二篇

前弥曼差派

第一章　总说

一、地位。六派当中数论、瑜伽、胜论、正理四派虽然共认吠陀经典的权威性，但也不能说他们就是吠陀思想的直接继承者。相比较言，前后两家弥曼差派倒真正是立足于吠陀经典来成立其学说和组织其教义的。因此，弥曼差派的前后两家被当作了正统派中的纯粹正统。"弥曼差"一语，考其词源，其 man（曼）的词根，原义是"思维、考察"，在其他教派，所使用的近义词便是"欲知"（jijñāsa）。不过，针对"欲知"的纯教理含义——即"考究心"，在弥曼差派及其材料中，尤其是吠陀经典内采取的意义是"思维、考察"。此为区别之处。然而弥曼差派之所以分为前后两派，完全是根据其材料即吠陀圣典的性质而来的。

盖因广义的吠陀，指的是集录（Saṁhitā）有诸梵书（Brāhmaṇas）及诸经书（Sūtra）所成就的典籍。此中的三个集录和其中的梵书被视为真正的吠陀，亦即代表圣知、神知的发明之作。然而若看此两典籍的编纂性质，内容大体可以三分：一是婆罗门日常所操作的祭式和应履行的义务解说，另外则是有关大我与小我的讨论。前者名为吠陀经典的业品（Karma-kāṇḍa），后者则名为智品（Jñāna-kāṇḍa）。就圣典本身言，集录的大部分，亦即被称为祭文（Matra）的，加上除奥义书以外的梵书都属于业品，奥义书本身则被认为属于智品。不言而喻，从理论上看，内涵相对的业品与智品，从一开始就是婆罗门教的说法；而从历史角度看，业品在时间上要比智品更早。考察它们的思想性质，业品是对雅利安人社会的一般规定，智品则毋宁说是思想家们的哲学思考。因此，联系到这种不同内涵，婆罗门学者也就分成两个部门，因袭既久，也便形成了两个独立的学派。这便是同一吠陀经典而有两个弥曼差派的缘故。前弥曼差派所关心的主要是业品的研究，也叫作业弥曼差派（Karma-mīmāṁsā），其略称也就叫“弥曼差派”；而以智品为主要研究对象的则称梵弥曼差派（Brahman-mīmāṁsā），亦可称为“吠檀多派”。两家后来彼此间颇有争执。这当中，后弥曼差派放在后篇绍介，此处绍介的是前弥曼差派，通常仅称其为弥曼差派。

二、弥曼差派的起源和形成。就其思想系统言，弥曼差派在六派当中最为古老。吠陀宗教之完全显示为祭式中心主义，是在梵书时代以后。但继承祭式主义的弥曼差派的思想，时间上很早，在梵书时代开始它已经显示了仪式主义的端倪。不过，弥曼差派之对待所谓祭式，与其说其兴趣专注在仪式上，不如说是对其中与仪式相关问题有所疑义，因之往复问答、多方解释。此派的用意，多半放在追求其仪式的本来含义和后来的变化上。如是而已。要问何以会形成这样的理论兴趣，这是因为祭祀仪一方面固然是由婆罗门所制定的，但它也是古来社会习俗的承传积累。而在平时的社会生活中，有关这些仪式的实行，不免常常引起人们的疑惑，因此有必要得到统一的说明解释。所以有此必要，盖因社会当中不断有非祭式主义的思潮产生出来，并且呼声逐渐增高；另一方面，祭祀传统沿习既久，而南亚次大陆范围广袤，祭仪操作不免因地方化而产生差异，因为疑惑时有，往往也就生出异说。即是说，弥曼差思潮之兴，毕竟是学派时代之思想现象，恐怕仍是婆罗门教士因其实践操作的需要而编写出来的教科书。彼时代的经书也大都如是，乃因时运而产生出来的。此亦是对祭式主义操作的一种理论说明。此种判断，完全可以从文献记录得到证明。公元前五六世纪编纂出来的《阿巴斯坦比耶家庭经》（*Āpastanbīya-gṛhya-sūtra*）及其他的经书中，凡涉及祭式的疑惑时，其解说者往往引用属于弥曼差师（Mīmānsaka，祭式学者）的说法。当然，从此处也可以看出：当时的社会中已经有专门研究祭式的学者，虽不能遽言已经形成了完整的学派，但也足以说明关于祭式的学问探讨已经成为风气，否则何能有弥曼差师的名称？是以可断定至少此期中已经有萌芽状态的弥曼差派。加之，如后所述，被认为是公元前三世纪顷出世的吠世师迦派和正理派，也都是从弥曼差派中脱化出来，更有公元前二世纪的波檀迦梨的《大疏》（*Mahābhāsya*）一书，其专门解释祭式中有关项目，又在书中说明本派的声常住论。若据此考察，可以认为，通常一个派别的独立形成，大约需要一二百年的时间。是以吾人认为，弥曼差派问世当公元前四五世纪，恐怕这正是与佛教出世差不多相当的时期。吾人认为，六派当中，本派与数论算是最早形成的派别。

不过，以上所述只是就思想产生之可能来看的。与此同时，若考察六派之本派的圣典著作此期是否已经形成，其在学界之地位是否已经确立，恐怕仍旧得不出明确的判断。此一时期凡能视为派别产生的种种迹象的，可以引出的稳靠结论的说法，都是下一阶段诸派进一步发展的结果。于此，关于弥曼差派，吾人只能依从佛教这方面的史料来加以考订。龙树在生前即对声常住论大张挞伐，而在原始佛教的经典中，并未见到所谓弥曼差派的名称。仅以吾人所知来说，弥曼差一名及其相关圣典之记载，是六七世纪以后的事。即大约为清辩（Bhavaviveka）论师的时代，这位论师开启了对弥曼差的绍介。看清辩的《般若灯论》（*Prajñādvīpa*，暑一、一二四丁右），有"如弥息伽外道所记韦陀声常者今遮此义"之言。其所谓弥息伽便是弥曼差。据此吾人可知，清辩说的是弥曼差的本派。又有同为七世纪的法称（Dharmakīrti）论师，其所撰的《金刚针论》（*Āpravajira sūci*，藏四、二六丁）上有"四围陀及弥輪娑并僧佉论尾世师迦乃至诸论悉了达名婆罗门"。此处之"弥輪娑"亦即弥曼差派的音译，而"诸论"为并列语，多半并非这些派别的圣典本论。如是，至七世纪，从佛教这方面来看，弥曼差本派已经立名，恐怕其思想发展，要到库马立拉论师（Kumārilabhaṭṭha）出世而为《弥曼差经》作注释。而本派之成为有势力的思想派别，大约是此时代更晚的时候。依据多罗那他《印度佛教史》[①]，法称论师曾经破斥库马立拉，与此同时还对弥曼差派本派的论书《布里伽秘密》（*Bhṛgāraguhya*）加以论破。

综上所述，本派之理论体系起源于公元前五六世纪顷，到五六世纪，已然可见其成立为有力之学派。

三、本派之圣典。本派圣典称《前弥曼差经》（*Pūrvamīmāṁsā-sūtra*）。据称为斋弥尼所撰。又此中引用跋达罗衍那、阿特利耶

① Taranatha, *Gesch. d. Buddhismus von Schiefner*, S.70.

（Ātreya）、跋里（Bādari）、拉布伽耶那（Lābukāyana）等人的意见。然是诸人亦被《吠檀多经》所引用。猜想大约业品的研究，人以斋弥尼为权威，而智品的研究，则以跋达罗衍那为权威的缘故。至若此诸哲人的生平事迹，虽然不甚清楚，但也不至于将其当作数论迦毗罗仙人一类的神话人物。此当为无疑的事。

《前弥曼差经》本典分十二章（adhyāya）六十节（pāda），有 2742 句、915 个题目（adhykaraṇa）。在六派经典当中，本经真正可谓分量最大。至于本经成书的准确时间，虽无法估定，然其中既能见到所有本派重要学者的见地，恐怕是在《吠檀多经》基本形成时代的事，当无疑焉。不过如后当明者，现今所见的《吠檀多经》，成立很晚，大约在五六世纪。因此，弥曼差派的本经当不至于形成如是之晚。

又由于本经的注释当中保存了最古老的夏巴拉 · 斯瓦明（Śabara Swamin）的《夏巴拉疏》（*Śabara bhāṣyam*）。而该疏释是对更古老注文的解说，因此可以设想，此前还有更古老的《前弥曼差经》的注释，只是以后湮没不传而已。此《夏巴拉疏》也有复疏，其中有名的是库马立拉论师的《论释》（*Vārttika*）。库马立拉论师为七世纪人，其对于佛教曾大张攻伐，鼓吹正统婆罗门教的思想。他是与商羯罗并世的复兴婆罗门教的思想家。另外，还有一批影响力稍逊的注释家，一般都被称为古鲁（Guru，师、上师）者，他们中有名的叫普拉巴伽罗（Prabhākara）等。普拉巴伽罗其人之重要，在于弥曼差派因他而分为跋陀派（Bhatta，论师派）与古鲁派（Guru，上师派）。

又本派的纲要书中，有名的有十四世纪的马达婆（Mādhāva）所撰之《正理花鬘》（*Nyāyamāla*）以及洛迦克希·巴斯伽罗（Laugākṣi Bhāskara）的《义理汇集》（*Arthasaṅgraha*）。近代以来，弥曼差派的教义书有刊行者如次：《夏巴拉疏》（*Śabara bhāṣyam*），印度文库，1878年，加尔各答；《正理花鬘》（*Nyāyamāla*），1892年，浦纳；《义理汇集》（*Arthasaṅgraha*），1882年，波罗奈斯。又本派之教义书之翻译，本文及注释一同翻译出版者有《六派学说心要》（*Ṣaddarśana cintanika*）之《弥曼差学说》（*Mīmāṅsā-darśana*, 1877—1879），以及《英译斋弥尼之前弥曼差经：附原注释》（*The Pūrva-mīmāṅsā sutra of Jaimini with an original commentary in English*）。吾人所见，前书仅六章，后书只有二章。

第二章　弥曼差派的教理

第一节　概观

印度圣典当中若要挑选甚无趣味的文字，《弥曼差经》大概就属其中的一部分。庞然巨册中所议论的都是祭祀之仪，而且尽为祭仪的琐细枝节。要论人类的一般宗教哲学思想，这里面实在无足可观。当然，对于非常熟悉吠陀宗教仪式，以其作为生命依仰的婆罗门言，彼等眼中这些文字也许深有意义。而吾人若加阅读，只见到无关痛痒之种种细琐事。下文举《摄一切见论集》（*Sarvadarśana-saṅgraha*）第十二品的题目作示例。

第一，其叙述本派的知识来源。吾人寻求知识来源，但以达摩（dharma）之寻求作为满足。

第二，种种祭仪，有或正或副（或主或次）之区别；与之相应，其所致功德效果当亦有两种区别。又，此续前一品而论及量论，驳斥错误之知识来源论，更依圣典说明祭式规定及应用。

第三，举示吠陀诸典之特质，进而讨论《天启经》与《传承书》（*Smṛti*），其中即或有任何矛盾，亦当视作正当。又论及诸种仪式，顺便说被称为名誉祭（pratipathi karmaṇi）之各类意义，以及主祭之前当行的，名为“各别议论之事”（Anārabhyādhīta，各各单独讨论的问题）的一类见解主张，更说有资格行祭之施主的义务。

第四，说主祭与副祭之关系，说以巴尔纳（parṇa）木作祭匙之功德，又说参与即位式（Rājasūya）之副祭行赌博之意义。

第五，说吠陀中表现出来的种种文句顺序，与此相应之祭仪的顺序性。亦说因此顺序的诸规定、诸祭式之或增或减，更说《天启经》中文句之重要性。

第六，说施主与祭官之各自责任和义务。又说若圣典规定之祭物不能备齐，当如何寻找替代物。又说供品或失或毁，当作若何弥救。又说苏摩祭（Sattra）之心得、布施之性质、种种之牺牲。

第七，最上祭法可以适用于任何其他的祭祀。此说只要遵循吠陀之规定，只要有明白规定时，如何据其名相（nāma）与特质来推定可实行的手法。

第八，如同前品所述，在名相与特质均明白或者不甚明白时，如何处理祭仪。

第九，说哪些咒语在哪些仪式中适合引用（ūha）。即说歌咏（sāman）之适用、祭文之适用，以及如何同时使用歌咏与祭文。

第十，说明哪些场合祭式应废止。即说明在哪些情况下可以取消预备祭，又哪些情况下可以取消本祭。说明苏摩祭之一的古拉哈祭（Graha），以及说明种种歌咏之特质。

第十一，叙述祭仪之根本教理（tantra）以及偶然（性）之说明。

第十二，讨论为达何种目的应行何种祭式。此中除叙述不同的祭祀场合（prasaṅga）也说前面之根本教理；末了，再总结性地说明如何选择不同的祭仪。

以上只是简单地概括叙述，其用意不外是由此显示该经如何处理本典中的各个祭祀事项。从中可以大概窥测本典的一般特色。阅读本典经文，歧义甚多，所论亦特别复杂，而其琐细令人惊愕。本品目中所讨论者，有吠陀文句，有对自相矛盾之文句之会通，亦有文法分析；更有解答种种疑义，如祭祀种类、供品种类、祭官司职、施主义务、布施种类等。如此庞杂之内容，一一详解，不厌其烦，令闻者不胜困倦。

据上文所述，知本典内容大概。若一一解说，不知读者有何感慨。吾人觉得，似此内容，宜作管窥，不必寻求全部。因之仅选择其中二三事，权作介绍（至若祭仪之种类、行法等，请参见《印度宗教哲学史》第四篇）。

第二节　出发点与量论

开宗明义，本典上来即宣称："自此以下，即来探究法要。"（Athāto dharmajijñāsā）（Ⅰ.11）即是说本典目的在于研究祭式法则。

盖若论法之含义，本有多种。可以从伦理与道德、责任与义务多方面来看。在婆罗门祭司眼中，施行祭仪，肯定是世间最为重要的大事，即是圣法，亦是要法。本典给"法"下定义如次：Codanā lakṣaṇa 'rtha dharmaḥ（法之目的在益于人世，法之命令来源于吠陀）（Ⅰ.12）。这等于说，人生的所有目的在实行祭祀并使祭祀如法。所谓祭祀，正是人生于世的责任与义务。不过，这里说的祭祀并非由人自己做的规定，而是基于神意的天启，是由吠陀决定的。换言之，吾人所以有责任与义务实行祭祀，是因为要听神的命令，受其约束。要言之，弥曼差派的出发点是把吠陀中所记载的祭祀看作吾人的义务，本典的目的就是要从根本上研究这些祭仪的含义。

这当中，本派的知识来源，亦即所谓的“量”，就被认为只能是唯一的吠陀，因之本派只承认有一种量，即圣教量。本典当中用好几品的篇幅来讨论吠陀性质。它先把吠陀分为两类：一是祭文（Mantra），一是梵书。虽然本典宣称了“若非祭文即为梵书，若非梵书即是祭文”的区分原则，但在这种未必准确的原则以外，它又表示：世间只有三种吠陀本集（其不承认阿达婆本集为吠陀圣典）；并且说，除奥义书之外的梵书，全都是祭祀仪中可以依凭的圣典。本典当中进一步对内容做了以下的五种分类。

第一，是仪规（vidhi）。其所叙述者完全是有关仪式的规定。其为梵书的主要部分。仪规又分为四种：（1）发端的仪规（utpatti vidhi）或者标志仪式开始的规矩，例如先行火祭这样的命令；（2）方法仪规（viniyoga vidhi），行此仪式例如以奉献发酵的酸奶为标志；（3）次第仪规（prayoga vidhi），说明祭祀仪的展开过程；（4）适人仪规（adhikāravidhi），讲述可以担任此种仪式者的资格。

第二，是祭文。主要是本集的内容，其下分三种。（1）赞歌（ṛc），主要是劝请神灵来赴祭筵的赞歌。赞歌多在沙摩吠陀本集中。（2）歌咏，为赞美受请的神灵。此类歌赞亦多在沙摩吠陀本集中。（3）祭词（yajus），为仪式进行中一面低声诵念、一面奉上祭品时所唱赞的词语。内容多来自夜柔吠陀本集。是等仪规不仅被视作有关祭祀方法的规定，更被当作来自神灵的仪轨权威。唯其如此，本派才将梵书视为吠陀本集的辅助经典。

第三，是祭名（nāmadheyam）。它指吠陀诸圣典中所说的各种祭仪名称，如火祭、新满月祭之类。因为此诸仪式在仪规和祭文之外也有独立权威性，所以作为一类名相，对其性质和特别价值有专门的讨论和说明。

第四，是禁制（niṣedha）。此说祭祀中应当注意之禁制事情。此部分被视为具有权威性的反面的被禁止行为的规定。

第五，是释义（arthavāda）。它说明祭祀由来及作用的部分。此中所说的有关祭法规定的解释，被认为是权威依据。

以上所举五种，都是超出人类的，亦即由神所规定的祭祀之法，所以它们对祭祀仪的研究而言，有绝对之权威。而对于弥曼差派，这个专注于举行祭祀仪辅助行法的派别，自然是以《传承书》体系为宗归的。

如斯而言，弥曼差派之知识源头虽然以圣教量为彻底依赖，但本派对此量之实际使用方法，不免还有理论探讨。与此同时，对于他派所认肯的知识工具，弥曼差派并非一律排斥。举例而言，本典当中散在各处的，还有他们也提及的现量、比量、譬喻量、义准量、圣教量和无体量。这些知识工具或认识方法，严格说来，也许弥曼差派起先并不承认它们，但随其认识论哲学的发展，弥曼差师们迟早会有意识地对它们考量甚至吸收，将其纳入论理的体系。因此，必须指出，所有这些不同的认识工具（量）对于弥曼差派而言，仍有不可忽视的价值。

第三节　声常住论

若考究本派的哲学主张，其有声常住论。弥曼差派认为，若考察吾人的语言，其完全是实在声音的发显。这样的看法，早在梵书时代就已经产生了。彼时已经得到“吠陀即是祈祷”的大概认识。盖若将祈祷当作对于神灵的役使力量，则构成祈祷的语言，便是吠陀之声。而来自吠陀经典的声音，自然就有永恒无限的力量。在梵书时代，人们就已经讨论了语言与思想哪一方更有力量的话题。语言这东西，既被看作生主，又被当成大梵的表征。此为当时的一般结论。如此一来，作为祈祷仪之集成的吠陀，被认为是具有常恒无限之大力的。这样的信仰愈往后愈深入人心。另一方面，婆罗门也倾注了大量的心力来研讨和解析吠陀的文句。于是发展出来吠陀文法（Vyākaraṇam）的学问。由于对概念与语言之间的关系进行深入的研讨，对于语言具有的思想力量更趋于肯定，遂有了“声是实在”的判断。再进一步，也就产生了印度的语言哲学。

不过，此处所说的主张“声音常住”的学派，倒也并不必然就指弥曼差派。综合考察当时流传的各种有关声论的主张，大略可以分为三派。按照语法学者拜尼尼（Pāṇini）的说法，有文法派的声音之常住说，另外便是本派即弥曼差派所主张的声显说，以及所属学派不明的声生说。吾等下面一一介绍。

第一，声常之说认为吾人之所以有概念与能发出语词之声，一切皆因梵的作用和表现。具体而言，吾等人类之所以有或马或桌或任何事物的语汇，都是因为大梵的内部有着恒常观念（名称）的缘故。稍作观察即可以知道，吾人心中的名词观念并不是随意命名的。因此，吾人若听到说“aśva”便会在心中产生马的观念。说起来 U 也好，ma 也好（Uma 是日语中的“马”），或者梵语的 a 也好，ś 也好，va 也好，都不是“马”，但若 Uma 或者 aśva 的声音发出，吾人便有了“马”的观念。何以如此呢？因为梵住在心中——具体表现为吠陀语词在吾等的心中——的缘故。只要这几个音素出声，作为恒常概念的“马”也就在眼前浮现出来。这种情况犹如花之苞蕾，原本就在那里，一遇合适的条件便会绽放。这里的“常住之声”叫作 sphoṭa，它的本义就是“开显”。此为第一家的主张。sphoṭa 这个词恰恰与这里的声音发出相应。依据这个道理，世间所有的事物都在思想上与观念一一对应，它们的概念本质上就是实在的。

第二，声显论是弥曼差派的主张，其大略含意其实也同上面的声常说。要而言之，不同语言中的语词指向是同一实在，因发音不同，所以通过翻译可以指向同一事物。这就是声音之为实在的证据。而同上面的 sphoṭa 为恒常的说法有别的地方，在于声显论者不把实在的语词称作 sphoṭa，其不认为一般语词是住在心中的梵的观念。此之两派在历史上是什么关系，就吾人的观察来看，尚不得而知。大约两家的思想源头是一个，但随后来的发展才分流开来。拜尼尼认为声显之论在哲学上，到后期有不少的推进。

第三，前面两家属于声常之论，此第三家是主张声生论的。前两家认为声音语词尚未发出时就一直存在着，此一派认为声音未发便没有，但若一旦发出语词之声，其便会长久地存在下去。虽然并不清楚是哪个学派主张声生之论，但其议论的范围只是就读诵吠陀的圣音作讨论，这是可以肯定的。吠陀文句一经读诵便有不灭的功德，这是确信无疑的事。估计声生之论并不包括对日常语词的讨论。尼夜耶派对此声常与声生的主张都有驳斥。对声生论者，用所作性（kṛtakatvāt）的理由来否定其常住性；对声显论者，用勤勇无间所发性（prayatnāntarīyatkavāt，意志所生）来否认其一旦发声而长住下去的说法。

反对声常论者的另一边，有胜论派、正理派、佛教等。关于声常与否的争论是印度哲学思想史中的一大问题。此种争论随佛教的因明学一道传到了中国、朝鲜与日本。为此，吾等特从《弥曼差经》中译出主张声常论、声显论的各个代表文句。

关于声论，弥曼差派本典中（I.1.6-23）有十八个偈颂。前面六颂是前论（pūrvapakṣa，先立论义、宗义），即出示尼夜耶派主张的声常论的理由。接下来的六个偈颂是后论（uttarapakṣa），即敌论，即是对前论的驳斥。最后的六个偈颂用以成立极成说（sidhānta），因此算是正面的理由综述。

一、前论：声无常说的论据。

（六）此中一派或曰：（声是）所作，以现量故。释曰：声是人为的东西，当下现知，经验上无可怀疑。既是人为的东西，只能是无常的东西。

（七）不能永远持续之故。释曰：声音发出后随之便会消灭。

（八）其作语言之用故。释曰：声音之发出，其功用是说话。说话要借助它（音声语言），它当然是人为的。

（九）彼为其他有情同时听见的缘故。释曰：此“同时”指说话时多人在场，在场多人都能听到话语音声。如果一个音声为实在，哪能被在场的其他人也（同时）分享呢？

（十）（同一音声语词）有原形（prakṛti）和变形（vikṛti）故。释曰：说话当中，同一词语会有变化。如果一个语词是一个实在，

（一时之间）就不能变化。

（十一）发声者多，随音声而变大故。释曰：若一音声为一实在，一人发声与多人发声应有区别。多人说一语词，其（体）应变大。

二、驳斥。

（十二）此中都是现量所得的相同事实。释曰：这是针对前面第六颂说的。前者说话语的"所作"性质是现量（当下感知）所得的；还有其为人意志所发的（音声）也是这样，总之这是相同的事实：无论是不是凭意志所发出来的音声，都是无常的。

（十三）此常住之物在下一时刻不可见，因为其作为对象已经不可感触。释曰：这是针对前第七颂说的。音声发出后立刻消失了。发声后立刻消失的音声一定是无常的。吾人已经不能感触彼时的那个实在的音声。（产生的音声无常）显现的音声也是这样（都是前生后灭的）。

（十四）彼为音声所发的意思所在。释曰：针对前第八颂发声之目的在"（效）用"的说法，答复说有效用的缘故，因此没有常住性。想有效用而发声便是所作性的。因"效用"而令音声显现出来，这并不能赋予音声以实在性。

（十五）彼（音声）之同时存在，好像同一个太阳一样。释曰：此回答第九颂。实在之音声对于现场多人，不过就像这种情况，太阳只有一个（而人人都各有对太阳的感受）。

（十六）彼为不同之文字，并没有变形这回事。释曰：此回答第十颂。Dadhi atra 和 dadhyatra 并不是同一个语词，只是不同的词而有相同的意思。

（十七）彼为音响的增大。释曰：此回答针对第十一颂。说话的人多，只是说话的音响增大，而不是语词变大。

三、极成说。

（十八）(音声)实在地可以常住，以发声者有不同目的的缘故。释曰：谈话人之发声并不只是出声而已，其目的是要表达自家的意思。如果声音是不实在的，一经发出便消失了，那吾人的意思就无从传达给他人。

（十九）于一切场合都同样的缘故。释曰：例如，吾人如果发出“牛”的语词声，则一切人于一切时、一切处都不会错失所指（的是牛）。如果声音无常，则不能有此事用。

（二十）没有数量的缘故。释曰：一切新产生的东西才是无常之物，所以一次一次地生起，所以才有数量可言。而“牛”的语词之声不是这样，其并非新生，所以也就不灭。其只是常住不灭的音声（随说话而）显露而已。

（二十一）没有原因的缘故。释曰：一切物件都有坏灭的原因。音声作为语词不能坏灭，不存在令它坏灭的原因。

（二十二）与所听闻性相关的缘故。释曰：吠陀经典中有“音声从空气中产生”的说法。反对者说既有产生，就有消灭。因此，音声不能为永恒常住。对此，此偈颂回答：如果吠陀经中说音声从空气产生，只是因为有空气（传输）耳朵才能听到音声。这里强调的是音声与听闻的关系密切。算是对于“产生（所作）”与“常住”两者的会通。

（二十三）更有，征相（linga）之所显故。释曰：不仅有以上原因，就是吠陀当中也有承认音声常住的征相(证据)，比如说“以不变常住之语”（vācāvirūpinityayā）这样的短语。因此，吠陀圣典也一定是主张“声为永恒常住”的。

要而言之，弥曼差派的声论尽管主张声为实在，其实是想说语词之声后面的思想观念的实在性。然而其所以将思想观念称为“声”，就因为从梵书时代以来印度思想中的真言信仰，即是从“唵”到“吽”的音声具有神秘的大力。其作为咒语，力量必须是恒常不灭的。总而言之，如果考察的是永恒不灭的真言信仰与佛教、与希腊逻各斯哲学的关联，一定会是非常有意思的研究。

第四节　本派的业观与神观

弥曼差本派也承认业力，然其称业力为“无前”（apūrva，先无）。盖因认为在行祭祀以前无有业力，行祭祀以后方有此势力。业说虽然是印度诸派共通的教理，本派的业说却自有特色。

盖若说因祭祀而有各种果报，虽系婆罗门教之重要信条，然本派认为：此种果报，在行祭祀之当时尚无果报可享。果报只是死后得生天这样的奖励。祭祀与果报间的关系，在本派看来，只是由实在的名为“无前”的力量的作用。弥曼差派的本典（Ⅱ.2.5）上先举此例，其次宣称，业之存在（purarārambhaḥ）以吠陀命令故。

此即谓，依吠陀所说，行某种祭祀之得某种果报，是圣典所规定的。如果不存在业力这东西，也就没有果报这回事。唯其如此，才有祭祀可以得果报的道理。至若“无前”的性质，本派有各种不同的说法。比如，库马立拉认为因为行祭祀，行祭者可以获得新的能力；又说因为行祭祀，行祭者受到祭祀力量的熏习，祭祀虽然结束而此势力不会消失，成为日后得果报的根据。不过依据弥曼差派本典，凡行不同祭祀，不但会有不同的“无前”之力，就是同一场祭祀当中，本祭与预备祭之不同程序也有不同的“无前”势力。同一祭祀的“无前”势力以后似乎引出两种果报：一分有关于现世利益，另一分则关乎死后的往生。本派对于祭祀仪的思考，立足于如何行事会产生怎样的利益，因之引生种种认识和了解。其中心意思，便是寻求无前说与吠陀的会通，所有这些解释的条理化便成为本派教理。而本派后来的注家，则以之当成定论，顺着它们引出了吠陀本文中原来没有的含意。

弥曼差派对于吠陀以来的所有神祇都一律承认，也认为人类的义务正在于奉祀所有的神灵。乍看上去，此种态度，足以使他们成为真正的有神论之信神一派；然自另一方面看，这几乎又可以解说成一种无神的态度。无论如何，在他们眼中祭祀有着极为重要的意义。一定的祭祀仪程必然会产生一定的果报，仪式与业力之间的联系是客观的、必然的。事情如果是这样：有什么样的祭祀，就会有什么样的果报。这已经形同某种自然法则了。因为哪怕是神灵在祭祀力量面前也不能随心所欲，神灵也没有了自由意志发挥的余地。因此，本派实际上剥夺了神祇至上的意志自由能力，神被下降到从属于仪式和仪式操作者的地位上来。这就已经不再是正统的信神一派的虔诚态度。自然，依据这种态度，可知从梵书时代以来就有一种将神当成工具的机械论立场。神意因此变成了自然的结果。弥曼差本派虽然自命为吠陀当中的正统派，然其自古以来就往往被指斥为无神论者。这当中不能不说是事出有因，因而有一定的道理。

第五节　本派的论究方法及其与正理－胜论派的关系

弥曼差本派若作为哲学论题，说起来应该最无哲学性可言。至若其论理研讨的方法，亦只是相当烦琐的一种考究而已。一般说来，其从整体上处理某个问题大约需要分成五个步骤：首先，提出论究的对象（viṣaya）；其次，针对此问题说出其疑问（Saṁśaya）；再次，介绍反对一方的意见，说明对此意见有所批驳的后论；最后，才是他们自己的正面主张，也就是所谓的"极成说"（siddhānta，成就见解）。此中的后论与极成说是相同的。而第五步骤中叙述的是余论（saṅgati，总结）。注释者的意见也在第五步骤中。最早译出的《声论》，省去了前面两个阶段，而用后面的三个步骤作为探究形式。据此也可以看出他们讨论问题具有严格的方法。不过其议论所据，并不完全只是《天启经》和《传承书》这样的圣典。若看它们的解释，也还援引各种不同的标准，或者诉之于事实，或者诉之于理论推导或者类比推理，有的也属于非常具论理性（逻辑）的手段。而如果看他们的逻辑术语，从一般的印度论理学来讲，其作为立论依据的因啦，相啦，吠陀权威的标准啦，且不用说所论及的现量、比量，还有分散各处的可得（upalabdhi）、可能（upapatti）、无体（abhāva）等论理术语都是随时可以见到的。依后世库马立拉的总结，本派有六种公认的知识来源。它们是现量、比量、声量、譬喻量、义准量和无体量。这些当然并不是库马立拉所首创，而是他从本典中总结出来的。吾人尤当注意者，是本典中出现的尼夜耶一词。它被当成

“推论”（adhikaraṇa）来使用，或具有特征及征相义。又其在列名论题时屡屡写成 Tadvyapadeśa nyayā（以是而名的法则）或者 Padārtha-anusamaya-nyāya（事件关联的法则）。诚然，本典中所有这些论理学术语通常不过是被用来解说吠陀文句的，但在本典中像这样的各种论述方法，其中包含有逻辑论理的性质，当为不容否定的事实。

接下来要讨论本派的这些论究方法与专讨逻辑理论的正理派即尼夜耶派之间究竟是何等的关系。自然，若要真正厘清两家之间的关系，需要从圣典的形成过程中，既要看本派所述的尼夜耶派模样，也要看尼夜耶派经典中反映出来的弥曼差派情况。以吾人所见，从某种程度言，尼夜耶派是对本派理论的继承与发展。理由试举如下。（1）从圣典形成的先后时间看，弥曼差本派比尼夜耶（正理）派要古老得多。（2）本派圣典中反映出来的量论与辩证法等术语，大都不甚确定，而诸术语至尼夜耶派时则皆已确定。（3）尼夜耶派自己是明确承认了现量、比量、声量与譬喻量的，为此他们对别的认识工具如世传量、义准量、多分量、无体量等皆点名批判(《尼夜耶经》Ⅱ.69）。然据吾人所知，在其他学派中，并无此等诸量。因此，除义准量和无体量这两种，其他的恐怕任何别派都不会许其成立。盖因从整个印度论理逻辑的发展来看，当发展程度较低时，反而被认可的量的种类较多。吾等认为，后来的尼夜耶派应当只是从弥曼差派的含混模糊的多种量中，裁取四种加以规范而已。（4）本派倡导声常住论。胜论和尼夜耶派对本派持对立态度，主张声之无常论。从两边的论争性质看，声之无常论的兴起必然是为了批判常住论。今存于世之《入楞伽经》（第十卷）上有“波尼出声论阿叉波太白”的说法。波尼指拜尼尼认为批判声常住论者，是阿叉波太白者，即指足目（Akṣapāda）。此种说法恐怕是将弥曼差派的主张同拜尼尼的“sphoṭa”（声性）之说法相混的结果。试想，当先有不同的声常之说，后有主张声无常者对于声常住论的批判。（5）本派并不把奥义书当成真实的权威依据。因此，本派被认为立场顽固而且保守，其任何主张均受到后来者的指斥和批判。如后所述，不仅尼夜耶派，就是佛教也采取了本派的部分思想，对之裁量批判以成立自家说法。因此，吾人认为六派当中，此派的思想对于其他的各家都有影响，而不是本派接受各家的影响。由是，吾人认为，尼夜耶派的逻辑思想与论理很可能是从本派中脱化而出的。

由于以上理由，吾人对本派与尼夜耶派的关系总结如下：本派为维持其婆罗门教之古代传统，对古代思想做了种种的探讨论究。声之常住的说法即是此种论究的成果之一。本派的宗旨也仅在于维护古老的思想传统。一方面，为了保守本派的思想；另一方面，本派又不满于传统婆罗门思想之徒，因此在历史过程中，本派中次第涌现了不少异端，也正在此过程中发展出相当的论究方法与主张。针对声常住论而作相反的辩驳与争议，逐步促成本派的研究路径，最终导致某种论议形式的教理出现。尼夜耶派（正理派）就是这样的一家学派。

吾人推定，真正独立形成一派思想，而又与本派弥曼差派有几分关联的是尼夜耶派及其姊妹派别——胜论师们。胜论派也是从弥曼差派中脱化出来的。显示出这种脱化发展痕迹的，除了前面所说的五点，还可以再列出以下四种。

一是先看本派的理论出发点之一的“达摩”即“法”的研究。依据《胜论经》(*Vaiśeṣika sūtra*),它上来就宣称其所欲讨论的“法”究竟是何物。胜论派于六派当中仅次于弥曼差派，其对于祭祀之法亦相当重视。

二是弥曼差派的终极目的是为了死后生天。胜论派亦同样重视生天（abhyudaya）理想，他们把它当成了修行解脱的目标。

三是弥曼差派之说思想与概念的关系，在其把关注点自思想移向语言，主张声常住论。而对于胜论师，他们的哲学一般而论都坚持了以概念为实在原理的立场。

四是胜论的六句义的名目，在弥曼差派圣典中都可以寻得出来。先看“句义”（padārtha），此名称在《弥曼差经》中可在Padārtha anusamaya nyāya（事件关联法则）这个标题下看到（本典Ⅰ.2.1-3）。至于实（dravya）、德（guṇa）、业（karma）、同（sāmānya）、异（viśeṣa）、合（samavāya）等术语在本典中可以一再见到。当然，这些术语在弥曼差的本典中，具体含义并不是明确而固定的。比如dravya的概念，在祭祀说明中意指“供物”。guṇa指的是“副供物”，karma则指的是祭祀事务本身；而在文法说明上，dravya用作名词，guṇa用作形容词，karma用作动词，samavāya则只是表示它们之间的关系。虽然有这样一些不同，但词语形式与胜论理论体系中的术语又是完全一致的。此点务必一定要注意到。如果这里的相似质不属于偶然的话，则一定透露出胜论是从弥曼差派中脱化出来的信息，也只有做如此的解释才能合乎情理。如是，吾等认为胜论也好，尼夜耶派也好，都是从弥曼差派中发展出来的，接受了后者的思想哺育。尽管其形成的动机是缘于对弥曼差派的不满，因此逐渐从物理学和哲学上进行改造，是胜论携尼夜耶派发展之势而自张其说的结果。胜论独立地改造而形成了严密的哲学范畴，完成了实、德、业、同、异和合这样的一整套哲学术语。因此，将哲学术语当作思想的胜法（dharma viśeṣa）。胜论法一方面是增上法，另一方面，在加上生天的主张以后便成为解脱之法。这当中也就可以看出胜论如何从弥曼差派中脱出的痕迹。

如果上面吾人所做的推论不误，则弥曼差本派自身的哲学，其思辨意义并不明显。然它对于另外两个重要哲学派别的形成有重大的影响。因此，本派在印度哲学思想史上占有极重要的地位，当是毋庸置疑的事。不过，吾人既以一个思想来源不甚鲜明、脉络不甚清楚的体系作为胜论与尼夜耶派的有力根源，以其为基础，在上面建立哲学思想体系，则吾人不能不把枯燥无味的《弥曼差经》当成非常重要的研究事业。于此，因与上面所说的相关，吾人以下会补充值得注意的几点，以就正于有识者焉。

* * * * * * * * *

本书付印以前，本篇末尾一直保留着一个多页面的空白篇幅。吾人本想借以说明弥曼差派本典中论理术语的使用例子。下边译出四个颂子，它们皆出自本典上如霍拉伽（Holāka）这样的祭式中（Ⅱ.2.3.15-18）。这四个偈颂想说的是，在某个方位上（比如东方）行霍拉伽祭（春分时节的一种祭祀），能不能把这种局限于一时一处的祭式当作证据，以它来比量推导，说明一般祭祀的意义呢？这四个偈颂讨论的就是这样一个（从具体个别到一般普遍的归纳是否有合理性的）问题。此处，前有立论（前论），后有总结（极成说）。前论说因为一个祭式只局限于某个具体地方，其效用因此是有限制的。因此，若因它而作比量推导，其效用也只能是有限制的。本典后面所作的极成说认为，（依吠陀经）祭祀如果被看成义务，则所有的祭式都以义务为吠陀的基础。因此，祭祀的作用对于不管什么人而言，都是不受限制的，且有权威性。

前论

1. anumāṇa vyavasthānat tat saṁyukta pramāṇam syāt：（某一处所的祭式）因所比有限故，应为有限之推理（量）。

极成说

2. api vā satva dharmaḥ syat tan nyāyatvād vidhānasya：然若此之祭式是以吠陀为标准的，则其应为（不受限制的）普遍推理法。

3. Darśanād viniyogah syāt：一般的受限性是可感觉、可现知的（吠陀经中的说明就是一种限定。这种被附加上去的限制性，在吠陀经的文句上是可以被当下现知的）。

4. linga-abhāvācca nityasiya：而针对恒常的事物（若附加限制）则成征相（论据、理由）故（吠陀文句是恒常的权威，只要不对吠陀文句加上具体的限定，只要没有或这或那的依凭或征相，也就没有限定或限制。因此，必须把吠陀所说的视为全体而普遍的权威）。所谓的linga-abhavāt（征相成就性），即是无体量的（凭据相状特征之）证明法。

第三篇

数论派

第一章　总说

一、地位

研究数论派，无论从历史方面还是理论方面来看，都很有意思。弥曼差派虽然历史渊源相当古老，并且又曾激发了他派的哲学玄想，但该派自身的哲学体系发展却微不足道，令人甚以为憾。相对而言，吠檀多派也只是局限在奥义书作基础的思想体系，其哲学思辨也有相当深刻的地方，然其作为有思想力量的哲学派别，其给予他派的影响要远甚于从他派而取得的灵感。吾人于此讨论的数论派，在印度哲学诸派中成立时间最古老。其哲学理论在印度各个思想派别中，据有无容争辩的响当当的地位。如果对数论作历史考察，其思想潮流之萌芽包藏在梨俱吠陀当中，以后经奥义书和史诗《摩诃婆罗多》等古代文献的思想滋润和培养，内在地又与瑜伽派相联系，两家同为姊妹派别。瑜伽派另一面则同佛教和耆那教有着密切的联系。不单如此，数论又对跋达罗衍那的吠檀多派有着非常重大的影响。数论不只是在一般意义上据有印度思想中的巨大意义，作为独立的思想流派，它一直到十四、十五世纪仍然在印度哲学中保持着举足轻重的地位。又若从理论上观察，数论摒弃了古奥义书的一元主义的自相矛盾的地方，成立了二元论的实在论立场。其不顾自身所采取的极端无神论立场，致力于理论的精细发展，始终洋溢着最具哲学思辨力的精神。

因此，整个印度哲学思想潮流，直到近现代都显现出这么一种气象：其他的各派哲学，都在自己的思想活动中不断汲取数论的精锐理论，借以充实自己的立场，也因于此，这些哲学派别多多少少都会带有数论的气味，尽管它们也与数论相颉颃。但也正是在这一过程中，他们中间层出不穷地涌现出许多思想大家。吠檀多的发展仰承数论的恩惠自不待说，以吾人所见，就是佛教的唯识宗，凡所立议论也都往往可以见到数论的影响。于此，姑且先不讨论数论对印度思想界在思想和历史两方面有哪些影响。吾等认为，任何研究印度思想者，若离开数论的思想整理，断乎不能把握印度哲学的发生与发展。西方研究印度哲学史的学者，凡目光敏锐者，无不从一开始就属意于数论派，以其作为研究的起点。至若我国日本，很早就从中国传入数论根本典籍《金七十论》。此论因佛教传来而为吾国所知，还有众多的数论思想材料，也都因佛教的影响才在我国传播开来。尽管有如是之多的数论材料，吾人深以为憾者，乃是并无相应之注释书或者教理概述著作。因此，吾人在本书中对数论哲学派别如果有所总结，则是因为本书对其他印度哲学派别都有相对详尽的介绍，为求理论介绍的周全与平衡，这里的数论概述算是对以往东亚在这方面的缺陷的弥补吧。

二、名义

上来即应先了解僧佉耶的意思。僧佉耶为 Sāṅkhya 的音译。此词很可能是由 sam-√khyā 变化而来。起初的主要意义在于“计数”。由“计数”义转为“思索考虑”，其与英语中的 calculation 相似。不过，在数论学者自身，究竟本词的意义为何，有种种不同的说法，并无定论。数论学研究的泰斗迦尔比（R. Garbe）说，此派当初因为成立二元二十五谛，用以解释万有，为他人所笑，讥为“数手”，遂以得名[①]。而另外一位德国学者道森（Deussen）则谓，此名称来源于“思索”义。“数数目”之本义在奥义书中意谓对万有做分析考量，由此而称此诸思索家为数论者。以后形成专有名词以指此学派。不同之见解来源于学者对于数论一派的起源与发展过程的不同关注与强调。在吾辈宁可折中各种意见，取其“思维思索”的含义，即是说此派形成在其最初对世界万有的存在本质之思索，有若一一计算考量。

不过“数论”一词作为术语，最初出现于奥义书时代。《白净识者奥义书》（*Śvatāsvatara Up.*, Ⅵ.13）中写有“僧佉耶瑜伽之智识”云云。只是此处所说的“僧佉耶”，意义比较暧昧，与其说是对印度思想理论中数论的一般考察，更像是简单言及“瑜伽”一名的字面意义。又《薄伽梵歌》（*Bhagavadgītā*，第Ⅱ章）中也说到“僧佉耶瑜伽”，但其对数论教理的涉及，意味极其淡薄，毋宁认为其只是讨论“不死”而旁及了《羯陀奥义书》的思想，并无关于二十五谛的说法。换言之，此等场合中，“僧佉耶”一词皆与列举名数讨论特定存在原理的学术风格无关，也看不出哲学分辨与思索的立场态度。依吾人之见，皆因为此一时期尚未形成“僧佉耶”之学派。其名称并无学术派别的所指。只是到了后来，因为分辨解析的思辨力逐步演进，相应地也养成对于原理名数讨论的风习，随种种关系而完成对二十五谛的原理总结，于中方才

① R. Garbe, *Saṅkhya Philosophie*, S.132 fg.

透露出数论作为一派哲学的特质。《摩诃婆罗多》中有《解脱法品》（*Mokṣadharma*）[1]，其形成应晚于《薄伽梵歌》。其中说道："有计数周全之学派名谓僧佉耶，其立自性在内之二十四谛，更有第二十五谛之非物质（神我）。"

揣测此种说法成立时，数论学派已经出世。此语言学的解释，大约源于智比丘（Vijñāna-bhikṣu）对于"僧佉耶"的说明。此也正是迦尔比认为数论得名于计数说的依据。此亦为吾人赞同此说的理由。吾人相信，僧佉耶一词，其先只是泛指数论的分析思辨特点，以后才逐步形成用确定名数来指示存在原理的思潮，最终被用作专名，意指本派的特别立场。此处令吾人觉得有趣的是慈恩大师窥基的说法。慈恩在《成唯识论述记》中对"僧佉耶"所作之释名："梵云僧佉，此翻为数，即智慧数，数度诸法，根本立名，从数起论，名为数论。"将思辨之义与计数之义统一起来，肯定是非常巧妙的解说。

三、研究资料之处理

因数论思想自身有很长的历史，其对于学界又有很大的影响，对于数论的研究，可能涉及的材料不可谓不丰富。数论思想之萌芽，最早可见于梨俱吠陀晚期。至奥义书时代，文献中随时可以读到显示其思想倾向的片段或者术语；在法论典籍中，《摩奴法论》所举譬者往往都是数论的主张；若看叙事史诗，《摩诃婆罗多》中的数论哲学观念也极为盛行；再进至诸婆罗门书和往世书流行的时代，数论思想更是比比可见。可以这么说，印度社会中的所

---

① Mokṣa, *Dharma*, Mbh., XII.308, 41-43.

有思想流派及经典，无不受数论情绪的浸润与影响。

而是等经典，无论如何，又都是婆罗门之徒所共认符合吠陀之《天启经》与《传承书》的权威。因此，所谓数论思想，尽可以称为婆罗门的数论思想。而看数论的特色，它是在无秩序的万有上面成立最高的原理。此原理可以称为“梵”或“神”。仅从这一点看，数论也可以称为有神论立场的哲学。不过，同时吾人还应注意到，有所谓“数论派之数论”，其主张稍稍有异于前面一派。数论派之数论的特色，在于其认为万有之第一原理之上或之外，没有所谓的神。这样的思想可在僧佉耶派的本典中见到。数论的这个根本经典虽有各种异行本子，然较为规范之标准本即《僧佉耶颂》（*Sāṅkhya kārikā*），最早出现在四五世纪。此即汉译的《金七十论》的本颂。此外，就是所谓《僧佉耶经》（*Sāṅkhya sūtra*）。此二典籍，吾人将于下文详细介绍。两书均为数论派哲学思想之重要教义书。

僧佉耶思想之两大潮流，接下来要绍介的是僧佉耶中之两派思想，以及两派之间的历史关系。于此先做预告，学者中间关于此问题，形成的意见颇为纷纭，实为未有定论的悬案。所以如此，盖因数论一派虽然古来已有经典《僧佉耶颂》，然该颂一直未有定本，历史上经历多次散佚，也就数次重辑。今天已经难以确定它的原始形态。与此同时，像史诗《摩诃婆罗多》中虽也说到数论主张，然它本身也是长期流传在口头，成书相当晚。因之，据本书不足以说明数论的原初形态究竟为何。就此而论，学者间的异说在于，如迦尔比，认为婆罗门教之数论是后起的思潮，该思潮受到依《僧佉耶颂》成立之数论学派的影响。因此，有神论的数论不过是学术派数论的变种。与此相反，道森与达尔曼则认为，婆罗门教之数论在先，以后不断演进，才有了无神论的学派之数论。两种说法相持不下，颇难判定是非。吾人在下文中会有所说明。吾人虽所赞成的是后一种主张。然亦未对前者之所有论据一律弃置不顾。因此，思考起来，要问两论当中，何者更加符合情理，吾人仍取折中的立场。因之，稳当的说法是，自起源上看，学派之数论的确是从有神论之数论脱化出来。后者形成于奥义书和《摩诃婆罗多》初成之时；亦即是说，作为一有势力之学派，时间上虽然后起，然亦对婆罗门教有大影响。做此推断，盖因从新奥义书、《摩诃婆罗多》部分内容以及往世书中，都曲折地反映出那种把第二十六谛当作神的见解。无论如何，无神论的二十五谛观，是后来发展变化的结果。基于这种立场，吾人把数论材料分为两个部分。

第一部分即指属于婆罗门教的数论。此中的材料对吾人的当前意义，在于其显示《僧佉耶颂》之前数论思想发展的过程。凡此中所选的材料也都服务于这个目的。其他的不在考虑当中。即是说，作为数论思想材料，这里只有古奥义书和《摩诃婆罗多》中的哲学议论，其他的，诸如《摩奴法论》、新奥义书或者往世书等，都未加以考虑。其所以这样做，只是因为材料虽面面俱到，不等于就有说明之功。例如，新奥义书和往世书中的材料虽可用，但其产生的时间较《僧佉耶颂》就晚得太多了。

第二部分则从历史背景来着眼，搜罗了针对《僧佉耶颂》和《僧佉耶经》的思想材料。亦即是说，除了动态的考察还有静态的研究，目的是为了显明数论派自身的宗教与哲学的含义。

但因要对数论做完全之研究，则必须把握《僧佉耶颂》和《僧佉耶经》两者间的差异，又更需要了解各个注家的见解异同。这是因为本颂与本经的制作时间，前后相差了约一千余年，若不能把握其间的变化，便不能了解数论在历史上的绝大多数变化。显而易见，此种功夫必涉及非常细微之分析研究。吾人于此不能另开部类，也只能满足于在此第二个部分中，若遇到相关处，指出其重要关键性而已。

四、数论派之确定教理

为叙述有序吾人本当另外讨论上面的两大部类。不过此处是总体叙述，应该对数论教理先有一个简明扼要的叙述。如若不然，揣想读者在吾人随后的叙述中，会生出局促或陌生的感觉。

按照传说，数论的开祖是迦毗罗。其人轻视祭祀必有功德的信念，又怀疑人格之神的存在，认为人之解脱必须循思辨知见的途径。由是而成立数论一派。然而这样一番哲理，如前所说，其所依赖的理论路子，源于二元论的精神原理之神我与物质原理之自性。没有二元原理的前提，后面一切说法均无从开展。依数论，神我是多，而自性为一。一方面，神我之本性在认识能力，而自性之本质在三种活动变化之力，即喜（sattva）、忧（rajas）、暗（tamas）三者。此三者又称三德（triguṇa）。至若两大原理当初相遇时，乃因为神我是动力因，而自性是质料因，两相结合，遂生万有。如果追究创生的顺序，则谓先从自性中生出觉（budhi），次第从觉中生出我慢（ahaṅkāra），再从我慢中一方面生出心理器官五知根（pañcataumatra）、五作根（pañcakarmedriya）、心根（manas）等十一根，另一方面则生出名为五唯的细微物质，更由五唯而形成五大的粗物质。千差万别的现象世界便是这样形成的。此中的自性、神我为二元，加上由它们衍生出来的二十三物，便成就所谓的二十五谛（pañcavimśatattvaḥ）。二十五谛的关系图示如次：

```
神我 ----------------------------------------------------------------

                          ┌ 五知根（眼、耳、鼻、舌、皮）
自性—觉（大）—我慢—├ 五作根（手、足、舌、生殖器官、排泄器官）
                          ├ 心根
                          └ 五唯（色、声、香、味、触）—五大（地、水、火、风、空）
```

此二十五谛中自性是万有发展衍生的大根元，也是万有的物质基础或曰根本物质（mūlaprakṛti）。又若自现象世界尚未发展出来的元点看，自性也称作未展开（avyakta, avikṛti），即未变异。与之相对的是觉（大）以下的二十三谛，它们属于已经展开了的现象化产物，便可以称为已展开或所变异（vikṛti, vyakta）。不过，这里的神我作为本体精神是不变不动的灵体。因此，它是既非变异亦非不变异的局外存在，谓之中直者（madhyasthāna）。

然而人生当中之所以有种种痛苦，归根结底，源于此之局外中立者的神我受到遮掩，使其受到遮掩是因为神我受到物质性的觉、我慢、五唯、十一根等组成的细身的桎梏，因之会产生自家身体存在的迷误。因此，欲从根本上解除痛苦，在于去掉错误的认知。也就是求取真智，分清楚神我与身体本来是两个东西。而如果要解除这种误执，通常的方法是对于二十五谛的真相有所把握。具体的道路就是修习禅定，一步步地解除肉体的压迫。所谓修行就是解放神我而已。如斯而行，最终精神显露其本来面貌，物质束缚则完全脱落。此即为数论派的最终目标，被称为“独存”（kaivalya）。

五、参考书

研究数论可参考之书籍有若泽山。仅搜罗有原典并注释且有译文者，数量就相当大。看迦尔比所撰之《僧佉耶哲学》，其中第 78—84 页上所列书目的数量就颇惊人。于此吾人不可将其尽悉列出，仅以最为重要者呈于读者。

与数论原典相关者如下：

La Saṅkhya Kārikā, étudie a la lumiere de sa version chinoise. J. Takakusu. 1914. Hanoi.

Translation of Saṅkhya Kārikā, Colebrooke (*Mis. Essay*, I. pp.272-279).

Die Saṅkhya, ubersetzt und erklart von Deussen (*Allg. Gesch. d. Ph.*, I. 3. pp.419-466).

The Saṅkhya Kārikā with Commentary of Gandapada, by H. H. Wilson. 1887, Bombay.

Vacaspati Misra, Saṅkhya tattva Kaumudī, 1871.

Vijnanabhikshu, Saṅkhya pravacanabhasyam, 1894, Leipzig.

同上书之德译本，译者为迦尔比（1889, Leipzig）。

The Saṅkhya sutra vrtti or Aniruddha's Commentary, 1888, Calcutta.

同上书之英译本，译者为迦尔比（1892, Calcutta）。

Viñānabikṣu, Saṅkhya Sāra, 1862, Calcutta.

同上书之英译本，译者为武德（Ward）（1822, London）。

数论研究著作如下：

J. R. Ballantyne, *A Lecture on the Saṅkhya Philosophy*, 1850, Mizapore.

Barthelémy Saint Hilaire, *Premier Memorire sur la Saṅkhya*, 1852, Paris.

E. Roer, *Lecture on the Saṅkhya Philosophy*, 1854, Calcutta.

Richard Garbe, *Saṅkhya Philosophie*, 1894, Leipzig.

Richard Garbe, *Saṅkhya und Yoga*, 1896, Strassburg.

Dahlmann, *Saṅkhya Philosophie* (刊载于《大婆罗多教理研究》一书).

此诸作品中最为有力者系理查德 · 迦尔比 (Richard Garbe) 之《僧佉耶哲学》一书。迦尔比之著作中难以等同的观点不少，然其材料丰富，出处准确，甚有价值。

第二章 《僧佉耶颂》成立之前的数论思想发展[①]

第一节 数论思想之起源及与原始佛教的关系

数论思想之起源，历来是学者间的一大悬案。此思想系统最初从何处发生，作为一学派又完成于何时，其与原始佛教有何等的联系，如是等等，都令人疑问不断。所以如此，盖因称为迦毗罗仙人的数论开祖的生年无从确定，而其所主张的无神主义、非祭祀主义等，在某种程度上颇类非吠陀主义的佛教思潮。但另一方面，数论的思想议论又往往可见于婆罗门教的圣典当中，这就使得人们对其面目地位不能获得清楚的认识。因此，按迦尔比的说法，数论一开始看上去是非婆罗门的学派，恐怕因其发生在当时婆罗门教尚未达到的地区，例如同佛教产生有关的迦毗罗卫城（Kapilavastu）。观此城名，该地与数论祖师也有一定的关系。因为如此，不可在吠陀或奥义书中去寻求数论的起源。奥义书中如果有一些数论的思想术语，相信应当是受到数论影响的结果[②]。这

① 本章为数论材料的第一部分，即数论发展史研究。

② R. Gerbe, *Saṅkhya Philosophy*, S. 2-24.

里，自然也不免遭遇吾等在前面说到的相反见解。那样的见解认为，数论思想应当起源于婆罗门传统。远的是吠陀圣典，近的是奥义书。而数论当中所以可能见到非吠陀的思想，理当视为后来发展的产物。从数论的思想特征来考察，都可以一一寻到这样的发展痕迹。

自然，总结数论的特质性思想，虽可以有多方面的结论，然亦可简略地归结为四点。（1）其认为吠陀亦有过失，因之并非绝对权威。（2）其不承认梵之唯一原理就是大神，而主张自性与神我二元并立。（3）其特别重视自性之作为物质原理（prakṛti, pradhāna），认为一切现象皆从自性中发展出来。（4）其对现象界的种种事物加以分析，从而关注了现象事物之间的因果关系。

今若对照吠陀思想特别是奥义书思想，从外部形态上可以看出数论与吠陀体系间有很大的不同。如是，更进一步加以观察，此处的四大特质，无论是材料本身，还是发展倾向，都可以在奥义书中发现，甚至在更早的梨俱吠陀中也有相当数量的证据。

关于非吠陀主义及奥义书中的证据，先联系第一特质来看。奥义书是自称为吠檀多即吠陀的终极意义的体现者的。因此，从外部形式看，奥义书不可能是非吠陀主义的。但与此同时若搜寻奥义书思想的原动力或者其初衷，其中显然有对于之前的吠陀主义即神话主义的祭祀主义表示反抗的倾向。这种思想发展的高潮，就是对祭祀仪式价值的怀疑，通常它对吠陀研究的功德只做有限的肯定。换言之，奥义书虽然一方面自称承袭了吠檀多（吠陀终极），但实际上，奥义书并不能够被当成正格的婆罗门教产物[①]。如是看

① 高楠顺次郎、木村泰贤：《印度宗教哲学史》，第298—304页。

来，吾人则对于奥义书中之臧否吠陀过失，又对于吠陀祭仪之价值持一种保留态度，又推扬其智见主义（理性主义），如是等等，都成了意料当中的发展结果。

其次，来看第二种特质。数论的二元主义立场有别于吠陀思想的一元论观念。后者代表了吠陀自梨俱吠陀以来直到奥义书时代都一脉相承的源流。一直到奥义书当中，仍然可以见到玄想家们在鼓吹、宣扬与坚持唯一的最高原理。从形式上看，数论与吠陀正统思想成为两途，互不相涉[①]。而从实际上看，思索一下二元论的原始因素，则梨俱吠陀当中关于水元素与胎子（此二者如同阴阳）的说法，不能不说当中也包含有二元论基础。再以奥义书以来的思潮为例，如《布里哈达森林书》（Ⅲ.7）中的内导者（antaryāmin）有教诲为例[②]，其中的二元论思想洞然如炬。又若从整体上看待奥义书的思想根底，既不可归之于宇宙论的，亦不可谓是二元论的。此种分析吾人已在《印度宗教哲学史》一书第三篇第五章中有所说明。盖在奥义书中，世界万有只是大梵之发展或者显现。其性质上有若因果相对。一方面，果之万有被当成幻影；但另一方面，万有也有其自身独立性（否则万有之间便不能相互区别）。这样一来就形成某种程度的矛盾（万有既真又假）。数论的二元主义便从这种对立与矛盾中发展出来。数论的二元论其实也就立足于此，并由此发展起来。数论的无神论与无梵论亦因此二元立场而逐步显明化，最终达到假定第一原理为无作用的某种情绪。因此，

① 高楠顺次郎、木村泰贤：《印度宗教哲学史》，第174—329页。

② 同上书，第250—340页。

因二元立场而后来归结到无神论的过程有其势在必然的一面。又奥义书中虽然并没有明确流露出否定第一原理而主张二元的思想，但随着时代的推进，它的实在论立场是逐步显明的。如果追随数论的特有思想发展及其术语变化，可以看出这种思想趋势的成长，数论的思想也只有从发展的视角才能得以说明。

再看数论之第三特质，即万有展开得依自性为物质基础的见地。无论如何，按照正统思想的主张，梨俱吠陀以来，皆以生主（Prajāpati）为万有起源。而到了奥义书中，万有本原才转变到精神性的实在上。尽管如此，这中间也不能说根本没有物质的存在原理。如果仔细深入地思考，当然可以感受到，物质为世界起源的观念隐约可辨于遥远而不可及的往昔。稍作回顾，吾人可以在梨俱吠陀第十卷的《无有歌》（*Nāsadāsīya sukta*）中看到这样的玄思。此赞歌是有名的哲学之歌。歌中将万有太原称为种子（ābhu），谓其无有生气，亦无呼吸，若硬要说它是个什么，只能说这是晦暗的无意识原理。猜测这说法后面的意思，大概指由种子而生出爱（kāma，欲），由爱（欲）又生出识（manas，智），这就已经接近了万有如何衍生形成的说法。它很有数论思想的意味。吾人在此处的解释，源自道森在其著作中的指点①。

又在梵书时代，有一种可称为原水说的臆想。这种思想认为，起初有大水，水中漂浮着金卵（Hiraṇya-garbha）。生主由金卵中生，于是作世界宇宙。此处可见以物质之水为万有本原的思想②。不过

① 高楠顺次郎、木村泰贤：《印度宗教哲学史》，第189—196页。
② 同上书，第250页。

此处吾人先要考索的，是这种思想与数论生起说之间的大略关系。后面还会再对此思想做系统分辨。穷本溯源，数论以物质性之自性为万有发展依据的观念，可以认为，绝不可能是在婆罗门教中突然冒出来的新思想。应该说，此等思想是在奥义书中长期陶冶酝酿的结果。从此角度观察，当属适切的推测。

最后，吾等再来看数论第四特质。须知，透过世间万有，加以种种分析，可得不同元素的考察手法，绝非只是数论一家独有的观察风格。大体说来，以奥义书为主，抓住其对于基本的大原理的考察，不但认为其与现象界中诸事物没有什么大的不一样，更认为它并不在现象界诸事物以外。尤其到了奥义书中期以降，逐渐形成了一整套对现象世界做系统分析的方法。这一时期，思辨的目光也不再盯在形而下的事物上面。就说僧佉耶派吧，其态度立场已经形成。搜检数论的二十五谛，可以发现在古奥义书中它的原始材料就都已经存在了。再看二十五谛间的前后生起关系，古奥义书中其实也有大致的说法，其叙述也相当成熟了。在奥义书末期，这样的因果关系理论也已经达到相当圆熟的地步。仅就此而论，可以说古奥义书中已经有了系统的数论学说。

如此看来，上面所说的数论思想特质，一一玩味，可以知道不仅酝酿在梨俱吠陀直至奥义书期间并时时涌出。假如吾人想在吠陀正统源流的外边去搜寻，大概也绝不会是一桩茫然无绪的事体。不过，吾人既然顺着这个路子能够看到印度思想发展的轨迹，并可以有所获得，又何苦一定要舍近求远、别寻他途呢？因此，吾人认为，奥义书和《摩诃婆罗多》（特别是该史诗的最早部分）中显示的数论思想，其本身就已经成为一股源流，它不但是数论派得以成立的思想影响力，更勾画了数论形成的具体经历。

如是，可考察数论派在发展成为一个派别之前的教理形成阶段。从思想成长的角度看，依据梨俱吠陀以下直到学派时代的上述思想材料，可以分出四个历史阶段。

第一个阶段是梨俱吠陀时代，玄想的诗人们以拟人的方式来成立世界本原，即从胚胎学和生殖学的角度来看存在的本源。此可以《无有歌》作为代表。权衡《无有歌》的思想，其完全体现出一种对胚胎发生的过程考察。这一点，吾人前面已经指出[①]。然而吾人之所以将它视为数论存在发生论之第一原型，乃是因为它在数论体系中，明显属于最初的朴素单纯的见地。这样的思维方式肯定是存在发生论的出发点。换言之，对于数论而言，自性与神我的成立，原型基于阴阳对立的用意，二者的交互作用，代表了阴阳交汇的生殖事实。自性的种种功能作用，皆源于最根本的能力要素。即是说从代表“阴”之能力的子宫可以生出胎儿的含意。而觉与我慢等的产生顺序，则是婴儿由胎内向胎外不断发展的过程。这是胚胎生殖的过程。正是在这个意义上，吾人宣称数论存在发生论的原型考察，可以用人类生殖来比拟。然而，与此同时，人类的观察活动又不仅仅停留在生殖活动上。特别是在古代，它是世界观形成的能动过程。因此，第一个阶段的思维过程在沉思默想之间，冥冥中会转移到宇宙产生的比拟上来，这也是人类各个族群关于创生神话的宇宙开辟论的一般规律。

上面说的《无有歌》的宣扬者，表面上看，他声称起初什么

① 高楠顺次郎、木村泰贤：《印度宗教哲学史》，第189—196页。

都没有，但其实他正是特意要显示点什么。而在数论思想发展的第二个阶段，即梨俱吠陀时代之初至梵书完成这个期间，创世的第二形态应当以金胎说（Hiraṇya-garbha）为原型。从原水说创世到金胎神创世，后者代表了第二种宇宙开辟论。这么看来，开始时是从生殖现象出发，虽然是容易产生的生成联想[①]，而一旦面对眼前的森罗万象，总要转向宇宙论的思考。而在数论的第二个思想阶段，由于其世界观的思考性质，不能不涉及开天辟地的生成猜想，如何吸收以前的世界创生说，不用说会遇到麻烦。数论派对于先前残留下来的术语不免会有疑惑。例如，从自性中衍生出来的觉（Mahā，大）这个观念便属这种情况。用“大”来称呼“觉”，本来是不会有什么疑惑。但吾人在这里看到了金胎神的影子，在奥义书和《摩诃婆罗多》中，屡屡称呼的“大我”（Mahātman），如果再联想到“非变异”（avyakta）的性质，吾人的疑惑亦尽释然。即是说，在考虑数论思想的第二个阶段时，作为摄取原水的物质性大原理叫作“非变异”，其摄取含容大我（金胎）属于物质性原理的第一次发展。然后其辨识出它就是金胎神，但思索家们又不愿称其为大我，便为它取了个中性的名，叫作“大”，也就是“觉”的异名。其实两个名称所指的是同一个东西。又因为如此，数论才在觉的后面安立了“我慢”。从思维理路上来说，这正是金胎神话中神在创世之初意志发动——“我今欲以繁殖”的意思。意志发动如果在心理活动中表现出来，就可以称为“我慢”。数论派在从教理上构造其创生系统时，将心理与物理的过程等同看

① 高楠顺次郎、木村泰贤：《印度宗教哲学史》，第 251 页。

待，混为一谈。依据同一个原理，顺着同一个秩序，来构造思维。这便是数论理论中种种难点的起因。这是对其思想系统的两个历史阶段的总结。

上述两个阶段的思想，无论其世界观还是人生观，均未脱离神话色彩。而真正称得上圆熟的哲学思考的，应在第三个阶段才会发生。第三个阶段的数论哲学体现在奥义书中。此之阶段，前面所说的数论哲学四种特质，都在奥义书中含蕴养成。而如果追寻这些根本特质，最先引起吾人注意的是其“阴阳说”。由阴阳两翼出发形成了二元主义的哲学立场。从表面文字含义上，此时已经有物质与精神的对峙。盖一切哲学的核心问题无非是讨论的心物关系，也即是精神与物质的关系问题。奥义书便是这样，其倾其全力所思考的只是心物问题。只不过数论派的形成并不是奥义书的思想考虑铸成的。作为一个独立的思想学派，其源流发展均与前面说的三个阶段相联系，因之，有必要对这些思想材料进行整理总括。在第四个阶段，数论本身必然会受到当时一般思潮的影响。此点不说自明。盖此学派时代，对于世界万有，大抵都将分析活动放到一两个这样或那样的范畴或大原理下进行。例如，就佛教而论，其纵向地将一切事物放到十二因缘观上讨论，其又横向地在五蕴说中讨论存在。再看胜论的存在论，其六句义说也是横向地讨论世界构成论。数论与它们都不同，作为独立的学派，其理论体系是在二元的大原理下，用二十三个范畴从纵横两个方向安置一切事物现象。其体系可以概括地称为二元二十五谛说。数论的思想尽管相当古老，但其作为学派成立，只是后来学派时代的产物。

这里的数论思想四阶段论，为吾人所首次提出。学者间未必都会认同。吾人设想，四阶段论有助于认识原始数论的思想轮廓，亦可以解决诸多令人困惑的难点，明了数论的渊源起点。相信四阶段论有助于揭示数论的历史面目。例如，传说中的数论始祖迦毗罗，如果视彼为历史人物，乃是一位颇有见解的学者，彼之主张便是四阶段论的思想基础。迦毗罗的生期与活动年代虽然不明，但大抵可以定在原始佛教的时代（公元前六世纪左右）。做此假定应当是可以站得住脚的。

于此，当对数论与原始佛教之间的联系稍加叙述。盖数论与佛教之间，有不少相类似的见解。这点，学者间已经有很多论述。列举它们两家间重要的相似见解，大抵可以归结成多苦观、无神观、非祭祀主义、众生平等主义等。又从思想上看，数论的缘起论与佛教的十二因缘论更是令人注目地具有相近性质。这一系列的相似，令吾辈不得不关注两家的关联。以下采取克恩（Kern）著作中的排比材料[①]，以飨读者：

佛教	数论
无明（avidyā）	自性（pradhana）
行（samskāra）	觉（buddhi）
识（vijñāna）	我慢（ahankāra）
名色（nāmarupa）	五唯（tānmātra）
六入（ṣadāyatana）	十一根（indriyāṇa）

此处的对照，虽未详论两家各自观念的性质，以及它们产生的先后顺序，但它们之间极大的相似性是不可否认的。学术界历

① 克恩：《佛教大纲》，立花译，第149页。

来对数论与佛教的出世时间，孰先孰后多有争论。一般而论，大部分意见认为数论出世要先于佛教很久。进一步也可以说，佛教在思想上受数论的影响。加之，许多佛教的经典，如《佛所行经》（*Buddhacarita*）、《普曜经》（*Lalitavistara*）、《过去现在因果经》等，显然都有数论的教义。以此类材料来下断语，说明数论先于佛教，应当很有说服力。但也正是在这里，吾人往往感觉到不可思议的地方。数论与佛教既有此甚深关系，又是数论在前佛教在后，那么原始佛典中理当有多处说到数论的。但在实际上，原始的佛经看不到这方面的记录，无论是数论的名称，还是数论的教义。

迦尔比曾自长阿含的《梵动经》（*Brahmajāla-sutra*，六十二见经）指出其常见论者（Sassatavādin）的见解，即他们以为灵魂我和世间均是常住不灭者的说法。他认为那种观点应属于数论及瑜伽派。虽然吾人认为他之此种推断未必确然。何故未必耶[①]？因数论哲学只以自性（物质原理）与神我（精神原理）为恒常不朽，而对于眼前世界的这一切，它们被视为无常存在。因此，《梵动经》中所指的常见论者，恐怕应当视为当初佛在摩揭陀国一带游行时的所见所闻。虽有人持此异见，但未必属于数论师。吾人看法，也有佛教学者如奥登堡（Oldenberg）[②]、戴维斯[③]等加持证明。彼等学者不认为数论对佛教有多大的影响。彼等的此类主张诚为真知灼见。加之，佛教初兴的当世，以摩揭陀国为中心尚有另外一

① R. Garbe, *Saṅkhya Philosophy*, S. 56.

② Oldenberg, *Buddha* (vierte Auf.), S.84-69.

③ Rhys Davids, *Buddhism* (American Lecture, pp. 24-29).

股思潮，即耆那教也在流行。后者亦是力主二元主义的，仅就此点言，其颇类似数论立场。而从耆那教典中亦很难看到数论的影响。若谓佛教受数论影响，耆那教应当更受后者影响。然而，自文献上也几乎无有证据显明此点。故吾人不得不说，数论对佛教之关系，实际上令人十分费解。归根结底，应当这样理会，数论的早期思想只是印度思想宝库中的共同遗产，而迦毗罗只是从这些遗产中总结要点并创始数论之人。

吾人前已指出梨俱吠陀的《无有歌》中已经包含有十二因缘论的种子[①]。而数论与佛教两家间的契合点，皆本源于此原始观念并从中发展出来。两家在无神观和非祭祀主义上，也可以称得上气味相投。要言之，针对当时印度社会中之自由思想，数论与佛教都有不谋而合的地方。正是在此意义上，克恩断定，无论佛教的十二因缘论，还是数论的缘起观，都是对更古老的印度思想的改造[②]；而道森认为，佛教和数论都秉承同一古代思潮，都是对后者加以改造而创生的。因之，两家可视为姊妹派别[③]。所有这些见解，吾人都以为是不失中肯的判断。至于佛教经典，若《佛所行赞》等借佛陀之口而言及的数论诸家学说，其实应归因于马鸣。当时印度社会中数论学术相当昌盛，马鸣之辈因要高唱传统又要显示佛陀精通一切学问，才在经文中借佛陀之口讲说数论或其他诸派的教义。这样的假设应当不至于背离历史事实吧。又关于佛陀故

① 高楠顺次郎、木村泰贤：《印度宗教哲学史》，第 194—195 页。

② 克恩：《佛教大纲》，立花译，第 141—142 页。

③ Deussen, *Allg. Gesch. d. Ph.*, I.3., S.168-169.

乡迦毗罗城的称名，与数论祖师迦毗罗其名的关系问题，吾人后当说及[①]。迦毗罗不过是金胎神的拟人化。迦毗罗城的名称并不必然就与数论之创始人相关，也不必从数论这方面来求解释。由于相关材料与诠释基础并不确定，谓佛陀受到数论思想影响的断定，扣实而论，到底不好认为是铁板上钉钉那样的事。以吾人之见，数论派在佛教出现之当时已然存在，又在摩揭陀国一带有卓然势力。虽然其出世的时间略早于佛教，但其作为一独立学派，宣表其思想系统，恐怕又略晚于佛陀创教。

第二节　古奥义书中数论思想的开展

如前节所述，数论思想之渊源可以回溯到梨俱吠陀时代，然其真正的哲学养育，应在奥义书当中。因之数论思想的开端，放到奥义书的时代比较稳妥。然需指出，奥义书尚未系统组织成书之前，数论的思想便已经含蕴并潜藏于奥义书中。因此，了解数论，理想的方法是先把握其四种特质，以其作标准，在奥义书中追迹求索。再将此四特质作为一整体，考察其在数论思潮发展各阶段的变化。此当为完整把握数论发展的必需手段。不过，循此以进，是否就一定能够得到预期的成果，也不好说就是稳靠而万无一失的事。要而言之，所需的手续相当繁复，而讨论的对象本身又是一庞大的话题，真的付诸实行，恐怕难能应付裕如。既然如此，只好寻求一种更为简便的方法。依吾人的考察，此简易且不乏趣

① 本章第四节。

味的途径就在古奥义书当中。

古奥义书有十一种，其属于夜柔吠陀派系统。其中，特别地与数论思想相关者有五种，依时代先后列于次，它们是：《泰蒂利耶奥义书》（*Taittīriya Up.*）、《羯陀奥义书》（*Kāthaka Up.*）、《大那罗衍那奥义书》（*Mahānārāyaṇa Up.*）、《白净识者奥义书》（*Śvetāśvatara Up.*）、《弥勒奥义书》（*Maitrāyaṇa Up.*）。

随着时代推移，这些书中的数论色彩也渐次加深。大致看来，在此演进的过程中，不单是数论的思想，更有瑜伽的思想，还有关于人格神的情绪，也都可以明显地看出，愈到后来，也愈显得浓郁与强烈。以是，吾等可以判定，作为保留了黑夜柔吠陀一派的相当成熟的思想文献，从中可较为完全地看到思想发展的全景。不管怎样，可以认为奥义书中保存了最为质朴的数论思想，以此材料为依据，可以看见其在历史中的发展。因此，上面的五部圣典是考察数论思想必不可少的材料。其次，为进一步圆满说明数论思想，吾人须从上面五部奥义书中摘出带有数论思想色彩的文句，从中剔出那些从整体上看与数论不甚融洽的主张。之所以要如此处理，是因为从整体上说，奥义书的主旨和基调都是吠檀多主义的，毕竟还得将其视为吠檀多的圣典。经这样一番处理，吾人虽可能得到一些意义简单明白的文句，但其最终能否服务于我们上面的设想目的，仍然有待于进一步的恰当处理。

黑夜柔派的奥义书中，最古老的当数《泰蒂利耶奥义书》。该奥义书的主意在宣扬吠檀多的思想，其中也涉及数论思想的发展起点。此中特别有名的是所谓“五藏说”（pañcakoṣa）。为求得真性实我，它对心身组织加以解剖，一步一步回溯：身体之上有现识，现识之上，在最深最奥秘处便是心。像这样的看法、态度，可以肯定属于数论的先驱。从五藏说可以看到一切有情身体组织的五段要素。此五段要素分别指食味所成（annarasamaya）、生气所成（prāṇamaya）、意所成（manomaya）、识所成（vijñānamaya）、妙乐所成（ānandamaya）。而此五段中，前四者说起来也就是广义上的"肉体"（用中国哲学的表达方式称为"气"）。此一层意义上的生理组织落在有生灭变化的范围内。至于第五段的"妙乐所成"则为内部的深层的存在者，其本体为不生不灭的灵体（用中国哲学术语应当称为"理"）。五段说的大意大概如此。乍看上去，此五段说与数论无多大关系，但如果从另外一面来思考，我们试想一下数论的身心判然两分的立场，一面把所有的变化都归到物质（自性）上面，一面又坚持有不变不动的灵体。从身心二元的观念，吾等可以得到结论：数论派的二元论与此五藏说有很深切的联系。特别值得指出的是，奥义书通常把识当成我的一种属性，然后这里的五藏说却把识视为包含了真性实我的一种组织体系。尽管数论把觉当成物质（自性）的一种作用，因之两者差距较大，但这并不能排斥五藏说与数论二元立场的关系。据此，吾人将数论的二十五谛同五藏说试作比较。五藏说中的前面四段，与二十五谛中自"觉"以下的各范畴相当。数论当中的这些范畴都属于自性所辖的。而五藏说中的"妙乐我"则相当于数论的神我。其间并无什么根本性的差异。所不同者，在五藏说中各段的存在是并列的，而在数论当中二十三种范畴则是次第生起的前因后果之缘起关系。

五藏观	二十五谛观
食味所成	大
意所成	唯
生气所成	根、意、慢
识所成	觉
妙乐所成	神我

由此进一步发展，到了《羯陀奥义书》，它比《泰蒂利耶奥义书》更上一层，有了更加浓厚的非有神论意识。该奥义书上来便借那其克塔（Naciketas）之口讲到有人为了得生天之乐而杀掉可怜的牝牛以作献祭，这样的行为是何等不智。议论中完全采取非祭祀主义的口吻（Ⅰ.1.3）。其又说到若求真智，就要认真学习吠陀，则几乎无视祭者的权威（Ⅰ.2.23）。所有这些态度都显示其堪作数论思想的先驱。此外，略加分析，又可以看到这样的思考：大我与小我，被比拟为光与影的关系（Ⅰ.3.1）；心之与身，又被譬喻成车夫与马车的关系（Ⅰ.3.1）。这种以物作譬的认识方法比《泰蒂利耶奥义书》又进了一步。尤其是其中的有关感官、感觉对象、理性与真我的叙述顺序，比五藏说中尚看不见的缘起关系来说，更显其思维的深入（Ⅰ.3.10-11）："诸根以上有境（artha）。境之上有意（manas）。意之上有觉（buddhi）。觉之上有大我（ātmāmahān）。大我以上有非变异（avyakta）。非变异以上有神我（puruṣa）。"

这也就是吠陀时代的一般思想：由根本原理生出根本物质，根本物质又生出人格神，人格神创造出万物。后来的奥义书对这种思考进行改造，将根本原理换成了神我（此处应为梵），根本物质则换成了非变异（原水之类的存在）；人格神被换成金胎（大我）。下一步，根、意、大（大我）、非变异、神我则成为了并列的范畴，完全成了数论的术语。再对照五藏说来看，如此的说法可以认为：本来是吠陀的宇宙观，经过在奥义书中的发展，成为了走向数论的中间阶段的思想产物。从内容上按照发生顺序，其形成步骤如下：

┌ 五唯 ┐
梵（神我）—自性（非变异）—人格神（大我）—觉—心 ┤　　├ 根
└ 五大 ┘

就是说，虽然尚未达到二元论，就其内容与顺序言，与数论也有些微不同，不过其对缘起的考察或者采用的术语却很相似。因之完全可以认为，由前面的五藏说，经过下一步的发展，便生成了后来的数论学说。

下面，再来看《罗摩衍那》。史诗中的梵即是人格神，称为那罗衍那大神（毗湿奴的别名）。此神祇观与奥义书的思想倒是无甚关联。不过其中有一句话（X.5）值得注意。其显示出与数论的关系："一母羝羊，色赤白黑，产多同色幼崽；一公羝羊，来近母羊，且伏于地；别有公羝羊，尝味母羊，后舍离去。"

从形式上看，这里完全采用的是譬喻手法。体会其中的真实含意，几乎全无例外地体现了数论的根本思想。所谓母羝羊，原文为ajā，（从文法上看）意思是未生育的女性，相当于数论的自性。而此母羊的三种颜色，喻指数论的三德，即喜、忧、暗三德[①]。同

① 数论认为一切事物所具之三种性质。即：（1）萨埵，表示勇健之德。（2）剌阇，表示尘坌之德。（3）答摩，表示暗钝之德。此系印度数论学派所提倡，见《金七十论》卷上。此三德依序译作喜、忧、暗，或勇、尘、暗，或贪、嗔、痴，或乐、苦、舍，或黄、赤、黑，或染、粗、黑等。即二十五谛之第一谛（自性冥谛）所具之德。此德能生各种善、恶、美、丑之物。此外，除神我谛以外，其余二十三谛皆兼具此三德。（《成唯识论述记》卷一）——译者

色的多个幼崽，指从自性生出来的万有事物。又所谓公羝羊原文为aja，文法上指未生育的男性，当指数论的神我。而所谓的接近且做舔舐的那只羊，当指的是受到束缚的自我；而“后舍离去”，意味着得到解脱。注释家们对史诗中此句的解释，一般大都如是。果然如此的话，此已经是相当成熟的数论宗义了。吾人觉得，恐怕这算是后来者的过度诠释。因为这段话亦可见于《白净识者奥义书》中（Ⅳ.5）。故可认为其形成年代相当早，并非《罗摩衍那》的首创。无疑，其为《羯陀奥义书》之前就已经有的思想。

再来看《白净识者奥义书》，数论思想又有发展，其意蕴在书中处处可见。书中甚至直接引述了《僧佉耶颂》，而使用的数论术语已然圆熟。举其大端，其称神我为我智（Ⅰ.9），又称自然界为自性（Ⅳ.10），又谓自性为胜因（Ⅰ.10; Ⅵ.10; Ⅳ.10），又举变异及非变异之名（Ⅰ.8），并且言及三德之说（Ⅰ.7; Ⅴ.2; Ⅳ.16）。其谓觉有五十分（trisadadbhāva），明确地谈到细身（linga）等。

尤其是本书中的迦毗罗仙人（kapilarṣi）和僧佉耶等词汇，都是圣典中首次出现。看上去，简直就是宣讲数论宗义的文本。又特别在书中（Ⅰ.4）以车为喻，举譬车之侧板、车轮、车辐、车辋等，用意在于说明由自性而发展出来的觉、我、慢、五唯、十一根、五大等。总之，世间万有依自性得以成立，有情也因受善恶熏习而分别轮回三道。如是之观念都在书中一一陈述。再把这些叙述联系到前面（《白净识者奥义书》Ⅳ; Ⅴ）的说法，以及公羊、母羊的譬喻来考察，不能不说至此时期数论思想体系已经成立。只不过这里的这些思想很难同奥义书中本来的吠檀多主义分割开来，其理论发展的顺序仍然停留在自性尚受大我支配这样的起点上。

如是，吾人认为，此期间的数论派仍然处在理论体系尚未完全独立的阶段。

随后，有《弥勒奥义书》形成，书中各种各样的思想趋于清晰。相应地，因种种思潮的分流，数论学说也就明白地凸现出来。之前的诸奥义书中，各色思想虽然杂处并陈或隐浮其间，但大都相互混淆，用语也往往含混模糊，又多喻指影射，令人难以准确把握。而至本奥义书，书中的用语直接而明白，显而易见，其已达组织化的初期阶段。又特别是本书中的三德观，已有很大的进展。其对于最初呈现的现象界的状态和形式说明，非常接近成熟的数论派理论。此为证据之一。

盖因三德的思考，起初乃是着眼对现象界的状态、样式等，考察其中的变化相状，进而依据这些相状，猜测事物的性质。此相状有三：平相（sattva）、动相（rajas）及以钝性（tamas）。三相之决定物性的认识，关系甚是重大。只要是非精神性的物体，均与三德相关。无论如何，除真我之外的一切物体，都有三德之有无，以及三德相互间比例孰多孰少的平衡问题。至于真我，其本身因为不具物质性，所以无须谈三德之有无。话虽如此，此处的思考毕竟仍然处在萌芽状态。其实，若看《歌者奥义书》（Ⅵ.2.5），其中也有三分说[①]的轮廓，至于前面说到的《白净识者奥义书》，其中的三分说已然成熟。此点吾人在前面也已作详细介绍。总而言之，本《弥勒奥义书》中，还未有三德理论的确定形式。大体而言，尚未联系三德来对物体的性质加以说明，往往只是联系人

① 高楠顺次郎、木村泰贤：《印度宗教哲学史》，第352页。

的心理感受来谈同类的名词术语，有时只是把这些术语表明开天辟地时宇宙展开的顺序。例如，其Ⅲ.5-6上曰："混乱、怖畏、悲哀、昏眠、懒惰、不注意（恍惚）、颓败、忧愁、饥渴、吝啬、性急（急躁）、怀疑……，如斯皆暗钝之相。渴爱、嗜好、欲情、贪欲、无慈悲、恋爱、瞋恚、欺慢……，如斯皆剌阇（rajas）相。"

这里没有说到萨埵相。虽然，可以由此处的暗钝之相的反面推测，萨埵相应该是智慧、慈悲等的功能作用。不管怎样，此时的三德之相，主要指心理现象，当无疑问。然而本书（Ⅴ.2）中又似乎以三德来描述宇宙："世界之初，唯暗钝状态。暗钝下属于最高原理。然此暗钝，受最高原理之激励而发动，呈现动态；又受激励而呈现明态。"这个宇宙展开的顺序，类似于梨俱吠陀中的天地创生次第：暗钝—剌阇—剌阇。这正好与三德之说的顺序相同。

因此，吾等觉得，当此之时，三德说虽未成立，但用三种不同形态来说明太初混沌之状演进的玄想却已经有了。到后来，数论派正是依据这种说法进一步总结，由此束成了数论的重要教义。然而，据实而言，数论的三德说其实非常难解。盖因其中的说法，从一开始就显得含混动摇，以后虽经过折中融合而被打成一团，逐步地对物质的属性及相状加以整理，才确定下来。亦因如此，其历史背景既不清晰，所以对它的了解也就囫囵，不免有些似是而非。无论如何，三德说与奥义书有关，是在奥义书思考基础上之总结重置。总而言之，它严格地区分看待了肉体（生理与心理两方面）与精神二者，又是实在性被赋予物质自性的结果。就数论思想的发展历史言，其理论前提与此二元论和物质实在论都有重大的关联。因此，可以认为奥义书的数论思想在很大程度上是从《僧佉耶颂》一类的观念中发展起来的，例如，此书（《弥勒奥义书》Ⅵ.1）中有对主观（bhoktṛ，食者）与客观（bhogya，被食者）的论述。主观者，只是神我而已。而从自性发展出来的觉以下的五大所成的细身，便构成了客观。在数论，凡是具有自性的——觉、我慢、心等——本质上看，都是没有知觉的东西，因此只能作为神我的对象，如是而已。另外，本奥义书中的许多文句与《僧佉耶颂》颇类似。以往哲学史家道森亦曾注意到这点。其所撰《哲学通史》（亦名《一般哲学史》）[①] 中曾搜集有类似标本五六处。若说两者间有不同者，在数论，其学说以自性为中心，而在《弥勒奥义书》，它的理论似乎刚好相反，其论述的中心仍然是自我。据此，可以认为，本奥义书形成时，犹未进到《僧佉耶颂》的阶段。不管怎样，看《僧佉耶颂》以后的数论，该派除以我为认识主体之外，我又完全是无力无势用的本体，而一切活动的属性都是尽归自性所领有的。据此，应当这么说，以上迹象表明，本书虽未抛弃奥义书中的吠檀多主义，但以其物质与自我相分离的现象来看，可以认为从古奥义书中发展而来的数论，至此也算是登峰造极了。

第三节 《摩诃婆罗多》的数论思想之发展

古奥义书中发生的种种思想，一步步地发展下来，又因各种因缘而分流成长，遂成为不同的学派。这中间的种种分衍变化、蛛丝马迹都可见于叙事史诗《摩诃婆罗多》。作为这些分派的思

① Deussen, *Allg. Gesch. d. Ph.*, I. 3., S. 410.

想材料，特别保存于该史诗中的几个品目，通常被称为“四哲学书”的四品，即《萨纳苏贾塔教诫品》（*Sanatsujāta parvan*, Mbh., bk., Ⅴ. Adhyāya, 40-45）、《薄伽梵歌》（Mbh., bk., Ⅵ. Adhāya, 25-42）、《解脱法品》（Mbh., Ⅻ. Adhyāya, 174-367）、《增上歌品》（*Anugītā*, Mbh., bk., ⅩⅣ. Adhyaya, 16-51），都是最重要的哲学史料。考察此诸品目，可以见到数论思潮、瑜伽思潮、吠檀多的思想和有神论的信仰等。它们在长时期中杂然混处，但因时随处，渐渐分流，颇可梳理这中间的走向痕迹。但此诸学派的思想，也同先前奥义书的意味一样，并没有界限分明的教理组织系统。因此，若要显示各种思想动态，仍然需要经过材料的梳理与总结，非有一番学术功夫不可。今将数论思想发展分为两期，这种区分法不免主观而武断。第一期中，因受奥义书气运的影响，虽有较大思想进展，但犹未脱离其一元论的有神论的思想色彩。此期间数论的二十五谛说体系尚未完成。进入第二期后，二元论思想逐渐成熟，二十五谛观基本完成。不过，说实话，关于《摩诃婆罗多》中的僧佉耶思想，需要相当专门的研究功夫，其演化过程也很复杂。于此，吾人只能扼要地作一概述，其中难免没有臆断之处。

第一期 此是属奥义书思想与学派思想并处于相互摩擦的时代。学派时代与奥义书时期之思想特点有颇类似的地方，在观念上，无论个我还是物质（自性），都被看作大我（梵）的属性。此中的意味要点在于，对个我也罢，对物质也罢，思索家都有详尽的思考与解说。若以圣典为据，叙事诗中的《薄伽梵歌》大体上就表现了数论的精神气质。《薄伽梵歌》曰：“（毗湿奴神自谓：）地、水、火、风、空、心、觉、我慢皆余之物性（prakṛt）分化。

然余物性之外犹有更高之（我）性，亦即命地（jīvabhūtā）之精神本质。其为世界延伸之依据（Ⅶ.4-5）。身体是田地（kṣetra），若知彼则是知田（kṣetrajñā），余（神）为彻通一切身体之知田（Ⅺ.13.1-2）。”

《薄伽梵歌》中此说与《羯陀奥义书》中非变异（物性）以上有神我的说法略同。此中尤当注意者，是把余（自我）之物性（田）与余神之知田并列。尽管此处有一元的意味，但也可以作二元解释。因此，完全可以说，此期与奥义书时代相比，其存在论立场有了微妙变化。尤其是《解脱法品》（Mbh., Ⅻ.308, 35）中，当其讨论此物性的一与多关系时说道："当世界开展时便是多，而当世界还灭时便归于一。"此种说法，恰恰透露出这样的信息：物性存在于大原理外，但其接受神的支配。因此，在此时期，有自所谓物性生出缘起，变为多数的看法。此与之前的奥义书时代相比，无疑已经推进至数论的观念阶段。但从另一方面看，它又尚未形成明确的二十三谛这样的实在数目。如前面引用的《薄伽梵歌》（Ⅶ.4-5）中所见，由自性分化出来的只是觉、我慢、心、五大这八分，至于心中的十根，猜想起来，恐怕此时还未问世，还看不见五唯被五大所摄的痕迹。又《解脱法品》（Mbh., XⅢ.232, 2-11）曰："梵者，因无明之力而造作世界。起初作成大；由大而成意；由意则有声性之空生；由空而有触性之风生；由风而有色性之火生；由火而有味性之水生；由水而有香性之土生（大意）。"

此中列举大、意、五唯、五大等，其与神话中之金胎说相当。若从数论立场看，相当于其"觉"这个范畴的，也就是一个比较暧昧的"大"而已。此处的说法，虽然在一定程度上算是数论，然其列举名数的顺序和名数本身都还不算严整的数论派体系。

要而言之，此第一期中的状况，一方面说明数论已经同奥义书中类似观点分流，有了一定发展。然而大体说来，又没有达到真正的独立地步，后来的数论严整系统尚未出世。

第二期 数论思想成熟期，即二元论的二十五谛说完成的时期。至若唯一之大原理贯彻个人精神与物质两方面的观念，虽也可见其流行于西洋哲学家中间，然若欲彻底论证此种说法，亦未必容易。无论如何，物之与心，对立胜过同一。真要设立一大根本原理，令其兼有物心之两边属性而又不冲突，实为困难之事。尤自奥义书以来，一直有一种思想倾向，把自物质而来的肉体视为罪恶的根源。这样的观念已经是印度思想中无需证明的道理。大原理自身如果从物的方面着眼，当然可以认为它是不净或恶的根源。但这么一来，恶便成为了大原理的固有属性。由此而论，人格之神也不免有其缺陷，因其亦有虽受呼告吁请，而不肯回应仁慈的情况。再从经验层面看，个人的精神存在若抱持着此大原理尚好说，但个人的身体从结构上看，毕竟不能怀疑它只能以物质为基础。至于主宰身体的大原理之作为超越性的存在，是无论何人都无法证明的。因此，若从实在论的角度来对此难点加以会通，就不得不否定那从经验上不可证明的大原理。独一的大原理既然有此逻辑的困难，便只能从物与心两个方面来思考。世间万有的生、住与灭，从常识上也只能解释为物之与心的交互作用与代谢。因此，这样看来，如此的认识见解也就有了必然性。如是的看法，其实也只能来自奥义书，奥义书中实在观的不断发展，是实在论思潮的必然归结点。从《摩诃婆罗多》中可以看见这种成熟的思想成果。《解脱法品》（Mbh., Ⅻ.305, 25）曰："但只有二：神我以及非神我（自性）。"

《解脱法品》又这样说明神我与非神我的作用："凡一切存在者及非存在者，都从自性而生灭。虽然对于神我并无目的，故而（神我）其非作者。虽如此，神我于现世中为作者焉，甚以为惑。"即是说，据纯然的二元观，现象界之生灭一方面是自性开展与收敛的结果，虽然神我对此过程没有丝毫干预，但因迷惑而有如是误解：将自性的作用（身体的现象）看成神我自身，于是生出种种苦来。显而易见，自奥义书以来，人们一直都把究竟的理想放到精神主体取得独立这上面。这样一来，人的解放即变成了精神主体实现其寂然不动的过程。这样的看法一路继续下来，其结果便是：虽然有为的、变化的现象，被当成实有之存在，但人要想实现其主体性，仍然被认为必须摆脱与实在的关系性；此过程中，再加上那一路继续下来的心性本净观，两相结合，再加会通，于是便形成了数论的基本立场。这是从形而上学的角度来考察思想的发展结果。

与此形而上学的观察相应，吾人下面再对数论的缘起观加以简略叙述。对数论派而言，其二十五谛中，其第一范畴是自性，而其最终的范畴便是神我。而中间的二十三谛则是自性渐次发展的产物。于此没有必要对所有的范畴一一举示。此处值得特别提出的只是数论关于缘起的顺序。其关于缘起虽有不同的说法，但大致都同《僧佉耶颂》所讲的一样。盖之所以有从自性发展出二十三谛的认识，或者是缘于对现实中原来的生理、心理器官的解析，或者是向基本元素的回溯归纳，更有可能是追寻这两方面的因果联系而获致的，即从认识立场出发而罗列对比结成的组合。以下试以三种途径总结这样的缘起类型。（1）非变异（自性）→大我→我慢→心→五大→色、触、声、味、香→五知根、五作根（《解脱法品》，Mbh., Ⅻ.1, 6-22）。（2）自性→大→我慢→ 地 → 风 → 空 → 水 → 火（《增

↙↘ ↙↘ ↙↘ ↙↘ ↙↘

香 鼻 触 皮 声 耳 味 舌 色 眼

上歌品》Ch.40-Ch.42，其中未提及五作根）。（3）非变异（自性）→大→我慢→五唯（五作根、五知根、心根、五大）（《解脱法品》，Mbh., Ⅻ.308, 27-29）。然而，若依《僧佉耶颂》和《僧佉耶经》，缘起过程则应当如下：

自性→大（觉）→我慢（五唯、五知根、五作根、心根）。

↓

五大

若与前面三种类型相比较，则虽从“自性→大→我慢”的看法是一致的，然“我慢”以下所成立的各项则大不一样。所有这些“自性→大→我慢”取法于吠陀时代的宇宙发展观的顺序应当没有问题。至于再以下的不同说法，则与它们采取了奥义书中的不同说法，因此才有如上所列的各种差异吧。

不仅如此，据佛教所传，其所列举之数论见解，同《僧佉耶颂》中的说法亦有较大差异。例如《佛所行赞》中谈到数论意见，其论及色、声、香、味、触五境时，犹未见到五唯之说。同《僧佉耶颂》比较，其所言及的数论范畴与上面的第二、第三类型又不相同。又《大智度论》中亦说到数论宗义，其亦有别于《僧佉耶颂》。

但无论如何，其前面三谛也仍大致相似。以下列示其意：世性（自性）→觉 → 我（慢）→ 五微尘（声—空—耳根、触—风—声根、色—火—眼根、味—水—舌根、香—地—鼻根）。

因之，其中所说的色、触、声、香、味生出五大，虽然与《僧佉耶颂》相似，但其所说自五大生出五知根则是不同的地方。只是相似于上面的第二类型，即《增上歌品》中的说法。不过，此说与《成唯识论述记》（一、末二十六丁）中的“五唯生五大，五大出十根”的意见相同。又若看《金七十论》，其讲法与《僧佉耶颂》的大意又刚好相反，其说认为，自五唯生出十一根，不是从我慢出生的诸根（参见偈五十二的注）。此种意见恐怕更接近于前面说的第一类型。这样一来，如果要对将数论中的不同意见判定总结，在联系后来所传的材料时，不可不记住这一点：数论发展经历了相当的历史过程。这当中从《僧佉耶颂》形成以后，数论派的主张一路发展下来，始终未能避免摇摆不定。

如斯，至《摩诃婆罗多》史诗末期，数论思潮的二元论立场，以及其关于（世界发生的）缘起思想才最终固定下来，终于形成了判然有别于以往无神论的和多个我的主张。批判地看待《摩诃婆罗多》中的相关叙述，此当为无可怀疑的事实。在该史诗中的《解脱法品》（Mbh., Ⅻ.302, 1-7）中，曾论及数论与瑜伽的优劣，其谓：“僧佉耶之徒崇尚其僧佉耶。瑜伽之徒崇尚其瑜伽。两家各奉自己的教理，以为最上、最胜，其各结羽党，言诤不已。然而两皆失神（Iśvara，自在天神），不得解脱。故而有圣者出而作判，以瑜伽论为最胜。”

这等于说，瑜伽派一反数论的极端无神论立场，从以往寄生的数论内部脱离出来，从内外两方面改造数论，最终成立瑜伽派的有神论立场。而这一点在《摩诃婆罗多》中受到赞扬和肯定。又同书（325, 2-3）批判了两家的多我之论。其曰："僧佉耶与瑜伽派之徒，谓世间有多我，不说唯一之我论。然而当知，多我皆从唯一之我生出焉。"盖此处《摩诃婆罗多》代表的是主张有神论，且主张有唯一之大我的一派意见。

参考文献

（1）Deussen und Strauss, *Die vier Philosophische Texte des Mahabharatam.*

第四节 前自在黑的数论传统

依上面三节所述，数论教理之萌芽发生于梨俱吠陀时代，经奥义书时期至《摩诃婆罗多》定型时臻于圆熟。因之可以认为数论是自然发生而形成的一股印度思想潮流。然另一方面，数论思想之发生与发展、传播与成立，都与众多思想家个体不可分离。正是他们推动了数论的思想运动。以吾人所知《僧佉耶颂》中便列举了一个数论思索家的传统："起初有牟尼（Muni，指迦毗罗），怀慈心以宣说阿修利（Āśuri）之最上吉祥智。阿修利传与槃荼尸诃（Pañcaśikha）。槃荼尸诃扩张教义。而后弟子相继，及于自在黑（Īśvarakṛṣṇa）焉。（自在黑）理会其说，尽得其益。敷以阿理耶（Alya）之诗调，传其教义。"（70-71）

但看《金七十论》的长行，其师弟相承，颇为详细。其曰："阿修利仙人为槃尸诃（槃荼尸诃）略说亦如是。是槃尸诃广说此智有六十千偈。次第乃至婆罗门姓拘式名自在黑。抄集出七十偈。故说偈言：弟子次第来，传受大师智，自在黑略说，已知实义本。弟子次第来传受大师智者。是智者从迦毗罗来至阿修利。阿修利传与槃尸诃。槃尸诃传与褐伽。褐伽传与优楼佉。优楼佉传与跋婆利。跋婆利传与自在黑。如是次第自在黑得此智。见大论难可受持。故略抄七十偈。如前说。”以上说法是五六世纪顷之自在黑一派所传的数论祖师世系。此之承传有多少历史真实性，本身就值得仔细考察一番。

世传数论开山鼻祖为迦毗罗（kapila）。对此说，学界基本上无有异议。但因其人身份不明，故近代学者对迦毗罗就有不同的看法。依据种种材料，吾人可以断定其为神话人物。盖自一开始迦毗罗就被称为仙人。往往人称其为“迦毗罗仙”。《白净识者奥义书》（V.2）和《摩诃婆罗多》中虽然都提到迦毗罗，但那并不能说明他就是真实的历史人物。又如，《薄伽梵歌》（X.26）中毗湿奴也自称为迦毗罗；《解脱法品》（Mbh., Ⅻ.341, 68-69）又说其为神圣的金胎神，同书（Ⅻ.344, 96）反复申说的，也大都与金胎神的事迹相一致。又对佛教方面关于迦毗罗的传说，也应当如是看待。马鸣《佛所行赞》（藏七，58）中说“彼迦毗罗今波阇波提（Prajāpati）”。这无疑是把迦毗罗视与生主（金胎）同一回事。按数论派自己的传说，例如作为《僧佉耶颂》注释本的《金七十论》中第一个偈颂就说到“昔有仙人名迦毗罗从空而生”云云。是诸说法均暗示其并非地上的人物。作为一种猜测，吾人觉得，如先所述，金胎神话是激发数论思想的原因。一旦有这样的意识，数论之徒便对神话作拟人化的理解，金胎的颜色（黄赤色）就用来意指思想的创始人（Kapilaj 意译为迦毗罗，意思即是“黄赤”）。传既久，到后来他被当作了真的历史人物。

接下来的二祖阿修利（Aśuri）的身份也不明。阿修利这个名称在《百道梵书》中曾提到过[①]，但该处所述与数论没有任何关系。又《摩诃婆罗多》中虽然也有这个名字，但只是说他是槃荼尸诃（pañcaśikha）的老师[②]。《金七十论》（第一颂及释）说，迦毗罗仙人为得到传承的弟子，在三千年间祭天，又三度对其训诫，才收得这么一个弟子。但这样的传说很难看作实有其事的历史记载。胜论派的开祖迦那陀在寻找他的弟子五顶（Pañcaśikhin）时，也经历过同样的一番手续。

不过到了三祖槃荼尸诃这里，他似乎明确地是某位历史人物。《解脱法品》（Mbh., Ⅻ.18, 15-16）谓其属于阿修利家族，被迦毗罗女儿所收养，及其长大，成为阿修利的弟子，最后成了大学者。又同书另一处（Ⅻ.218）说他是遁世者（sannyāsin）[③]，曾游历诸方，至米替那国（Mithilā）谒见阇那伽（Janaka）王，说服其宫中百名学者，向王宣说数论教义。不过，这个故事更早出在《布里哈达森林奥义书》中，本来是阇那伽王同耶鞠那瓦基亚的关系复制。而在《解脱法品》的记事中，他并不只是讲数论，也讲吠檀多义。因之，他究竟是不是大宏数论的干将尚有疑问。《僧佉耶颂》中有《六十科论》（*Ṣaṣṭhitantra*，据说有十万颂）之经名，

① Macdonell, *Samskṛti Literature*, p.215.

② Mbh., Ⅻ. 218, 1-15.

③ 高楠顺次郎、木村泰贤：《印度宗教哲学史》，第 413 页及以下。

《金七十论》之释文中谓其为槃荼尸诃所作；又后来的《僧佉耶经》中多处提及槃荼尸诃之名，且引其说，以此推之，当实有其人其事焉。若事果然，《智度论》中所举《僧佉耶经》之名，世亲菩萨（婆薮开士）之提婆《百论释》（汉译为五世纪）中，亦有《僧佉耶经》之名目，或许此经确为三祖所述亦有可能。《解脱法品》（Mbh., XXII. 218, 8）中评论其人曰："若数论师以迦毗罗为至上圣者，仰其为祖师。则槃荼尸诃实为迦毗罗之化身，而令世界惊愕。"

盖此赞誉实揭示槃荼尸诃之重要地位。谓其为数论之真正创始人亦无不可。虽历史材料未能显明其人之历史年代，然据《解脱法品》中所说槃荼尸诃与阇那伽王之关系推断，则三祖生期至晚亦当在《摩诃婆罗多》中言及其人的那部分材料完成之前。但因此部分材料的时间难以确定，故以它作参照标准仍然乏力。仍可值得注意者，是《佛所行赞》（第三卷藏八，58 右）的记事。其上有阿罗蓝（Āḷāra）仙人对佛陀说数论教义的事。其曰："林衹沙仙人及与阇那迦、毗陀婆罗沙，及余求道者，悉皆从于此道而得真解脱。"

如果马鸣于此所说之事表明其知道《摩诃婆罗多》中的故事，以阇那迦王的名字出于该史诗，则根据其教化阇那迦王事，可以断定槃荼尸诃的生期不会晚于马鸣时代。马鸣是公元前后的人，此当可以作为一坐标。学者迦尔比将槃荼尸诃的生期定在一世纪[1]。吾人对此既不能肯定，亦无证据可以否定。若吾人前

[1] R. Garbe, *Sāṅkhya Philosophie*, S.34.

面的推断不谬，毋宁定在公元前二三百年更合适。但据《佛所行赞》则将槃荼尸诃的生期放到了佛陀生前，恐怕不能不说是大的误解。

槃荼尸诃以后的传数论教义者，无论褐伽还是优楼佉，手边无有任何材料可以依凭。褐伽其人，恐怕名字当为 Gārgya 或者 Garga，而优楼佉当写作 Ūluka。此与胜论中一位学者同名。令人不免臆测，是否原本即是一人，因误会而被当作两位。

最后，当看跋婆利和自在黑二位。此之二人不只在数论史上地位重要，其与佛教亦有密切关系。吾师高楠顺次郎教授，由研究《世亲传》（藏九）对此问题大有发明。教授撰有英译之《世亲传》（*Life of Vasubhandu*）。吾人于此稍作补充，简单推论，举议于次："《世亲传》谓佛灭后九百年，有外道名频阇诃婆娑（Vindhyavāsaka，意译频度耶山住）。其就毗梨沙伽那龙王学数论之僧佉耶论并撰论书。外道携其论书往秘柯罗摩阿袟多（Vikramādhitya）王之宫廷。其与佛教徒佛陀密多罗（Buddhamitra）作论议，并说服后者而大获凯旋。当此之时，世亲菩萨游学归来，闻讯愤慨，因作《七十真实论》（*Paramārtha saptati*），摧破外道宗义。然据《成唯识论述记》（一末）迦毗罗之徒众分为十八部，其中为首的部主称为伐里沙，意即雨众。又若依据迦比尔[①]，大约七世纪的作品《瑜伽经注》（*Yogabhāṣya*）曾经两度提到数论并引用其主张。"

不过若依是等记事推定，《世亲传》当中的龙王毗梨沙伽

① R. Garbe, *Sāṅkhya Philosophie*, S.34., p.371.

那正应当是《成唯识论述记》中的雨众。《瑜伽经注》中的Varṣagaṇya（伐里沙伽尼耶）也正是著名数论学者的名字。《世亲传》中，说到此学者有一弟子撰一论书。世亲为破斥其说而撰写《七十真实论》。此论的“七十”之数本当看作与该论书的名数相关。然而就数论的论书言，其中所论，皆与“七十”名数无关。因之此大约是指《僧佉耶颂》的偈颂数目。而该论正由七十个偈颂组成。这是它被称为《金七十论》的缘故。此论作者频阇诃婆娑，很有可能就是自在黑。此推定如果可以成立，回过头来看关于《金七十论》的跋婆利－自在黑的传统说法，这里的跋婆利也正是毗梨沙伽那其人。如是看来，很有可能，跋婆利是婆利娑一名的误写。如果这样看，它也正好与《成唯识论述记》中的伐里沙、《瑜伽经注》中的Vārṣagaṇya对应得上。吾等所以认为，这一系列的名称所以相关，即婆利沙＝伐里沙＝Vārṣagaṇya＝雨众，正缘于此①。

以上实际上是对数论史的考察，有关数论的其他各种事，都需要放到背景中去考察。首先，《金七十论》里面的传统说法，绝非凭空设想出来的。其中至少有一部分是真实的历史。第二，自在黑的生期年代，还是有端绪可寻的。为什么这样说？自在黑与世亲大约同时，世亲年代若能确定，自在黑也可以确定下来。而依高楠博士的看法，世亲年代在420年至500年。荻原云来认为是390—470年，佩利（Peri）认为其殁于350年左右。如是，即令还可以早一些，也不会早过四五世纪之交。因此，自在黑大

① 《世亲传》，第48—51页，大要补释。

约也就是四五世纪之交的人（然多罗那他的《印度佛教史》中有自在黑与陈那论难的记录，依此则自在黑的生期可能就比世亲略晚）[①]。第三，当时数论在整个印度全境都有流行，而在南方频陀耶山[②]势力尤盛。依《西藏佛教史》陈那在南印度安达罗国作《集量论》（*Pramāṇa Samuccaya*）时，与自在黑有过来往。若依此材料，自在黑当为南印度人。第四，《僧佉耶颂》作为坐标，将数论史划分为不同时代。频阇诃婆娑即自在黑是毗梨沙伽那的弟子。其所撰的一本论书，变更了从师所受的议论顺序并补充其不足，因之遭受了老师的不快与冷遇。如是来看，自在黑的论书相当程度上改进了《僧佉耶颂》的教义，将数论推进了一步，也结束了前一阶段。

要言之，联系传统数论历史来看，可以说槃荼尸诃时，数论教理基本成形。而只是到了自在黑的时代，数论才有了一大进步。然而，若按《金七十论》的传统，数论派的教理学说不存在任何突然性质的改变。实际的情况恐怕是，虽然数论当中有多种不同的源流，然而此处所传的数论主要是南方所传系统。这种猜测应有一定道理。何故如此呢？《成唯识论述记》中说到数论中也是分为十八部派的。又，实际上吾辈也能看到许多有差别的数论主张。至少吾等可以认为，在同一个数论派中间，有不同的教学源流。

---

① Tāranātha, *Geschichite des Buddhismus von Schifner*, S.132-133.

② 今文第亚山。——译者

附录：数论派的教义书及其注释[①]

若言教理系统的研究，不可不就数论教义书及其中的宗教哲学作一番解明。然关于教义书，前面不同场合已经多有言及。故而在此，只需简扼论述。

至迟于公元前后，数论派之教义书便已经形成。《大智度论》卷十七说，僧佉耶又名数论派。《金七十论》中也说槃荼尸诃撰有《六十科论》。此皆为无需怀疑的文字记录。然是诸作品大都已经佚散。现今保存下来的最古老材料，至多也就只是前面所说的自在黑的《僧佉耶颂》。此颂仅由 72 个偈颂写就。其中有关数论的教理叙述，几近完备无缺，不可不叹其为旷世之作。据说，当初自在黑完成此颂时，深得时王（即力日王，Vikramathitya）欣赏，王作奖励，赐金一万。亦因于是，自在黑的该著作世称《金七十论》（见《成唯识论述记》一未）。此处姑且不论"金"之一字是否只是附会之说，因为其似无历史依据。然在诸派哲学中，此论颂提纲挈领，体系俨然，具高度总结性，实亦可贵而难得。古代教义书虽多有散佚，然视其今尚存者，在组织性上能压倒本颂者，恐怕无有焉。此书的注释本，今犹行世者不少，最古的本子当为真谛译释之《金七十论》本颂（Hiraṇya saptati）及长行（真谛法师在 546 年来华，殁于 569 年）。《成唯识论述记》说，世亲亦曾有数论释文。因别无其他傍证，故只能说，今世人所见之

① 本部分和随后的第三、四章为数论材料的第二部门，即数论派教理系统之研究。

存本，作者不详。其次，本论有高答巴（Gaudapāda）之注释。以往猜测高答巴约为七世纪顷之人。据传，其人生期在八世纪之商羯罗的前二代。而将本论注释者高答巴认作同名之吠檀多派前代论师亦颇有问题，中间引起不少疑惑。故仍只有将此说法，看作一种猜测，而非定论（此事放到后面讨论吠檀多派之曼杜基派时再作详辨）。总之，以此吠檀多派之高答巴为《金七十论》注释长行的作者，亦不成定论。学者迦尔比虽作此声言，然始终只是臆测，而高楠教授已经证明，两者不当视作同一人[①]。本论还有第三注释本，名为《数论真月光疏》（*Sāṅkhya Tattva Kaumudi*）。作者为十二世纪前半期之瓦恰斯帕底·弥希罗（Vācaspati Miśra，又名语主）。该论释的长行注解最为完备。迦尔比的《数论哲学宝石》（*Die Mondaschin der Sāṅkhya Philosophie*）中曾对该注释作德译。

地位仅次于《僧佉耶颂》的数论教义书，有《僧佉耶经》。此书又名 *Sāṅkhya Pravacaṇam*（《僧佉耶经解明》）。该书有六卷，共 526 个颂（164+47+84+32+129+70=526）。前面三卷属于教理总述，第四卷说修行，第五卷是与他派问答，第六卷说明对本体论的困惑。本书明显具有吠檀多派色彩。不少地方完全是用吠檀多术语来解说数论教理。不过，据科尔布鲁克和迦尔比[②]，本书的根本思想同数论《僧佉耶颂》没有任何冲突。它只是用更明白的语句来解说该颂中的晦涩偈子。其所以要借用吠檀多的语言

① Takakusu, *La Sāṅkhya-Karika*, pp.4-25.

② Colebrooke, *Miscellaneous Essay*, Vol.I., p.244; R. Garbe, *Sāṅkhya Philosophie*, p.69.

与思想，大约目的在于要对抗吠檀多派学说。本经既以迦毗罗的名义传于世，大体可以认作古本。但经中也多次提到檠荼尸诃之名并引用其言，且又有多处似乎与商羯罗吠檀多的主张相同，故其产生时代不可能在《僧佉耶颂》之前。迦尔比提出种种论据，认为本书当属十四世纪作品。此之推断较为合理[①]。本书中转引的注疏多出自名家巨学。其中最重要者，当数约为1450年之学者阿律奴陀（Anirudha），其注本称《阿律奴陀疏》（*Anirudha-vṛtti*）；又有十六世纪后半期之名为智比丘的学者，其所撰注释本名为《僧佉耶经解明疏》（*Sāṅkhya Pravacaṇam Bhaṣya*）；再者，还有十七世纪末之吠檀多学者摩诃提婆（Mahadeva）的本经疏本。以上诸疏，皆由迦尔比汇集编纂刊行，并附有译文。三种疏本当中，智比丘的本子最为杰出。然因其过于着力数论与吠檀多，故而对本颂的释意不免有所乖曲。又智比丘另外撰有数论论书，名为《数论精义》（*Sāṅkhya-sāra*）。

最后，还有一部也以迦毗罗之名流传的圣典，名*Tattva-samāsa*（《正理聚义》）。但该书总体仅有五十四语（单词），其中不过列举诸书名称而已。科尔布鲁克曾将本书与《僧佉耶经》原型加以比照[②]。马克斯·缪勒（Marx Muller）相信其应为最古老的数论教义书[③]。迦尔比则认为其与《僧佉耶颂》和《僧佉耶经》都没有直接的关系，应当只是十六世纪后半期的作品，从

① R. Garbe, *Sāṅkhya Philosophie*, pp.70-71.

② Colebrooke, *Miscellaneous Essay*, Vol.I., p.124.

③ Marx Muller, *The Six Systems of India*, p.226.

内容判断，不会更早[1]。因此本书年代属十六世纪甚至更晚。爱德华·霍尔（Edward Hall）曾有计划将《僧佉耶经》之五个释疏本汇集出版。然目前仅见*Sāṅkhya-krama-dīpikā*（《数论渐阶灯明》）面世。

参考文献

（1）同本篇第一章之参考书目。

① R. Garbe, *Sāṅkhya Phiosophie*, S.69.

第三章　数论派之形而上学

第一节　哲学研究之动机与方法论

数论派的出发点也同于耆那教与佛教等。起先只是为了寻求教人离苦的手段，由是才有哲学研究的动机。数论派的苦有三类：依内苦（ādhyātmika）、依外苦（ādhibhautika）、依天苦（ādhidaivika）[①]。所谓依内苦，是说身体内部发生的病气、郁闷等；所谓依外苦，指来自身体外部的对人与畜的毁害；所谓依天苦，是说因天罚、宿命等引起的困厄等。而此之三苦，乃一切人出生于世，皆不能不遭受之命运。如果达观地看，一切有情都不能不受命运的摆布。这即是数论的人生观之出发点。就此而有人言，人生尽管不能不有三苦，然而，治病有药，治忧苦又有快乐之境，此同样亦为可见之事实。又虽然天罚为神意，然行祭祀也可以生在天界，长得快乐。既然基于《天启经》，圣教已作担保，何必要把人生看得唯有苦难呢？尽管如此，数论的厌世观要比上面的质疑意见深刻得多。其回答说，尔等所谓的治苦方法，医药也罢乐境也罢，究其实言，既非根本，亦非决定，难免失效。身心安乐并非一定

① 《僧佉耶颂》颂I；《僧佉耶经》I.1-6。

求得到，就是间或可得，也难持久。不能不谓其有限而短暂。又特别是祭祀供牺所得的死后生天，纵然有乐，也还伴有三种过失。一是因杀生而来的不净之失；二是因供献牺牲虽得生天果报，而一旦期尽难免退转；三是纵然在天界，地位仍然有优劣高低，不免高慢嫉视，流为过失（这是有名的吠陀三失之说）。因此，不能不说，轮回有种种，只要陷在其中，仍然不可脱离苦的范畴。《僧佉耶经》（Ⅵ.5-6）曰："居有情界，快乐罕有。快乐即是苦因，因此一切皆苦。"然而，灭苦之方，难道无有决定究竟法吗？亦正是由此，引出数论研究哲学的思想出发点，成为其应付现实苦境的根本动机。《僧佉耶经》（Ⅰ.1）认为究竟灭三苦是人生的最终目的。其中一颂说因受三苦逼迫，故人有欲知（jijñāsā=philosophia，哲学），要寻找灭苦之因。

然而说到哲学，原本是关系到形而上的根本原理的。故欲做哲学研究，不能不先要确定研究者的智识根源，即确立知识标准。因此，数论成立三种量（即知识的方式与标准），其曰现量、比量、圣教量[①]。对于三量，前已言及，此处再略为说明。所谓现量，指五种感官缘取其对象，把后者的形相完全不变地转为心中的影像，如是的感觉智识便是现量。所谓比量，是在现量知识的基础上，推知未知事实的心理活动。数论派同正理派一样，将现量分为有前比量、有余比量和平等比量。有前比量谓从原因推至结果的认识心理活动，有余比量谓从结果推导出原因。而平等比量则指依类似性而从某一具体场合推知另一具体场合的认识活动。圣教量

① 《僧佉耶颂》颂Ⅳ；《僧佉耶经》Ⅰ.87-103。

通常指的是依据权威而获得某种知识。在数论，它也仍然指的是以吠陀为衡量工具，针对现量与比量所不能达及的对象加以认识，也即是说，它以天启知识为认识来源。通常数论对于吠陀中的业品（业之一类的材料）加以排斥，但对于如奥义书这样的智品（有关智解脱的一类材料）却是肯认的。要言之，数论派虽然通过本派的经和颂来解说三量，也达到了相当严密的论理规定，但它不太理会正理派就三量等事所作的种种主张。简而言之，数论派依据三种量，或以感觉事实，或以推理求知，或以权威作证，以求获得对万有存在的真相的认识。

另外，此处联系三量，对数论哲学的系统勘定，也正是对其基本的方法论考察。数论基本的方法论体系可以称为因中有果论（sātkarya vāda）。当然，因中有果论本来是一种理论玄思的猜想。实际上它来源于数论的形而上的考察本身，但数论之徒将它当成了捍卫其本体论的工具和立足点，因此它也被看作数论的基本方法论之一。总体上说，印度诸学派的缘起思想当中，对于因的考察虽有多种方法，但最为基本的看法主要是放在质料因（prakṛti）与动力因（nimitta）两个方面的。说到质料因，印度学界曾经产生出各种各样的争论与问题，非常热闹。就说因中是否已有现成的果，或者因中只是将有而当前尚未有果，前者被称为因中有果论或者因果无别论（Kāraṇa-kārya-abheda），反对这种立场的称为因中无果论或者因果差别论（Kāraṇa-kārya-bheda）。若详细地讨论，所谓因中有果，意思是因中已经内在地具备了结果。事物只要依其内在规定性而自然发生，就会有特定的结果出现。就像鸡蛋当中潜在地具有以后成为鸡的可能性。而因中无果论认为，要有特别的果必须具备种种必要的条件，种种必要条件中非有不可的是质料为因，如同木材是桌子或箱子的成因，但木材中并没有桌子与箱子的特定的果相。也就是说，因中有果论者是从有机物的发生着眼来加以论证，因中无果论者则是以制作物完成后的状态作为标准。这样一来，如果考察二者的世界观，前者是自一种发展说（pariṇāma vāda）得到的结论，后者则是自积聚说（ārambha vāda）出发而得出的结论。不过，如果抛开形而上学的立场，仅从因果论自身讨论，这种差别并不是什么大问题。实际上，数论派可以称得上因中有果论的骁将。《僧佉耶颂》之第九颂（Ⅰ.114-118）中举了五个理由来说明其主张：（1）无不可作故；（2）必须取因故；（3）一切无生故；（4）能作所作故；（5）随因有果故。

以下据《金七十论》中长行解释大意。（1）首先，凡物之生必自有出，不会有无中生有的事。无不可作故者，世上之物，若无造作，必不得成，如从沙出油。若物有可作，如压榨麻籽出油。若物此中无，从此不得出。今见沙中不可出油，以沙中本无油故。（2）必须取因故者，日常经验告诉吾人，若欲得到某种结果，必然要从有该果的事物中去寻求。如有人计：明日婆罗门应来我家食故，我今取乳。若乳中无酥酪，何故不取水充数呢？又如，如果吾人要想得油，只能从菜籽等油料中去寻求。（3）所谓一切不生故，是说若因中无果者，则一切能生一切物。草、沙、石等能生金银等物。此事无故，故知因中应有果。（4）能作所作故者，譬如陶师具足作具，从土聚作瓶盆等，不从草木等以作瓶盆。又如因种麦得麦不得米，种稻才能得米故。（5）随因有果故者，意思是简单地说，因果各从其类。譬如麦芽者必随于麦种。若因中无果者，果必不似因。是则从麦种豆等芽应成。以无如此故。故知因有果。总而言之，《僧佉耶颂》虽然用五种理由来总结因中有果，但其分别的说辞，只是大同小异。归纳起来，无非是说，特定的果生自特定的因。其主旨不过是由于因果同质的缘故，果尚未发生完成时，先已潜在地藏在因当中了。换言之，从因生果，并非新生之物，其不过是从因的状态转换了果的状态。用数论的术语来说，因之成果，名曰从未开展而向已开展的转变（此处与之相对的是胜论的因中无果言论。胜论立场可见本书讨论胜论的章节）。盖数论之成立因中有果论，不遗余力，从四面八方给予论证。所以如此，目的在于借它成立其自性的主张。除非其被视为超验性存在的物质性原理能够确立，数论的本体论立场才得以维护。

以上所说的多苦观、三种量论以及因中有果的说法，并不只是数论一家拥有。不过作为其组织学说的原则，数论派对上面三种方法有巧妙的运用，因此后来推进其玄思，得以完成其哲学体系。以上三原则，作为数论的哲学方法论，吾人当牢记勿失。

第二节 无神观

考察数论派之本体论，先要注意其无神观。盖因从来印度思想，无不以神或太上自我为世界本原。此为奥义书以来一切思想源流所不能免之倾向。唯独数论，虽从奥义书出发，然却大胆主张无神论，且提出相当不凡的证明理由。此之历史过程，前面已经有所陈述。今只从数论自身的立场出发，略陈吾人对其无神主张的理解。此种主张主要是其僧佉耶本颂，颂中因要从正面自张教理，故不得不驳斥相反的论调。由是数论一派，在对本颂作解释时，以及后来所传的《僧佉耶经》中，都有大量驳斥有神论的文句。

对其申扬的意见，吾人总结出四条。首先，其第一条指斥了有神论比量推导的缺点。通常有神论者说，世间一切制造物，皆有制作者。而眼前大宇宙，必有神为其制作者。对此数论师说，此之推理，缺乏遍通法则（vyāpti）[①]。换言之，说凡一切物皆有制作者的说法从经验上说并非普遍真理。尽管家室器具有制作者，但草木等的生物体并不一定，毋宁说它们是自发生长的东西，不能设想也有制作者。因此，“凡一切物皆为有意志者所作”的说法因缺乏大前提之资格而站不住脚。正因如此，说大宇宙必有神作为创造者的推理是错误的——因为上述理由的缘故（经Ⅰ.92；Ⅴ.10-11）。

其二是针对神的性质功能所作的质疑。数论师曰：如若有神，其能令人解脱。世间既有解脱者也有未得解脱者。就未得解脱者言，何以神不能令其解脱？其创造能力亦有限吗？对于解脱者而言，其得解脱在于克服了欲望。神既有大能力，何以要让解脱者先有欲望要求呢？故知神在创造万物时也有考虑不周全的地方（经Ⅰ.91-94；Ⅴ.6-9）。

其三是针对神的创造动机所作的非难。瓦恰斯帕底·弥希罗在本颂论释中作此非难。其谓：先曾设想神是此世界的创造者，然神作此创造的动机究竟是什么？神如果是自足完全的实在，他

① 针对神创世界动机的质难，也可以在《梵经》（Ⅱ.1, 32）中见到。其与数论本颂的注释当中所说的相同。

就不需要为自己的利益而创世，那神是为了众生的利益才创世的吗？但是，神也不当只是因为慈悲有情众生才创世。何以如此说？因神在创世前尚无有情众生。而如果说神在创世后才慈悲众生，那么就成了：神因创世而有慈悲心，神也因慈悲心而创世。两者相互循环论证，因此失去了任何证明的力量。再说，世间有如是之多的苦难，而这些苦难当中亦不见神的慈悲身影。以此而论，从经验（现量）的层面上说，神以慈悲故创世的说法站不住脚。

其四从因中有果论的角度来作质难。《梵经》中曾引述数论提出的质难（Ⅱ.1, 4-11）。其谓，假如第一原理是神或者是梵这样的精神实在，按因中有果论的说法，那么作为第一实在的结果之世界，就必然是先在于精神性的实在当中。然而物质的世界是没有知觉感性的，它因此不应该先在于精神实在中。因此，哪怕吠檀多派出于因中有果说，也同意数论的这个论难反驳是合乎论理的。

要而言之，数论的无神论完全以其方法论作基础来支持他们提出的主张。即说，若从世间多苦的观念出发，如果真有神，则世界不应生如是之多的苦难。从因中有果论出发，此世界没有知觉与感性，证明其根本没有先在的精神性的第一原理，即神。又从量论角度来断定，无论现量还是比量都无从证明神的存在。这虽然只是随分无理[①]的论式，但从总体上看，不失为理直气壮的主张。

---

① 以子之矛攻子之盾似的反诘。即从对立一方的立场作推导，得出显然悖理违情的结论，从而达到否定对方主张的效果。——译者

第三节　数论的二元论特质

如是，数论便就否定了大我的第一原理，或者造物主神。也因此而建立了他们彻底的二元论哲学。其谓物之与心，原本就是独立的二元实在。两者泾渭分明，不可混同为一。然则因缘际会，相互交涉，其间万有生成，世界森罗。以数论术语言，是作为特质原理之自性以及作为精神原理之神我本乃截然不同之存在，但因机缘凑泊而有所结合，从而自性发动，展开结果，演化出世间现象万有。今据数论二元论说法，对此演化加以说明。

运用彻底的二元理论，对此等物心合成的世界现象加以说明，自有其方便之处。未经哲学训练之人，其世界观大都具有二元论气息。就是在哲学家中间，持此立场的实亦为数不少。看古代希腊，最先出来倡此说的有阿那克萨戈拉斯（Anaxagoras）。其谓世界的基础即是物质性的无数种子（spermata）经由理智性的灵体的整合作用，便形成了万有森然。而亚里士多德接受这种理论，提出质料与形式两种对立的东西搭配而构成世界的二元论主张；而后爰至中世纪乃至近代，又有笛卡尔的物心二元哲学大成。直到今天吾人仍知有物心并行论（Parallelismus）行世而且颇有势力。二元论之思想从古及今，绵绵不绝，俨然成一巨大思潮。姑且不讨论此思潮当中，是承认还是否认有物心以上之神祇。但看在现实当中，此二元论诚然免除了一元论的许多缺陷。其对于世界现象所作的解释，更要合乎情理得多。这是物心二元论所以有广泛基础的原因之一。

今天来看数论立场，基本情势倒也没有改变。因为一元论对于此世界的解释实在牵强，故而作为一种反抗，才产生了二元论的解说立场。由是，从长期的历史背景来看，二元论更有坚实和广泛的基础。若以西洋哲学思想史来对照比较，柏拉图的思想类似奥义书立场，而亚里士多德的哲学则近似于数论思想。不过，依吾人的理解，西洋哲学当中，其对物心二者内涵差异的思考，如果同数论作比较，恐怕其间几无相类者可言。笛卡尔之思考物质，认为物质有空间延展的属性，这一特征在数论也是认同的。数论还以为心灵或精神有不变的常住性，只有物质才是变动不居的。此为数论之一大特性。换言之，神我是常住不变之实在。其除了思考性外再无别的任何属性。而自性这东西，其属性便是有延展的、有增减的、有变化的。而如果依据数论的思考，吾人所谓的精神现象，理智的作用先不必说，哪怕是意志与感情就也是瞬息变化的。何故如此焉？因为它们只是物质自性的禀性，因此从本质上言，其只是倏忽而万变的。也即是说，对于数论派，他们认为人的精神现象只是从属于身体，即物质组合体而产生的某种活动，与精神主体（神我）完全没有关系。就此点言，这种看法与亚里士多德认为的精神常住而稳定，精神之外有与肉体一同生灭的灵魂的看法大相径庭。数论与亚里士多德之间的根本区别正在于此。

把自我视作清净无垢的灵体，是数论从奥义书那里接受的思想，因此也才有涤除污垢而获至解脱的极端见解。为什么会这样？如果精神的自体有所谓心的活动的话，其得解脱以后，仍然会有受到感情、欲望、邪见纠缠的困惑，因之不能不说精神是独立于心理感受与活动之外的实体，其解脱只能放到超验的究竟境界中去。

又若以数论二元论的“二”之数目为特色，则希腊的阿那克萨戈拉斯认为灵体是“一”，而精神之外的物质是“多”这样的见地，正好与数论相反。因为在数论的眼中，精神本质上倒是多个的“个我”，物质自性从本体上看只是“唯一”的。物质的属性才是从这个“一”中衍生和开展出去的杂多现象。所以有如此差异，盖因从常识上看，精神也罢，物质也罢，都可能是杂多的。哲学上的二元论对此并不能有统一的要求。数论的二元论不过是将统一性放到物质方面而已。而如果回顾印度的思想史，如果考察其宇宙观或唯一实在观的发展结局，则从梨俱吠陀到奥义书，其思考应当是一以贯之的。数论的二元论依然处在这一潮流当中。世界的本体出发点和基础，仍然是尚未展开的物质自性。如是说来，数论的二元论，从本体观上看，其立足于个人的神我与世界的自性的对立基础上。这同吾人通常的理解：个人是身与心的对立，就宇宙整体说，则是神与器物世界的对立。数论二元论与通常的哲学二元论于此显然是异趣的。加之，如前已说，数论的物质现象姑且暂不讨论，其精神现象只是物质的作用呈现；而其精神原理的神我，若论主客身份，反倒占据了客位。因为数论的二元论讲，整个世界都是从自性衍生出来的，自性是舞台上唯一的主角。此观念也体现在极端的解脱主义的结局上。心的本质相当程度上被当成凝滞的、被动的，因之就人生观言，数论不及吠檀多更具有能动性。以下一节从经典中引述二元的说法，再详加说明。

第四节 自性[①]

数论当中表示物质原理的术语有好些。其表示“原初物质”称为prakṛti（自性），表示“根本原因”称为pradhāna，表示“非变异”称为avykta，表示其“暗冥”状态称为tamas。虽然名称不同，但都指同一个东西。有的时候，自性又被称为“根本物”（mūlaprakṛti）或者“根本原因”（mūlakaraṇam）。在古代中国译籍中，自性又被称为世性、冥谛等。不过真谛法师在作汉译《数论颂》时，将它译成了“自性”。由此，不问而知，真谛译名的原文应该就是prakṛti或者pradhāna（不过，真谛三藏又有将pradhāna译成“胜因”的时候）。

数论是认为自性这东西属于超验性实在的，因之他们不得不证明其真实地存在着。数论虽然用不同法子来证明自性有（存在）。扼要而言，他们的证明手段都是从现实中的粗大器物出发，而往后回溯，倒推至过去，追寻往昔的成因。这种论证方法谓之“平等比量”或“因中有果说”[②]。于此，吾人不可能一一绍介这些方法，而只有挑选最有代表性的证明法之总结呈现于下。其为摘自《僧佉耶颂》第十五颂的五种理由证据：（1）别类有量故；（2）同性故；（3）能生故；（4）因果差别故；（5）遍相无别故。以下对这些理由简单说明。

① 本节请参见本书后面所附《数论的三德论》。

② 《金七十论》偈颂八之注（经Ⅰ. 62-65）。

（1）现实中的具体器物是各各有其限制的（pariṇāma）。然而，任何有限的东西自己不可能成为限制自己的原因，其只能受到另外事物的限制。在经验层面上，吾人知道，瓶罐也好瓦片也好，都是泥土所成，而泥土就是它们的规定与制限者。（2）在经验层面上，吾人知道世间有同性者，亦即性质相同的东西。虽然它们各有用处、各有相状，但都是同样质料成就的东西。例如，泥土所成的不同器皿，其功用不同，然其原因则同一。同理，现象世间，器物各异，但都是有同样性质的（原理所成），仅因三德搭配不同。依据平等比量，可以知道它们都是同一质料的自性所成。（3）（4）两个原因意味着：一切器物之所以存于世，因为其有能够得生的能力（能生之因），又能够作为果被生出来（所生之果）。因而因之与果必然是同时存在的。何故如此呢？这是因为因之相和果之相不同的缘故，就像泥土作为因与陶瓶、瓦罐之作为果的异同一样。亦因于此，现实界也是这样，现实世间当中的全部事物尽管相状不同，但必须设想存在着能令此世间生出的大原理。（5）自古至今的一切信仰告诉吾人：世界到劫末坏灭之时，一切悉归于平等无差别的混沌状态（这就叫作“遍相无别”）。当此世界坏灭之时，若无原初第一原理之自性，既无遍相亦无再生。因有世界劫末灭后再生，故曰第一原理之自性是恒常的实在。也即是说，所有这些论证的出发点都是平等比量的。然值得注意的是，除了上面的第二点“同性故”（samavayāt）外，其他的论证背后都证明了不仅存在物质原理，也证明了存在着作为第一原理的神。但这里有神的说法是有所限制的，其受到因中有果论立场的限制。数论认为现实世间一切变化活动的东西，都是物质性的，因为它们都受到第一原理自性的推动或从其中衍生，因之第一原理是物质性的。至于神或大我，数论并不认为是原初的因（理由）。

那么被证明存在的自性呈现了什么样的相状呢？《僧佉耶经》（Ⅰ.16.）说："萨埵、罗阇、多摩三者均衡谓为自性。"此处的意思是说，作为万有存在的原动力的三德，在尚未展开时含蕴而均衡，这就是自性。要知道自性为何，则先须了解三德是什么。这在前面数论发展史中已经略有介绍，于此仍须对数论的立场再作考察加以说明。

大体说来，考察三德，应当联系到心理变化之三种状态，又要考察宇宙论中的宇宙发生的三阶段。从整体上联系起来看，才会得出对三德起源的认识。前面相关章节（前章第二节）吾人已有陈述。此处的考察在于了解：至《摩诃婆罗多》时代，数论思想逐渐臻于成熟，形成其学说组织；总结了物质自身的特性，用它来说明千变万化的器物现象。不过，至此时的数论，对物质特性尚未有彻底的说明，还有不少暧昧的地方。学者当中对这些也还没有统一的意见，因此以下并不算确定的结论。《僧佉耶颂》之十二、十三颂曰："喜、忧、暗为体，照、造、缚为事（目的），更互伏依生，双起三德法。"喜者轻光相，忧者持动相，暗者重复相，（因以为我故）相违合如灯。

将此两颂合起来考察，大意说，吾人心理情绪上的喜、忧、暗，即说，这被称作快、不快和沉钝的三种状态皆因为三德而使然。总之，三种状态就是三德的特征而已。因此，此处三德的目的便是三德的趣向。简单地说，萨埵的德用在于使心明亮，因此是照明作用；罗阇的德用是动摇，因之为运动作用；多摩的德用在于束缚，因之为迟钝作用。不过，此诸三德作用又不仅仅只是对心的现象有必然支配力；如果从物理上说，物有轻快便是萨埵的胜德，跃动不定的物性使其成为罗阇之德，物质之沉重性则使其成为多摩之德。也就是说，从心理与物理这两方面都有三德的一般特质通行其间。萨埵的特质在光照。罗阇的特质在不安动摇。多摩的特质在沉重隐覆。然虽如此，但三德又不是各各独立的东西。如果是物质性的东西，不管其是心还是物本身，全都具备三德。这种情况就像是油、灯芯与火，三者共同成为灯火一样。如果换成我们今天的话来说，七色的光线组合起来便成为太阳光，由是可以说三德所成便是物质现象。按《僧佉耶颂》的说法，三德的作用组合，根本原因是神秘的，主要是服务于神我的目的。关于这点后面还会谈到。在此只要提一句：无论如何，三德只是本来具有的倾向势动而已。总而言之，三德之间的相互关系，只是原来不同的三种势动能力搭配在一起而表现出来的起伏与隐显，并且是在不同的场合呈现出来的种种样子。这当中，或者是三德之一增长，另外两德隐伏，或者是三者相依相持，或者是一德受抑而他德生长，或者是双德并起，或者是一德引起他德的作用。种种情况，不一而足。《僧佉耶颂》的注释者对三德之间的消长与相互作用引述了许许多多的例子，在此一一介绍，难免有冗繁之累。简而言之，宇宙现象虽然千姿百态，但不管怎样，都是三德因不同搭配情况而表现出来的差异相。

以上所述是颂文的大致意思，问题出在，吾人所述的样状是不是符合数论学说的要点呢？或者吾人所用的语言，是不是恰如其分地将它表达出来了呢？盖因通常人们所说的“德”，只是性质的意思，而如果吾人充分考虑上面所说的内容，三德之“德”其实只是某种物。然而实际上，《僧佉耶经》（Ⅵ.39 及注释）居然也有就称其为“实物”（dravya，实有、实在）的。只是无论如何，吾人都无法知道它究竟是什么样的“实物”。欧洲学者对三德如何看待呢？迦尔比告诉我们①，文第希（Windisch）以为是从物质观来看的物质本身（als Materie getachten Qualitäten），约翰特根将其释为原质（Urstoff），雅各比（Jacobi）认为三德指的是物的三个方面（drei Aspecta）。但迦尔比自己是将它译作组成的要素（Constituent，构成要素）。道森虽同意迦尔比的看法②，但他在迦尔比译本的三德下面又添加了“正在增大的原动力”（Der Faktor beim Multiplizieren）的意思。有时他也称其为“三种原动力的质料的代表者”（Die stoffiche Vertreter dreier Grundkrafte）③。按以上这些说法，可以将三德之“德”考虑成为实体化的性质，或是作为原动力的物的代表者，或者又是万有所成的三个方面之组成要素。归根结底，以吾人的所见，如上已述，对于数论师三德是心情变化的三种状态，也是宇宙变化的三个过程。在这虽二而一的背景下，将三者作为统一的标准，以观察万有实在的性质、运动与状态，进一步则将三德当作实在化了的物之自身的本质。三德说的基础就是这样的一番理论。因此，三德当中，既指运动，也指性质，也指本质。说到底，它不能简单地

① R. Garbe, *Sakhya Philosophie*, S.211.

② Deussen, *Allg. Gesch. d. Ph.*, I, 3., S.426.

③ Ibid, S.480.

归结为三者当中的任何一个。如果换一种说法，万有事物的变化，会在吾人的心理上引起或快或不快或沉钝（较之中庸更强）的各种反应；而万有的活动的样态，则是从暗态经动态而最终成明态的观念描述；又因为这些观念被依附在具体化的物上面，所以有关三德的内涵讨论才会有各种各样的含义。但既然它被附着在实在化了的物上面，而且数论自身又称它为"实物"（dravya），吾人就仍然不妨按照迦尔比的说法，将三德看作"构成要素"。如果在此含义上再赋予它运动性则更符合数论的本意。（三德观之哲学发展及意义，更多的请参见本书末所附之《数论的三德论》。）

因此，回到自性论之本题上来。本颂立场认为，自性只是三德的均衡状态。按数论的说法，现实当中的一切物，皆是三德不均衡的结果，总是三者之一恰恰失衡的缘故。事物的变化也好，活动也好，差异也好，也都是三德之一占了上风的结果。另一方面，吾人的认识只要有变化、有活动、有差别，便一定是进入吾人认识过程中，三德之一有所偏胜的结果。不过，当吾辈在此说三德均衡便是自性的话时，其实说的是现象界处于某种有可能发展但又尚未展开的相位。用中国哲学的术语讲叫作阴阳二气混沌氤氲而未分之时。在数论，其称此阴阳未分的尚未展开状态为冥谛。《僧佉耶颂》的第十颂中分别了自性与变异，谓其间有九种不同。按它的说法，对于自性的特征有更进一步的显明。其颂曰："（1）有因；（2）无常；（3）多；（4）遍；（5）有事；（6）没；（7）有分；（8）依（他）；（9）属他；（10）变异；（11）异自性。"也就是说，（1）凡现象界之事物若有生必有因，必由他因而生。而自性自有本有是终极原因，因此不从他生。（2）现象界事物皆无常，但自性为恒常，其在任何情况下都无有生灭。（3）现象界这事物是杂多的存在者，唯有自性是唯一的存在。（4）一切现象事物皆不遍，即是有空间的限制。只有自性才是遍及一切，现无限空间同一。（5）现象即是有业，也即是有活动性也有作用功能。（6）现象界事物皆有上下种属类别或前后因果，因此有没（lingam）而返本归源的事。但自性不可能回归任何本源。（7）现象界之事物皆有相待性，故谓依他。唯有自性是独立无待的存在。（8）现象界之事物皆可以分割剖析，由各部分组成。但自性是一个整体，不可分割。（9）现象界事物皆有各类的上位与下位，因之总会有种属性。但自性独立无待，所以没有（归）属性。

要言之，自性是物质本源，其中的三德均衡而未分化，因此具有常住、遍满、不活动、唯一、不可分割、独立、自主、无待等含义。

第五节 神我

数论中表示精神性原理的术语相当多。如称为我（ātman），亦称为人（puruṣa），亦称男（puṁs），也有称作与自性同名的，谓为自存性（svabhāva）；从性质上则称其为知（cit, cetana, caitanyajñā）。其中称 puruṣa 最为普通。在中国，因为真谛法师最初将它译作“神我”，所以其成为数论的特有术语。

证明此神我为实在，与证明自性为实在一样，多有说法，也都存于数论的颂和经本。代表性的是《僧佉耶颂》的第十七颂（经I. 139-144）曰：“（1）聚集为他故（samghātaparāthatvāt）；（2）三德故（triguṇādiviparyayāt）；（3）所依故（adhiṣṭānāt）；（4）食者独离故（bhoktṛbhāvāt）；（5）五因立我有（kaivalyārtham pravṛtteḥ）。”

此五点具体说来，（1）一切经验事物都是聚集所成，其存在的意义是为了“他（自我或神我）”所用的目的才造作出来的。例如，棉纱织成布是为了让人得其功用。以此类推，血、肉、骨等生理器官以及知根、作根等心理器官聚集而成的人身肉体，必然是为了让身体之外的“他（神我）”所使用。何以如此耶？因为人的身体如果只是为了自身出现于世间，是一件毫无意义的事。此即为身体之外有神我存在的第一个理由。乍看上去，这样的论证法相当有力。从数论师的立场出发，这也算是无懈可击的证明法。主张无神论的佛教徒为了破斥它而煞费苦心。佛教的陈那论师在其因明法中特别拟出了“法差别相违因”的过失，专门指斥数论的这个论据。（2）与（3）算是同一问题的两面，在此一并讲说。凡物质性的东西，无论其为自性还是变异，因其为三德所成，所以其自体没有知觉。相形对照，若非三德所成必然非无知觉。因此，其必然支配前者（物质性的东西）。然而，物质自身因其盲目性，物质所成的身体，其活动也就无目的亦无意义。但身体的活动又是有目的意向的，这即是我体存在的证据。（4）相对于人之进食，身体中会有种种反应（识香辨味等），食者能够感受，因此必然是经验活动的主体。（5）人于此世间总会追求独存，亦即追求解脱。若无常存不变的我体，追求解脱的努力也就无效亦无意义。这里的论证法是居于宗教信仰的要求，颇类似康德所谓的实践理性之要求必得先立灵魂不死作为前提。如斯以观，数论为论证我体存在的五种理由，扼要而论，直是奥义书中所谓的个人我（jīvātman）、现象我（bhūtātman）

之观念的继续。不待说，在印度这种思想除了佛教徒与顺世论者，人人莫不认同。

然而，说到数论的我，如奥义书和吠檀多派所论，其本质上并非唯一，自其本体观看，其为多数的一一之我。本颂之第十八（经Ⅰ. 149）上同样亦举五种理由。“生死根别故，作事不共故；三德别异故，各我义成立。”也就是说，自经验层面上说，生死感觉的器官有所不同，同理，作业的根器亦有上、中、下的区别。

若我只有一个而非多个，则一死一切死，一根造作一切事便成就。但事实不是这样，所以只能说我有多个而非唯一。因此说到底，有多个独立的自我统一体。因此必须说，从一开始就存在各个不同的我体。这里是从常识来作的论证，它既未采取吠檀多的深意，而又仍然不失其为论理的反驳。

一说到自我的性质，数论总拿它同自性作对照。总之，自我的特性，是与自性正相反对的。也就是说，自性虽然为三德所成，但神我是独存（kaivalyam）的灵体，本身没有任何的变化倾向。自性虽然是客观性（viṣaya，所观）的存在，神我则是观者（sākṣin）亦即纯粹的主观性存在。自性虽然是唯一且是所有个我的共用物，神我在此两间，则仅为中直者（madhyasthyam，中立），无倾向地保持漠然立场。若自性无有知觉，神我则为知者（draṣṭṛ），亦即是知觉体。自性是万有世界发生的起点，而神我则是非作者（akartṛ），无有丝毫的活动性。本颂第十九这样总结道：“自性与我性（神我）相反，因得成就此诸义，证义（sākṣitvam）、独存（kaivalyam）及中直（madhyasthyam），见者（draṣṭṛtvam）及非作者（akartṛbhāva）。”

要而言之，我是灵体，不变不动而无活动性。然我之本质的是知，因此我只是认识主体的实在本身，此外没有任何属性。亦因如此，我便成为了本来自性清净、无有任何烦恼、不受任何污染的、不受轮回系缚的主体。如是看来，将暂时聚合性的身体现象，看成了自我本身，就只能是某种错误认识的结果。因此，本颂第六中说自我是不受系缚亦不得解脱，《数论经》（Ⅰ.19）说我为恒常、清净、觉者、脱者、自存者云云，又说其为常恒解脱（Ⅰ.162），又说我之受缚不过只是名目上的（Ⅰ.58）。所有这些说法，目的只是要树立我体作为最终的解脱目标。

最后来看我之为"大"的说法。数论承认在身体当中存在的我是多数的一一个别。乍一看来，简直难能理解。毗耶舍的《瑜伽经疏》（*Yogabhāṣyam*）中之三十六颂说，槃荼尸诃承认有我之极微大。然而《金七十论注》（会本下三五丁）中称其为无边大，随后又说："（我若）遍满一切处，云何得轮转？"[①]

特别是《数论经》（Ⅵ.59）明确地称其为能遍满者（vyāpaka）。

① 《金七十论》中此处所说的，显然就是经验层面上的人我。其颂曰："人无缚无脱，无轮转生死，轮转及系缚，解脱唯自性。"其疏释言："人无缚无脱者，人我不被缚。云何如此？无三德故，以遍满故，无变异故，无有事故。系缚者，由有三德。人我无三德，故无自性缚。以遍满者，缚义有彼此，在此不出彼，是故名为缚。人我无彼此，是故无有缚。无变异者，从觉乃至大，此变异属自性不属我，是故人我无变异缚。无有事者，我非作者故，故不能作事。施等诸事。皆属自性故。我非施缚，若非被缚，是故非被脱义得自然脱。无轮转生死者，遍满一切处，云何得轮转？行所未曾至，是乃名轮转。我无处不遍，故无轮转义。若人不知此实义，得说我被缚及轮转。"外曰："若尔，谁被缚及轮转？"答曰："轮转及系缚，解脱唯自性，自性由自性变异，及施等，能自缚身。是五唯细身与十三具相应，为三缚所系，轮转三世间生。若得正遍智生能解三缚舍离轮转则便解脱，故说三世间依性能造作事。若汝说人被缚世间，解脱生死，是义不然。"——译者

但又认为它是受限制的（upādhi），其受报的时间、处所也都各各不同。如是说来，虽然这也许仍受到吠檀多影响的结果，但从另一面考虑，也可以认为，数论虽然说有多个的我，且一一个我的本体地位超越时间、空间。他们说的超越空间或者遍满，其实也还是留有余地的。关于这一点，仍然是有待研究的问题。

第六节 两元的交涉

如上所述，在数论的立场上，自性与神我本来就没有什么不同。两者都有本体地位，也都是静止的、平静的、无活动无作用的实在者。然而不管怎样，只要涉及了物心结合而现实界形成这桩事，就产生了一系列问题。在数论，将其解释为两者的相互交涉。详细而论，数论所谈的自性与神我的结合的活动根源，认为是三德失衡而生出的种种要素（二十三谛）的展开，由此成就了器物世界、有情身体等，此中有一一神我与之相应。一方面神我被物质性的肉体包围而它自己不动作，另一方面它们又是此世界舞台上活动的诸有情的主体。因此，数论认为，现实界从现象上说，其质料都来源于自性，但其有情甚至世界的出现，并不需要等待神我的干涉。然而，这里值得注意的地方是，在数论这里的二元结合，并非真的是实质性的结合，并非是像氧气和氢气结合而生水那样的作用。毋宁更像是镜子和镜中影像的交涉。影像所处的地位（相位）只是一种拟写形象。这样世界也就只是镜中的影像而已。由是言之，自性与神我的结合，只是一种“见（看见、旁观）”。当神我“见”自性时，自性便自动地生出种种要素（诸谛）以供神我观览。无论世界所成还是身体所成，神我都始终保持观者的地位不变。

如是看来，数论充分地坚持了神我的本体地位。从此本体立场出发，他们把神我看作没有活动性的灵体。无论在什么场合，神我与物质之间都不会有实质性的交涉。虽然其坚持了这么一种理论，但数论哲学到底未能避免这么一些根本难题。比如，究竟什么样的结合才能仅仅看作某种无实质干涉的“见”呢？为什么单独的自性可以实质上展开呢？身体与精神的结合是怎样的一种“见”呢？究竟解脱是如何实现的呢？如是等等。所有这些疑问吾人在下面再加讨论。

再者，这里成为吾辈疑问的，是结合仅为“见（旁观）”的立场，又从实质上看，神我与自性二者依据什么才有结合交涉呢？本来，数论虽从现实出发，经过解剖与归纳才达到了本体，而一旦企及本体他们才回过来再说两元交涉。对此，数论从两面来解答疑惑。一方面是说迷，另一方面则说悟。

关于“迷”这方面，《数论经》第六卷上有三说：一曰迷因无始业所致；二曰因无分别智即无明所致；三曰因细身所致（经Ⅵ.67-69）。然而此三说不过是同一思想的不同方面。总而言之，如果不知道物与心的区别，出于无明就会混同两元，也就会造种种业。由所造业力，本性之我便会被细身所缠而莫能脱出。不得解脱便是“缠”的意思。亦即是说，数论思想一本印度传统的宗教教义，以无明作为自我受缚的根本原因。然而依吾人所见，数论在这里遭遇的困难还要更大一些。盖因数论的理论认为，无明是由第一次展开衍生的“觉”的一种作用。也即是说，它已经是自性与神我相互交涉后的现象了，然而现在却要以它作为结合的根本原因。如是不免有因果颠倒之嫌，不管自性或者神我，数论若认为二者当中有任一个先天而有无明的属性，竟然无有择别地将它运用到本体论问题上来，这就是不符合逻辑的讨论了。更何况数论随即转到了无始之业以及微细身上面，又以其作为迷惑的根本原因，这就更加没有论理可言了。但是数论所以产生是等说法，吾人以为，正是因为他们逆向推导的结果。要得到正智就必须严格区分物心二者，于是才能消灭无始之业，离除微细之身。

至于说到"悟"这一方面，数论则采取了一种目的论的立场。按这种神秘的目的论，自性与神我本来就有相合的倾向，但因此倾向而相合的二者，归根结底又要以分离作归宿。如果细说，神我应当看作主观性的内在倾向，而自性当看作客观性的内在倾向。两种倾向虽然相互对峙而交互干涉，但因为其两方的性质本来不同，因此，自性与神我，有朝一日总会要相互分离开来。本颂中（经Ⅱ.1-12；同书Ⅲ.58-61）曰："Puruṣaya darśanārtha kaivalyārtham tathā pradhānasya pangu andha vad ubhayor api saṁyogas tat kṛtah sargaḥ."[①]

此为相当有名的偈颂，因此将原文与译文都存录于此。它的意思是说：神我想要见自性之相（姿、形式），自性要辅助神我的独存，主观与客观结合起来生出现象世间，恰似有眼而行动困难的跛子（神我），与能够走动而看不见的盲人（自性），两相结合而相互饶益。即随此说，二元结合，有此世界，一旦分离，整个活动的世界便悉解脱。似此的合分过程，本来依据的是两者

① 我求见三德，自性为独存，如跛盲人合，由义生世间。——真谛译

的根本性质，其本身也只是自然大化的运行。吾人觉得，此之看法，大约是以物质的存在为小我，有打破小我而归于大我的意思。这就像是德国哲学家费希特的意见。比起前面说的无明说，已经有了相当深刻的含义。然而自表面形式看，它仍然没有摆脱上边所说的那些不彻底的缺点。两元本来具有意欲结合之倾向性的说法，听起来像是吾等已经有一旦结合即要分离的意思。此种说法不免可笑。无知觉的自性既然本来只是任运，又如何能为神我作何计量呢？此亦为可笑之处。特别是由任运而合又由任运而离，时至自然解脱的说法，与时节论师的观点并无不同。同时，解脱以后是否任运再作结合，也是一种悬念。似此种种疑问，都很不易圆洽。

如此说来，数论对于自性和神我两元结合的原因，不能不说它仍然缺乏令人满意的逻辑自洽。但数论之落入此种境地，又是无可避免的。从根本上说，从物心两方面的结合来分析现象界，本来就是极端之论。因为二者结合以前的情况，实际上是无从考论的。换言之，达此认识境地的数论所以创立二元论，是因为要回避之前的一元论的难点。然而说到二元论，它也有难以克服的自身矛盾。

数论之讨论二元结合的根本原因，大多出于臆断。从纯然理论上看，不过是主观猜测和虚构。若从另外一面看，其作为一种旨在实践行动中开展的道德宗教，不能不说它的这一根据还是有力的。当然，这也正是吾人从前面的两种主张中发现的甚大意义。大致说来，有情之属因为寻常受到喜怒哀乐的支配，确实很难顾得上安身立命的大事。也因于此，有情众生因为物欲不离身，致使自身当中伟大的精神不能得以发挥。详细地说起来，因为物质的遮掩，心灵的光辉而显暗昧，肉体压迫着精神，理想遂从人生的全景中隐去。整个感觉界的事象扩张开来，致使人的信心、理想的精神生活被遗忘、被弃置。数论将此世间看作迷误的产物，此世间的二元结合，成因是无明所导致。此为相当痛切的感受结果。为了挣脱现实世间的感觉一味张弛，摆脱肉欲的生活，为达到神我独立的境地，数论才设计了他们偏于精神性的理想生活方式。吾人理当在这样的一层意义上，把握数论以感觉现象为吾等自身、以无明维系色心的理论。然如果跃上一层，总览其修行门径，也能别开洞天，另得一番人生旨趣。用精神以征服肉体，把心从束缚中解放出来的途径，正在于修行当中。人如果一旦踏上解脱之途，他便不会将从来憎恶的物质也好、肉体也好，再当作仇敌。简言之，以往造恶业的工具，便转化成勇猛精进的利器；以往导致妄想的根源，即心觉之类，也都变成了真智的主体。进而也就被转变成理想精神生活的助力。在此意义上，吾人的修行不再是心对物的战争，而是心对物的利用。依据这样的认识立场发挥积极意义，则物心的结合不仅会导向心从物上离开的修行，更能将物转换成为滋养人心的善意的忠实仆人。如此看待数论的为离弃而说结合的意义，应当是合乎道理的解说。总结起来，物之与心的结合，无始以来就不曾断绝。两者的纠缠既是此世间迷误的结果，也是此世间中有情修行的道场。这才是数论学说的本意。然吾人不可忽忘的是，数论的学说只有放到其修行实践当中去考量，才能得到其本怀初衷。

第四章　现象论

第一节　现象生起的次第

两元结合的原因，虽有种种难点，但两元交涉之初，因自性之三德失衡，而后方能有世间万有的展开。此种情况前已数度言及，其展开次第如下：

```
                              ┌十一根
自性——觉（大）——我慢┤
                              └五唯—五大
```

本颂（颂XXII；经I.61）说："自性次第生，大我慢十六，十六内有五，从此生五大。"自性生大，大生我慢，我慢生十六聚（十一根和五唯），其中五唯又生五大。此中，从大以下有二十三谛。它们就是现象界的全体构成要素。若问与自性相同之三德的性质，大略可以这么说：其上位大约以喜德为胜，及其下位多有忧暗之德，相互区别。又二十三谛中间，唯十一根与五大是变异的终点；而大、我慢以及五唯这七谛既是由他谛变异而来，也有生出他谛的功德。本颂之第三上谓："本性非变异，大等亦本、变，十六但变异，神我非本、变。"此颂的字面意义，本性者能生一切而不从他生，故称本性。本性能生于大等，是故得“本”之名。其不从他生故，是故本有非变异。大与我慢及五唯，此七亦本亦变异。大从本性生故变异，能生我慢，因此称“本”。我慢从大而生，故称“（所）变异”，其又能生五唯，因此也算是“本”。五唯各种，都是从我慢而生，故属变异。又其能生大及根等，故亦名“本”。声唯能够生空及耳根，所以也称为“本”。乃至香唯种能生地及鼻根。同理，七种既是本也是变异。所生出的十六种只是被变异出来者，它们有空等五大、耳等五根、舌等五作根及心这十六者，亦是十六法，都只是从他而生，不再生他，所以只是变异。“神我非本异”的意思是说，神我是知者，其本体即是知。因为我不能生也不从他生，与前面三种（自性、大等、十六种等）都不一样，所以其既非本也非变异。上面的四句所涉及的内容，即所谓二十五谛可以表示如下：

四句	唯本	自性
	唯变	五大、十一根
	亦本亦变	大、我慢、五唯
	非本非变	神我

不过，若按普通的进化说，自性展开，成为觉（大）以后，自性便已经失其本位；而大若展开成为我慢以后，大自身也就失其本位。然而，数论应当被当作一种分泌说（emanatióńs theory）。故应当这样来看数论的现象界展开过程：前一环节生出后一环节，但前面的并不消失，而依然保持了它的本位。这就像父母生子女，子女出生，父母仍然存在。这样的说法在数论只是继承了从梨俱吠陀以来的印度分泌说。因此，数论学说中的自性，与中国的混沌元气不同。自性不但强调其世界开辟之先的地位，更强调其开

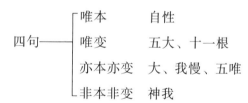

天辟地以后的永恒常有的本源地位。要言之，自性以及是本亦是变的七谛，还有非本而唯变的十六谛之间，自时间上看，是前后的因果关系；而自空间上看，则是同时而有的并存关系。所以有如此的观念，乃因为数论一方面采取了世界开辟说的原型，另一方面它又考察了有情的生理解剖的形式。后者是学派时代考察世界创生的一般特征。两相巧妙结合，便成就了二十三谛的发展观。亦因于此，数论的世界展开论中间，既有缘起观，亦有并存论。二十三谛后面还会讲到，此处主要介绍二十三谛之间的展开次第。

自性首次展开，即有了“大”亦即“觉”；其第二步，至所谓“我慢”时，缘起的一系列过程，即有殊不可解的地方。盖无论是“觉”还是“我慢”，其作为一般个人的心理器官看待，在它们下边依缘起论而生出客观世界的要素，亦即五唯五大就很费解。如果数论是把世界当成心的表象的话，从心理器官生出世界的说法，倒也不是特别不可以。但很显然，数论的心理器官是具有客观普遍性的存在，那它如何能够生出其他的存在呢？这就很难理解了。以吾人的见解来会通，唯一可能的方法是：数论的观察立场有两重，即“觉”与“我慢”都有双重的含义。一是并立的关系，作为个人的结构成分存在；一是缘起的关系，其主要着眼于对宇宙世界的观察。本来“觉”之一名即来自奥义书与《摩诃婆罗多》中的大我。将 ātman（我）去掉，就剩下了 maha 即“大”。这个“大”就是吠陀中的金胎神。前面已经对其历史有过介绍。因此，沿用“大”的名称以代替“觉”的称呼，很有意思，值得注意。

《金七十论》中（偈颂二十二）解释“大”曰：“大者或名觉，或名为想，或名遍满，或名为智，或名为慧，是大即于知故，大得知名。”此处所说的“遍满”，以吾人的把握，如果数论将其完全视为个人的心理器官，则不应当称其为遍满。这当中，它暗含了意指世界的含义，因此才能称为“遍满”[①]。然而其又曰“是大即于知故，大得知名”，因此数论又认为此世界当中的“大”无论如何又是个人的最为微妙的理性作用。因此，吾人认为数论的“大”亦有二重作用，一是人身的，一是宇宙的。关于这里的“知”（vijñāna，智），迦尔比在《僧佉耶经》注释（Ⅰ.63）时说得最是得当。其曰：“如往世书或其他各处所说，瑜伽僧佉耶派的物质世界的创造，是因为总觉（samaṣṭhi buddhi）的作用，此处所指并非别觉（vyasti buddhi）。”此处的“总觉”，是世界之觉。“别觉”是个人之觉。这当然就是说，“觉”有两重含义。姑无论这一层释义是不是来自吠檀多派，即令吠檀多中有此一义，也多半是对数论学说中的这一层秘密义的发挥。果然如此的话，处在缘起阶段上的“觉（即大）”，乃是自性稍稍发动的阶段，此时三德刚刚失衡，但仍在混沌状态中。这样来看觉大，当不失数论原意。

“大”既如此，“我慢”亦然。据同理，可以推知，“我慢”亦有两方面。就其世界方面看，梵书与奥义书都说神造作世界。那上面讲“多今欲作繁殖”。因欲望起，从欲望而引生宇宙体系。此已前述。然所谓由此世界之大生出世界的我慢，指的是颂二十五（经Ⅱ.17-18）所说的大之三德进一步显明分化的结果。也即是说，因从“大”之三德分化微微而动，再因三德当中各自蠢蠢，遂有

① 遍满即无所不在的意思。——译者

我慢三态生出，于是现象界的杂多展开。所谓我慢三态，谓变异我慢（vaikṛta ahaṅkāra）、大初我慢（bhūdatya ahaṅkāra）以及焰炽我慢（taijasa ahaṅkāra）。第一个由大之喜德方面出生，第二个由大之暗德方面出生，第三个由大之忧德方面出生。此处不讨论我慢三方面的先出后出，不讨论因变异而生之我慢各各有何功用，只说三者既成的状态。

若言由此三我慢生出十一根与五唯的次第，“变异我慢”之喜德胜，因此其性光照轻快，而相应发展出心理器官，也就是十一种根——五知根、五作根及心根。又“大初我慢”以暗德偏胜因此生出相应之钝物质，即生出五唯。最后，“焰炽我慢”以忧德胜而富于活动性，因此其扶助其他两个我慢而生十一根及五大。以上说法，吾人以为是数论派中的一种主要见地，其只是某种神话叙事的变体，其中显然不会有太多的哲学道理。

其次，吾人来看由五唯生五大的过程。就吾人所知，其有二说：一以《金七十论》中释文（颂二十二注、三十八注）为代表，其谓由声唯空大发生，由触唯风大发生，由色唯火大发生，由味唯水大发生，由香唯地大发生。另外一说来自瓦恰斯帕底·弥希罗。他说，自声唯出空大，声与触合而生风大，声、触、色三者合而生火大，声、触、色、味四者合而生水大，五种唯合则生地大。

还有一种说法可见于《摩诃婆罗多》（参见本篇第二章第三节）。《大智度论》第七十章有上面所举的瓦恰斯帕底·弥希罗的说法。此种说法比较普通。空大有声的性质，风大有声与触的性质，火大有声、触、色的性质，水大有声、触、色、味的性质，地大有声、触、色、味、香五种性质。以上所述，可以图表示如次：

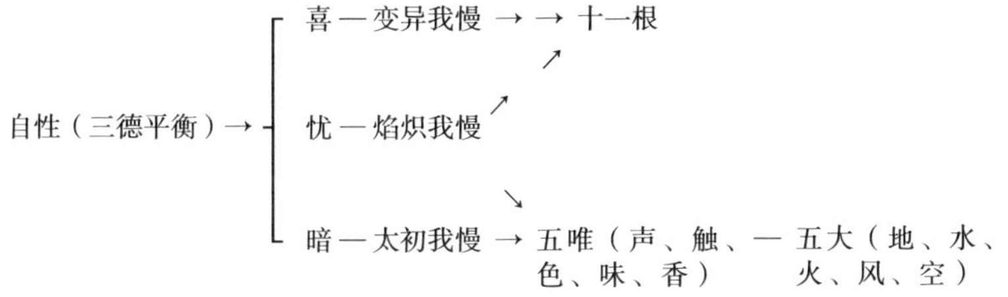

（五唯与五大关系　参见下图）

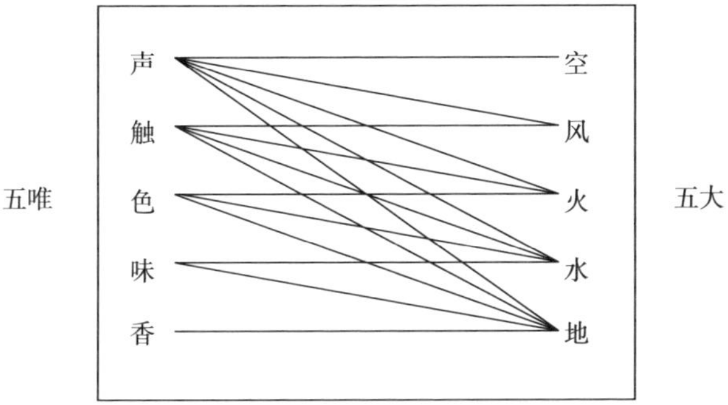

第二节　世界观

数论学说的基本用意，在于解决一切有情众生的人生问题。其所瞩意者并不在物质的宇宙论上。《数论颂》当中，其用来讨论宇宙论自身的偈颂一首也没有；《数论经》中也仅有两三个颂子，是为了伸张世界实有论而反对商羯罗派和佛教中观派的世界空幻论（经Ⅰ.78-79）。总之，关于一般的世界观，究竟应当如何看，从来数论都不是特别在意的。其世界观的基础，也只是顺着其自性展开而成世界的说法而来。其存在的意义，也主要是有情据其所作业而轮回世间的理论主张。因此，相对于被称为食者的能验者即有情众生，而有称作被食者的被验者之世界。又此世界，如果被看作有情最终在其中得到解脱的场所，那么它就成了恩惠世间。如果有情的目标只在终得解脱，则其便丧失了世间存在的意义。他必须逆世界展开的方向而动，想方设法地回到原来的自性中。不过，实际上世间许许多多的未解脱者，他们也依然混迹此世间，只能说说回归原初的话头而已。因此，就此而言的数论世界观，与其仅仅视作某种唯心论的倾向，不如当作某种奇异的难以隐忍的感受。

按数论的看法，器物世界由“五唯”与“五大”构成。“五唯”是微细物质（śukṣma bhūta），而“五大”属于粗大物质，其有种种不同的性质。例如地大有色、声、香、味、触等，如前已说。反过来看，一种性质有其专门的源头，这里说“五唯”的“唯”，本义是“唯彼有”（tat-mātra），因此得名。吾人把感觉认识达不到的东西，当作天界形成的细身一类的维持者，它又是一种原始的具体物质，可以称原元素（urelement）。相对于“五大”之被称为有区别（viśeṣa），这里的微细物质也被称作无区别（aviśeṣa）。为什么数论要假设有这样的物质呢？盖此细微的存在，即作为细身维持的东西，其实也就是灵魂身的构成者。人们在考虑灵魂这样的东西时，已经考虑到了现实世间的地、水、火、风等粗大物质。从经验上说的现实五大的种种性质，归根结底应当不同于构成五大的根本元素。因此，五唯只是基于经验的物理观察的猜测。若历史地看待，早在奥义书的初期，五唯这样的观念就已经有其萌芽[①]。经《羯陀奥义书》（Ⅳ.8）、《弥勒奥义书》（Ⅲ.2）等，又经过《摩诃婆罗多》，五唯则被数论学说接受。五大的说法再

① 高楠顺次郎、木村泰贤：《印度宗教哲学史》，第350页。

次提出时，差不多已经成为印度思想中普遍共认的思想，因其在奥义书中已经成长圆熟。但是数论却认为它有五唯的混合物，认为其特征上的五大有五唯的某些性质（这样的看法，数论以外的派别中也有许多）。此之五唯、五大，在数论认为是天、空、地三者的构成基础。但天界主要是五唯所成，地界主要是五大所成。

又同数论的世界构成论相关，数论者也同别的派别一样承认劫灭的说法。《数论经》（Ⅵ.42）解释劫灭的原因是三德均衡则世界灭，三德失衡而世界生（sṛṣṭi）。即是说世界的生与灭，其原因都借三德说来解释。但迦尔比将此推进了一步。他认为印度思想中普遍共认的劫灭论，最初是数论提出来的，以后被其他派别逐步接受并加以发展。他认为这可以详加论证①。但他的说法到底难能坐实。因为所谓劫灭说始终只是奥义书中形成的主张，所有的印度思想派别都共同接受这样的世界观。这一点，吾人前面也已经说明②。此处多说几句，以显示迦尔比论点之不合理。（1）其自身的不合理处在于，其只字不提数论的经与颂中的劫灭论，更无相关之论的有组织之叙述，而只是把它当作既成事实一笔带过。（2）劫灭论与其说与有情观相关，不如说与世界观在教理上更有联系。但如上所述，数论世界观上并不见劫灭之论。（3）自性既然无知觉，为什么它会经过一定时期又会收敛而后再开展世界呢？（4）假如世界至劫灭，一切变异都消融于自性中，作为神我器官的细身也都消没于自性当中。如是，时节一到，神我是否有独立性，

① R. Garbe, *Saṅkhya Philosophie*, S.220-222.

② 高楠顺次郎、木村泰贤：《印度宗教哲学史》，第 351、507 页。

也就根本没有解脱可言。如果这样的话，时节论师们所说的“无需择别、不用修行、时至一切自然解脱”的说法，则沦为根本不可能。对这样的结论，数论是不会认可的。也就是说，无论如何，将劫灭论与数论的思想联系起来考察，两相抵触，很难调和。而在此基础上的劫灭论本来是数论特色，若忽略它，哪能不失当呢。对于数论，不过是采用三德说来解说世界的劫生劫灭。这在当时也是各家公认的真理。

附记：本书成稿后，高楠教授嘱余再通读迦尔比之《数论及瑜伽》。余发现此书因受雅各比的驳斥，作者迦尔比已放弃了他先所主张的劫灭说最先始于数论的意见。诚然雅各比的驳斥有其道理。其用阿达婆吠陀中已有劫灭说作为理由，而驳斥了迦尔比教授的看法。但他的理由申述当中，并未言及为什么数论派自己未能发生劫灭说。对此问题，余当于别稿中再论[①]。

第三节 有情论

有情论，狭义地讲就是人生论。对数论而言，此为其倾全力关注研究的问题。人生问题才是数论学说的核心。今拟为几个条目分别叙说。

一、关于组织。此说有情的构成，其由身心两个方面构成。换言之，其身体的生理与心理结构是觉以下之二十三谛，二十三谛抱合神我。也即是说，先是预备认识力与活动力，一旦齐备便是有情生成。《数论经》（《僧佉耶经》Ⅵ.63）为有情下定义说：其为分殊化的神我

① R. Garbe, *Saṅkhya und Yoga*, S.16.

（viśiṣtasya jivātman）。其意思是说，原来同一性的神我，随各个具体的身体而使神我受制限因此一一具有个别性，便成为了有情众生。按照数论学说，有情身体有二重：细身（sūkṣma śarira）和粗身（sthūla śarīra）。所谓细身即灵魂身贯通生死，所谓粗身即生死身，生得而死舍。此中细身所成有十八种要素：觉、我慢、十一根及五唯。前三者为我之心理组织。而五唯则是构成前十三者的物质基础。不过，觉、我慢、十一根及五唯等十八种又是一切有机体结合的元素。假如一旦同我发生关系，便维持其体系而成浑然一体，决定任运而不分身散体。《数论经》（Ⅲ.13）说此十八物如同太阳的光线。吾人受所作善恶业的熏习而不失，令神我各各分殊而成的，正是这个身体组织。据此而称此身为细身，又叫相身（linga），即一切有情的特征身体。至于此身的体量，经上（Ⅲ.14）说其大小等若极微。《金七十论》（偈三十九注）谓："细身名为内，粗身名为外。此细身中，手足、头面、腹背、形量等，图形具足。四吠陀中，有诸仙人说如是言：'……以外粗身益内细身。是内细身粗身所资益。'"

盖一一有情个体，因其原型而成形。在吾人看来，此细身是超验的（atīndriyam）。粗身只有在得到细身以后，才能发挥所有的身体机能（偈四十）。[①]

① 《金七十论》本颂："微细父母生，大异三差别，三中细常住，余别有退生。"释文："微细父母生，大异三差别"者，一切三世间，初生微细身，但有五唯。此微细身生入胎中……是母六种饮食味浸润资养，增益粗身。……如细身形量，粗身亦如是。细身名为内，粗身名为外。此细身中，手足、头面、腹背、形量等，图形具足。四吠陀中，有诸仙人说如是言……。本颂："前生身无着，大慢及五唯，轮转无执尘，有熏习细相（linga）。"释文：前生身无着者，昔时自性者，回转生世间，细身最初生，从自性生觉。从觉生我慢，从我慢生五唯。此七名细身。细身相何如？如梵天形容能受诸尘。后时是身得解脱故。……是细身有三种。有之所熏习。是三有后当说。三种有者：一善成有，二性得有，三变异有。此三有熏习细身。细相者非圣不见故。此细身能轮转生死。——译者

此之细身是有情得粗身之先应当具备的条件。但无论经还是颂，都没有说有情成身，从自性而下的发展过程中，细身是第一阶段的事。这是因为要叙述由自性展开而形成细身的自然过程，实际上很难说清楚。因此，只能一上来就先说第二阶段的事，即有情受胎于父母为生之始。然从道理上讲，先有一个细身，后依据业而说成有情享受当来的命运。父母和合，令胎儿受生，这是山岩城壁都挡不住的事。入胎以后经历一定时日，其中至六依（ṣaṭkauṣika）具足，便完成了粗身。粗身又叫作父母所生身（mātapītṛja）。六依，指六种依赖即身体的构成成分：血、肉、筋、爪、牙、骨。前三种来自母亲，后三种来自父亲（《金七十论》颂二十九；经Ⅲ.7-11）。不过，究竟粗身是由什么物质构成的，说法不一。《金七十论》（颂一七注释）及经（Ⅲ.17）都说是五大所生（pañcabautika）。《数论经》（Ⅲ.18-19）又说是由除空以外的其他四大所生，但它只举出地大一名。又《数论经》（Ⅲ.112）补充理由说，粗身因为地大之一而成。恐怕最初数论持五大说，以后受尼夜耶派（正理）、吠世师派（胜论）的影响，而转向地大说。不过，只要还承认身体当中的血泪、暖气、呼吸由物质构成，就还是四大说比较稳当。

这里再次出现一个疑问：究竟诸大所成的物质身体与神我是怎样结合的呢？此问题在前面吾人已经有所触及。然说实在的，数论对此所作的解说亦颇为纷纭。究其根源，与其说与本体论相关，不如说更是身心的关系问题。亦因于此，数论自身虽然费尽口舌加以解释，但都仍流于隔膜并未说透。这是因为现实中有情的活动既有认识的，也有运动的，假如其既有神我的特质也有物质的特质，从理论上讲，神我与身体二者正相反对，要让两者达成浑然一体，又能和合融洽地行动，势有难成。

这中间最著名的譬喻是本颂五十九所举的俳优与看客的对立。神我好比看客，自性就是俳优，两者的关系犹如戏园里上演戏剧。有情的身体当中也是两者的相待相倚。换句话说，从理论上考虑，以往在讨论本体论时，吾人曾以盲者与跛子的关系作譬喻。神我表现为一种倾向，而自性又表现为另一种倾向。身体中有着两种不同倾向的牵合。

还有一种譬喻，把神我与自性的关系比作铁与磁石。铁与磁石本来是两种东西，二者之间的吸引力就像是身心之间的联系。也就是说，两者本来不同，但又被结合到一起。虽然结合一体，但仍有主观与客观的分别。虽然各为主观与客观，但又因其间的相辅关系而不能断绝联络。于是，身体作种种业而熏习细身，遂伴自我而轮回于诸趣。神我虽见是等所行而没有丝毫动作相与。

此种情况犹如俳优（身体）之在舞台（世间）作表演，以种种动作造型而演出悲剧或喜剧，作为看客的神我虽然在场而安坐一边，没有丝毫的参与。有情世间正如戏园这样的场合，身体虽作业，神我充分保持其纯净本性。

学者道森曾将此种身心态势绘成示意图。吾人以为极其当理，故转引于此，以呈于读者解明：

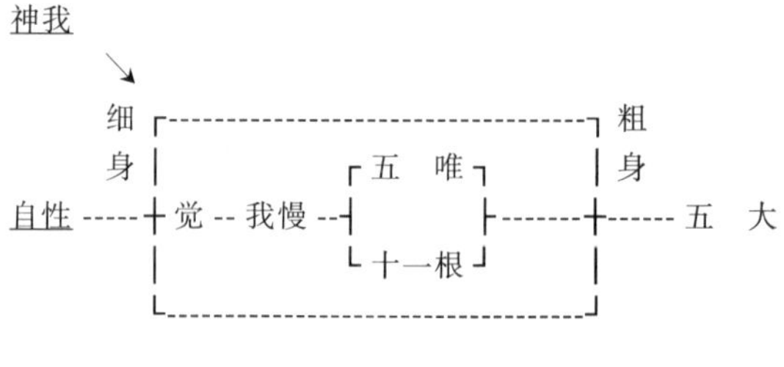

不过，此处仍然未能免除一大疑问。精神与身体虽然结合在一起，又依然保持其各自的本性，在现实当中，二者的联系仍然不可免，如“我跑矣”“我苦焉”“我老矣”等，神我都不免干预或者感触，本来无所知觉之觉、我慢、十一根等，亦不得不成为有所知觉之状态[①]。

本颂第二十这么回答道：“Tasmāt saṁyogād acetanam cetanāvad iva lingam guṇakartṛve ca tathā kartā iva bhavaty udāsīnaḥ.”[②]这是非常有名的偈文。其说身体与神我结合起来，相互影响，无知觉的心理器官也便得到了知觉，本来无作的我也因此得到了活动性。尽管如此，偈颂中接连用了两个“如”字，其意正在说明，何以神我与自性两相结合时，便改变了原来的本性，呈现出运动与知觉的相状。此可谓一种根本性的说明。又据经典，吠檀多派提出其从无限中加以制限的思想。神我本来是遍在而无限有，因为受到限制规定，出现了个体的我，如同一个瓶子从无边的大虚空中截取了一个局部成为瓶中的空间一样。因之制限（upādhi）便是一种分有。又如同置红花于水晶前，水晶上便显现红花的影像。同理，遍在遍有的神我，受到身体的制限便成为了个我活动体。当然，制限说本身在吠檀多也不是没有理论上的困难。这套理论用在数论的主张上，自然也有难通的地方。数论主张多个我，又主张有限的身体实在，要维持制限说更有一层困难。总而言之，其除了偈中所说的两个“如（同）”，大概也没有别的

① Deussen, *Allg. Gesch. d.Ph.*, I.3., S.418.

② 三德合人故，无知如知者。三德能作故，中直如作者。——真谛译

方法可以有效融通这种二元结合的难点。

另外，瓦恰斯帕底·弥希罗也曾为融通此点而提出返影说（pratibinba）。我的作用是身体上的反影，身体的作用也是在自我上的反影。有限的存在者，不过是我与身之间的相互作用，如影和像相互反映。这里所说的虽然是吠檀多的，而且是商羯罗派的观点[①]，但如果联系到数论的教理来看，恐怕才是最为妥当的思考。至于西洋的哲学界，自笛卡尔以来有关身心关系的论述五花八门，但仍然不能摆脱问题本身所成的迷思。联系数论，可以说在东方印度，此亦依然是一个尚未解决的问题。

二、关于心理作用分析。按照数论的宗义，心理现象的本源完全归于神我。而觉、我慢、十一根等，不过是物质的生理器官。然而，如前所述，因为从我受到映射，在经验的意义上说，觉、我慢、十一根等都成为心理现象的分担者。数论把觉、我慢与十一根这十三种器官分为两大类，称为内具（antaḥ karaṇam）和外具（bahyam karaṇam）。内具是纯然精神的器官，外具是外部的感官。觉、我慢与心三者属于内具，十种根属于外具。以下对十三种器官分别解说。

觉，也可称为心（citta），属于最上等的心理器官，其活动以语言为工具，可称为理性功能。觉的特相在于决智（adhyavasāya），即其所掌管的是判断推理。至于其他的十二种感觉工具负责总结所有的经验，以及经验的判断，并将它们传达给神我。换言之，精神全体的统辖者在《数论经》（Ⅱ.40, 47）中被称为群臣的领

① 《罗摩奴阇梵经》，Ⅰ.1.1。

班——宰相。

我慢，即是我执（abhi māna）的器官。吾人平时所说的“吾苦也”“吾意欲”“吾不舍得呀”，如是之类都是我慢的自我意识。数论宗义认为，我之所以有苦乐等感受，不过是我慢在肉体上的心理交涉，苦乐感受引起爱憎的念头，这些都是我慢司理的活动。从此意义上看，它同佛教唯识派的末那识（manovijñāna）的功能并无两样。吾人为了欣求快乐、逃避痛苦，会有种种行为，是诸行动都受我慢支配。如果说觉下面支配着五知根，则我慢支配着五作根。

意（亦译为心），是管理分别（samkalpaka，区分、分析）的器官。它与五知根一道共同经营外部行为，这是它的职务。对于意的功能，从来印度各家的说法各各不同。胜论派将它看作一种神经模样的器官，其体量极其细微，在身体当中迅速回转，管理着知觉与运动。而在数论当中，也将意的功能视为与十根功能并列。以此判断，同胜论的看法应当大同小异。数论也说它是分别（区分事物异同）的心理器官。但似乎更重视其为一种精神能力。因此，意这东西，在数论这里，地位不免有些暧昧。可以将其视为相当于佛教的第六意识。

十根（indriya），根之原义是“根本能力”的意思。在广义上根包含三种内具。但通常所说的根只是外具，即五知根和五作根十种外部感觉和运动器官。至于根的质体，在不同学派间有不同的说法，见解亦颇纷纭。就是在数论派的内部，也是分成几种意见。有说它是五唯所成的，也有说它是五大所成的。不同的说法在数论经典中都可以找到依据。大致说来，将其视作五知根与五作根的，是从外部形式上着眼，也就认为它们是肉体身的一部分。然而如果从本颂或《数论经》的立场出发，相应地当说根从我慢中发展出来。再从狭义上看根的质体，它是超出了物质含义的。自外形上说，根有眼、耳、手、足的样状，但根又有其根依处（adhiṣṭhānam）。根依处才是它的实质所在。这样看来，正确地看待根的质体与本性，其有内外两种含义。《数论经》（Ⅱ.23）中，根是超感性的。让人迷惑的地方是，数论将根依处视为根的主张。以佛教的看法作参考，佛教认为有扶尘根与胜义根两者。胜义根才是真正的感觉依据。在数论，这也正是把十三种具具足的细身看作体量精微的理由。

十根中若论五知根的功能，眼（cakṣuḥ）以色为境（对象），耳（srotra）以声为境，鼻（ghrāṇa）以香为境，舌（jihva）以味为境，皮（tvac）以一切所触为境。不过天与人之间感觉对象却不同。就天而言，以五唯为对象，而人类，以五大为对象（颂三十四）。其次，说五作根的作用。舌为语言器官，手（pāṇi）为执捉器官，足（pāda）为行走器官，泄器（pāyu）为排泄器官，生殖器为生殖器官。

基于以上说明，再来看心理器官的一般作用。先看外具之十根作用，其以现在的境为对象，而十种根各各取境，不会逾出自己的作用范围。例如，手只能握执现在眼前的东西，而不可能是过去或未来的东西。耳只能以当下声音为所缘的物质对象（色境）。反过来，内具则不同，其感知对象不仅仅是现在之境，且不以任何特定的境界为限。一切从十根得来的（感觉）材料都可以是内具的对象。在此意义上，《数论颂》称外具为门（dvāra），而称内具为门者（dvārin）。门是出入经过的地方，门者是看门之人，一切出入都在其眼皮底下。此十三种具有共同的心之作用，此用分为两途：外部的知觉与外部的活动。外部知觉以外界为起点，而以神我为终点。先是外部对象，其经过五根而入于内，意对其加以表象化，然后传递给我慢。我慢以其为己有，对它加以或快或不快的评价，再将其传送至觉。觉再把它最快的决定附着上去，统一把握再反映到我上，势同传奏上达。

此为认识所经过的过程。瓦恰斯帕底·弥希罗将此程序比作国王与官吏司理的逐级上达过程，首先，有村长把各家各户的租税征收起来，送给知事者，知事者转送大臣，大臣再呈送国王（Kaumudī，《数论真月光疏》）。但这里讨论的东西并非租粮等实物。瓦恰斯帕底·弥希罗对此作了分析，认识过程的上升是逐级加工的结果。实物刺激感官，会有一层进化（pariṇāma，增益），我之所得到的传奏，已是经过加工的结果。

其次是行为发生的场合。行为与认识的过程正好相反。认识是由外而内的。行为的过程则是由内而外的。行为发生之际，广义上说，虽其原动力是因神我之见而发出的要求，但神我并非直接的行动者。狭义地看，行动的直接命令出于觉，尤其是我慢，充当了有力的发动者。 我慢是动机起因，意是其手段。十根中，尤其是五作根受其命令，一道行动起来。以《金七十论》（颂三十一）为例，做如下说明："十三不由他，能作自用事；我意是因缘，无有别教作。""十三不由他，能作自用事"者，此论中自在（自性）及我（神我）非作者，前已说。是故十三作具如自境界，自能作不由他。如一梵行婆罗门问言：某处有皮陀（吠陀）师，能教弟子如意受学。我今决定：当往彼学。此即是大（觉大）作此觉知。是我慢得大（觉大）意已，作如是计：一切婆罗门所有校具，我悉将去。为欲往彼，使心不散。是心得我慢意已。作是分别：我当先学何皮陀（梨俱吠陀），为学娑摩皮陀（沙摩吠陀），为学夜至皮陀（夜柔吠陀）及力皮陀耶（阿达婆吠陀）。外根知心分别已，眼能看路，耳闻他语，手持澡灌，足能蹈路，各各作事。譬如贼主作号令言：出入进止，皆须听我。是贼群众，悉已从令。如是诸根，亦复如是。觉譬贼主，余根譬贼众。已知觉意故，各各作自事。

一句话，数论的心理学是一种生理的心理学。觉、我慢、意等的微妙作用，本质上不外乎是某种微细的生理组织活动，直可视为唯物论的心理学。不过在数论这样的体系，在其认识活动的深层底处，作为其认识本源的主体，被认为是不变恒常的神我。这样的立足点同唯物论之心理学虽然大不相同，但若无神其神我之作为行为发动者，不免多少有机械论的观察意味。

再者，如果要讨论数论的心理观，就不能不联系到它的五风说。所谓五风，指吾人的肉体当中有五种生气（prāna，风）发挥着生理作用。这是自奥义书以来印度的一般生理说。作为数论思想渊源之一的《泰蒂利耶奥义书》有五藏说。其说生气的来源，可以见到当时对于身心组织的一般看法。吠檀多以为五风与十根是相并而立的独立器官作用。但数论并不认为五风是独立于二十三谛之外的构成要素。数论更倾向于认为五风是诸根配合产生的作用。所以如此，恐怕一开始便忽视而对其未作吸收，以后才发现有必要补充自家理论，不得已而持此穷策。而此处说的诸根共同协作的意思，在《金七十论》中虽将其解说为十三种具的整体，但数论经典（颂 29；经Ⅱ.30-31）思想中，其本意似乎是将其当作觉、慢、心三内具的共同作用的。

所谓五风，指波那（prāna，出风）、阿波那（apāna，入风）、优陀那（udāna，上风）、婆那（vyāna，介风）以及娑摩那（samāna，等风）。其在不同的学派有不同的说法。不好作简单一律的解释。

今据《金七十论》和瓦恰斯帕底·弥希罗的意思解释[①]。（1）首先，所谓波那，通常指呼吸的全体，或者虽意指出息，此处作为口鼻的通路，广义地说可至心脏、脐、足趾，因之无论步行还是静止，都会是控制者。以鼻口作通路，正是呼吸的意思而不会有别的意思。至于说它及于足趾等，不知其本意所指。（2）所谓阿波那，是入息的意思。按《金七十论》的说法，此风在首、背、胫、口边各处。大约人之畏缩，即因此风的作用。若人身中此风盛，则是人性怯懦。恐怕此说根据，是谓人若恐惧则有暂时的气息拥塞，故有如是说法。（3）优陀那是向心脏、头首、上颌等处扩展的气风。人的骄慢即是此风的作用。（4）婆那之为气风，有从内部往皮肤表面扩展的倾向。又此风易从人身流失。人若感到孤独，心情郁闷，便因此风的作用。人在濒死之际，此风便一点点地从身体中逸去。

---

① 颂："三自相为事，十三不共境，诸根共同事，波那等五风。"释：大事计我为慢相，此相即慢事。分别为心相，是相即心事。十三不共境者，十根各各境及大慢心相各各所作故，故说不同事。诸根共同事波那等五风者，若说不共事义，至知应有共事。不共事者，如人人各一妇。共事者，如众人共一婢。何者共事？若五种风：一者波那，二者阿波那，三者优陀那，四者婆那，五者娑摩那。是五风一切根同一事。波那风者，口鼻是其路，取外尘是其事，谓我止我行，是其作事。外曰："是波那何根能作。"答曰："是十三根共一事，譬如笼中鸟，鸟动故笼动。诸根亦尔，以波那风动故，十三根皆动，是故十三根同其事。阿波那风者，见可畏事即缩避之，是风若多，令人怯弱。优陀那风者，我欲上山。我胜他不如。我能作此，是风若多。令人自高，谓我胜我富等，是优陀那事。婆那风者，遍满于身，亦极离身。是风若多，令人离他，不得安乐。是风若稍稍离，分分如死，离尽便卒。娑摩那风者，住在心处，能摄持是其事。是风若多，令人悭惜，觅财觅伴。是五风事，并十三根所作。"——译者

（5）娑摩那风在心脏之中。此风特质在能摄持。是以人若性悭贪，必多此风。一言以蔽之，五风说仿佛是一种空想的生理观。虽然在某种程度上凝结着经验的成果，但无论如何，总有似是而非的猜想。就此点言，它极像是西洋自古就有的气性说——将人的体质同人的情绪性格联系起来加以考察。

三、关于心态（bhavā）。前面所说的是关于心理活动的一般样态。若联系人的精神状态来观察，可以分出很多种类。数论称它们为心态。盖所谓 bhavā，是状态或者念想的意思，其来源于把人的某种心理内容当作体质来看。借用佛教的话，叫作心所（caita）。真谛法师将它译成“有”。此为直译。此必是因为注意到了心的存在状态。但是在佛教当中，心所论是非常烦琐的讨论，而在数论，它的心态论也一样详尽备至。盖吾人无论是轮回之时还是解脱之时，心境心态必然呈现百千万样，因之可以说，心态论既是心理观的也是伦理观的讨论。按数论的说法，吾人的心态，可以是一时的、从一种状态向别一状态的转移，也可以是完全无意识的状况。但它的体不仅如同水波一样起伏泛漾，它的印象会在细身中尤其在觉（大）上面残留下来，长久地得到保存。如是，它会像细微的种子埋在土中，时候一到便会萌发出来，成为后来果实的原动力。这个印象称名为 vāsanā（作为梵文术语，它指的是熏习或者习气）。若自其熏习能生结果看，它又称为业或者行。

不用说，这不可能是现世中的记忆原理，而只能指的是吾人先天能力的根据，或者生下来从命运中分得的某种禀赋。总之，就心理活动或状态言，是前一世中心态的影响作用，而从伦理作用方面看，其为往世的心态作用在现世的报偿。这样的理论意味着，心态既是吾人复杂的心理活动和作用的基础，又是伦理责任的基础。即因此理，细身常住，未至解脱，则无破坏。从现象上看，心态成熏习，熏习又成心态。细身不坏时，二者互为因果，互相依赖。细身若坏，两相即时离散。本颂五十二上曰："离心态无细身，离细身无心态。"[①]

然而，此之心态之全体，究竟是吾人先天而有的呢，还是后天获得的呢？在数论中，似乎两种可能都存在。也就是说，数论以为它既是前世心态的再现，也是今世的经验积累。本颂四十三上曰："Saṁsiddhikāś ca bhāvāḥprākrtikā vaikrtāśca dharmādyāḥ dṛṣṭaḥ karanā-śrayinaḥ karyāśrāyinaśa kalanādyāḥ（法等诸心态，分自然成就，及变异成就。一依于内具，他则迦罗等）."真谛译本中，这句颂子译成了："因善自性成，变异得三有；已见依内具，依细迦罗等。"其中的"得三有"是误解的结果，被认为是"自性成"再加上"变异得二"[②]即言。就颂中的"心"而言，其法与非法等的心态，有先天的（自然成就）与后天的（变异成就）的不同。按吾人的经验，先天的是内具，即细身发生时便有的；后天的是托胎以后（所谓迦罗指托胎以后稍稍凝结的状态）至死前的现世身。此处可以参考的是唯识家护法一派关于本有种子与新熏种子的区别。

① 这里原著者直接采用梵本，未用真谛译本。真谛在其译本中，将"心态"译成"有"。其"细身"则称为"体相""细相"或"相"。因此真谛译本的《金七十论》中本颂是："离有无别相，离细相无有；相名及有名，故生有二种。"在我们看来，真谛是以细身为体，以心态为相的。本论的释文也这么说，"离有无别相"者，若离诸有，体相不成，譬如离热，火不得成。"离细相无有"者，若离细相，诸有不成，譬如离火，热不得成。是两法相依，如火与热。此法俱起，如牛两角。相名及有名故生有二种者。——译者

② Deussen, *Allg. Gesch. d. Ph.*, I.3., S. 418.

其次，数论的心态，是不是有确定数目呢？恐怕实际上是没有尽头的。不过联系到数论的目的论，仅以其有关迷与误的部分来说，心态大致可以分为两类：八分说与五十分说。

八分说。所谓八分说是对觉的作用作观察的结果。从善与恶两边来说，各有四个方面。本颂第二十三上谓，觉上喜德为胜时，表现为善的四种心态。而当忧暗之德占上风时，显现出恶的四种心态。此八分为：法（dharma）、非法（adharma）、智慧（jñānam）、无智（ajñānam）、离欲（virāga）、离忧（rāga）、自在（aiśvaryam）、非自在（anaiśvaryam）。总而言之，又吾人从性格上可将修养状态分为四个方面，其下分为积极与消极两类（本颂二十三）。

法。所谓法强调的是意志，亦即同德行相关的心态，即是夜摩法（yama，禁制）、尼夜摩法（niyama，劝诫）两类。《金七十论》（备考会本上五七丁）说，所谓夜摩法，指守五事，亦即无瞋恚、恭敬师尊、内外清净、节食、不放逸五项。所谓尼夜摩法，则指不杀、不盗、不妄语、不淫（梵行）及无谄这五事持守。但一般而论，夜摩法是从消极面来说的禁制，带有“莫作莫为”的品德，而尼夜摩法则毋宁说是积极的劝勉的德目。而《金七十论》中恰好是反过来说的。

非法。其为与法正相反对的心态。总之是对夜摩和尼夜摩的破坏。

智慧。它是纯然之理智的心态。按《金七十论》的说法（上五八），有内智与外智二种。所谓外智，是与数论宗义无关的一般智识，例如通晓六吠陀分[①]；而内智是掌握了数论宗义这样的智识。

① 高楠顺次郎、木村泰贤：《印度宗教哲学史》，第389—392页。

无智。其为智慧的反面。

离欲。它指所谓离欲与忧欲，主要是与动机化的情感相关的心态。《金七十论注》（上五九丁）谓，离欲也同智慧的分类一样，有内外两种。外智引起的是世间执着的毛病，而外离欲只是离除世间欲。内智是保持自性，内离欲则厌离身体。

离忧。其为离欲的反面。

自在。所谓自在是指精神能力当中特别与神通（siddhi）关联的心态。《金七十论》（上六十丁）将其分为八种：（1）随意分身化体。（2）身体轻安。（3）身能遍满处处。（4）一切随意得。（5）支配世间。（6）一切一时得用。（7）独立不依。（8）随意而安住。此八种可以参见《摩诃婆罗多》中的八神通。

非自在。其为自在的反面。

本颂中这样总结作为伦理结果的八种非自在的心态（颂四四至四五）："因善法向上。因非法向下。因智厌解脱。翻此则系缚。因善自性成。变异得三有。已见依内具。依细迦罗等。"即是说，法与非法是规定命运使吾人得幸与不幸的原因。智慧、无智是决定吾人解脱还是系缚的原因。离欲与忧欲是安立或不安的原因（所谓没于性，指虽未达解脱，但身心已经不再动摇，三德已经平稳的状态）。自在与非自在是得无碍或尚受障碍的原因。

八分说是联系到迷悟来看的心态分类，其中各类不一定非得按顺序演进。而本颂（四六至五一）和经（Ⅲ.37-44）则把从迷至悟的各个阶段细分为五十种心态。吾辈设想，此五十分说与八分说都是数论中同时会用的解脱法。所谓四段，谓疑倒（viparyaya）、无能（aśakti）、喜（tuṣṭi）和成就（siddhi）。所谓疑倒，直译可称为“反对”，意谓其是与悟正相反对的极重烦恼。无能虽谈不上是极重的烦恼，但在趣向解脱的方向上是有碍精进的状态。至于喜，虽未进到正道目标而犹在逐渐前进的状态。成就指的是已经走上了解脱道的状态。

因此，五十分说显示出极重的凡夫，达至解脱见解的过程中各阶段的心态。不过，因为所谓五十分过于烦琐，无须一一罗列，以下仅举名目而已。

疑倒（五）有暗（tamas）、大痴（moha）、重暗（tamiśra）、盲暗（andhatamiśra）。无能（二十八）是与下文说到的九喜八成就正相反对的十一根破坏。喜（九）有内外；内喜四分，外喜五分。内喜四分为：（1）自性喜（prakṛtituṣṭi），知自性为万有之因从而欣喜于解脱。（2）取喜（upādānatuṣṭi），喜以出家为道具。（3）时节喜（kālatuṣṭi），喜于时节到来自得解脱。（4）感得喜（bhāgatuṣṭi），以及因出家解脱顿悟而生喜悦。外喜五分为：（1）因求财难而出家之喜。（2）因护财难而出家之喜。（3）因失财悲而出家之喜。（4）因失财复得其苦而出家之喜。（5）因财生恶行故生悲苦，由是出家之喜。是等喜中，如内喜者乃基于信仰或哲睿之喜，外喜则只是名义之喜。

成就（八）是指正真之修行有八个位阶：（1）思量（ūha），即思量二十五谛的真实义。（2）闻（sabda），即从师闻道。（3）读诵（adhyāyanam），即研究圣教（数论）经典。（4）—（6）离三苦（duḥkhavighātāstrayaḥ），即誓愿根本解脱依内苦、依外苦及依天苦。（7）友得（suhṛtprāpti），即得善友而培养修行研究的惯习。（8）布施（dāna），不吝一切资财，供施友师而求道。

是等成就之详细说明，可以参考《金七十论》（备考会本中卷由四十丁至下卷十三丁）。

四、关于有情的各类。以上所述之吾人心态，谓其心态之影响，熏习觉而成就业。因得业果而成就轮回转生。此轮回的范围正是各种有情所在之可能。粗略讲数论之有情分三类：天道、人道、兽道。但本颂第五十三更细分出天道八分、兽道五分和人道一分。按《金七十论》的说法，天道的八分是梵天、世主、天帝、乾达婆、阿修罗、夜叉、罗刹、鬼神。其中涵盖了所有自吠陀以来印度社会中重要的神衹。兽道的五分是四足生（四足兽）、飞行生（鸟类、昆虫）、胸行生（蛇类）、傍行生（蟹类）、不行生（草木类）。尽管数论对天道与兽道不惮其烦罗列多种，然其对人类则仅视作一道，未有四姓分别，以此观之，似乎暗示数论之平等主义，实值得注意。又经上（V.111）有多种出生方式：湿生（svedaya）、卵生（aṇḍaja）、胎生（jarāyaja）、种子生（udbhījaja）、分别生（saṁkalpika）以及化生（saṁsiddhika）。从生至种子生，奥义书中已有所及，所谓分别生是因欲而生的一类神话人物。而化生者说的是神通变化的一类。其与佛教所说的化生大约相当。而在数论，虽然同为有情而有此各种分类，但又可以用三德来表示相互差别。概而言之，高等动物中以喜德居胜，低等动物则是忧暗之德偏盛。

第五章　数论派的修行解脱观

前面数章，意在说明数论体系之大致结构。然尚有待叙述者，是修行论与解脱论。实际上此方面的内容，在前文也多少有所说明。为从体裁上考虑，不致短缺，此处再加几句赘言，作一点补充。

数论之修行观，首先应当注意到修行者的资格为何。在吠檀多派，修行者必须限于上三种姓，首陀罗是被排斥在外的。对于数论倒是没有这样的限制。《数论经》（Ⅳ.2, Bai 注本）公然宣称：苟若有志，虽妇人、首陀罗乃至鬼神（毗舍佉一类）都可以得到解脱。此数论之不以人道为唯一解脱对象，与佛教之不拘种姓都能超生可谓异曲同工。在数论其对于教授弟子的老师的资格却有相当严格的规定。《数论经》（Ⅲ.78-81）上说，若自己未得解脱者，不可教授他人。拾人牙慧而仅有一知半解者的教授，不过是以盲导盲者，必须杜绝。其次，虽然数论也说到各种修行阶次，然一般而论，必须坚持本派的修行大纲目。要得分别智，知道神我与自性原本不同。这是进一步实践修行的依据，也是修行的根本方针。一切修行但凡与此方针不符都不会受到数论推荐，被认作不善行。例如，经（Ⅳ.8）上虽然说到巴罗达王（Bharadarāja）在修行当中因为起怜悯心而救鹿子的善事，但数论并不以为这是正当的修行法。他们甚至将这种行为视作障道因缘。盖他们认为行善事只是为了求轮回道的上升，说到底是不利于修行解脱的。数论出世道不容纳这样的世间道德。这样的立场在吠檀多也一样，从宗教的实际功能看，数论在这里是不及佛教优胜的。也即是说，数论的修行完全在于自利。因此，数论的修行道，如前已经说过的，其八种成就宣扬的便是先克服三苦，离三苦以后起誓发愿，寻觅正师，参访正道，绝一切世间欲，习二十五种谛，把握真实义，听闻读诵经典，又作冥想修行，最后通过禅修实现自我。

《金七十论》中说到数论的禅定法，叫六行观。其把数论二十五谛分为六个阶位。系念观察，由下而上，渐次升进，最终达到自性。（1）思量位：观五大过失，远离修行。（2）持位：观十一根过失，并作远离。（3）职位：观五唯过失而远离之。（4）至位：观我慢和八自在过失机遇远离之。（5）缩位：观觉之过失而作远离。（6）独存位：循序渐进，渐渐趣向自性，观其过失而作远离之位，直至终了得数论之所归趣。要而言之，如果寻觅六行观的实质，大体说来，先是除离外界的执着。为落实这样的行法，抑制自家的十一根，脱离相对的外在境界，离除自家内心的动摇。最后涤除一切肉体的习气，进入纯粹的精神生活。这是六行观的基本含义。当然此六行观所修之事，表面上看，无论经还是颂都没有具体指明。但仍然不妨碍它成为数论的适切教理。关注数论的观法，六行显然是数论有代表性的修行理论。

然而，从另一角度来看，行此诸种种观法的行者，从本体上观察，对自家的本性本心的认识，这一过程中不用说，都得依赖自性的作用。出家也好，修观也好，目的不单是得真智，更要把握觉这样的最高感官的活动。所以这么说，是因为自性受到束缚，想得解脱的自我也受到经验的束缚。要得解脱，先得明白神我与自性的关系，明白无分别之智（无明）的干扰，明白觉在感性经验中的作用。观想修行，正是为了揭示经验活动对自我的束缚，此外并无别的目的。从此见地出发，本颂第五十七以下说解脱的经过。择其重点介绍之先，吾人从本体角度简单地加以说明，将其作为本篇的总结。

先说神我对自性解脱的帮助作用："为增长犊子，无知转为乳；为解脱人我，无知性亦尔。"（颂五十七）乳汁是为了牛犊长大，无知（无明）本性是为了人我得解脱。此说无知的作用。本颂五十九又说："如伎出舞堂，现他还更隐；令我显自身，自性离亦尔。"舞女先出现在观众面前，而后回到舞台后面隐身，自性也是这样，先现身而后隐没。此颂之后，接下来再说，其实从根本上讲，神我本无轮回，也没有什么解脱，一切迷情都是因为自性的作用而已。因此颂六十二曰："人无缚无脱，无轮转生死；轮转及系缚，解脱唯自性。"

接下来再说解脱之因。颂六十三（真谛译本无此颂）曰："自性以七相（心态之八相，除智慧相之余七相），以自作自缚；而因一相故，自己作解脱。"又说解脱相状，此为六十四颂："如是真实义，熟习无余故；无我及我所，无倒净独智。"

一旦经过修习而把握二十五谛的真实义，也就知道无有自我，亦无有依附于自我的经验世界，克服了无明颠倒之见，也有达到了清净而独立的神我认识。也即是说，从本以来，因为我慢把非我的自性作用成自我。因此误执，才否定了二十五谛真实之智，也就产生出大的自觉活动。明白这一层道理，结果便是两种解脱的认知：

有身解脱（jivanmukti）和究竟解脱（atyanta kavayam）。此二者相当于佛教所说的有余涅槃与无余涅槃。前者在本颂六十五中加以解说："由智不更生，我意竟舍事；人我见自性，如静住观舞。"（真谛译本）上面偈颂若依梵本直译，便是：依解脱已得自性成就，七相灭而无所动摇，神我寂静见自本性，住本位而如同（剧场的）观众。

若具体观察，是说肉体已经离开了束缚，无有苦乐感受，身体对世间一切经验变化也无所感触，可以称为达到了圣者的境界与态度。因此，他如果还活着，只是前世的业力继续推送而已，既不受原先的欲望牵动，也不再受到任何新的熏习，颂六十七曰："由正遍知故，法等不成因；轮转已直住，如轮身被成。"

因为达到正智，所以先前的种种心态不再成为其轮回的原因。其身体已经不再起惑造业，轮回的运动已经停止。在这种情况下，一旦他的身体灭去，就达到了根本究竟解脱。所以颂六十八谓："舍身时事显，自性远离时；决定及毕竟，二独存得成。"至其舍身时，一切真实的事宜（利益）都得以实现。远离其自性的时候到来，达到了根本的究竟的确定目标，自性与神我两者独立存在（如同原初）。

然后，此处仍然不能排除这样的疑问：虽然自性与神我在此境地各自独立开来，但它们还会再度结合吗？对此，本颂第六十六说："我见已舍住，我被见离藏；自性我虽合，无用故不生。"一个（指神我）说，彼（自性）由我见而不能终结；另一个（他、自性）说，因已见彼（神我）而有了断。又因两者相结合，执着之力牵扯的缘故，世界由此而展开。

这就是说，神我最终把握了自性的本质，从而完成了认识了别的先天倾向。自性也因被神我勘透而终结，完成了被认知的使命。既有这样的二俱圆满，因之不再相互纠缠，世界也就不再展开。盖从根本上讲，本来分立的原理，虽因偶然原因而和合，若一旦分开虽然有可能再度和合，但无始以来的结合都因为修习之力而可以分开，故再次结合也是不值得担忧的事了。不过，达到超越独存后的神我，究竟从根本上讲是什么模样呢？数论本颂对此没有言及。《数论经》卷五在据其本体观而驳斥他宗解脱观时，略略讲到了独存的神我的状况。大概而言，解脱之我的本体状态可以描述成无苦、无乐、无有变化，唯有其本质之心的存在，玲珑晶莹如同明镜。其独立存在，无有相对之境，亦无有主观意识活动。处于永恒的寂静状态。超越时间与空间，其中虽然有各个解脱的自我，但彼多个的自我之间无有交涉，都是独立自存的个别有。又若在此独立自存之际，来看自性的自身根本状况，解脱以后自性也就与神我两不相干。从根本原则上看，其理所当然地会复归于非变异的状态。但一则因为自性不受神我的专属，他则又受未解脱我的制限，所以仍然会有开展之事。故《数论经》（Ⅲ.63）上说，由受分别智（无明）所限故，自性开展不止。其次本颂第六十四又说，解脱只是个人之事，其他个人依然受自性所缚。因此，虽然解脱是自性与神我的相互分离，但它并非是从本体意味上讲的，由被个人化而有的自性所成细身仍然存在，只有神我解脱了，其细身才会也归入自性。此层含意并非无理。

于此，吾人无意对数论的解脱观作何批判，但只略说对它的感想而已。要言之，数论的解脱观基础，是精神对物质、灵魂对肉体的关系。而解脱，只是为了让人完全摆脱物质的束缚，实现精神生活独立这样的目标。出于追求绝对生命的宗教要求，数论的解脱观自然只是一种理想。尽管在数论的心目中，这样的精神生活境界，被看作自由的活动和真价值所在。但这样的凝然不动之境，只是从数论本体论中间引出来的自然观结论，作为人生理想，不能不说是乏力的。前已说到，从一方面看，数论之把物质相对于精神并列，倒也并不以为物质是不好的东西，那为什么数论在解脱观上却不肯始终坚持这样的态度呢？如果数论保持了先前对待物质的肯定态度，而非站在完全灵性化的立场上，不是把物质当作精神的绝对奴仆，则吾辈可能会对数论的解脱观，更有赞赏的评价。亦因如此，数论的人生观失去了灿烂的光彩，让人感觉暗淡而平添惋惜。正是这样的弱点，使得数论之相较于大乘佛教或吠檀多要略输一筹。这也是由于其未能张扬一种能动的、充满生气的解脱理想的缘故。

第四篇

瑜伽派

第一章　总说

第一节　印度思想和瑜伽以及研究资料

作为数论的姊妹派别之一，瑜伽派也名列六派哲学当中。当然，瑜伽派实际上是六派中最缺乏独立意义的。这是因为其他的五家哲学虽然各有自己的特点，但作为一种修行法，自奥义书问世以来，也都一直将瑜伽作为本派的工具。而瑜伽派自己，就其行法自身言，未必比其他诸家更加殊胜。本派出世，是因为昔有波檀迦梨将数论见地中的种种瑜伽行法加以总结整理，束成一部《瑜伽经》，故而形成了单独的瑜伽派别。不过，若从另外一面来看，因为印度哲学中各家当中都有瑜伽成分，若把瑜伽的思想汇集而独立，使成一种体系，似乎也有一定的道理。瑜伽行法所以能够成为诸家共同的修行手段，如果对其缺乏必要的了解，就无从把握印度思想的全貌。不过，说起来不免令人诧异，以往研究印度哲学史的学人，似乎对瑜伽派罕有兴趣。原因大约在瑜伽本身，其思想内容本质上有一定的神秘性。后世甚至普遍认为，瑜伽派乃一帮狂信之徒。他们醉心于神通奇迹，所倡的东西没有什么真实意义，所以才导致瑜伽学术受到埋没。以往有菲茨·爱德华·霍尔（Fitz Edward Hall）抄录搜集瑜伽之书二十八种，其曾作感叹曰："迄今为止，瑜伽之书，余所入手者有二十八种，经眼者不过数册。余之所望，欧洲也有好事者阅读斯种有关印度的书籍……”① 他认为，《瑜伽经》虽然内容多涉神秘，但不可只视为神秘主义之成果。不可臆断其仅为狂信之徒所事弄，因之弃置不顾，由是而错失其益也。时至今日，对瑜伽怀有极端意见之学者虽已不多，然将瑜伽之学大抵归入迷信者仍然不少。为避免先入为主之见，吾人于此就瑜伽与印度思想之深刻联系略作介绍。以期读者在后文中，不致茫然。

“瑜伽”一词，本身虽有不同含义，然在此处，吾人着眼者，仅为其哲学、宗教与实践三个方面的意义。先看其宗教意义。如前屡屡所说，整个印度宗教无不以解脱为最高目标。而说到解脱，也只是讲论如何消融小我，得绝对之生命。其解脱方法，只是服从此目标的专念修行技术。瑜伽行法，其实亦即是因应此种要求之修行法。其中所讲的控制肉欲，谨防杂念，耽于沉思冥想，都是瑜伽实践的本质内容。此也正是因应解脱主义而来的行动步骤。因此，凡有被解脱主义所承认的东西，无论其形式如何，也无论合意与否，都不会被当成与瑜伽有何矛盾的事物。再者，从哲学上看，整个印度思想传统中，自奥义书以降，其所盛行者，都是以自我为中心的主张。然只要说到这种以自我为中心的思想，在认识论上大都极易陷入神秘主义。其中把捉自我的方法，一般不会是经验手段或者理性思辨。即令其强调精神能力，也还是属于心通默识一类的方法。因为只有此类方法才是唯心的捷径。此即

① Hall, *Contribution*, p.11.

所谓的直觉主义是焉。此种风格，若求证于西洋哲学，无疑可以见证于柏拉图和梅斯特尔·埃克哈特（Meister Ekhart）之流。瑜伽哲学的意义，正在此诸人身上可以见得。彼等皆主张，精神修行者的全部努力，在尽量抑制肉体自身，压制感觉的动摇，凝集精神于一处，总而言之，培养起直觉的认识力。也正是在此意义上，印度以自我为中心的教学，都认为最深刻的哲理意义，绝非仅凭理性功夫就可以获得。最后，吾人再从实践方面来考察自我中心的哲学意义。印度全土大致属于热带，而其国民极富玄思冥想，一般人的精神风格都喜静而不好动。有所闲暇，往往在郊外森林中静坐。风清月冷之时，低头沉思，才是彼等最为愉快的感受。因之，自古印度多有隐遁之士，其乐于择林间或洞窟安坐。彼等未必有许多哲学信条，只是返身而内视，自顾沉思默想而已。如此习惯，也已成为一种生活方式，及个人修养之喜好。淡泊宁静而清彻之精神风貌，与日常生活的习俗相随与共，成为自然趋势。从实践的意义上来看，瑜伽修养，以印度国民性为基础，是一般印度人都欣然接受的人生态度。正由于此，要想理解印度思想的一般特征，不能缺少对瑜伽所形成的生活习俗影响的了解。瑜伽作为一种文化修养，其在社会生活中几无处不在，其在各个时代都是印度人的一味精神清凉剂。

以上是说瑜伽在印度一般思想当中的意义，同时也可以看作瑜伽行法得以生存在印度精神中的一般条件。吾人用意在于揭示，应从哪些角度来观察瑜伽行法，才能把握这一印度社会的自然产物，才能客观地显示印度思想的深刻含意，而免于武断和臆测。彼等视瑜伽为狂信产物者，其实忽视了它的本质含义，只是局于极端而表面的判断，从根本上说，所执持的是一种不当的批判方法。吾人于此作如是说，并非不肯承认瑜伽中有狂信和夸张的成分。那中间甚至可以说也有捕风捉影的无稽传闻。事实上，瑜伽行者当中有好多人们视而不见的反常现象，例如，那些刻意而为的不自然的肢体动作，那些被大加炫耀的行法伎俩，那些多半虚假吹嘘的神通妙用，那些耸人听闻的极端苦行，还有那些恣意纵欲的技巧等。但所有这些，都不过是事情走向极端的产物，虽然与印度人的思想性格有一定关系，但它们并非瑜伽的必然归宿。吾人不要忘记，这些都不是瑜伽本来的意图。相对而言，印度佛教中的禅定三昧，就要稳当得多。那就是一种健康的瑜伽行法。佛教的瑜伽行法在印度以外的中国、日本也催生了怡情适性、旷达而自在的禅宗。这也从事实上证明了印度思想中不乏积极性的向上因素。

综合地看待瑜伽的发展，其作为一个独立的派别，有不可忽视的特点。作为印度思想中的一般宗教实践法，任何有意于研究印度文化的人，都必须对它有一总体而全面的了解。不过，据实而言，以往这方面的研究与考察，看起来总不流于事倍功半。这当中涉及瑜伽的历史材料相当多，但经过提炼和总结的却很少，它们大都可称芜杂而晦涩难解。对于瑜伽的行持之法，如果只是着眼于其形式，其大同小异、千篇一律，因此说来并不复杂。以这样的态度与立场来追溯瑜伽思想的发展，也可以形成一部思想史。但若既要兼顾其思想内容，又能把握其实践手段，同时揭示实践中包含的观念，这就实在说不上是一种轻而易举的工作。只是在本书本篇中，吾辈要做的工作不单是要从总体上显明瑜伽历史，还要围绕着《瑜伽经》这个中心，考察瑜伽派思想的体系结构。因此，吾辈的工作既涉及形式的研究，也要留意总体的思想把握。

瑜伽研究应当准备的资料，大体上与数论的基础材料相当。瑜伽思想材料，主要保存在古奥义书和《泰蒂利耶奥义书》这类黑夜柔吠陀派的圣典当中。而瑜伽的思想同数论思想一样，也都在《摩诃婆罗多》的四哲学书上有所显明。瑜伽思想一直可以追溯到波檀迦梨的《瑜伽经》上。因此，以上诸书都是吾辈研究瑜伽派时的主要材料来源。又因为瑜伽派与数论派在行法上有相当的共同性，所以在研究瑜伽时，吾辈也可以从数论获得不少的参考内容。其中就包括所谓的新奥义书。它们以往被道森称为“瑜伽奥义”。此类奥义书有十多种，都是重要的参考资料。再者，法典中除《摩奴法典》，还有《瓦西斯塔法经》（*Vasiṣṭha-dharma-sūtra*）、《阿帕斯坦比耶法论》（*Āpastambīya-dharma-sūtra*）中所含的思想材料，更有往世书和教典（Tantra，吠陀祭仪的教理），虽然其中有不少虚妄夸张的叙述，但都有不少待发掘的瑜伽思想。

非婆罗门系统中的耆那教也非常重视瑜伽。耆那教的宝月撰有《瑜伽论》。该论即以瑜伽为中心来安排整个耆那的教理。又佛教当中，一开始也采用了“瑜伽”这样的术语，并且佛教徒在诸如禅那、三摩地这样的范畴中，又详细叙述了瑜伽禅行。所有这些，都可认为是在波檀迦梨《瑜伽经》的影响下完成的。一句话，凡自奥义书以后在学派时代中涌现出来的宗教哲学书，都多多少少包含有瑜伽行法的内容。这也从一个方面反映出瑜伽派在当时的流行盛况。再往后世，为区别于波檀迦梨的瑜伽法，婆罗门派和非婆罗门派都纷纷制作自己的瑜伽论书。也因于此，瑜伽作品可谓汗牛充栋。前面所说的菲茨·爱德华·霍尔自述其搜集到的二十八种只是其中之一部分。因之可以据此设想瑜伽论书盛行繁荣的一斑。然而全面研究整个瑜伽学术系统，既非易事，也不是吾人现在的目的。本篇只是将注意力放在古奥义书和《摩诃婆罗多》中的四哲学书上。以其为材料，力求描述瑜伽派的大致发展过程。

参考文献

（1）第三篇第一章数论的研究资料。

第二节 瑜伽之定义和本质

Yoga一语由词根Yuj（意为联结）变化而来，其含义虽有许多，然仍保留了“联结”和“抑制”的基本意义。汉语中通常采用音译“瑜伽”，也用“相应”作意译。盖因禅之修行当中，往往结合身心，对五官加以抑制，此即称为“相应”。起初虽因与禅那相结合，被称为“禅那瑜伽”（Dhyānayoga），也因为其中包含的各过程而得不同名称。“禅那”一名不用说，更有用“三昧”“执持”等名来总称这种行法的。今据种种文献，列举以下不同的称呼。《羯陀奥义书》（Ⅱ.6）说：“坚固制御诸根名瑜伽。”《弥勒书》（*Matrayana*, Ⅵ. 25）说：“呼吸与心与诸根总为一体，抑制所有心像，此即是瑜伽。”《薄伽梵歌》（Ⅱ.48）谓：“平静即是瑜伽。”波檀迦梨《瑜伽经》（Ⅰ.2）谓：“抑制心之机能即是瑜伽。”

以上诸种说法，大同小异。总之，其意只是指制身心于一处，求致心境为一的修行。然而亦有二三学者，以瑜伽本义是“结合”

义的说法为据，认为行瑜伽的目的是指人与神的交接。也许，所以才用“瑜伽（结合）”作名称。

不过，如果参照上面诸经典的说法，吾人以为人神交接说未必妥当。其原因就在于，上面讲瑜伽行法的经典中基本上没有指涉人神交接的。何况瑜伽派的本来目的，并非求人神的交通。而如果联系数论的主张，其不唯不求人神相接，反而说的是身心的分离，因之从教理上分析，“瑜伽”之名，不当具人神结合的含义。因此，瑜伽自身之本质，从根本上讲，只是修行之法。其所追求者，正在于抑制五官感觉，离却对外界之执着，实现内在之宁静。所有这些方法，同修行者的信仰并不直接相关。因此，瑜伽只是用来指称某类修行法的名称。只是此处当注意，瑜伽之名，并不能完全涵盖这种行法的全部意义，在此名称的后边，隐藏了作为此行法指导的哲理内涵，而此行法当初正是从这种思想观念内产生出来的。换句话说，为了实现某种理想，瑜伽作为一种心理调节手段才应运而生。但它追求的目的是漫然且漠然的心境，即是追求达到一种没有意识目标的、混沌茫漠的意识境界。

吾辈每每言及印度思想特色，其所言哲理乃是心中预想实行者，其所实行者，又只是预想的道理。哲理与实行相俟相待，不可分离，最终成为知行合一的宗教。从瑜伽自身来说，尽管只是单纯的练心之法，但其在具体实行中仍不离观念的哲理思索，其行法的末了也仍是思绪的整理（观想）。就印度思想言，追求的目标可能有所不同，但采用的手段却都是相似的。修行之法各有特色，但其超出经验世界的归趣又是一样的。同样的瑜伽行法中可以分出许多不同的流派，其中具有哲理特色的一派，就是吾人在此讨论的瑜伽派。后世对瑜伽的考察分为两个方面：从形式上考辨瑜伽的叫作法瑜伽（kriyāyoga）或者努力瑜伽（haṭhayoga），从精神内容上研究瑜伽的叫作智慧瑜伽（jñāna-yoga）或者王瑜伽（rāja-yoga）。瑜伽的特质完全呈现，正在这两大源流分化过程的终了。

参考文献

（1）Patañjali, *The Aphorism of the Yoga Philosophy with Commentary of Bhoja Rājā*, ed. and trsl. by Rājendralāla Mistra, 1851, Benares.
（2）Vijñāna-bhikṣu, *Yoga Vārttikam*, 1884, Banares.
（3）N. C. Paul, *A Treatise on the Yoga Philosophy*, 1851, Benares.
（4）Swamarama, *Haṭha-Yoga Pradīpikā*, Übersetze von Waler Hermann.
（5）R. Garbe, *Saṅkhya und Yoga*, 1896, Strassburg.

第二章　瑜伽的起源及发展

第一节　瑜伽思想之兴起以及瑜伽－数论关系

据说僧佉耶数论及吠世师迦胜论两派是瑜伽最初的首倡者和传持者。瑜伽派自己也有这样的说法。《薄伽梵歌》（Ⅳ.11）谓：“余（毗湿奴化身）为最初之遍照者（Vivasvat）说永恒瑜伽。遍照者将瑜伽传持于摩奴（Manu）。摩奴再传甘蔗（Īkṣvaku），如是次第，瑜伽传持于诸王圣系（Rājarṣayaḥ）。”即瑜伽起初由天上的最高神所首倡。受持传承的是人类，尤其是人类中间的王族。不过，此神话传说想要渲染的是瑜伽的神圣与古老，其中究竟有多少真实的历史成分恐怕不好说。此处所说的王族所传一事，说不定也有某种话外之音。因为奥义书中凡有强调教理意义重大时，都会宣称其为古代王族所传的话，吾辈不必以为此中一定有什么特别的寓意。再往后世，奥义书都认为，瑜伽的创始者是赫赫有名的耶鞠那瓦基亚。例如，《大婆罗多·解脱法品》（Mbh., Ⅻ. 318）中有阇那迦王与耶鞠那瓦基亚的问答对论，其中即说到瑜伽。耶鞠那瓦基亚被认为是瑜伽创始者，经其直接传承给苏克拉（Śukra）而世间遂有此学。毗耶沙的《瑜伽经注》引述耶鞠那瓦基亚时，将他的说法当作最高瑜伽学问的权威。《摄一切见论》认为瑜伽符合《耶鞠那瓦基亚歌赞》（*Yājñāvakhya-gita*）中的立意，因之也应将其视为讲瑜伽的作品。不过，是诸作品都只是托名古圣而已，无法据此判断其历史含义。所以如此，若看最能显示耶鞠那瓦基亚思想面目的《布里哈达森林奥义书》，虽然其中满是早期瑜伽的气息，但具体的瑜伽行法显然仍未组织起来。因此，未必就如后世所言的那样，耶鞠那瓦基亚必定是瑜伽派的创始人。若吾人看其中的瑜伽术语或者禅法修习技巧，因其叙述的详细程度言，以其为最初的开创者亦未不可。似此衡量，把耶鞠那瓦基亚其人的生存时代当作瑜伽的酝酿期，其实践犹未定型，仍然是说得过去的。正因为如此，说到瑜伽起源，除了以上的传统说法，还有说它最初发端于数论及胜论的。这些说法，亦都可以找到某种根据。盖因瑜伽的观念、方法本来弥漫于诸家别派，其实并不需要等待某位特别的创始人出世。瑜伽不过是印度思想大树上的自然果实，在任何一根分枝上都可以生长萌发的。

于此，若欲对瑜伽思想起源作考察，有必要与其他派别作对照，比较它们之间的学风。吾人本来打算在前面的总说部分，提出瑜伽之发生条件有三点：解脱主义、自我主义和寂静倾向。如若因此亦步亦趋，追迹此三，逐一整理瑜伽的发生过程，恐怕又不免因为千头百绪，旁生蔓衍，从而沦于冗繁。故吾人拟从内容与形式两面试作观察。

先就形式方面看，印度的禅定修行法，起源甚早，自不待说。吾人从梨俱吠陀晚期的作品中已然得见一些证据。然此诸证据不妨暂作旁置。梨俱吠陀晚期的印度思想界，究竟什么样的思想最为盛行呢？首屈一指者，恐怕就是名为“塔布斯”（tapas）的苦行法了。盖“塔布斯”一语，原本指的是“热”。从哲学方面看，其意谓宇宙创造的原动力。从宗教上看，它指修行者努力用功而生起的热气，凭此热力，行者可以达到神人交通。塔布斯的行法颇多，涉及各个方面，包括缩减饮食与睡眠、制御肉欲、控制呼吸、断绝与外界的交涉、保持内心宁静、专注而不纷乱，所有这些都是这种修行的寻常项目。修行者深信，通过这样的修持，不仅可得与神交通，而且可得不思议的神通力。因此，塔布斯被奉为诸行之尊。时至今日，这样的看法仍然非常普遍。之所以如此，盖因印度苦行一方面是自损的自我牺牲；另一方面，它也是印度人极端性的表现。而追求塔布斯的做法，导致了瑜伽的先驱形式。瑜伽当中，存在着制御肉欲、控制呼吸、断绝外界交涉、一心冥想的努力。行者在这样的活动中始终相信可以获致与神交通。从此而观，瑜伽与塔布斯并无二轨。所以到了后来，苦行者与瑜伽行者是可以互换的名称。虽然吾人认为，瑜伽行不可谓只是从塔布斯行中自然发展出来。塔布斯本身，从根本上讲，还只是在身体上用功。而瑜伽行，归根结底是为了追求精神的提升，强调的是哲理的观想。将哲理内容注入塔布斯而形成真正的内外严整的实践方法，是在奥义书盛行的时代。因此，如果从内容上观察，瑜伽应当起源于奥义书时代。盖如前屡屡所说，奥义书之首要目标，以通过将吾人的个我引向宇宙大我，并与之融合。而瑜伽术对大我的追逐，必须循内省的方法。其所视为生命本质的东西，不仅不是肉体，甚至也不是感觉、不是现识（感性知识）这样的东西，而是内在于最深层处的自我。

若依据瑜伽中的我之三位说（通常又说四位），被认为属于最上境界的，只有绝对的熟眠位。而如果依据五藏说，其所努力趣向的只是肉体、呼吸和现识之后的深层的精神本质，它被称为妙乐我。非企及于此，不可称为最上境界。吾辈已经在有关奥义书的章节中，从理论上对此种思辨过程加以说明[①]。不过若以实行为目标，则在此过程当中，断绝与外界的交涉也好，抑制五种感官以及精神活动也好，以至于令真我之光发挥照射也好，虽都出于修行法的要求，但更应将其看作自然的法则。也因于此，可以看到塔布斯的实践形式与奥义书的理论内容两相结合。在此之后，才有瑜伽的精神修行法产生。特别应该指出，在奥义书中通常认为，我的真义是语言与思想观念无法企及的。必须指出，这里隐伏着对经验与理性的拒斥，亦即是主张只有神秘直观才是有效的认识能力。又因为通常认为，此时代中解脱主义发展渐趋圆熟，大略形成了追求遁世生活的价值目标，确立了以此种追求为是非优劣的标准。至此，便已经形成了瑜伽得以问世的社会气运。从文献上看，瑜伽的术语以及操作实践，之所以首先出现在奥义书中，绝非偶然。奥义书时代初期，印度宗教思想相当活跃，这就为将瑜伽理论注入传承已久的修行实践准备了条件。

尽管吾人认为，瑜伽派观念未必定型于奥义书初期。但也不能说，它的基本架构在此时期还依然空白。世称最为古老的《布里哈达森林奥义书》和《歌者奥义书》中，就可以看到调御呼吸与制御感官这样的内容。尽管当时只是稍有提及，尚未形成一般的修行体系。恐怕在此阶段，奥义书仍然忙于宣扬其生命理想，

① 高楠顺次郎、木村泰贤：《印度宗教哲学史》，第三篇第二章第一节。

无暇顾及如何将此理想付诸当时现有的实践技能。从文献上看，起初的奥义书中在表达瑜伽这个术语时，仍然是写成塔布斯的。后来受晚期数论潮流的影响，经过黑夜柔吠陀经典的流行，才逐步建立了瑜伽一名。盖因古奥义书的思想，差不多到《泰蒂利耶奥义书》出世时才开始分化，而瑜伽思想之与数论的分化大约也在同时。不过瑜伽与数论关系太深，数论的特色主要保存于身体与精神两分的理论上，而瑜伽的思想倾向是压制身体而保持精神的独立，因此其身体与精神是内外的关系。世称当初波檀迦梨撰《瑜伽经》时，故意采取数论的观点来叙述瑜伽法。吾人不当忘记，当时的数论与瑜伽尚在密不可分的阶段。此种实际情况，吾人在研究处理印度诸圣典时一定不可忽视。例如，《白净识者奥义书》（Ⅵ.13）当中，有复合词“僧佉耶瑜伽”（saṅkhyayoga），而《薄伽梵歌》中将数论与瑜伽视为一码事，原本就是顺理成章的，于此哪怕黄口小儿也不会有何疑问。《解脱法品》（Mbh., Ⅻ. 30, 10）中认为，无论什么样的智慧都无法企及僧佉耶，无论什么样的力量也达不到瑜伽。从太古（sanātana）以来至于今日，数论瑜伽莫不为凡夫所认肯。只有在愚者眼中，它们才判然为二。对有智者而言，它们原本就是一体的。又《摩诃婆罗多》中也多次说到这种原本同一的主张。

如此看来，与其说这里的一体性，强调的是数论瑜伽两者原本就没有不同，不如说它主张的是，数论与瑜伽只是分别表明了一为理论、一为实践。即是分别从内容与形式的角度来看待其一体两面，显然更加合乎道理。正因为如此，瑜伽以后虽然也被当作一般的行持法，但它也从起源上与数论并列，并随时代潮流而成为一个派别。其所经历的过程与数论相仿，此亦为不可不知晓的历史原因。但由于根本世界观的立场差异，最后数论发展成为全然无神论的体系，与它相像的瑜伽，在原来的名称下另外形成了自己的神祇观，两家终于分道扬镳。

第二节 瑜伽思想在奥义书中的展开

整个瑜伽体系的完成与否，当以内容与形式的两方面齐备为前提。若进一步具体分析，要看四个项目是否齐备。哪四个项目呢？第一是形而上的原理，第二是实际的修行法，第三是神通手段，第四是解脱理论。所谓形而上的原理，是讲依据瑜伽可以实现的第一目标，即以王瑜伽（rajā yoya）为中心的理论部分。而神通与解脱是行瑜伽的结果，神通关系到在现世中的利益。解脱则是最终的利益，本身可以视为瑜伽形而上之道理的实现。通常，狭义地看，会把第二方面即行法之类的视为瑜伽。但若只是局限于考察这方面的内容，也就等于上来就放弃了四个项目，也就不可能了解真正的瑜伽究竟为何事物。然而，若按照今天的标准大致考察古奥义书中的瑜伽，其形而上的理论便是有关梵我一如的叙述。与此相应，实现这种理论便是叙述的解脱论道理。又瑜伽的实际修行法，一开始并不明确，其逐步明朗化是下一阶段的事。最终它才形成了不同的修行阶次。至于瑜伽之看待神通神迹，也不是从一开始就有成熟的说法的。起初，它仍然停留在《白净识者奥义书》时代的水平。简而言之，古奥义书的时代，瑜伽体系中的必要元素已经完备。尽管古奥义书只是瑜伽思想史的初期阶段，如果联系瑜伽的四个项目来考察，尚不足以说明古奥义书时代便已经完成了瑜伽体系的总体。如果把此时期相关经典中关于瑜伽的说法汇集起来，可以看到四个项目都有不同程度的雏形发展。这当中如果考察奥义书里面的瑜伽思想，有针对性地联系四个方面的话，反正到底不能说它们已经各各齐备了。因此，这里吾人只能采用类似于数论研究的方法，分发展阶段地考察瑜伽的演进。吾人按时代的先后，将相关的重要思想文句加以摘录排比。又因为瑜伽与数论是共存并列、相互推扬的思想派别，所以它们思想的材料，也都记录在黑夜柔吠陀派的典籍中。

吾辈知道，《泰蒂利耶奥义书》中的五藏说是数论思想的出发点。因此，这也是瑜伽的最初来源。五藏说中这样解说“识所成我”（vijñāna-mayātman）：“信仰是其头，正义是其右臂，真实是其左臂，瑜伽是其躯干，大（mahan）则是其座。”大概言之，识我本身被信仰、正义、真实这样的德性所充满，成为身心相应的寂静态。而从宇宙论层面来看，其仅次于最高原理的大我（mahātman）处在相应于金胎的地位上。姑且不讨论这里所说的瑜伽，在奥义书中尚未有任何明确的说明。若只是依据其同时有信仰、正义、真实诸德性来判断，奥义书无疑也是把瑜伽看作诸德性之一种的。说到底，此阶段上的瑜伽只是一个名称，而《泰蒂利耶奥义书》中对它并没有给出任何说明。再一次明确提到“瑜伽”这个名目的是《羯陀奥义书》。尤其是《羯陀奥义书》（Ⅱ.6, 10-11）中所谓的：“当心与五感安静，而智识又不动摇时，此即名最高趣（parāgati）。此之制御诸感官便称为瑜伽。然而此瑜伽，虽无来无去，行者不可无心。”

此处所言，只以身心相应之寂静态作为人生的最高归趣（paragāti）。而它对瑜伽所下的定义非常清楚而明白。除此定义，书中不再多置一词，丝毫没有拖泥带水。特别是句中的“然而”以下，说到瑜伽修行活动容易退转，因此提请行者注意，自加策励。其对修行要诀的教授，不可不说是特别亲切。但历来对此句的解说多有歧义。如道森所见，其谓由瑜伽修行而去除虚妄世界，显示出实在的世界。而行瑜伽者的状态不只是像熟睡时一样，更有光明的辉耀相伴。若稍稍深入一步解释，如果在此一层意义就会发现更深层次的意义。而以后的《唵声颂》（*Muṇdukya Śloka*）等所喋喋不休地硬要分辨的正是在熟眠位以外，有另外一种根本不同的大觉位。后者正是经瑜伽才获得的阶位。如果这样，上面的瑜伽便不是一般的行法，而应该只是瑜伽的先驱思想而已。

如此，《羯陀奥义书》虽然抬高了瑜伽的地位，但对修行方法却未大加举扬。然而《白净识者奥义书》却显然是极为推重的。特别是该书中（Ⅱ.8-17），连用十句以说明全部瑜伽之修法具有种种功德。其赞扬之意宛然毕现。此处择录其主要的两句（Ⅱ.8-9）以飨读者：“倘若贤者能持静，若胸及头颈皆端平，摄心及诸感，得乘于梵船（om，唵声），即可超越怖畏之激流。”“制御呼吸，鼻息幽通，可以调伏意马。”端坐而持身平稳，调整呼吸，心注一处，这是禅定的普遍要求。就此而言，上面所说的调御法可以说是最为古老的文献依据。又上名中被称为梵船的“唵”声，其意义颇类基督教中的“阿门”称叹。其为代表梵之圣音，以瑜伽修持的最末急声促念，据信因此可登趣向彼岸之法船。与此相同，后来修瑜伽的人都以此为目标，最终形成了这样的信念。又书中对如何选择修行的环境场所是（Ⅱ.10）："选取平坦清净、无有沙石烟尘而音响、水流、园亭皆能适意，又多有洞窟静房之场所实行修炼。"

为了不使苦行虚费，当行往闲雅幽静，如教修习一切，得到塔布斯，可见大精神。其次，说行者的观想将有如是利益（Ⅱ.11-13）："一心念梵而现种种影像时，有烟雾、太阳、火、风、萤光、电光及明月等最初形相显示。如是次第行，地、水、光、热、空等现，遂有瑜伽五德生，其时瑜伽火中有新身体生，而脱老病死诸状。"

从瑜伽所生的最初功德，有轻快、健康、安静不动、好貌、快辩、好香、两便轻少等。所有这些都来自亲身体验的人所述。又瑜伽修行的结果，还有令身体感觉爽快、健康、消化良好等效果。这些都是关于行禅者亲身体验的报道。如今日所流行的这样那样的坐禅法，大都留意于身体上诸方面的益处。这同奥义书中所说的修行目标颇不相同。又所谓瑜伽五德，《瑜伽经》的注者说，它针对色、声、香、味、触五种境界对象而获得的自在力，即是神通的意思。因此，这里表现出对瑜伽的某种信仰，认为神通是与塔布斯相联系的。不过要注意，健康或者神通都不是瑜伽修行的最终目标，而是它的副产品。最终的目标还得落在成大觉悟，即解脱上面的。经上（Ⅱ.14-15）说："如拂尘而令镜子再明亮，瑜伽行者终见自家真性，无有忧患。遂可达到梵，如是达到无属性、不死、无限之神，脱离烦恼羁绊。"

这正是耶鞠那瓦基亚的仙圣所说的"不然不然"（neti neti，非是非是、曰非曰非、非也非也）。吾人猜测，这种否定性的直觉感受，正是在修行者通过瑜伽行而在蓦然间获得的感受。要言之，经过诸奥义书，奥义书时代的瑜伽观念体系大致形成。吾人在此显示了以瑜伽为中心的形而上学、修行法、神通观及解脱观。

最后，看看《弥勒书》这个阶段的瑜伽思想。至此瑜伽已经渐现学派的倾向。随此趣向修行的不同阶次也已成立。对这些阶次，在当时也有了不同的描述。《弥勒书》（Ⅵ.16）谓："调息（prāṇāyāma）、制感（pratyāhāna）、静虑（dhyāna）、执持（dhāraṇā）、观慧（tarka）、等持（samādhi）即所谓六分瑜伽。"

此处所谓的调息，是说调制呼吸。所谓制感，指控制五种感官。所谓静虑、执持、观慧，指对精神状态的精粗进行分辨。而等持，即是三昧，指修行者达到了人境一如的最高境界。然而，应当注意的是，在瑜伽体系的发展史上，可代表其最初阶段，即作为其先驱思想的应当是阿达婆吠陀的《不死一滴书》（*Amṛtabindu*）。《瑜伽经》的八支框架在该书中已经形成。又特别是其中所说的六位，前面五位的名称虽然也可散见于诸奥义书中，但第六位的三昧，即也叫等持的术语，在此处算是印度文献中的首见。此词语原文来自 sam-ā√dhā，即"总体把握（总持）"的意思。汉译当中称"等持"。佛教当中起初用它来指禅定修行。在佛教以外的文献中，《薄伽梵歌》（Ⅱ.44）中的 samādhi（三摩地）算是最古老的用法（正因为如此，此语出现可视为一个分界点，之前是奥义书的终期，之后是佛教对此术语的续用）。可猜想，随瑜伽思想的大发展，原先使用的静虑、执持等术语因不足敷用而增加了新造的词语。这个新词语的特点在于它同身体没有任何联系，只是纯粹集中精神的意思。然而，《弥勒书》在解释上面一节文字时列举了十几家的意见和方法，恐烦而不再一一引用，仅举其中有代表性之二三例："由心脏向头顶有血管，其分布于上颌内，此为生气之通路。调御呼吸念梵而念唵声，令血脉通上行更上行。为令五官作用停止，而舌尖触上腭内转，使自我识于自我。如是而行遂至无我，不受苦乐，入独存（kevalatva）境。"（Ⅵ.21）

奥义书皆把心脏视作我之住所。其认为从心脏分出的许多血管束缚了自我，而它以从心脏至头顶的一路为解脱要径。此之说法是以生理结构为瑜伽行法基础的一种证据。因由刻苦修习，至精神统一时，便打通了自心向天灵盖的一路，自我由是可得解放。不过，这种解脱观，虽未说到大我与小我的融合，仍然提到了独存之境的说法。此可理解为其伴随数论思想的成熟而渐渐转为瑜伽派自觉的一种征象。

"念梵所言的梵是离言梵。离言梵乃由梵而得实现。唵是梵言，穷其至究竟而达无言时，三昧现成而与离言梵合一。又有他法，以指闭塞耳孔可闻心脏之空（ākāśa）声。以此声比较七声，而渐渐声息灭，至差别相绝时，与无言未发之无言梵合一。"（Ⅵ.2）前一句的意思是，若念梵，先以"唵"作表号。逐步地脱离以声音为象征，最后可以达到真性无言梵。这里的说法似可教参考《起信论》中的"依言真如"与"无言真如"两者。而所谓"言说之极因言遣言"也正是同样的意思。又后一句中的意思是，遮闭了一切外音则可以听到被认为是梵之所居的心脏的音声。所谓与七声作比较，七声为流水声、镜声、板声、车声、蛙声、雨声与人声。简而言之，与一切音声作比较而最后与其融合时，便可以得闻先天内我的音声。盖此法通过将音声逐一地同一化而达到精神的统一，从而实现最高的修行目的。其又曰："离肉体感官的对象，不动如弓，苦行若张弓弦，用无我之箭破梵堂之第一关门。乘于唵声达于心内之空处彼岸。破食者、生气、心及识此四网所成之梵网，遂与梵自身合一。至此而于自我之上超然立，未显未发、无息无体、寂然不动、无始无终、无限未生而独存。得于旁观，世间轮回相。”

“若人修习瑜伽六月，可得尽离客尘所缚，而与完全无上之梵相融合。但若智识富茂而犹贪瞋，而犹执着妻子舍宅，决定不得瑜伽。”上述一段中巧妙地采用譬喻，以《泰蒂利耶奥义书》作为基础来叙述瑜伽观法。可以说是瑜伽的起点也是终点。也即是说，以食味所成、生气所成、意所成和识所成之生理心理结构，遮闭了第一义我的真相。要破除这一层晦暗，就要离欲制感、思念唵声及修苦行，渐渐入于内部，最终抵达妙乐之我，相应地也就从此世间脱离生死之途。又瑜伽之修行为什么需要以六个月为期，此处并未说明理由何在。阿达婆奥义书系之《甘露点奥义书》（*Amṛtabindu Up.*）以及《解脱法品》中也有类同的说法，因此此处应当视为修行一期的替代语。除了上面的修法，还有一些有趣的修行方式。于此不必尽举。一言以蔽之，奥义书中所说的瑜伽行法尚未达到《瑜伽经》那样的组织化程度。但如果说其修行手段之前提及所欲达到的最终目标，都已是现成既有的，则也符合事实。

有关瑜伽的奥义书，属于阿达婆派的奥义书，一般说来，因其内容的倾向性可以归为一类，冠以一种专门的称呼。就瑜伽这个内容言，其中的几部即可以汇为一系。道森曾就其所刊行的《六十奥义书》（*Sechzig Upaniṣad des Veda*）中选出十一种称为瑜伽奥义书。以下是它的各品目名称。第一类有《梵明奥义书》（*Brahmavidya Up.*）、《慧剑奥义书》（*Kṣurika Up.*）、《声点奥义书》（*Nadabidu Up.*）、《剃刀奥义书》（*Śūlikā Up.*）。第二类有《甘露点奥义书》、《禅点奥义书》（*Dhyanabindu Up.*）、《光明点奥义书》（*Tejobindu Up.*）、《瑜伽顶奥义书》（*Yogaśikha Up.*）。第三类有《诃萨奥义书》（*Haṁsa Up.*）。

是等奥义书皆是颂体韵文短篇，内容上都是对瑜伽行法的总结叙述。道森、那罗衍那、科尔布努克（Kolebrook）都将这些奥义书分别束作三类。其中第三类的《诃萨奥义书》时间上最为晚出。其他的都按形成时间先后排列[①]。又迦尔比估计所有此类奥义书时间上都较《瑜伽经》为晚[②]。但因论据较薄弱，故迦尔比之猜想亦非定论。无论如何，此中肯定包含不少后来才形成的内容。总体上讲，如果其关系《瑜伽经》的说法比较粗疏含混者可以认定为早期的作品，但不管怎么说，那些同《瑜伽经》没有直接关系的，应当视其为出于保守吠檀多主义而对古奥义书中思想内容的持续。因此，如果仅仅将瑜伽思想视为奥义书立场的进一步发展，可以认为至此诸奥义韵文形成为止，瑜伽思想的发展已达顶点。其中，有将唵声分解为 a-u-m 的《音声滴奥义书》；有将观念拟为剃刀，将包围自我之血管一一剔除分解的《剃刀奥义书》；还有讲说瑜伽分为不同阶次、逐渐上升的《甘露点奥义书》。其本篇韵文对于瑜伽行法及其观念多方解说，提出不少有趣的见解。然而，因本篇的中心内容正是瑜伽，故不甚相关而只是旁及的一切内容，都在此从略。此处列出的诸阿达婆奥义书，是为有志于深入学习者准备的参考手册。专此作记。

---

① Deussen, *Sechzig upaniṣad des Veda*, S.629.

② R. Garbe, *Saṅkhya und Yoga*, S.33.

第三节 《摩诃婆罗多》中的瑜伽思想

一、绪言。源于奥义书的数论思想，到史诗《摩诃婆罗多》时，有了相当大的发展。与此同时，瑜伽派也携手并进，相与繁荣。也即是说，由《摩诃婆罗多》中的《僧佉耶颂》，既可以见到数论与奥义书思潮的联系，自然也可以见到瑜伽行法同奥义书中瑜伽思想的密切关联。不仅如此，到此时代，瑜伽行法显然在社会上已经传播开来，更重要的是，相对于数论，它的地位有了很大的提高。这是因为瑜伽行法的技巧对各个派别都有不可缺少的适用性。举例而言，此时代的神话中，显示其创世观已经吸收了瑜伽的作用：毗湿奴凭瑜伽之力，自其脐眼生出莲花，莲花中又生出梵天，梵天再创造世界。按《摩诃婆罗多》的说法，这是毗湿奴以无限蛇（Ananta）为座位而行瑜伽的成果。瑜伽的创造力已经达到如是高度。相应地，瑜伽也被发展成为非常复杂的体系，其中包含了许多种类，有差别甚多的各种行法。整个《摩诃婆罗多》当中，不光是四部哲学书叙述瑜伽，该史诗中随处可以读到对它的赞叹。当然，吾人的目的不是为了显示《摩诃婆罗多》中如何看待瑜伽，而是要从《瑜伽经》自身的发展过程中寻到相关的材料，再对照前面我们提出的四个项目——原理、行法、神通和解脱，来对瑜伽自身的体系作发展过程的简单描述。

二、原理。回过来看瑜伽的起源，奥义书认为世界的根本原理正是唯一之大梵。而下一步促使瑜伽发展完成的《瑜伽经》，则提出神我与自性的二元论。《摩诃婆罗多》当中所讲的瑜伽，则扮演了奥义书和《瑜伽经》之间承前启后的角色。瑜伽的原理也相应于数论思想一道发展。也即是说，一开始它虽采取身心二元的立场，不过就其最终目的言，它仍然是以梵或神作为第一原理的。但随着瑜伽自身的理论演进，它的关注点最终回到了身心的二元差别上来。从《摩诃婆罗多》中，可以体会到诗人反复申说，极力会通数论与瑜伽，将其合成一体。两边如果有什么不同，无非是数论主要致力于玄学理论的发展。而就瑜伽这边言，其尽量发挥自己在实践方面的炫惑魅力。两家的理论中心是完全一致的。说到底，此处吾人只是一再重复前面第二章第三节的话题。为省烦琐，于此一并略过。最后，读者仍当注意此点：数论之本体立场是完全无神论的，而瑜伽这边的有神观只是方便权宜的看法。

以上种种异同，都可以在《摩诃婆罗多》一书中见到。例如，《解脱法品》（Mbh., XXII.318, 15-17）曰："以意摄诸根，以我慢摄意；经觉摄我慢，以自性摄觉。如是所为，可得无限无始无终清净不动之神我。持念无分不老不死常住不坏之神即梵本身。"此处清楚地显露出实践一面的观法，是以明确而圆熟的数论思想作基础的。最终则又加进了持念神梵的内容。因此，归根结底，瑜伽思想仍然不可称为彻底的无神论。瑜伽派在实践上也没有透出这方面的信息。其所以如此，因瑜伽师们在理论上并未完全否认神的地位。瑜伽本来就把重点放在实行的修法上面，在观法上以权宜方便为先。《瑜伽经》中的有神观实际上只是从外部添加进去的。

三、行法。自方便所行来看对身体有益的行法叫作法瑜伽（kriya yoga）。相对而言，对精神的关注与修炼则称为王瑜伽。先看对身体有益的行法，首位的是对食物的讲求。《解脱法品》

（Mbh., Ⅻ.302, 42）当中，说到瑜伽行者可食之种类，除谷粒、油果、面粉、牛乳等外，又说肉类等不可肥腻。盖其所考虑的是，不宜因肥甘食物引起肉欲。又在《解脱法品》规定了进食的时间，或日中一食，或隔日一食，或一周一食，乃至一月一食，更有断食的说法。以是看来，佛陀所修的苦行，亦受此风习的影响。然若看《摩诃婆罗多》的整体意向，有理由认为其并不赞同过度减食，并以为过度减食有害身体。而本书对于行者所穿服饰也有种种规定。其中谈到了诸如褴褛、草衣、麻衣、绢衣、皮衣乃至赤身裸体，然从总体上看，其认为各种衣着都有相宜适当的地方，不能一概笼统。关于修行的场所，《解脱法品》说山阴处、森林、沙滩、旷野、神殿与家屋都可以修行，只要远离人嚣便不碍事。又关于修行者的姿势即坐式，也有种种许可。如青蛙四肢伏地是一种姿势，又如蛇横地也是一种，其他还有常修站立法，也属普通。最有价值也最受尊崇的是结跏趺坐。这种姿态也叫勇士坐（virāsana）。瑜伽修法中，又以调息的方法极受重视。运气调息被当成修炼的关键部分。关于调息，《解脱法品》（Mbh., Ⅻ.308,7-8）如是说："瑜伽之最高力由瑜伽观法而得。依圣人所教，此法有二：一是专注于心，他则是调制呼吸。后者名为有德（saguṇa），前者称为无德（nirguṇa）。"此处所说的有德无德，当指有形无形的意思。《摩诃婆罗多》实际上把调制呼吸看作有形的做法。平常其所指的瑜伽就是作法瑜伽。下面则说它们的具体区别。

关于无德瑜伽，也就是精神瑜伽的修炼，就吾人所知，此时期中尚无多元分化。《弥勒奥义书》中虽然已经确立了执持（dhāraṇā）、静虑（dhyāna）、慧观（tarka）、等持（samādhi）等阶次，但在

《摩诃婆罗多》中，此诸术语在使用时并无什么区别，几乎都是可以互换的同义词。例如，《解脱法品》（Mbh., Ⅻ.195）说，行者行禅那，若先令耳不闻声响，眼不见色相，肤无触感，若能至此，可达于人天未曾有的至福，即入所谓涅槃。但行禅那，便认为可以达到最高目的。《解脱法品》（Mbh., Ⅻ.302, 30-57）又说，如勇士上战场张弓引弦，行者以执持破烦恼军，达到最上目标。这里只说了执持之力。大约此时期，无论说静虑、等持、执持，其功用大小都说不上有何细微的区别。无非是通过修炼达到一心一境而已。所以按《摩诃婆罗多》的认识，这些术语说的都是同样的行法。至于佛教方面，其对禅那层次的认识要更细致得多，佛教所谓的“定”有七种差别。而在《瑜伽经》虽然名目有多种，但从其理解与具体使用的场合，尚看不出它们有何区别。

以上是将分散在文献中的不同说法加以比较的结果。将这些说法一并对照总结，可以得到一种折中的态度立场，也即是说，到了《瑜伽经》的时代，瑜伽本身只被视为一种身心的修炼法。其实在《薄伽梵歌》中有一节（Ⅵ.10-17）这样说到瑜伽行：“行者行瑜伽，常引退闲静，制心一处，离欲离执着，方可使行瑜伽。于一不高不低清净之处安坐，坐处敷设或麻或兽皮，乃至吉祥草。”“行者于此处，集心于一点，制御自心及诸根（感觉），从容徐缓行瑜伽，如是得我之清净。躯干头首平整安静，凝视鼻端，勿有稍稍旁视。”（中略二颂）“过食全不食，过眠全不眠，皆为瑜伽行者所不堪任。恰分而食，恰分而眠，恰分喜乐，如是则行瑜伽当能灭苦。”《摩诃婆罗多》中对于苦行并未极力推赞。看此处的引文，其与佛教的中道修行主张类似，可以认为史诗颇得瑜伽修行的精髓。

四、神通解脱。行瑜伽的效果考验，自然不能没有不可思议的神通。所以如此，是因为瑜伽派深信只要凝聚精神力必可获得超自然的力量。佛教当中，说到四禅修行，便会言及六通。《瑜伽经》中专门设有《神通品》，对此也有详细说明，亦是可见本派何等地重视神通。《摩诃婆罗多》当中有关神通的记事亦颇不少。《解脱法品》（Mbh., Ⅻ.322）有比丘尼苏拉巴（Sulabhā）凭瑜伽力而变身，与阇那迦王对答的传说。同品（Ⅻ.302, 26-27）又说到凭借瑜伽之力得分身化体百千，一面耽于享世乐，一面修行可怖之苦行的奇迹。后来的印度教当中，有湿婆之神以大瑜伽师也是大苦行师（Mahātapasvin）的身体化现于世。同时在另一个地方又耽溺淫乐。这种神话应当与瑜伽信仰有一定的关系。不过若以《摩诃婆罗多》与《瑜伽经》中的神通种类加以比较，前者的描述较后者少了许多。通常只说行瑜伽得八种自在。此处所说八种适与《僧佉耶颂》中的八自在相同，谓微细、轻妙、遍满、远到、随所欲、支配、尊胜、通贯。

由神通可得出自瑜伽的胜功能，即更上一层的解脱利益。关于这种解脱境界，《摩诃婆罗多》中称为涅槃，通常又叫梵涅槃（Brahmanirvāṇa）。此之用语在古奥义书中尚未见到任何他例。但在稍晚的佛教与耆那教中则比比皆是。至此，大约这个名称当时在二教已经成为社会中的共通语了。《薄伽梵歌》（Ⅴ.24-25）说："无论何人，凡能见喜乐于自我、见神性于自我、亦见光明于自我者，彼即是瑜伽行者，其于此世成为梵，并得入于梵涅槃。""此梵涅槃，圣人因之灭罪，离于二见，而能制抑自己，怜悯一切有情。"

此正是说，瑜伽行者制于自身、断除烦恼、灭伏妄见、明其本性、融合于梵。其实也就是将“消融于梵”当作实现梵之境界的另一种说法。但这主要是《摩诃婆罗多》的看法。而依据奥义书，则应当将得解脱视为一定要同奥义哲理相符合。但是，这里说的哲理，与其说是数论主张的解脱必须入于梵涅槃，不若认为其所坚持的是某种理想境界。《解脱法品》（Mbh., Ⅻ.309, 20-25）中包含的正是这样的思想。

自性离缚即成觉者。若因分别智而知“我即是他”“彼即是他”，行者即入纯净（智）。当此之时，虽达于自我本性而犹未与之混合。无论如何，若分别智不生，不会与自性混合。一旦破除从自性所出之三德网罗，便达最高觉观之自我，彼之所愿即得成就。也就是说，此中既有纯粹数论派的解脱观，又掺杂有瑜伽派自己的见地。如是看来，《摩诃婆罗多》中的观点，正好代表了从奥义书向瑜伽派理论过渡的中间阶段。

简言之，以上所述，是把《瑜伽经》当作标准的《摩诃婆罗多》的瑜伽思想。但说实在的，《摩诃婆罗多》中的瑜伽，尽管有与僧佉耶（数论）的共鸣之处，在其他许多地方又与后者有不同程度的异见。特别是从《薄伽梵歌》的情况来看，如果要依据它来总结瑜伽论，恐怕还要花大力气来做专门的研究才行。此处，吾辈不妨参考禅宗不同流派的情况，禅法中也有主张所谓“行亦禅坐亦禅”的活动禅，也有主张一向专念而偏于信仰的念佛禅，后者属于《观无量寿经》的净土禅。因此，此处所说的瑜伽，所以有极重大的意义，正在于其内容实在非常丰富。别的任何思想流派、实践源流、信仰体系，如果要想落实其宗教理想，最终都必须依靠瑜伽行法来付诸实现。故而一切研究瑜伽的达人，对此均不可轻易放过。

第三章　波檀迦梨之《瑜伽经》或瑜伽派

第一节　序说

如前所述，瑜伽思想经不同阶段而一路发展下来，到波檀迦梨（Patañjali）之《瑜伽经》始形成有组织的思想体系。在《摩诃婆罗多》当中，已经记载了有关瑜伽派的某些事迹，再从书中言及瑜伽的口气来看，似乎也已经有了某种经本的作品。因此，到波檀迦梨的时代，可以肯定，此时瑜伽派已经基本形成。通常所称的瑜伽派，也正是把波檀迦梨当成本派的开启者。《摄一切见论》有说到瑜伽派，其有以下这样一番值得注意的说法："或有说言，《耶鞠那瓦基亚圣传》（*Yājñāvakhya smṛti*）当中把金胎神当作瑜伽的开创者，而非别的古圣仙。然而，何因何故，今人皆谓波檀迦梨才是瑜伽之始祖耶？于此，吾人答曰，诸往世书中多有关于瑜伽之行法式样，然因理会甚难，故有波檀迦梨，发慈悲心，集其要领，后世因有传承焉。"

此中所说的往世书，具体所指的是哪一部，吾人并不清楚。恐怕也就是指《摩诃婆罗多》之类。但无论如何，指明波檀迦梨地位及《瑜伽经》来历的说法，此处最是确凿。虽然如此，究竟波檀迦梨是什么时候的人，《瑜伽经》究竟是什么时候编纂出来的，也都还是不明不白。一般说来，学者们把波檀迦梨本经的注释本称为《大疏》（*Mahābhāsyam*）。《大疏》作者本人与波檀迦梨都被视为公元前二世纪顷人。这也算是一种定说。然就算如此，吾人对波檀迦梨其人的情况，又知道些什么呢？《拜尼尼研究》一书的作者、德国学者戈尔德斯塔克（Goldstücker）称，波檀迦梨在其《大疏》中自谓名为果尼伽子（Goṇikaputra），因之他母亲多半就叫果尼伽。他又自称为果纳迪亚人（Goṇadīya），因此果纳迪亚也就多半是其出生地。此地大约也就是果纳尔达国（Gorṇada）。但若进一步探究，此处的波檀迦梨真的就与《瑜伽经》作者是同一个人吗？为方便讨论，当然不妨将二者视为一人。但需要声明，实际上并无明确的证据可以支持这种说法。从佛教来看，义净的《南海寄归内法传》第四卷中提到有文法家钵昙社罗（波檀迦梨一名的别译）。义净上距钵昙社罗的时代不太远，他并未说到钵昙社罗是瑜伽学者。因此，如果仅仅依据《瑜伽经》作者的名字，用来判断波檀迦梨的年代也好，判断《瑜伽经》自身的编纂年代也好，都是难称稳妥的。此外，又有龙树所撰《十住毗婆沙论》之第三中（署八、十一丁）曾举僧佉瑜伽之派别名，再有《方便心论》中提到瑜伽外道的名，其与《瑜伽经》内容稍稍不同。其谓："有八种微，所谓四大、空、意、明、无明，八自在：一能小、二为大、三轻举、四远到、五随所欲、六分身、七尊胜、八隐没，是名瑜伽外道。"

若对照《瑜伽经》来看，它中间所宣称的有五大，虽然说有意、明、无明等，但未说八微。虽然说有神通，然未特别说到八种自在。也即是说，此处的瑜伽外道，虽然与《瑜伽经》有相近之处，然不同之处也很明显。这与《摩诃婆罗多》中所说的瑜伽观念，与《瑜伽经》中的直接内容，看来并不是一码事。由是，吾辈认为，至龙树时代《瑜伽经》中有很少一部分已经初步形成，但那并不是吾人今天所见的《瑜伽经》。后者在龙树时期尚未存世。正因为如此，道森才主张《瑜伽经》并不是同一时期经同一人之手而完成的作品[①]。在该经问世之先，必定先有瑜伽派内传承的好些小经典，或在不同时期有不同的小书流传，到了后来（大约是龙树时代，约二三世纪顷）才经人总结而束成现在所见的模样。据吾人研究，今天所见的《吠檀多经》以及《尼夜耶经》都形成于大约四五世纪到五六世纪这个期间。恐怕《瑜伽经》也应当看作这个时期大风气影响下的产物。如果说波檀迦梨真的是公元前二世纪人，则吾人只能假设，现今所见的《瑜伽经》，其中的骨架及少许内容属于那个时代。而其他的大部分内容的作者则属于四五世纪。这些人把当世流行的瑜伽行法的小文献总结起来，束成了我们今天所见的瑜伽大书。毫无疑问，瑜伽派肯定是公元前就存在的，它与数论同时为当时的独立思潮，这是可以肯定的事实，但它现在的经典《瑜伽经》则必然是经历了漫长的岁月而很晚才完成的。

现在可见的《瑜伽经》，由百九十四句构成。其分为四品。第一品为《三昧品》（*Samādhi pāda*），说三昧本质分类；第二品为《方法品》（*Sādhana pāda*），说入禅定的各种手段与方法；第三品为《神通品》（*Vibhūti pāda*），说神通原理及其分类；第四品为《独存品》（*Kaivalya pāda*），说瑜伽的最终目的为何。此书只是发展到现在为止，对瑜伽行法进行的基本理论总结。而

① Deussen, *Allg. Gesch. d. Ph.*, I. 3., S.502-510.

此书在这里只是对篇幅形式加以分类。就其内容言，四品之间，交互混杂，甚至有相互抵牾而难以融通的地方。所以出现这种情况，据道森言，因本《瑜伽经》本来就是好些小经典拼合起来的，要调和种种说法便很难做到。虽然如此，从整体上看本经中的各种见解倒也没有很大的出入，且本经分为四品，组织结构仍有一定的合理性。

本经当中，最古老的那部分注释是某位毗耶舍（Vyāsa）所作的，即是《波檀迦梨疏》（*Patañjali bhāsya*），也名《瑜伽疏》（*Yoga bhāsya*）[①]。今日所见之疏，当成于七世纪。本经又有十世纪的婆阇罗阇王作疏，称为《婆阇罗阇王疏》（*Rājā-mārtaṇḍa*）。更晚些时候，本经还有瓦恰斯帕底·弥希罗和智比丘为《大疏》所作的复疏。近代还有多种疏释作品，若巴纳提婆（Bhanadeva）、那羯吉巴塔（Nagojibhaṭṭa）、巴纳甘纳夏（Bhanaganeṣa）等数十家注疏传于世[②]。其中多数目前尚未见有刊行。吾人在本书中主要采用的是印度文库本中的《婆阇罗阇王疏》。

第二节 《瑜伽经》的哲理

《瑜伽经》的哲理背景完全是数论学说。其叙述语言和哲学术语都同《僧佉耶颂》没有多少分别。而其中的道理说明都比较简单，论述也算不上周详。其思想内容，大致而言，无非人生当

---

① 又本疏与《僧佉耶经注疏》同名。

② Mitra, *Yoga Aphorism*, p.Lxxxiii.

除苦之类，为此必须拔本塞源，而让自性与神我两者结合。瑜伽的根本目的，也就是离苦而实现神我的独存。就此而言，它与数论讲的道理并无不同。瑜伽说修行之要，主要是抑制心的作用，令自性得到发展。制心是瑜伽最有力的手段。不过，瑜伽与数论仍有不同处。首先，数论不立语性（sphoṭa，语言之实性），而瑜伽派则认语言为实在。数论持无神论的立场，瑜伽派以为实有自在天神。当然，瑜伽之以语言为实在，也只是一句话而已，《瑜伽经》（Ⅰ.42）说声性（śabdārtha）时，本经的注疏者婆阇罗阇王仅仅敷衍了一句便算带过了。因此，瑜伽派与数论立场的不同，真正关键性的只是前者相信有神论而已。本经当中，说修行法之念神（Īśvarapranidhāna，念自在天神）的地方有好几处，最有代表性的出在七个偈颂（Ⅰ.23-29）中：（1）或有念神（达于三昧）（Ⅰ.23）；（2）神若不触不染烦恼、业、异熟果、余业等，便成特别之神我（Ⅰ.24）；（3）彼处之一切智种，开展而至无限（Ⅰ.25）；（4）时不受限故，对先行者亦成师尊（guru，古鲁、师尊）（Ⅰ.26）；（5）彼之表语即咒语（praṇava），亦即是唵（Ⅰ.27）；（6）诵彼而使念其意义（Ⅰ.28）；（7）由彼而返照智生（Ⅰ.29）。

按照《婆阇罗阇王疏》，普通的神我即令通过心的官能（citta）去探索，也不能直接触及。而如果用心去追求神我，只会产生烦恼业等。从根本上说，神那样的东西并不是实体性质的。特别是神我，其也是如此。说到神我，就其体而言，彼即是唯一的全智。既为全智，所以它没有意志命令，也未引生自性与神我的分离（Ⅱ.24 注）。又疏中说到达于独存之境时，解说了普通的神我与神之间的不同。

《毗耶舍疏》（*Vyasa*）说，普通的神我是打破了烦恼而达到独存境界的实在，但神则是自一开始就是实现解脱了的，也就是说从根本上讲，神便是永恒的支配者。按这样的解释，神虽然也可说是神我的一种，但其特别之处在于，从根本上讲，他与自性是相分离的。本质上有超然拔群的至上性，所以称为特别的神我。但这样的性质在个别之我之上也可以存在，那就是获得了一切智以后。一旦实现了一切智，人也就超越了时间，成为了人天之师。这种时候，其若念唵声，便可以得到独存的助力。不过，正是说到这里，才显出了瑜伽的根本特质，也显示了它与数论不同的地方。这一点，前面已经指出过了。到了后世，各家注释中添油加醋，各逞其解，也就引出了数论的无神论和瑜伽派的分别与对立。后者也可称为有神论数论。虽然瑜伽派中有这么一番意在调和折中的解释，但数论所理解的神，同瑜伽派的立足点还是不一样的。

一切宗教哲学，除了有自己信奉的神祇观，又会在世界观方面，把神视为宇宙创造的本原；而在人生观方面，神又是人生的最终归趣点[①]。然而，就瑜伽派而言，其与数论派一样，也承认各个个体我的独立存在，承认从自性发展出万有的说法。但对于“人之解脱在神我独存之境上”的论断，两家的理解却有很大的区别。可以说，他们宗教哲学的根底并没有丝毫的共同性。虽有称为特别的神我这东西，然而如果瑜伽派不承认具体各别之神我有统一性的基础，不承认有此神祇本原的话，则其所说的达独存之境的手段，也就失去了自身所归的目标之神。当说到神的时候，只是

① Mitra, *Yoga Aphorism*, p.33.

把他当成已经逝去的祖先，并不是把存念其名当成修行手段来帮助自己建立理想之乡。这样的修法只有临时的、权宜的意味，而不是他们的信仰根据。正因为如此，《瑜伽经》中虽每每提到念神，但在这些存念场合，不过是在说一种修行方便，并不涉及其根本的大原理。例如，前面吾辈所引的颂文中对达致有心定的手段虽然说了两种，一是作法瑜伽的一分，另外则是八支阶级中第二部类尼夜摩的内容。道森评论瑜伽派的神祇观说，与其认为他们的立场是有神论的（Theismus），不如说他们采取了属于自然神教（Deismus）的立场。瑜伽派所相信的，是如同伊壁鸠鲁心目中的必要的最高存在那样的神。道森此说看来是非常恰当的①。

也只有这样看，本派同数论的思想差异，从理论深处来剖析，才不妨碍他们达到修行的根本目的。因为从一开始瑜伽派的神祇就不是非有不可的。从方便权宜出发，他们仍然沿袭了《薄伽梵歌》中的信仰瑜伽（bhakti yoga）的余韵。不过，以往众多学者都对瑜伽派有所误解，以为他们的修行目标，是要在实践的末了达到与最上神冥合。必须强调的是，这样的说法属于缺乏依据的粗陋立言。比如，施罗德（Schroeder）在其《印度文明及文学史》（第687页）中就宣称说，瑜伽派主张个人之我是从原我（Urgeist）生出的。又韦伯（Weber）的《印度文学史》（英译本第238页）、威廉姆斯（Monier Williams）的《印度教》（第200页）中都说，无论如何，瑜伽派的根本目的是追求同最上神的融合。但他们以瑜伽为有神论的判断从何得来的呢？仍然只是凭空臆断而已。

① Deussen, *Allg. Gesch.d.Ph.*, I.3., S.545.

必须指出的是，瑜伽派自己成立其神祇观的理由就没有什么说服力，而且也与他们的世界观不符。这是因为瑜伽派的形而上学论，与数论的二元说几乎完全同辙的缘故。若看他们的现象论，其用语与数论虽稍有出入，然而大抵仍显粗疏，颇欠缺严谨。从根本上看，瑜伽、数论大致同调而无甚差别。吾人以为再从现象论上来分析两家的差别，已无必要。以下仅就瑜伽派的心理说略加考察。不过，因为瑜伽派也吸取了《僧佉耶颂》的内容，所以它看起来，也像是数论的心理说翻版。吾人先前对此已有提醒，于此仅简单叙述。

《瑜伽经》的立场，很像数论师，其对心理官能的看法极为粗泛，对觉、我慢、意等都未能严加区分。特别是我慢范畴，《瑜伽经》中甚至无有一言提及。一般而言，凡涉及此种含义，《瑜伽经》中都喜欢使用“心”的概念。“心”之一语，涵盖了一切精神现象。从根本上看，其本体论上虽然也有“自性”这个东西，但它表现为受到神我照用的心理活动现象。其自体具有无限的延展性，又是受其所作善恶业熏习的载体。从这方面看，其内涵完全与数论的细身相同。也即是说，在瑜伽派这里，它讲心，则已经包含了数论的觉、我慢和意的作用。可以认为瑜伽的“心”已经代表了整个细身的机体。

于此，心的主要分别（vṛtti）活动有二：　是直接的心用（citta vṛtti），另外便是所谓的烦恼本身。前者为智识功能，后者则是情意功能。两者虽然有所不同，但共性所在则都指心的活动功能。智识的作用有五种，即是正智、似智、分别、睡眠、记忆（I.56）。此中所谓正智，指正确的智识，其所生出的结果是现量、比量、圣教量等（Ⅰ.7）。所谓似智，指无事实真相的错误的智识（Ⅰ.8）。所谓分别，指唯是传闻而非事实的智识（Ⅰ.9）。所说的睡眠，即所谓非有（abhāva，不存在）的表象。《婆阇罗阇王疏》解释说它是人在完全不能认知的睡眠中的自觉作用（Ⅰ.10）。所谓记忆，指的是一旦有所知觉便留贮心中不会失去的心理作用（Ⅰ.11）。我见，则是因为能见之力（dṛkśakti）与认识之力（darśanaśakti）混为一体的误见（Ⅱ.6）。这也就是把现象心误认为神我，也把神我误当成现象心的心理活动。正是数论所以为的“我慢”迷误。贪指的是对快乐的执着，瞋指的是对于不快的执意嫌恶之心理倾向（Ⅱ.7-8）。所谓有爱，则指的是对身体的执着。对于肉体的这种偏执之情，经上（Ⅱ.9）说，执于此情，即令达人识者亦在所难免。

此之十种作用正是心为代表的活动样式。如果将其与最高的三德之说搭配推衍，则当表现为无限数量的心理活动。因此，《瑜伽经》当中特别说到了由于生存意志的无限性而引起的无限转生（Ⅳ.10）。而在此过程中，所经验的一切事项都有可能对吾人产生熏习，因此，由于心的多样化本性，心理认知和相关情绪的活动能力，整个说来只能局限在想象的范围内。本经（Ⅳ.12-13）曰：“（心之）本质，通于过去与未来。而心之属性则成种种差别。”

心的属性，因三德作主故，或者成明白事，或者成隐晦事。盖作为细身代表的心体，只要与我相结合，虽过去、未来都常住。但若论心之作用，因为三德的搭配而有不同表现的缘故，认识的能力，在某甲那里显得清明，而在某乙那里则又隐微。因不同的场合而竟然正相反对。不过依本经，所有吾人内心的这些活动与作用都是前世熏习的结果。同样，现世的认知活动也相应地影响到未来世中，成为未来的心之作用的种子。归根结底，只要心上还有任何的活动，那就不可能指望神我会得到独立。

第三节　修行法

《瑜伽经》的注释者们说，本经第一品讲的是三昧本质，第二品则说达致胜境的手段。然而如前所说，这两个讲说本质与方法的品目中，内容又是相互重叠的。《三昧品》中有不少地方也讲手段，《方法品》中也并非不谈三昧的性质。吾人认为，《三昧品》的修行法与《方法品》的修行法立场稍有不同。本篇当中，吾人把两品中的修行法，视为各各独立的两组分别叙述。

一、《三昧品》的修行法。本经中的三昧意义，如同佛教中所说的三昧一样，在不同地方有不同的用法。《三昧品》中将其作用分为六种或者四种。而在《方法品》中，三昧被认为是八支当中的最上位。作为早上地位的三昧也叫等至（samāpatti）（In.41）。虽然它不是禅那，但在具体使用中，它仍然被当作禅的同义词（Ⅱ.110）。之所以会如此，如吾人前面所说，恐怕一开始，本经也像《摩诃婆罗多》一样使用这些术语，并未区分它们。不过，从总体上看，三昧还是被当作纯粹的精神统一状态的用语。禅那则是在肉体修习时的一种执持方法，此外并无其他的特别含义。这么说来，虽然只是在当下直觉的意义上使用三昧，但在许多时候，三昧的使用场合要宽泛得多。这主要是因为在使用禅那这个术语时，涉及对肉体的抑制和把控；与此相对，当说到精神的最高统一相待于肉体修炼的活动时，因为已经有对呼吸的抑制，便会把三昧当成这样的修持境界（在佛教当中，三摩地，亦即三昧，是心所之一，属十大地法。它几乎被当作一种集中的注意力，是日常生活中不可缺少的心理活动与作用）。从这一点看，三昧是一切禅定修习的根底，自然应当视其为修静活动的代表。但是，当经过各种各样的修炼阶段而最后进入某种精神状态以后，精神上已经产生了某种纯而又纯的凝聚能力。从此，三昧就成为了最终的修行成果，本经对于三昧等术语的使用，是因时因境而有不同的（其实佛教亦然）。唯其如此，其在不同的场合往往具有深浅、广狭都不同的意义。如何领会其不同含义，非联系其上下文不可。

《三昧品》中的三昧，指的是修行过程中总体的精神修炼活动。本经将它分为两种：一是有心三昧（saṁprajñatā samādhi），另外的叫无心三昧（asaṁprajñatā samādhi）。达到有心三昧的行者仍然没有除尽各种各样的思虑。而达到无心三昧的行者，则已经进入了克服、消融一切妄念杂虑的地位。而在前面一种地位当中，由于其思虑的作用，其心仍然受到熏习，未能摆脱业的影响，因此它又被称为有种三昧（sabīja samādhi）。与有种三昧正相反的则是余业不再生起，这样它就被称为无种三昧（nirsabīja samādhi）（Ⅰ.18; Ⅰ.51）。无心定的性质是同一的，没有阶位的差别。有心定则因为思虑各有精粗差别，所以可能分出不同的阶位来。本经（Ⅰ.17）上将它分为四级阶位。《婆阇罗阇王疏》称以五大作粗杂程度不同的对象，以五作根各各观察，就会成就有寻定。反之，以五唯、五知根各各观察，就会成就有伺定。不但如此，这当中如果是意念夹杂有忧暗二德的喜德，起欢喜情绪，则名欢喜定；又若专念斥忧暗二德的纯粹喜德，灭除欢喜情绪，但只有"我在"（asmi）的感知，则名为自存定。然而本经除了说四种，又在另一处（Ⅰ.41）说四种等至，其实也是四种定名。如是有四：有寻等至（savitarkā samāpatti）、有伺等至（savicāra samāpatti）、无寻等至（nirvitarkā samāpatti）、无伺等至（nirvicāra samāpatti）。前二与前面的有寻三昧、有伺三昧二者相同，后二则与前面的欢喜三昧、有存三昧不同。所谓的无寻等至，谓其已经脱离了前生的忆念（本能等），而处在只有对象的辉光之位（arthamātra nirbhāsā）；所谓无伺等至，则指心已经回到本源自性上，处在还源之位上（Ⅰ.43）。若将此二者糅合起来，再连同本经中有心定的区别放到一起，便成为了有寻、有伺、欢喜、自存、无寻、无伺，一共六种。这同数论中所说的六行观，在顺序上有某种程度的相似。

然而这里所说的三昧分类，就吾人所知，不管是古奥义书，还是新奥义书中都未有所见。《摩诃婆罗多》仅说有德与无德的两分，然其所指，不过是就身体与精神两方面来说的。真正从精神状态上来分别看待的只有佛教。也就是说，佛教在瑜伽史上第一次进行了细密的分析，或称四禅定，或谓八等至（四禅四无色），又将它们分为有无喜乐寻伺这四种状况。本经当中禅想的分类，也采取了同佛教相仿的标准。

但是，究竟如何实行这里的三昧方法呢？从根本上讲，本来这是放到后面的《方法品》中去讨论的问题，虽然本经在《三昧品》上也先说了这些修持方法。先来看消极的一面，究竟有哪些妨碍三昧的原因。本经（Ⅰ.30-31）说，这样的障碍有十四种。它们是疾病、沉钝、疑惑、放逸、堕怠、爱着、妄见、不得地、不确立，如是等等，以及种种随附的苦痛、动乱、战栗、不规则的出息和入息等。是等术语，恐烦省略。要之，属于有碍于精神之统一而不适当的种种不利情形。又若依本经（Ⅲ.51）及其注释，有修行过程中受魔鬼扰乱等事，也都是必须加以注意的障碍。特别是后世的瑜伽行者名为悉瓦马罗摩（Svātmārāma）的，其所撰的《努力瑜伽灯明》（*Haṭhayoga pradīpikā*）即讨论了这些障道因缘（佛陀的修行经历中也有这种魔罗扰乱的有名故事）。本经中叙述了用修静法来消除这些障碍的方法，例如就二十五谛随一作观就是方法之一。再有修习慈、悲、喜、舍也都是可行的途径（Ⅰ.32-33）。所谓慈、悲、喜、舍，说的是凡能令人幸福的，便以慈心为其增益，且心念不舍，令人繁荣；而对使人不幸的，则以悲心为作拯救；对他人的有德之行，生随喜之念；对不德的行为，则抱一种淡然去除的态度。持这样的态度，是为了最终能够生出心的沉静。其实这也正与佛教中说的四无量心的修持相同。之所以如此，揣想本经除了包容数论也接受的世间道德，另一面从宗教出发而倡行爱他之心。看瑜伽的三昧分类，这里也有从佛教所受的影响。所有这些思想联系，考威尔（Cowell）在对《摄一切见论》作英译时皆已有所揭示①。

循此而实现种种积极的利他行，或者调息，或念光明，或持念梦中表象……，都同佛教有某种关联。尚可注意者，本经当中还提出对信、勤、念、定、慧等行法（Ⅰ.20）。本经所说的信，指信瑜伽功德；勤，则指精勤修行；念，指忆念不忘；定，指心聚一处；慧，指以观得慧，敏锐深入。实际上就是佛教当中所说的

① Cowell and Gough, *Sarvadarśana Saṅgraha*, p.273, note.

七助道品中的五根或者五力对此的现成利用。在佛教当中也是降伏烦恼而入于圣道的利器。正因为如此，本经中，除了以信、勤、念、慧等作为三昧修行的一等手段，更在诸修定中添加了三昧增胜，使之有所变化与发展。不管如何，持念所有这些修行法，可以渐渐调伏自心而发挥其机能，如同宝珠的光辉内外映照，将主观（能取）、客观（所取）与认识（取）三者相摄相入化为一体。本经（Ⅰ.40）说此境界最初名为有种三昧。其大致意思是说，修行至此，虽然也以三昧力作基础，但毕竟还停留在广义的三昧浅层，尚须进一步努力，达到狭义的且是甚深的三昧之境。尽管此境界仍然属于有种、有心的阶位，然如先所述，只要继续精进不已，就可以一路选择修行，渐次经过六位，最终达到无心无种之三昧境地，成就根本修行的目的（Ⅰ.51）。

以上介绍了《三昧品》的梗概，它主要借佛教的类似行持法来显明大意，也有少部分显示出瑜伽与佛教的同源性。总之，本品既说三昧的分类，也说修三昧的方法，两者杂然，并行不悖。

二、《方法品》的修行法。《三昧品》的修法如果说自佛教得来，《方法品》的修法则主要与奥义书相关。《弥勒奥义书》和《甘露点奥义书》就瑜伽行位提出制感、静虑、调息、执持、慧观等六位。吾人前已述及。今此《瑜伽经》，对此诸行位重加整理叙述。其中去掉了慧观一项，然于其下另行增补夜摩、尼夜摩及坐法三支，总为八数，通称为瑜伽八支（aṣṭavaṅgaṇi）。

（1）禁制（yama）。此有五行，即不杀生（ahimsā）、不妄语（satya）、不偷盗（asteya）、不邪淫（brahmacarya）、不贪（aparigraha）。修行之人必得坚守是五禁戒（Ⅱ.30-31）。

（2）劝制（niyama）。此有清净（śauca）、满足（santosa）、苦行（tapas）、学诵（svādhyaya）、念神（īśvara pranidhāna）。其与夜摩行之制止不同，随此修行渐渐长进，是为修习瑜伽之准备基础。

（3）坐法（āsana）。弥弥而进，将作瑜伽修行，先须注意各种姿势。盖修习瑜伽身心是否调和舒适，实与坐姿是否正确相关。本经于此颇有讲究。此第三坐法为修行时姿势之重要规定。如下规定之姿态须得注意："坐法适意，确乎至要，勤策准备，求己悠然，至身不受限，即脱对比而自然。"（Ⅱ.46-48）

此处是说取安住不动的姿态，而令自己放松，意想向宇宙扩张，当感觉自心可以拥持宇宙时，身体不受冷热、苦乐的对比局限，从而超脱出来。不过，本经除此以外还给出了很多行坐之法的说明。《瑜伽经》的注释家及后世的瑜伽书都有许多发明，列出好些种类。例如，要按《努力瑜伽灯明》（*Haṭhayoga Pradipika*）的注释者梵喜（Brahmananda）的说法，由两位仙圣——瓦悉斯塔（Vaisiṣṭha）和耶鞠那瓦基亚——所制定的坐法有八十四种。而哥罗刹那塔（Gorakṣanātha）则说此类坐法有八十四万种之多。《婆阇罗阇王疏》的作者则说本经的正确坐法有十四种。它们是：

1. 莲坐（padmāsana）	2. 勇士坐（virāsana）	3. 贤坐（bhadrāsana）
4. 幸坐（svastikāsana）	5. 杖坐（daṇḍ hāsana）	6. 狮子坐（sinhāsana）
7. 牛口坐（gomukhāsana，牛口当为一种乐器）	8. 龟坐（kurumāsana）	9. 鸡坐（kukutāsana）
10. 背龟坐（uttānāsana）	11. 弓坐（dharurāsana）	12. 鱼主坐（matsyanāthāsana）
13. 孔雀坐（mayurāsana）	14. 自在坐（siddhāsana）	

此中坐式，吾人虽未一一调查，然仅据其名称来作揣想，可知也是非常奇特的瑜伽姿势。高楠教授曾于印度觅得一部瑜伽四十一种坐法的本子。其中每一种坐法的名称，都可以参考该书中的说明。不过，所谓坐法，是指腰部以下的坐姿，通常行瑜伽还要涉及腰部以上手的姿势，术语称为“契印”（mudrā，手印）。以下本《瑜伽经》仅对这些姿势有部分说明。须知，但特罗瑜伽尤重坐法、契印，其中的分化也就相当繁复。又瑜伽行法，对修行场所也有非常之讲究，但本经中未有涉及。后来产生的《努力瑜伽》《瑜伽灯明》中都有叙述，其中说到应于无兵火、刀杖之患，且食物、饮水也方便的地方，营筑室庵一间便可修行瑜伽。

（4）调息（prāṇayāma）。如是坐法一经选定，其次便可讲求呼吸之调制，亦即所谓“调息”。呼吸之控制实为瑜伽修行中事关重大的实践。《摩诃婆罗多》认为调息是修行之象征，是显明的表法。因为人之有呼吸，显示人有生动之活力。据近世心理学者研究，每当吾人注意自身呼吸，留心气息所行所住位置时，极易调制身心，凝聚注意力，专注诚为内在控制之门径。本经说到此种控制的不同方法，其最重要的仍然是八支所总结的内容：“如斯（坐法既定），堵塞出息、入息之行路，谓之调息。”“然此诸气息充塞内外之作用，必得注意处、时、数，（或收或放）不可不徐行缓图。”“内外境之专注，是为第四。”

所说心要，谓调息当中，首在三种作用。第一吸气，第二呼气，第三气不吸不呼，令气贮胸腹内。《甘露点奥义书》和后世瑜伽法中称此中第一为满相（pūraka，气息充满胸腹），第二为虚相（recaka，令胸腹保持虚空），第三为瓶相（kumbhaka，水满于瓶而无晃动之相状）。行此三事，当注意的要点有四。第一留意“处”，即留意出入息所达处，气息所入当达胸腹中什么位置。气息所出当念其达于宇宙中何处。第二留意“时”，即出息、入息、充息均有确定持续的时间。第三当关注“数”，即气息或出或入或贮当有确定次数。然而在调息的修持过程中，必以卒暴之喘（陡然起陡然伏的呼吸）为大忌。一般而论，息之调御速率，在于悠长徐缓、极细极微。由此三事而至第四，如是调制呼吸，令心专注，集于内境或如外境之一点，不可令其涣慢驰散。盖因心若涣漫则呼吸则乱。此即是颂文大意。本经叙述调息，二三偈颂，尽悉概括要领。观今日日本所行之呼吸法，其中所说注意事项，鲜有出此诸偈颂内容者。

（5）制感（pratyāhāsa）。抑制五根，即是令感觉官能与对象相分离。本经（Ⅱ.54）曰：“诸根各各与对象不结合时，令诸根及心皆各住本性，谓之制感。”此即为《摩诃婆罗多》中往往所说的“若龟之藏其头首四肢”，亦即“五藏（五根收敛藏于龟壳当中）”。五藏再加上心之收敛，称为“六藏”，即摄心、根，取消内外的感知活动。

以上五支，专说身体器官各分的修炼。涉及身体的瑜伽行法，又称“有德瑜伽”“作法瑜伽”“努力（Hāṭha）瑜伽”。而本经（Ⅲ.7）把下面要说的三支称为“内支”（antaraṅga），与之相对，这里的五支便称为“外支”（vahiraṅga）。瑜伽修法由此而进，于是进入专门炼心的后三支。

（6）执持（dhāraṇā）。已经经由制感而抑制了五根的活动，但又仍未能制伏心的骚乱。关于制伏内心，本经称为执持。其说

（Ⅲ.1）定义谓："使心结合于一处名执持。"其实它指的也就是注视鼻端、丹田那样的方法。

（7）静虑（dhyāna，禅那）。佛教分此静虑为四位阶段。本经只认其为一位。本经（Ⅲ.2）为静虑下定义说："由已执持，令心专注于一境。其境相含融混一（不可分别）。"

（8）等持（samādhi）。此为八支的最上阶位。本经（Ⅲ.3）定义曰："心若虚空，唯对境辉熠（artamātra nirbhāsam）。"意思是说，在静虑位，心与境虽然已经混一，但还有些微的能所区别。至此，能观之心全失，而所观之境尚有。但本经在此并未说明此处的三昧与前一品中的三昧是何关系。前说有心三昧分为六位。此处则不但只说一位，且此处三昧之定义亦不同于《三昧品》中的说法：其并未采用无寻等伺（nirvitarkā samāpatti）的定义。因之，此处吾人认为其所主张的八支分类是同前面的八支不同的别式。然而本经（Ⅲ.8）所说的三昧，又是相对于无种定来说的。若据此来判断，其仍然为八支的最上位，仍然应当理解为指的是有心三昧、有种三昧等。但是，本经在此并没有说明其根据的是何种方法或修炼技巧来达到无心三昧、无种三昧的，吾人也就无法从总体上知道本经此品中修法与阶位的具体关系。

总而言之，执持、静虑与等持这三支，是瑜伽行当中基本的修行法。指导此种修行的哲学原理来自它内部的瑜伽思想。从此三支，可以得到不可思议的神通。此三支也是达到究竟解脱的基础。因此，在本经中（Ⅲ.4）三支又被安置在"总制"（samyama）的名目下面。经上（Ⅲ.7）还说三支亦可称为瑜伽行之内支。后世所谓的王瑜伽（rājayoga），就是指三支的内修行。

第四节 神通与解脱

本经（Ⅳ.1）说得自在力的方法有多种，或凭据先天得来的异常能力，或通过服药而发挥非常的能力，或背诵特定的咒文，或修习苦行，或行三昧而得异能。得神通的途径因此有五种（其相当于佛教中的五法）。不过在瑜伽派，其认为得神通的方法主要还是三昧行法。这也是可靠和确实的方法。本经的《神通品》中所讲的就是三昧神通。经中认为要得神通，应当从总制（samyama）中求，即修执持、静虑和三昧才能获得。经中与此尤有关系者在其Ⅲ.9-15的颂文当中。其中的意思虽然不算很明确，但大要是说从总制的三支上用功，从心之开展（pariṇāma）的立场上看，神通的获得关系到三支修法的实行。也就是说，从三支之力上观察，吾人之心若依赖三支之力能，便会有实现静止、等持和趋于一境这样的可能性。顺此修行便有可能在现实中见到心的逐步开展。第一种即所谓的静止的开展（nirodha pariṇāma），是说心有动静两种可能，而通过总制之力，可以令心向静止的方面发展。第二种即所谓等持的开展（samādhi pariṇāma），其指的是吾人之心有涣散和凝定两种可能，通过总制则可以令心的凝定可能性开发出来。第三种即所谓心一境性的开展（ekāgratā pariṇāma），其说吾人的心有寂静和活动两个方面。当通过总制的修持而令两个方面平衡时就实现寂静，于是实现了一境专注的状态。

因此，从总体上看，三种开展具有共同性，但依三支分别看，则呈现出第一开展性执持，第二开展性静虑，第三开展性三昧。以此观察作为基础，本经更进一步论法而谈三支修行和可能的发展。它不仅是许可了心的实在性，还同意了肉体也是实在的，由身心、诸根的实在而肯定其性质、特相（lakṣana）和状态（arāstha）可以经由修行而得到开展，发挥出它们的高等能力（Ⅲ.12）。若进一步说，可以认为客观世界中的万有系列，都可以因应三支修行而得到发展（Ⅲ.15）。为何心与物质界（客观世界）都有共同的性质开展呢？因为它们之间有内在的本质联系。正因为如此，通过修行可以激发出高等的能力来，即客观物质世界是可以支配的。在此，可以见到本经所认为的求神通的形而上之原理。

总之，瑜伽行者之所以有特异的神通力，不但因为其从活动中得到能力，也因为其天性当中即有此潜能。无论如何，这两者都必须由修行活动才能激发出来。这样看来，任何关于神通的信仰，无论其中有多少迷信的成分，但归根结底也不能不说其有某种程度的事实依据。如果从心理学的角度来看这种现象，当吾人专念于某一对象，该对象即占据了吾人之全部意识，哪怕感觉并不强烈，但其当下的现实性却是真切的。经验者对于对象虽然只是稍有感受，但其本人的内心观念中，却肯定有相当程度的客观摹写，从而其观念便有一定的真实性。同理，通过精神的高度凝聚，普通人都可能做出一些平时未必能做到的事。更何况是那些专门从事精神凝聚的行瑜伽者呢。相信他们具有不可思议的超常能力即神通，当然是毫不足怪的。再者，瑜伽修持的理想，其目的不过是寻求摆脱小我，而令大我的真面目呈现出来。毕竟由无所不能的神通力来完成这样的事，简直就是自然而然的定数。《瑜伽经》中虽然也举出种种理由来说神通的根本原理，但其实只有两条可以上升为理论的说法。

总而言之，从下面的出处，吾人可以看到，采取总制的行法可以得多种神通。本经（Ⅲ.16-55）举了三十几项。若一一列举，不免冗繁不堪，此处仅择其重要者见示。针对诸法之三种开展而行总制时，可以获得观察过去、未来的能力（Ⅲ.1, 6）。若行总制，以声及声之所表两相合一，又两相分别，可以得神通力，能解鸟兽语（Ⅲ.17）。若行总制，以观想前世之因及其现世之果的关系，可以得知宿命、知往世的（pūrva jatijñā）神通力（Ⅲ.18）。若对心之种种表象而行总制瑜伽，可以得他心智（paracitta jñānam）（Ⅲ.19）。若对慈、悲、喜、舍行总制瑜伽，可得无可比拟的大力大能（Ⅲ.23）。对太阳行总制瑜伽，得宇宙智（Ⅲ.26）。对喉劲行总制瑜伽，可以制伏饥渴（Ⅲ.30）。其他还有一些总制修行，可以令己心入于他身，可以立于水上，可以飞行空中，可以知日月星辰的轨迹，又可以有计算百万亿兆天文数字的妙智之力。然需在此强调指出，本经虽然对神通之力不厌其烦地列举说明，然其并不以为这些是瑜伽行者应当追求的能力，本经所在意者，毋宁说是如何排除瑜伽行的诸种障碍。本经（Ⅲ.37）曰："若谓彼等（诸神通）所行为得自在，不若谓其所求在除三昧之障碍。"

此种态度，同佛教虽说五神通，然又告诫行者不可执于神通的动机如出一辙。亦因于是，本经之说神通次第，极类似佛教虽强调行禅定，然更着意于得漏尽通。不过在瑜伽，其最终目标是达到自性与神我相分离。本经（Ⅲ.47）又曰："若于智见、自相、我见、相依、对境等上行总制（瑜伽），当先调伏诸根。"又说："若明自性神我区别，则能役使一切物，得一切智。"（Ⅲ.49）又说：

“若不执着，除尽种种罪而得独存。”（Ⅲ.50）

如是而言，其认为欲得最高之神通力，目的仍然是得解脱。至于其他的神通本领，都是行总制瑜伽的副产品。如果瑜伽者以追求神异为目的，他便是堕落行者，只会损害其修行的品位。本经中的说法虽然说不上是究竟的理论，但其强调以解脱为根本目的的态度，同佛教的禅定之宗教本意，虽殊途而实为一理。因之，《瑜伽经》仍然发挥了该派的宗教真义。

下面吾人来看本派之解脱观。解脱观在第四品中已经有所言及。要之，寻其精神实质，适与数论仍有不同的地方。本经之如同数论观点者，其也以正智即分别生智为不解脱正因。认为行者得此智而达于神我之独存，方可认为入于究竟。

依经（Ⅱ.27）所说，分别之智有七位。对此《婆阇罗阇王疏》解释成：（1）知一切有；（2）知一切非有；（3）能退治烦恼；（4）能分别达（于无烦恼）。此之四智，可以令肉身得解脱，因此其名曰“身解脱”。又其他三智：（5）使达于觉；（6）能制伏（自性）三德；（7）得三昧成就。此三智的共同处在使内心得解脱，故称“心解脱”。

佛教中也有这样的身解脱（kaya vimukti）与心解脱（citta vimukti）的说法。而此处前边所说的四智，也颇相似于佛教的尽智与无生智。据此看来，恐怕瑜伽行者的这种名称是从佛教那里移借来的。也有一种可能，在当时的印度此种观念已经成为人们关于瑜伽修静的通识。又本经之称解脱真正出生之阶位为法云三昧（dharmamegha samādhi）（Ⅳ.28），此名称与佛教的菩萨十地之最高位名为法云地想必有关。但究竟何因何缘，才产生了如此的相似，仍然不能得知。无论如何，至七智的最末有称为“三昧现成”的一种三昧，意思与“法云三昧”相仿，也只能解释成无心无种三昧的意义。把以上之各注意事项当成背景，吾人于此再引述《瑜伽经》有关解脱论的颂文，为本章作总结。

“若人识得（神我与自性）之区别，当不再执（心为）我见。”（Ⅳ.24）

“其时心入于分别河，泛于独存之急流。”（Ⅳ.25）

“如人偿还债务，不欠分毫利息。达分别者现于法云三昧。”（Ⅳ.26）

“从此一切烦恼、业绝灭。”（Ⅳ.29）

“于时（行者）离一切障碍罪秽。因其智慧无限。微少成其所知境（jñeyam，尔焰）：‘一切直下皆成所知境义。’”（Ⅳ.30）

“于时终达目标。三德系列因此不再开展。”（Ⅳ.31）

“克服刹那（超越时间）而把捉（三德）开展之（存在）系列。”（Ⅳ.32）

神我并非修行的目的。三德复归于自性名为独存。又心之本体（citi，心体或神我）确立于其自相便是独存之谓。此处的见地与数论解脱观并没有什么两样，因之不再另作其他解说。

第四章　余论

第一节　《瑜伽经》以后的态势

前三章简单叙述了瑜伽思想的发展史。然如前面吾人反复提到的，奥义书以降，瑜伽观念法即已成为各派通行之修行法。因之如果要详尽考察瑜伽行法在各派当中的具体情形，实在是难以如愿的。瑜伽行法到波檀迦梨以后仍有不少分化发展，更有许多细密规定形成，也有许多耸人听闻的传说不断问世。

今仅对其分化的大致路径追迹梳理，大体而言，只是从知、情、意三方面来考察此过程。所谓智慧瑜伽、信仰瑜伽和作法瑜伽三者，其中的智慧瑜伽，可以就其观法为主的内容进行哲理研究。也可以说，其反映了通过禅的思维来寻求宇宙真理的过程。因此，若自广义上看，印度的哲理无论其属于何家何派，但凡以禅观作基础来考究哲理的，都是所谓的智慧瑜伽内容。例如，无著所撰的《瑜伽师地论》（*Yogacārabhūmi Śāstra*）差不多就是以唯识哲学作基础的佛教百科全书。尤其是它已经自觉到依据观法的基础来总结理论，因此如果将本论称为“瑜伽行的基础论”，完全可以把它划入智慧瑜伽部（然须注意，说到《瑜伽师地论》中的瑜伽行法，对于已经习惯于用《瑜伽经》的八支来考察十七地之说的学者，这里虽然有不少未必相符的地方，但不可忘记，从整体上说，本论与《瑜伽经》的见地仍然大致不违）。

所谓信仰瑜伽，是有神主义的瑜伽。其一心一意地念神，将观法交付给神，是一种感情上的纯粹交托态度，并在最高的皈顺情感中实现其解脱目的。如前说过的《薄伽梵歌》就是这种信仰瑜伽的代表。这样的宗教态度以后在各个教派当中都有普遍发展。如果以佛教为例，其中《观无量寿经》《般舟三昧经》体现的信仰态度，便完全是信仰瑜伽一流的产物。

至于作法瑜伽，前面也多次说到，完全也可以称为努力瑜伽。其所强调的是实践当中的意志作用，其具体特征表现在坐法、调息与苦行几方面。悉瓦马罗摩的《努力瑜伽灯明》便是这方面的代表。而佛教方面，无论大小乘，其中的此类禅书更是数不胜数。从表面看，此三种瑜伽行法既是分化的结果，也有共通的地方，然若真的要决定它们彼此的分野，也不是一件容易的事。

接下来，吾人稍就瑜伽在外国的传播行迹略说几句。按迦尔比的说法，域外最先得瑜伽派影响的是新柏拉图派。迦尔比认为柏拉图观念论与数论－瑜伽的混合导致了该派的诞生[①]。总之，在新柏拉图主义中，吾人看到其有与数论“开展说”相似的理论（实际上《起信论》和吠檀多都有相似的主张）。而那种认为通过进入出神状态而与最高原理冥合的观念，也正是瑜伽派所津津乐道

① R. Garbe, *Sāṅkhya und Yoga*, S.940.

的。又特别是波菲瑞阿斯（Porphyrios）和普诺提诺（proinos）[①]所高唱的交神之术和妖术，正可说明迦尔比的判断不误。然而，就柏拉图自身言，也有禅想的倾向，而且瑜伽思想经亚历山大大帝自印度传向西方的证据也有一些。总之需要等待今后的研究，目前不好遽作断定。

新柏拉图主义传向波斯的证据稍稍可信。按 R. 密特拉（Rāzendolāla Mitra）的说法[②]，波斯诸宗派当中有萨帕西耶（Sapasīyan）一派，其重视苦行、调制呼吸，其冥想法中亦分阶级，又以无念无想的状态为最上阶位，甚至还强调至最上位时可以得神异之力，自己的灵魂可随意进入他身，如是等等。再加上此派自己也宣称其行法来自印度，此当为印度瑜伽法无疑焉。不过，稳妥的论断要等到将来，待弄清萨帕西耶派何时从印度传来，内部究竟传习什么样的行法以后再说。

还有一个更明确的说法。它来自十一世纪的阿拉伯学者阿伯鲁尼（Alberuni）。此人曾把《僧佉耶颂》和《瑜伽经》译成阿拉伯文。他的《印度记录》（*Tārikh-ul Hind*）中说："余之译为阿拉伯语者有二书。一论万有起源及性质。其称僧佉耶。他则说灵魂自身体中解脱之法。其称为波檀迦梨。此之两书，系内含印度之教义的主要学说。"

此处的波檀迦梨指的是《波檀迦梨大疏》或《波檀迦梨毗耶

---

① 波菲瑞阿斯（232—304），新柏拉图主义者，撰有《亚里士多德范畴论入门》一书。普诺提诺（205—270），新柏拉图主义者，是前者的老师，其主张整个世界只是从神流出的现象，是神之观念的产物，对中世纪经院哲学影响极大。——译者

② Mitra, *Yoga Aphorism*, pp. Lxxxv-Lxxxvi.

舍》。不幸此书今已佚失。然据密特拉说，至十七世纪中叶，仍有马辛尼梵尼（Mahsini-i-fāni）在其书（*Dabistan-i-muzabāb*）中引述有关瑜伽的纪事。可以揣想，至此时仍有阿拉伯文的瑜伽颂流行。当然，瑜伽行法随佛教一同来到中国和日本的故事，吾人在此就不必置喙了吧。进入近代，瑜伽行法与吠檀多派学说两相结合，也曾传入欧美。特别在美国有广泛的传习。美国有将此瑜伽锻炼法用来教授儿童的机构。一些教会组织也出版介绍了瑜伽著作。如斯，则恐怕吾人可以说，法虽种种，形式有变，然其精神实质，则可以永久传续世界各国，救济人心，施其光明。

第二节 瑜伽的宗教意义

瑜伽何以能在世界各地长久流传？以上吾人已经略有说明。此处当联系到宗教的意义，从总体上来讨论瑜伽的价值。这是本节的目的所在。

如果讨论宇宙论问题，通常就不能不暂时悬置生命本质即生命意志的问题。关于生命意志，德国哲学家叔本华揭示出前所未见的真相。生存的意志，扩充与拓展的意志，是一切有生之物的中枢关键。一切生命体，大至人类，小至蝼蚁，皆依赖此种意志。此是显而易见的不变事实。然而在动物身上体现出来的这种意志活动，通常只是盲目的无意识的本能，只有到了人类出现，随着理性的发达，遂有种种意识目的的发展。从而意志活动有了二重性。也即是说，一方面，人有着与动物不异的自我保存和种族保存这个层面上的冲动；另一方面，人类又有着对生命无限扩充的无倦追求，人类总要憧憬着超越自身。先不讨论这两个方面的共生与扩充是不是由同一种冲动所发起，但只从理论上看，两者应当可以放到一个系列中来比较与考察。在生命的系列当中，一方面是肉体的生活冲动，另一方面则是对灵魂的生活的冲动。一方面到底是现实的生活，另一方面又是理想的生活。前者是时空受到限制的各各分割开来的生活，后者则是目的在于超出时空的整体全一的生活。前者被称为现实的生命，后者则被称为绝对的生命。而一切人类，无论其本身有何强弱显微的差别，其必定会有灵与肉这两方面的要求，也有向这两个方面发展的倾向。根本上说，心理学虽然宣称绝对的生命要求，是对现实意志缺乏补充的产物，但其作为人类的生活动力，与现实中的意志力量是没有差别的。于是，同一意志的发显之时，便生出了两个方向的生活要求之抗争。灵与肉的抗争是现实与理想的另外一面。换言之，它们既是自然主义的与精神主义的，也是唯物论的与唯心论的斗争。而就其实际言，它们是人类内心当中两种倾向的抗争。

基于这么一层事实的考察，可以见到宗教的特质。一切宗教只是因应绝对的生命而产生的要求。憧憬无限、期望不死、企图达到绝对自由之境，都是宗教的最终目的。这也是一切宗教主张其永久生存权的来源与依据。在佛教，它形成了对无量寿、无量光的阿弥陀理想的期待，也对久远实成的长住灵鹫山的释迦永怀渴仰；在基督教，它成就了于全知、全能、全在的神的信仰。而从否定面来看，一切宗教都有几分对现实意志的否定倾向。其所否定的不仅是生命的自然合理的法则，更有顺从现实的意志生活便是宗教生命的说法。世上虽有称为现世宗教的东西，但若真的只以现实之满足为目的的，绝不是宗教。也即是说，实际上虽有名为现世宗教的主张，但若观察其内在一面，作为宗教它一定要确保对绝对生命的追求。特别在印度，其宗教更是显著表现出这样的倾向：为了追求绝对的生命，一定会有尽量地否定现实的意志。总之，印度的宗教通常都是这样：如果不表现出对现实的意志否定，就不足以展现其对绝对生命的强烈要求。这些宗教因为非常看重厌世与离欲，所以将涅槃、解脱这样的消极性名词当成口头禅，其所鼓吹的是人当消除分裂性的生活，把自己从现实的冲动意志中解放出来，展现其不死的绝对生命。无论世上的宗教是不是都像印度宗教一样有如此显明的现实否定性，其在灵与肉的关系上，以及现实对理想的关系上，都一定是主张舍弃肉体、实现灵魂的，其所追求的也是面向理想而背对现实。宗教思想的深刻正体现在其理想的高远上。

因此，以这样的观察作基础来寻求瑜伽的宗教意义，其实只是借上面的宗教学理论为指导，针对瑜伽派的实际情形而得出的具体化描述。如前所述，瑜伽派的修行体系中，有专门管理肉体的作法瑜伽，也有专门管理思维观法的王瑜伽。分开来看，前者实际上是对现实意志的否定，后者则是对绝对生命的肯定性担当。为什么如此？因为瑜伽的身体练习主要是灭除烦恼的修行，而精神的修炼是在意识界中冥想理想之乡，主要是从事精神世界的开拓。即说如斯见得，瑜伽的目的在拒绝现实之意志，而欲扩充绝对的生命。此为一切宗教和修行方法都具备的品格。以是缘故，但凡具备人类的宗教动机，则无论在什么地方，在什么时候，都可以将瑜伽看作相宜的修炼。也就是说，无论以何出世理论作根据，都有利于实现绝对的生命。也正于此，绝对生命的含义，便是吾人意志向着极点的推展，直到实现自主而独立的境地。不过，虽然此之境地是吾人的理性指向目标，但它不只是概念思辨的产物。除了思想的向往，更要发动意志更求开拓。这是因为吾人的概念只是思想当中第二位的东西。意志是更高的精神能力。由意志而人类获得了方向，由意志而有前进的动力，由努力而有意志的自身满足。打个比方，意志如同流水，而理性与概念只是河床，绝对生命的实现，是奔腾河流最终归入大海时的无际无涯的状态。吾人整理河床，目的是导河水流入大海。奔流入海的，只能是水流自身。同理，意志也只是实现绝对生命的途径而已。然而，因吾人自身在时间、空间上受到限制，从物理上说，并不能逾出物质界。因此，绝对生命本身的实现只能是心灵上的，因之也只能借助内证力才可以实现。瑜伽行的宗教契合点正在于此。瑜伽的道理，说一千道一万，其所主张的种种观法，本质上仍然只是摆弄哲学道理。事情的关键仍在于它不过只是那个指月的指头。瑜伽修行中，做主的是人的意志。通过意志力去克服暂时的欲望，从而实现绝对的生命。瑜伽行法千言万语，从有至无，从有差别说至无差别说，其中所坚持的也就是这么一层意思。具体来看，通过其观法次第，从最初的自我控制步步推进，最后到无念、无想、忘我的至极境地。这就像是众流入海，具体各别的众多河床均已消灭，眼前只有无际无涯的大海。从修行者一面看，其心灵上已经完全离开了概念的指导，绝对的生命在大我当体上得到实现。奥义书中这样譬喻江河注入大海的样状，称为名色俱失之所。这种情况也只有用忘言绝虑才能猜拟。无论如何，瑜伽是实现绝对生命的有效的工具与原因。吾人不可忘记，正是凭据瑜伽，才激发了意志的自身活动。叔本华说，因为意志的本质是欲望，因此意志受到限制而生的痛苦便是永远不绝的，虽然意志的否定是究竟的理想。但在实际上，此之欲望不绝的意志才是无尽的动力来源。因此意志，吾人才修观习禅，用禅去开拓绝对满足的家乡。这一点是绝对不可忽略的。再者，必须注意这里所说的绝对的生命之境地，绝对不是无有活动的休止的状态。一旦离开了依存于局部限制的差别生活，便会有全一而绝对的自主生活涌来。如先所述，有关神通的信仰，也都可以见到对这种自主生活的自由倡导，特别在中国和日本的禅道当中，其通过对却来门的尊崇，而将绚丽的光辉返照于绝对生命之体，为重返现实生活而提出了极有活力的主张。瑜伽的本质意义在此，也又一次被揭示出来。

第五篇

胜论派

第一章　总说

一、地位。吠世师迦派亦名为胜论派，其为印度最大一支自然哲学派别。胜论派之说明世界结构，以为一切现象皆可归结为六至十个基本范畴。任何事物、现象均以其称为“句义”的范畴为基础的构成元素。胜论的哲学组织非常精细，往往可以同数论媲美。按照中国所传的佛教资料，此两家均被当作“外道”的思想来看待。一般说来，吠檀多派的哲学是（大乘）佛教晚期成立的，而在此前，印度哲学中的精锐思想差不多都集中在数论与胜论两家。且自两家的学术风格来看，其关注之点颇有相似之处，而就其哲学趣味和发展的深度言，又都可以各各成为一家。将万有归结成为特定的要素，认为此诸要素的聚合与离散，决定了事物的生与灭。联系此聚散与生灭的思想作一比较，则数论是立足于形而上的原理，由此大原理生出各种元素，而胜论则反过来从现象世界出发，解剖世界的结构而得到各种范畴。如果说数论所说的世界展开，是由上而下的即纵向的世界继起，胜论则成了横向的相并而立的世界继起论。此为两家各自特色之一斑。

然而，若从总体上看印度思想，则自梨俱吠陀以来就有着两大宇宙观。即从神话上来看，有工巧观和生殖观的宇宙发生论；若自哲学上来看，则可以总结成为实相论与缘起论两种态度。两种态度都各有代表，这正是吾人在此进行研究的方针依据。无论研究人也好还是研究物也好，其从发生的角度来看都不会超出上面说的两种立场与态度。数论是拟人的生殖观的立场，胜论则是对物的结构的亦即实相的立场。如果采用理想的研究法来处理两家的哲学，则只能说它们的学风是相互补充而相得益彰的。此处所说的意思，吾人在前面研究数论哲学的末了已经有所表明，于此，对于胜论哲学言，当也没有相悖的地方。更何况印度思想的一般倾向是重视形而上学的理论而对自然界本身不会显示太大的兴趣。只是胜论这样的派别才在这方面稍稍显示出某种例外。

胜论哲学的意义还体现在另一方面，即它同整个印度哲学全景中的各家思想都有广泛的联系。其固然因为弥曼差派的思想而引起，又与尼夜耶派有姊妹关系，其与受耆那教影响的顺世论者也有思想联系。在研究印度哲学中所有以上的各家思想时，胜论都是不可能弃置一旁的重要思想。至于佛教，每每对胜论有所批判，虽随时对它的见地表示不以为然，但又处处泄露出与胜论有难以割舍的相通思想。因此，如果要真正了解佛教，也不能不把胜论当作重要的参考指标。所幸的是，吾国日本保留有来自中国的胜论《胜宗十句义论》。因本论对于胜宗的思想大纲有明晰的概述，本书的胜论研究也就有不少便利。本书以下主要配合《胜宗十句义论》中的条目，以显示胜论的思想体系。循本书前面的派别研究惯例，先对主要的概念名称作一介绍。

二、名称。本派名称，梵语为 Vaiśeṣika，汉译名称多种，称吠世师迦、鞞崽迦、毗世师、卫生息等。玄奘用音译，称之为胜论。梵语 Vaiśeṣika 来源于 viśeṣa，后者意为“别异”，又有“特胜”

的意义，想必胜论的名称即从此“胜”而来。当然无论因为什么原因而得此名称，都不影响对胜论的研究。或有谓说，本派对万有之差别相尤有关心，其研究对象正在万有差别上。因此一般认为，本派特重差别（viśeṣa），所以才被称作吠世师迦。又有谓本派立有六种句义（viśeṣa-padārtha，范畴）。其中，第五句义名为异句义（viśeṣa-padārtha），尤其是胜宗特色。故本派之名应源于异句义。以上说法无论哪一种，都同异句义相关。也就是说，本派的哲学特色在其对个别性、个别相的发挥上。此结论是一般西洋学者均认同的。

然有些奇特的是，就吾人所知，在中国对于胜论的解说，并不以为异句义（差别概念）有特别含义。汉译本《胜宗十句义论》的译者玄奘大师便采取的是 viśeṣa 这个词的“胜”或“殊胜”的含义。玄奘门下的慈恩大师窥基如是解释：“（胜宗）亦云吠世师迦，此翻为胜，造六句义论，诸论罕匹故云胜，或胜人所造云胜论。”[①] 这里说的是，所谓六句义，其义理殊胜，或者胜过他人主张的意思。这从字面上来看，像是本派自夸自赞的命名。不过就是吠世师迦派自身，恐怕也不免要对这个称呼有所异议呢。让吾人觉得有些惊奇的是，这个名称古来就不曾遭到过质疑。世人普遍觉得这个名称恰如其分，没有什么问题。反倒是另外的那种主张，认为把 viśeṣa 释为“差别”义没有经典可做依据的，其实，吾人还真的在经典上寻到了证据。《胜论经》（*Vaiśeṣika-Sūtra*, Ⅰ.1.4）上说：“实、德、业、同异、和合（者六）句义，由中同相异相之真智而生胜

① 《成唯识论述记》一末三九丁。

法（dharmaviśeṣa），以得至善（niḥśreyasa）。”

因为欲知本派的出发点而涉及何谓胜法，吾人因此注意到此一趣事。总而言之，本派有六种范畴，达到这六句义的认识，便入殊胜地位。得此殊胜诸法，定可得到功德。据此功德而进可以达解脱至善。然而问题在于，即令本派深信其六句义为唯一胜法，且因此胜法而自张其目，尊本宗为胜，固无不可。但为什么它与其并立的其他派别，也要尊称其为胜宗，同意此派的教义至尊而至上呢？因此，胜论一名，与其说是它的自我估定，不如说是对一种见解的称呼而已。先不讨论 viśeṣa 只是该派的一个概念，能不能代表该派的自身特色，即如玄奘的释名方法是不是于经典有据，其实都只是派别的称呼而已。就像起初基督教徒的名称，即因教外的嘲笑而得名。如是而论，胜宗之名，也就是他派对其差别（viśeṣa）句义的注意而已。本说未必至当，权置于此，以俟教正。

三、胜论思想之起源。传说中本派之始祖为迦那陀，其又名为蹇拏仆（Kaṇabhuj/Kaṇabhakṣa）。两个名称意思都是“食米者”。因此，在中国起先其人被译成“食米斋仙人”。又有一名，叫作优楼迦或者温露迦（Ulūka），义译为“鸺鹠”，有时亦名獯猴。大概亦因此而胜论之徒被他派称为鸺鹠之徒（Ulūkya）或獯猴子的。传说此仙人昼伏夜出游行世间，因此被人称为鸺鹠。又因平时以拾取碾米后的残余为食，所以称食米斋仙人[①]。然此诸说，不过是民俗字源论（Volksetymology）而来的附会之说，并无多少历史依据。又西洋印度哲学学者谓此名中的 Kaṇa 有“极微（原子）”义，故

① 《成唯识论述记》一末。

说胜论为极微论者。当然此亦仍为臆测之说。本派出现的历史年代，依《成唯识论述记》在成劫之末，此当然也是无稽之说。又传曰，彼之宣讲六句义于世间，经无量岁而寻求嗣法之人。终在婆罗尼斯（Vārāṇasi，婆罗奈斯）得遇婆罗门般遮尸弃（Pañcaśikhin）即名“五顶”的。又于九千年中，循循善诱，才将胜法付与后者，是为二祖。[①] 此处吾辈所见者不过是一篇神怪故事。五顶其人其事，不仅年代不明，可当作历史事实的根据也完全没有。因此，有关胜论的传说之根据，比数论还要无迹可寻，数论当中有关其起源之暗黑点颇多，而胜论关于其来源的凭据则几无可见。亦因如是，数论也好，弥曼差也好，其思想尚可以自奥义书、《摩诃婆罗多》《摩奴法典》等见出。而依吾人所知，胜论思想在上述诸书中均不见有何痕迹。如果从总体上概括地看印度思想发展的潮流，胜论与吠陀时代的工巧观和世界衍生论都扯不上干系；而如果看自奥义书中分析的思想倾向，胜论也未见到其受到前者的影响；胜论又与数论和瑜伽不同，从上面说的吠陀系列的典籍当中，都不能总结出胜论见解的影子。正因为如此，跋达罗衍那的《吠檀多经》中才批评胜论，称其为“圣人不屑之教”，即胜论学说是名不见经传的东西。以上所说无非意谓，如果吾人只能依据特定的文献资料来确定胜论的历史起源，恐怕同寻求数论起源的文献依据一样，只能以茫然无凭而告终。故此，吾人只好打住不再问其来源出处。

下面，吾辈借助大约同时代的其他派别的文献以间接显示胜论的教义特质。按照顺序先得求证于奥义书。

① 《成唯识论述记》一末三九丁。

首先，胜论是主张实体论的派别。其句义论中的实句义，就是说世界所成的基础范畴为地、水、火、风、空、时、方、我、意这九项。这九项在奥义书中已经有成熟的说法。地、水、火、风、空之五者，且先不论；我与意的区别，时（时间）与空（空间）的思考，都可以从奥义书中看到，它们作为哲学概念已经初步形成。因而，仅据此点言，胜论同奥义书的思想并无关系。当然其分析的思辨倾向本身，也处在广义的僧佉耶思想发展势头上，因而宜视其为这种思想倾向中的一个局部或环节。不过，在奥义书当中，不单没有将地、水、火、风、空与时、方、我、意九个实体同时并举的地方，而且将地、水、火、风当作极微（原子）所聚成的思想也从未见于古奥义书中。因之到底不能把胜论看成同数论一样，也是从古奥义书的系列当中产生出来的。更何况在奥义书中，根本见不到胜论的属性观，即见不到胜论主张的属性概念之“德句义”中包含了二十四种德的说法。特别值得强调的是，胜论里面的范畴分类，更是奥义书中未曾达到的思考。因此，揣测胜论受到奥义书滋养的说法是很晚才有的臆说，证明其间有某种关系的证据看来只是间接而又间接的。

接下来，吾人再对比诸家的主张与胜论的思想。与胜论有密切关系的很可能就是弥曼差派了。胜论也许就是弥曼差的本派本家。但如果单单以胜论的自然哲学来思考其可能受到的影响，恐怕佛教与胜论之间的相互影响还要更为显著。当然，如果深入地考究胜论对于自然现象的观察，显而易见，它比数论或者佛教都更要细密一层。从整体上联系诸家学派的思想作比较，胜论显然较数论和佛教更有一番新颖的见解。以吾人所见，胜论受到了奥义书的间接影响，而同弥曼差的思想启发相关。而如果看胜论的思想内容及学派立场，同它接近而有密切关联的是顺世论者和佛教，尤其是佛教当中的说一切有部哲学（Sarvāsthi-vāda）。

先说它与顺世论者的关系。顺世论是略早于佛教的一个思想派别。他们是印度最主要的唯物论者。《成唯识论述记》（卷一、七七）中一再提到顺世论者的极微哲学，其认为地、水、火、风四大是万有的基础。其认为四大可以再分析成为原子那样的极端细微元素（极微）。不过说到胜论的物质观，极微说已经是它的学说的一个重要特征。甚至可以说，极微论是胜论的专利之一。然令吾人难以理解的是，胜论自己的教义书中反倒对极微很少言及。因此，关于他们的极微理论的陈述，都是推测性质的。一种思想，如果既不被本派当成自己的特色创新，它自然用不着不遗余力地宣扬。韩德把这种现象解释为，胜论只是从他派那里，尤其是从佛教说一切有部那里继承了这样的思想。吾人虽然同意胜论的极微观来自别的思想派别，但不赞成说它来自说一切有部。比较稳妥的说法应当是，胜论的极微原子论是受顺世论者影响的结果。何以如此，后面还会谈到。有部极微说与胜论的见地之间其实稍有不同。而据《成唯识论述记》（卷一、七七；《抉择》卷二、一二）等，顺世论的极微观与胜论之间则是完全一致的。吾人窃以为，当初胜论在构造其自然哲学时，主要从顺世论者那里接受了当时最有先进性的物质观，将它进一步推展而造就自己的极微说，从而后世才见到了胜论派这种特别的教理教义。

其次，来看它与佛教有部哲学的关系。印度哲学的各派，与胜论最为接近的要算说一切有部。除了极端的实在论，还有对于细密分析的尚好、多元主义的机械论学风，更有采用极微说的同时，以主张极其接近因中无果说的主张，所有这些都是两家声气相通的地方。亦因于此，差不多可以将它们看成姊妹派别。然吾人并不赞成说胜论是从说一切有部的思想当中延伸出来的。正确的说法是，两家相互影响，同禀大时代之风气而成立。如是判断，是更加合乎实际的断定。

要之，若吾人的推测不错，胜论的学风形成，时当印度思想的风气，逐渐转向对形而下的注意。这种对物质现象的关心，恰逢婆罗门教的思潮内部开始涌动，其教内的祭式学中正在孕育某种非吠陀主义的苗头，除了顺世论、佛教的思想蕴含其中，还有相对于更早的数论思想的其他诸学派也蠢蠢欲动。如果历史上真的有五顶和迦那陀这样的人物，他们也只是那个时代的气运所催生的众多代表之一。胜论作为一个学派，其成立的年代并不清楚。大致说来是公元前三世纪前后。这是因为说一切有部的成立也在公元前三世纪顷；又原始佛教材料当中，从未提到胜论的名称或思想。佛经当中提到胜论，则到了下一个时代。到公元前后，马鸣所撰的《大庄严经论》提到过胜论与有部。以此作判断，胜论也当为公元前三世纪所成立。

四、圣典。胜论派之根本圣典，是《吠世师迦经》（*Viśeṣika sūtra*），传为迦那陀所作。本经由 370 颂组成，分为十卷。每卷又分二日课（āhnika）。若简单显示各卷摘要，第一卷叙述研究六句义之必要性。第二、三卷说六句义内容。第四卷述极微说及四大性质。第五卷主要对业句义细加讨论。第六卷说德句义中法与非法。第七卷说明德类的大部分同时掺入和合句义的说明。第八卷论述智识论。第九卷为杂论，涉及因中无果及有无的关系问题。第十卷说明苦乐，末了说因果律问题。不过这里是对全经内容作一交代。实际上，本经论题颇多芜杂，不算清晰。涉及本经何时成立的问题，必须言及汉译本之《胜宗十句义论》。本经汉译在唐贞观二十二年，时当648年。译者为玄奘。然就译本看，不过是针对芜杂的原经略加整理的教义书，经后附有对十句义的说明。因此，汉译本只可看作对本典内容的分别而简单的说明。依上所说，吾人断定原文本典只是七世纪的本子。

其次，第二点值得注意的是，鸠摩罗什所译（提婆所著，婆薮开士所释）的《百论》时所作记言："外曰：优楼迦弟子诵卫世师经：言知与神异，是故神不堕无常中，亦不无知。何以故？神知合故。"[①] 据此可知，至少在四世纪某一形式的《胜论经》便已经形成。此一句应当与现存本典当中的一颂可以对应。现引《百论·破神品第二》（暑二、三九左）中所言："优楼迦言：实有神常。以出入息视眴寿命等相故，则知有神。复次，以欲、恚、苦、乐、智慧等所依处故，则知有神。是故神是实有。"

然本典（Ⅲ.2.44）又说："*Prāṇa-apāna-nimneśa-ummesa-jīvana-manogati-indriya-antaravikārāḥ sukha-duḥkha-iccha-devsaprayatnāś ca, ātmanp lingāni*（出息、入息、闭目、闭目、寿命、意动、根之变化，并苦乐、欲恚、勤勇等，皆为我之存在相）."

比较此两段经文，文字固然各有多有少，但语法、语意则完全不同。也就是说，婆薮开士对这一句的解说与本典内容相去太远。

① 《百论疏·破神品第二》。

依此，吾人就知道，当时之《胜论经》与现今所见的本子并非一个本子，虽然二者间的意思相当接近。第三，还有一点当加以注意，胜论经典中有关耆那异端阿瓦西耶伽（Avasyaka，基要主义派、笃行主义派）的记事。依其所说，耆那教祖大雄灭后550年（即公元117年）有称为罗诃袺多（Rohagutta，也称 Rohagupta）之耆那教徒，用卫世师经而自开一派，称特罗西耶（Terasiya）。而且，《胜论经》的内容称有百十四条教目，其为专说六句义以及其下细说的，当无疑问。然疑其在现今所见本经之外，尚另有其他圣典。大体而言，胜论说其德（即属性），其下分为二十四种之定数，本典中（I.1.6）因方便仅举其中十七项，即色、味、香、触、数、量、别体、合、离、彼体、此体、觉、乐、苦、欲、瞋、勤勇。余下的七德分散在他处别说。然所见到的特罗西耶派而仍说十七德，且叙述之顺序，也与本典一致。其间虽有区别，只是有些名称采用了俗语称呼。正由于此，此处的一致性说明当时胜论不仅以为德有十七项，而且罗诃袺多从本典中撷取的那个偈颂也仍守原样而未作改变。此虽为猜想，但当更近于事实真相。

以此可以得出结论：二世纪之初，胜论本典或者颂文成立当为可信之事，而且特罗西耶一派依据的吠世师经也同今天所见的经本相当接近了。

基于以上事实，可以得到下列的大致判断：现今所见的吠世师经或者本经的大部，最迟在二世纪初已经形成。其雏形虽可回溯到公元前后，然如求进一步的了解，要明确地说《胜论经》之十卷370颂形成于何时，实非易事。无论如何，《百论》释文也好，阿瓦西耶迦之记事也好，都丝毫不能证明《胜论经》的整体形成状况。因为就是特罗西耶派自己对同句义的解说，也同现今的胜论本典有很大的出入。这样看来，从他派经文中寻根据，证明胜论古本之废与新本所出在何时代，的确是一件很难搞定的事。因为从情理上讲，本经一开始的偈颂数量一定不会多，而以后的增加又一定不会少。以这样的情况，断定整个本典大体完成时间，将它定在一世纪顷，难不让人感觉有点危险。

比较稳妥的说法是，任何的学派，形成之初，教义偈颂必然简略，而以后随时日渐进，制作与积累渐多，关于自宗教义的偈颂便渐趋复杂，才形成了今天所见的样子。而胜论走到这一步，恐怕已经是五六世纪了。

《胜论经》的注释，最好的本子当为商羯罗注释本（upaskara），还有他这个注释本的复疏本（Tarkapancānana）。该复疏的作者是贾衍那罗耶那（Jayanarāyāna）。两个释本的合刊本收在《印度文库》当中。

除《胜论经》本典，其次还有重要的《胜宗十句义论》（*Vaiśeṣika-nikāya-daśapadārtha-śūtra*）。本论为慧月所撰，玄奘所译。梵文原典已散佚。保存至今的这个汉译本读起来简略明白，不像本典那么杂乱。因之，胜论原始资料，较之数论《金七十论》，阅读起来，要方便很多。《胜宗十句义论》分为前后两部。前分大体说十种句义，后分则说诸门分别下的各种事相。本论成立的年月不明，作者慧月（Maticandra）的生期也不清楚，但估计上距译者玄奘的时代不会太远。《俱舍惠辉》上有谓“慧月于云山北作十句义论”一语。此话有多少历史依据，不得而知。总而言之，《胜宗十句义论》是中日研究胜论的第一手重要资料。

此外，关于胜论的释明，后世有将其句义论与尼夜耶派论理一同解说的纲要书。有名的是十二世纪湿婆迭底（Śivaditya）之《七句义论》（*Sapta-padārtha*），以及同一时期的阿难跋陀（Annambhaṭṭa）之《真理摄集》（*Tarka-saṅgraha*）、般遮那纳（Viśvanātha pañcānana）之《语义抉择》（*Bhāṣāparicchda*）等。这些书中，思想含义属于湿婆信仰或吠檀多主义，但其叙说纲要大致可称简单明了，不失为较好的参考书。

参考文献

（1）*Vaiśeṣika Aphorism*, trans. by Gough, 1872, Banares.
（2）*Vaiśeṣika-Sūtra*, ubersetzt von Roer, Z. D. M. Bh. 21-22.
（3）*Tarka Saṅgraha*（《真理摄集的原典及翻译》）, 1899, Bombay.
（4）《胜宗十句义论》之《科颂》一卷（一观）。
（5）《胜宗十句义论》之《同释》二卷（基辨）。
（6）《胜宗十句义论》之《试记》二卷（严藏）。
（7）《胜宗十句义论》之《抉择》五卷（林常）。
（8）《十句义论闻记》一卷（宝云）。
（9）《冠注胜宗十句义论》一卷（公谭）。
（10）《冠导胜宗十句义论》一卷（存教）。

此中林常之《抉择》详密，存教之《冠导》简明，都很方便。其他则不见系统之研究书。就吾人所知，唯一的单行本是韩德的研究（W. Handt, *Die atomistsche Grundlage der Vaiśeṣika-sūtra*, 1900, Leipzig）。

胜论派的研究，说到底都属于一味的概念分析。其系统完备，因此细密详尽，但这样一来，也就显得烦琐，甚至枯燥乏味。凡事其皆作详细定义，说明唯恐有所疏忽，阅读起来往往费力而难解。又由于其语句冗长，颇难辨析处理，特别是其论实句义中的九实、论德句义中的二十四德，完全是一系列冗长之名词罗列，解说叙述又非常单调，读来甚是无趣。不过，此亦算是该派的学术特色。受这样的风格所限，胜论处理概念的方法一成不变，叙述的顺序断不会有随心所欲的改变。吾人阅读胜论作品，可以先顺着其分析方法看下来，然后回过头来再用综合方法看待其所说的材料。此亦为一种系统的综合的研究方法。

第二章　胜论的教理（分析的观察）

第一节　句义

胜论哲学之特色，正在于其将万有现象一一分析，还原为种种要素，与此同时，又将所有这些要素再依其特性各各归类，分别放到六大范畴，即句义的下面统摄起来。其实，若论对万有分门别类加以细致的归纳工作的，还有佛教的说一切有部。说有部的哲学主张之五位七十五法，也是用范畴将诸法约束归领，极为细密，极有条理。但有部概念分类尚不及胜论。后者的概念分类更具逻辑性，其熟练运用概念的上下位内涵关系，对森罗万有加以周延的分别，对于存在的属性有准确的了解。但胜论的六大范畴不同于亚里士多德由经验观察得来的十种最高概念，也跟康德所说的吾人知性中的十二先验形式不一样。简言之，胜论范畴是客观的法尔存在的原理，即这样的范畴宜视为一套形而上学的实在。这里胜论用来称呼表示某种特质的实在类别，便叫句义（Padārtha）。句义是由pada（语）和artha（意义）组成的复合词，也可以表达“语词的对象”的含义。在胜论师看来，本来语词与概念就是一回事，作为反映存在的哲学术语，其将物质自然与思想内容都包含在其中，进而与对象本身都完全是等同的。即句义作为概念的基础，其在思想的深层包含着广泛的内容，是横向地反映了客观实在的语言形式。因此，对胜论哲学的概念体系若加分析，与其说句义的成立，起初是因为对万有分解而后得来的六科分类，毋宁这么说，胜论从起初就直观对万有之后的所以然之原理，然后才成立的六种范畴；再之后才是借助语词，进一步用下属的概念对所有的存在要素归类整理，给予说明。从这一点看，可以说胜论哲学与柏拉图的观念论有近似之处。后者便从概念出发，把观念当作世间万有的原因。

然而，要问胜论以哪些种类的概念为最高范畴，并从它们得到六种句义的呢？大概而言，这一思维过程在很大程度上是论理逻辑性的。西哲约翰·洛克把复杂的概念分为三类：实体、样式和关系。而在这方面，胜论大致也是这样的思维方式。也就是说，胜论先对万有作观察，达到了实体概念，相应地也就得到了实句义（dravya padārtha）。从根本上看实体观产生的心理过程：如果将具体事物的性质、状态、运动等一一抽去以后，剩下的纯粹概念便只是胜论这样的实在论者所认为的万有后面的实体原理。其次，再把依附于实体的性质与状态抽象出来，依据这些概念而引向的原理便是德句义（guṇa padārtha）。这里所谓的“德”，与数论的三德不同。它的意思是性质，应当看作属性的含义。又如果将实体的运动意义抽象出来，便得到了作为根本原理的业句义（karma padārtha）。就德与业而言，其与洛克的样式概念相当。依其同理，胜论认为德业这样的纯粹概念，是世间万有之所以会有不同的性质、状态、运动的来由。但在胜论学说当中，此三种句义只是静止的和各各独立的，并无共同协作产生任何具体事物的力量。

从具体现象看，三者之间的关系，当然因其功能作用而建立。胜论的关系概念之确立，正是从三个方面引出的关系认识。三种关系认识归结成三句义。第一，万有之间有同的关系，这是吾人之所以会对世间事物形成种概念或类概念的根本原因。种类之所以可能，是因为万有之间的共同性、共通性导致的。这种共通性便是“同”（sāmānya padārtha）的句义。第二，是万有之间相反对的“异”（viśeṣa padārtha）的关系，也就是吾人平时所说的事物之所以能够各个差别自立的独异关系，称为“异”的句义。第三，则是反过来观察同一对象当中的实体、属性、运动、同相、异相等，它们之所以能够不可分离、相互联系、密切共处，就因为有称为“和合句义”（samavāya padārtha）的关系实在。

这样一来，胜论便得到了他们的六句义，并用它们解释世间千变万化的现象。要之，此亦不难理解，胜论先从一个具体的事物上面观察其体、相、用，从中得出了实、德、业三种句义。其次，又从与别他之物的比照观察其间的相同、相异点，得到了同句义与异句义，又再联系具体事物而观察上面的五个句义之所以能够协同共处，是因为有“和合”的句义作用其间。以上所说，便是六种句义产生的论理逻辑过程。然而胜论（相对于目的论者言）又是绝对的实在论者，其眼中的句义是各各独立的。诸句义一开始相互配合、共同成立具体的万有的说法，在西洋范畴论中，找不到相似的例子。而这正是胜论自身特别的哲学见地。要之，胜论的性质概念，是从实体、属性和关系三方面来考察建立的。胜论的量的概念，引出其对种、类和个别的看法。再者，所有这些关系或性质的具体化而成为范畴，必须说，只是一种机械的思维过程，虽然它不失为一种微妙的逻辑思维步骤。

这里的六句义说，是所谓“无说”（abhāva，非有）句义尚未加入进来时的说法。而当有了“无有（无或非有）”这个句义，胜论就有了七句义。因此，前面的六句义是相对于一切存在（bhāva，有或存在）而言的，而后面的这个“无”则是相对于一切存在（存有）的反面而言的。因为有了“无”这个句义，所有才有一切现象的反面，即有了“无有”或“不存在”的可能。“无”是胜论本典中原本理当存在的思想，从理论上讲，也是理所当然的实在范畴。在已有的七句义上，再加上有能、无能和俱分，则成为十种句义。十句义说是慧月一派的主张。

所谓有能，是联系因果关系来各各观察实、德、业，其所以能够各生自果，例如由地极微生出地大，就是因为“有能”句义的实在性起作用。其他的德、业也各有生自果的事，因之也必须据有能句义来考虑才是。而所谓的“俱分”句义，是指其有跨句义的作用，同样一事物，自其相同一面或者相异一面，均可以发现类别性。例如，人之概念，若与人类全体相对，则有相同归属性，而若与牛马等相对，则有相异的归属性。除了同句义或异句义，其他的各个句义适用于“俱分”，因之任何事物上均可以发现因俱分而被赋予的复杂属性作用。胜论本典当中应当已经有“有能”“无能”“俱分”的思想。相比较于前面的七句义，此三种句义看来较缺乏独立价值。尤其是“有能”与“无能”，并无非有不可的感觉。因此，在中国《胜宗十句义论》之所以未能流行开来，恐怕也还是有其缘由的[①]。

第二节 实句义

梵语陀罗骠（dravya），即是实义，英语中作 substance，系抽去一切性质之后的纯然实体之谓。本典（Ⅰ.1.15）对其作定义如下：与业和德作和合因缘者，此即是实之特相。

此处所谓和合因缘（samavāyikāraṇa），谓其有主体之位的意思（参照后面所说因果论），是作用与性质的主体。此名即是持主之实者的称谓。其大致说来，与约翰·洛克所说的实体自身一样。不过只是吾人所不能尽知的属性之持有者，胜论本典对它所下的

---

① 胜论的句义论有十句义、六句义、七句义三种说法。慧月《胜宗十句义论》有玄奘的汉译本。但从印度后来流行的胜论看，《胜宗十句义论》没有大的影响。本书作者研究胜论主要是用《胜论经》和《真理摄集》。它们讨论的是六句义论。七句义的说法主要出在《七句义论》。该论作者湿婆迭底是十二世纪人。该论梵本在西藏曾有发现。这里将三种句义论作大致比较，并显明其文献依据：六句义说出于胜论本典《胜论经》，亦可见于汉译《百论疏》。《胜宗十句义论》至今未见梵本。

《胜论经》《百论疏》中的六句义为：

《胜论经》《百论疏》	中土所传《广百论》等	玄奘译《胜宗十句义论》
实（所依谛）	实	实
德（依谛）	德	德
（玄奘译本论中有法与非法，或称有能、无能，其他诸本未见）		
业（作谛）	业	业
同（总相谛）	有或同	同
异（别相谛）	同异	俱分
		（玄奘译本论在分外另立“异”）
和合（无障碍谛）	和合	和合
无说（后人加）		无说

定义也是如此。胜论以为这个范畴当中可以容纳九种实体，亦即为地（pṛthivī）、水（āp）、火（teras）、风（vāyu）、空（ākāśa）、时（kālā）、方（diś）、我（atman）、意。姑且不论此诸实是不是先要得到德即属性才能分别呈现其相状，恐怕只能认为，其一开始是自身同一的，需要等到一定量的各各不同之属性，才成为不同的实体。而依胜论自己说，它的"实"上面附着了所有各派都说过的心理与物理的要素。从性质上区分，此之九实可成四类。第一类是纯物质的地、水、火、风，第二类是为以太这样的空，第三类是一切现象的最高形式之时间与空间，第四类是作为生命体之原理的我和意。

一、地、水、火、风。此四者被视作物质元素是自奥义书以来印度诸派共通的教理。然如果深入考虑其间的细微差别，诸派之间有不同的说明。然而对于特别重视物理现象的胜论而言，胜论对它们的讨论可能是最为严格的。此中最具有特色的是其极微说（paramāṇu-vāda）。由极微组成原子这样的物理单位。此处先须总结性地看看极微之说。

古代希腊即有德谟克利特这样的原子论者，在印度也有不少人持这样的看法。胜论派就是其中比较显著的一支。但胜论派的本典《胜宗十句义论》中对极微并无讨论。大约彼等将它当作既定之事实，因之一言带过，不屑细辨。据此，可认为本派的极微论当已形成。关于胜论极微说，吾人只能依据本典注释和他派的介绍来了解。

首先，吾人会问：何以知道有极微存在呢？在胜论，它仍只是从分析论的立场来证明极微的。即是说地、水、火、风这些物质，可以从经验上对它们一一分析观察。如果对它们作无穷的连续分析，总会达到无可再分的地步。到此地步可以称为至极之微，因此称极微。商羯罗更进一步说，如果不受限制地对有分（avayavin，有局部者、有部分者）无穷分析的话，可以说芥子与须弥都是一样的。就其无限可分性来说，既然都是无限，则$\infty=\infty$，所以说芥子等于须弥。因此，这里如果要避开此难点，或者只能承认事物有不可再作分割之最小单元。

其次，应知极微的性质常住不变，任何场合下都无有生灭，不由他造，是无始无终独立无伴之实体。若论极微的形量，从根本上说，其不可认识。故胜论师推定其为“圆体常住”（nityam parimaṇḍalam）。本经解释者称此“圆”是极微量的别名。极微常住，故此圆也常住。又《胜宗十句义论》谓有两种圆体：极微和极大二者。此有似于希腊哲学家德谟克利特所说的原子有各种形状，而佛教说一切有部又认为极微无相（无有形相）。此算是几个方面的不同。又关于极微的种类，胜论之徒有谓：因极微是最微小之物质单元，而地、水、火、风之极微自身各不相同，因此极微肯定有各自的物质特性。本典（Ⅳ.1.3）说有因故有果，注释者谓：既然作为因的极微有色、香、味、触各种性质，那么，作为果的极微所成就的物质也就有它们的性质。商羯罗阿阇梨特别在《吠檀多经》（Ⅱ.2.16）的注释上引胜论意见说：地极微有色、香、味、触四种性质，水极微有色、香、味三种性质，而火极微有色、触两种性质，风极微则只有触一种性质。这一点看来与佛教有部和德谟克利特的说法不同，他们认为地、水、火、风之所以性质不同，是因为它们的原子虽然是同一的，但结构的形式是不一样的。然而胜论的极微之集合成为现实的物质，其具体的形成过程在《胜宗十句义论》中并未详说，倒是慈恩大师窥基的《唯识二十论述记》（曹大藏版本下卷二、三）有解说："其地、水、火、风，是极微性，若劫坏时，此等不灭，散在处处。体无生灭，说为常住。有众多法，体非是一。后成劫时，两两极微，合生一子微。子微之量，等于父母。体唯是一，从他生故，性是无常。如是散极微，皆两两合生一子微。子微并本，合有三微。如是复与余三微，合生一子微。第七其子，等于六本微量。如是七微，复与余合，生一子微。第十五子，其量等于本生父母十四微量。如是展转成三千界。"

林常的《抉择》（Ⅱ.14-18）解释说：初有两个极微相合，名为父母。其结果便是子微，又称第二微（dvyaṇuka）。实质上，虽然子微的体量是父母微的全体之量，然由于其位的关系，相对于父母，便成为了第三位，所以说"子微并本，合有三微"。又此子微与其他子微相合，成为孙微，也叫第三微（tryaṇuka）。这也就是吾人知觉可得的最小体，也称作光微（trasareṇuka）的。实质上，虽然有四微的集合，但若就位差而言，是有七微的说法（七微中因为有三微与三微相合而成一个集合体，所以称七微）。同样，不过是因为有两个八微的结合所以称为十五微。总而言之，依据胜论的意见，极微是两重两重地反复重叠而集合出来的。中国和日本的学者因为拘泥于窥基的三、七、十五这样的文字，节外生枝地解说子微的出生方式，实质上是不符道理的。

善珠的《明灯抄》五本上说："两个未合是名为父母。已成子时，合外岂有别他之第三所生之子。两个合时即名为子。"善珠此释可谓正得真义。有部关于这点还有一种不同的说法。其谓六方形的（极微）作为中心，每一面都可以集合一个极微。每一极微又可以作中心，分别再在六个面上各集合一极微。有部的说法与上面胜论的说法又不相同。要之，胜论派的极微观若概括起来，极微作为最终极的单元是不可再分割的，其性质为常住，其形体为圆形，其性质则取决于地、水、火风各各不同的性质，极微的集合以二倍（呈几何级数）的增长方式而形成物质。胜论主张，极微的集合构成了各种世界、各有情的身体、有情的身体器官和感觉器官。正是通过感觉官能的运用，才说胜论是极微论者的代表。

接下来用极微观试说明胜论对四大的看法。然如先所说，实体这东西的体，吾人其实无从得知，因之不得已只得从属性这一面来看实体。然若论属性的详细情况，又都是第二部类的“德”句义中所含，因此读者只是预先读到后文的大意，到后面回过来思索才有利于了解。《大胜论本典》（Ⅳ.2.1）上说相对于地、水、火、风四大，每一大都要从身（śarīra）、根（indriya）、境（viṣaya）三个方面来观察。特别是后世的《真理摄集》甚至还引述神话中对此三分加以彻底的观察。若寻其真义，这完全是把它当作认识论来作的分类，即把身体作为诸根基础的了解、把诸根当作认识器官的了解以及将世界当作认识对象的了解。因此，当胜论说身体感官与对象中间的认识作用只不过是同质料的实体间的交流时，差不多也就是希腊哲学家恩培多克勒斯（Enpedocles，公元前490—前430）之类见解的翻版了。

（1）地。本典（Ⅱ.1.2）给地下定义：“有色、香、味、触者名为地。”注释谓地之固有色是青（nīla），固有味是苦（kaṭu）；好香、恶香都是地之固有气味；其固有之触性为不冷不热；就中特别指明地之特殊性质为香。《真理摄集》谓“地名为有香”，因此胜论认为水火之有气味是因为地的极微掺入造成的，但那不是水火本身的性质。对地的三分观察是看它在人与兽身体中的存在，又是构成一切有情的鼻根（ghrāṇa）的材料，也是土石等形成的材料。①

（2）水。本典（Ⅱ.1.4）给水下的定义是："有色有味有触，成液体而能润，是谓水名。"注释谓水为白色；有甘味，有冷触；自然流动，又以浸润为本相（svarūpa）。换言之，水的定义便是：色白、味甘且凉，浸润而流动。从胜论的宇宙三分论看，水构成了住在婆楼那世界（Varuṇa-loka）中水族动物的身体，既是一切有情的舌根所成，又是江河海洋世界的所成材料。②

（3）火。本典（Ⅲ.1.3）曰："有色有触名为火。"注释说火之颜色为光耀（bhāsvaram），其触则为热。就宇宙三分论看，在日界（Āditya-loka）为有情的身体，成一切有情之眼根；而在眼根所对境界，火成为地火（bhauma tejas）、天火（ditya tejas）和消解（udarya），后者指因而化的矿物的色彩。③

（4）风。本典（Ⅱ.1.4）曰："唯只有触者名为风。"注释说其只有不冷不热之触，而一切其他性质皆不可得者为风。据三分论看，风大成风界之有情的身体，亦成一切有情之皮根，即触觉器官。整个世界的空气都是风的环境。而一切有情的呼吸也或为风的一部分，或者是其出入息之可能的条件，因此联系出入息有五风之名。注释谓风之本性是完全同一的。④

① *Tarka-samgraha*, 8; *Praśastapāda*, 35.

② *Tarka-samgraha*, 9; *Praśastapāda*, 36.

③ *Tarka-samgraha*, 10; *Praśastapāda*, 38-39.

④ *Tarka-samgraha*, 11-12; *Praśastapāda*, 44.

以上说四大性质，然仅列举其中大端者。扣实而论，其中各元素尚有更多性质从略。《胜宗十句义论》的诸门分别中，对此还有详细解说。举例而言，其说地之主要特征时虽谓其有色、香、味、触，然又说其此外还具备了数、量、别体、合、离、彼体、此体、重体、液体和行十种性质。同样，其他的极微元素也是这种情况。在此恐烦只得一一从略。又若论以上四大是常还是无常，论中并未言及。从道理上讲，极微既然是常，四大亦为常，但若四大是极微所成，作为组合结构的集合者是常还是无常呢？吾人不得而知。何故有此问？因为任何事物都是有集散离合的。

二、空。自奥义书时代以来，印度思想中，承认地、水、火、风以外尚有“空大”，也是人们的通规。态度虽然都是肯定的，但具体说法仍然不同。今胜论派之成立“空”之实在性，以其为声（śabda）的主体的缘故。本典中为证明空的实在，用了很多篇幅大量引用颂文。要之不外是搜寻声的起源，其不为地、水、火、风的属性，又不是时、方、我、意的属性，而声又不可能是自身独立的物体，因此声不可能有主体性。声有所依，即是空所成立的依据（Ⅱ.1.24-27）。不过声之为空的属性，空间是什么意思呢？胜论对此未有明确的说明。恐怕空之观念产生，与笛、箫等乐器当中的空洞能够发声，由是而产生的联想有关吧。总之，以往对于空的解释总有或这或那的困惑。按今日的物理学来说，为证明光的波动说，学者们假定有以太这种介质，将这种假定对比于声依于空的说法，也是件有趣的事。但是，本典说空的本质为常住不变、唯一而不可分割、无限而普遍的实体，同时空又是不受任何别的物理活动所干扰的“无作用”（niṣkriyā）之体（Ⅱ.1.28-

31; 52, 21; Ⅶ.1.22）。要之，空是列在地、水、火、风四大之后，而位于时间与空间之前的实体。空因为与声相关，因此同地、水、火、风之各有属性相仿，声便是空的属性。

三、时与方。时间与空间若从感觉上来求其特征，稍微困难一些。但因为既为一种专门概念，总得加以说明，因此本典上也有所关注。本典（Ⅱ.2.6）曰：“异时、同时、速迟这些都是时的特征。”《胜宗十句义论》中有更进一层的解说：“时云何谓？是彼此俱不俱、迟速，诠（语）缘（念之）因，是为时。”也就是说，因为吾人的语言与思想当中，有同时不同时、是快还是慢等观念，所以有时间这东西。当然，这里也从反面暗示，吾人所以有时间的观念，是因为日常经验养成的。在胜论师看来，时间本身是实体，它既是唯一的不可分的，又是一切事物生、住、灭的原因，其自身正是常住不变的、遍在而无作用的实体（Ⅱ.2.7-9）。从此，也就可以说，胜论所承认的是绝对的时间（Absolute Zeit）。不过，同一的时间如果看上去有过去、现在与未来的区别，那是因为受到了限制的（被限定了的）缘故。例如，一天当中的时间变化，就是因为对太阳作了标记（限定）的缘故。

其次，本典（Ⅱ.2.10）又说到方（空间）：“远近等念之生，是方的原因。”《胜宗十句义论》又说方曰：“方云何谓？是东、南、西、北等诠（语）缘（念之）因，是为方。”

此处的意思与上面说的情况是一样的，相对于时间之为纵向的，空间就只是横向的。同时间一样，空间也是唯一常住、遍在而无活动的，是所谓的绝对空间。作为实体，方也是受到限制而显示出来的东、南、西、北方位的差别。《胜论复疏》（*Vivṛtti*）说，太阳升起处为东，太阳入没处为西，须弥山所在方位为北，相对的反方向为南。

四、我和意。前面七种实体为客观世界的构成要素，而我与意则是主观世界的构成要素。不管胜论对于我与意二者的看法有多少差异，但他们对于我与意的协同配合才产生了复杂的心理现象这一点是没有疑问的。因此其肯定地将我与意归为一类。

本典当中关于我之实体的存在证明，颂文多多，不胜枚举。此处但举一二，本典（Ⅲ.1.2）曰："根境极成，根境以外之他，是对境（认识）的原因。"

其谓心（即他）之受到一定限制，既不涉入五根亦不涉入五境。对此，一般人都可以承认。不过，若把它当成推导的原因，必然说其为感受摄取各境界、体味全体，并超出根与境的主体之他。本典中想作的推定正在于此。即当根与境之间发生任何认识作用时，必然有五根之处统摄之我体，由我体发出统觉来决定认识活动。对此《百论》中有更详细的说明："入息出息、闭目开目、寿命意动、他根变化、苦乐欲瞋勤勇等，是我体存在之征象。"又《胜宗十句义论》中对此活动有更进一层之整理总结："我云何谓？是觉乐苦欲瞋勤勇、行法非法等和合因缘，起智为相，是为我。"

此说我之主体，是觉乐等心理现象和合因缘之根据，意识等则是它的特相（特征）。而如果胜论方面将我视为觉乐等的主体，则与吠檀多和数论所认为的见地——即我之本性是既不苦亦不乐的无活动性——相去甚远。因此，这里的胜论在我性上显示独异的特色，他们主张的是心有执受的学说（Kryāvāda）。然而，吾人不免进一步这么说：胜论既然可以将实句义和德句义分开来思考，那么他们又如何处理剥离了一切属性的我之实体呢？他们必然会像看待地、水、火、风那样，也主张有一个没有属性的非精神性的实体之我吧。仅就此而论，吠檀多和数论等与胜论的立场可能就有很大的不同。吠檀多与数论都认为自我的本质正在于“知”（jñā, cinmātra）上面。又关于自我的数目，胜论和数论同样都容认有多个的自我存在，按本典注释者的意思（Ⅲ.1.8），自我是意志活动的基础，他人的活动依靠他人的自我作基础，人人都知道他者存在，是以人人都有个体的我。不过到了后世，因为自我分别为大我（paramātman）与小我（jīvātman），吠檀多则认为大我是唯一的，小我可以有很多。[①]要言之，因为胜论的范畴表中，自我只是与地、水、火、风平列的，所以其受到吠檀多与数论的轻视自当不免。若寻胜论关于自我的中心意思，其实仍然强调的是我为根本之原理，应当与他派没有什么不同。因为哪怕在胜论这里，生天与解脱当然离不开有我，而为万有之生、住、灭提供动力（adṛṣṭam，业因）也离不开此我的作用。这一层意思可见于罗摩奴阇在《吠檀多经注》（Ⅰ.2.15）中对胜论的批判。其所言与二元论者的立场并无二致。

接下来介绍意。把意当成心理现象的主体，是奥义书以来的通则。佛教或者数论都是在此意义上使用“意”的。然在此方面，如果说胜论的立场有什么不同的话，就在于他们将“意”完全地视作物质层面的感知官能，是根（感官）与自我之间的联络环节。也就是说，根缘取外境，并将获得的感知传递给“我”，然后又

① *Tarka-samgraha*, 15, 17.

接受“我”传递出来的命令，成为意志活动形成时的使者。也可以说它极类似今日所谓的知觉神经和运动神经，一身而兼两任。本典（Ⅲ.2.1）上说意之存在的理由曰：“我与根及境相合，有知识生。以知识亦有不生之情况，故说彼为意之（存在的）征象。”

也就是说，意之与根和境三者和合，便会有知识产生。但也有不可见、不可闻即知识不生的情况。每当这种情况便是根与境之间的联系作用缺少的场合。此种缺少场合正是“意”之不在场，因此才说“意”的存在是知识产生的必要条件。以是可以证明“意”的实在性。《胜宗十句义论》中所以才这么说：“觉乐苦欲瞋勤勇、行法非法等和合因缘，起智为相，是为我。”即“意”在“我”中间起到和合作用，“意”是“我”的属性亦即觉乐等心理作用不显现的原因（不和合因），依赖“意”方能成立“我”的意识作用。不过，这里吾人应当注意的是，此处的“意”，从自体上说，绝非精神性的存在，而可以视为纯然无知觉之体。而若寻问“意”之体量，可以说其量微少而有触体（sapršavat）（Ⅶ.1.23），更加合理的思考是把它看作某种如同极微一样的东西。至于“意”的数量，因其在一身当中，所以只为一数（Ⅲ.2.3）。“意”在身内运转极速，因此有“意”在身体内充满各处的感觉。

第三节 德句义

本典（Ⅰ.1.16）举德之定义谓：“依附于实；决定无德；不堪作合离之因，此是德之特相。”

商羯罗解释此定义中的“德之相”有三层意义。（1）所谓

“依附于实”，是说德本来不是独立主体，只是依附于实体的属性。（2）所谓“决定无德”，是说德不能再以德作为其属性。只有极微所成的实体，才有德之属性作依附。为了止滥，也从反面来说，德不能再另外具有德（属性不能再领有属性）。这是实体与属性的根本区别。（3）所谓“不堪作合离之因，此是德之特相”（saṁyogavibhāgeśvakaraṇam apekṣaṇam）中的“德之特相”，不仅适用于上面的两者，也适用了“不成合离之因”。排除了德也有业的特相，即说业才是合离之因，而德并不是。这也是一种止滥。回过来再简单地说德之句义：宇宙万有之上，若去掉了实体和运动两个概念，剩下来的就是德之属性的概念。德句义的范围非常广大，除了一般所说的性质，它又涵盖了容量、状态、地位以及一部分运动，又包含了关系的一部分，总之它几乎涵盖了全部的物理、生理、心理现象。

德有二十四种。《真理摄集》列举如下：色、味、香、触、数、量、别体、合、离、彼体、此体、重体、液体、润、声、觉、乐、苦、欲、瞋、勤勇、法、非法和行。

又本典他处（I.16）列举了十七种，嘉祥之《百论疏》（上下二十六纸）举二十一种。尽管如此，二十四种说毕竟出在本典，当视作详尽，可作胜论派之德句义中确定数目。以下逐一简单介绍。

（1）色（yūupa）。由眼根感取之境。有白、青、黄、赤、绿、褐和杂色七种色。[①]

① *Sūtra*, Ⅱ.11 注；《胜宗十句义论》四丁；*Tark*, S. 17。

（2）味（rasa）。舌根所对境。有甘、酸、咸、辛、涩、苦六味。[①]

（3）香（gandha）。鼻根所对境。有好香（surabhi）和恶香（asurabhi）。[②]

（4）触（sparśa）。皮根所对境。有冷（śīta）、热（uṣṇa）、不冷不热（anuṣṇāśīta）。[③]

（5）数。令吾人对于事物产生数目的观念之原因。从一开始以至于无穷数，九实中全部通行“数”德。

（6）量（parimāna）。令吾人对事物产生容量体积的观念之原因。其德有微细（aṇu）、大（mahat）、短、长（hrasva）和圆（parimaṇḍa）五种。此中对圆的说明颇有意思。《胜宗十句义论》谓圆有极大和极小，极微量是极微之德，极大是空时方我之德。极大与极小都是圆上所见之德。[④]

（7）别体（pṛthaktva）。在事物上令人产生各各不同观念的原因。此德通行于九实之上。但在此，只是对单一事物所产生的各别自立的感知。若论本质上的差异，要在第五种异句义上寻差别因。例如当吾人说地极微时，无数的地极微之同别的相区别，其依靠的是异句义。而地极微与地极微自身之间的差别原因则来自别体的德。尚须注意者，此处称别体等都多加上一个“体”字。这样的情况有很多。在玄奘的译法中它只是表示“别的东西”“重（性）”的抽象意义，并非说它是“别物”“重物”的意思。

① *Sūtra*, Ⅱ.11 注；《胜宗十句义论》五丁；*Tark*, S. 18。

② *Sūtra*, Ⅱ.11 注；《胜宗十句义论》五丁；*Tark*, S. 19。

③ *Sūtra*, Ⅱ.11 注；《胜宗十句义论》五丁；*Tark*, S. 20。

④ *Sūtra*, Ⅶ.1.8-20 注；《胜宗十句义论》六丁—七丁；*Tark*, S. 23。

（8）合（saṁyoga）与（9）离（vibhāga）。说合，是指合德之为因，使人生出对离之状态下事物的合之感觉。反过来说，离是离德之为因，令人产生对处在合之状态下事物的离之感觉。这里的离与合的状态，虽然都是业（运动作用）的结果，但它们并非运动本身。更正确地说，离与合都是作为结果的状态。合有三态：随一业生（anyatrakarmaja）、俱业生（ubhayakarmaja）、合生（saṁyogaja）。所谓随一业生，指的是一个运动状态与一个静止状态相与共合的结果，因两者势态合并而生；所谓俱业生，指两个运动的势态叠加的结果；而所谓合生，指由与一种合而生出与另一种的合。例如，手指与树枝相合，而导致手指与树干相合。至于离，也有三种。三种离的情况可以依据三种合来揣测。①

（10）彼体（paratva）与（11）此体（uparatva）。在空间上所以会有"那个物体、这个物体"（彼体与此体）的感觉，时间上所以会有"那时、这时"的感觉，都是因为彼和此这样的属性概念。②

（12）重体（guratva）。重的含义在于说明物体的坠落原因（即不和合因缘）。重体只是地、水才有的德。③

---

① *Sūtra*, Ⅶ.2.9-10 注；《胜宗十句义论》七丁；*Tark*, S. 25-26。以上一段解释亦可见于《胜宗十句义论》："合云何？谓二不至时名合。此有三种：一随一业生，二俱业生，三合生。随一业生者，谓从有动作无动作而生。俱业生者，谓从二种有动作生。合生者，谓无动作多实生时与空等合。离云何谓？从二至不至名离。此有三种：一随一业生，二俱业生，三离生。此中随一业生及俱业生如前合说。离生者谓已造果实由余因离，待果实坏与空等离。"——译者

② *Sūtra*, Ⅶ.2.20-25 注；《胜宗十句义论》七丁；*Tark*, S. 26。

③ *Sūtra*, Ⅴ.1.18, Ⅴ.2.3 注；《胜宗十句义论》八丁；*Tark*, S. 27。

（13）液体（dravatva）。液体作为一种德，是物质流动的原因，它也只是地、水、火才有的德。尤其用以指水的特性。而为什么会有冰这样没有流动的液体，通常以天火暂时与水相合（divyasamyogāt）来解释，认为虽冰上暂不见流动，但液体的可能性还在。①

（14）润（sneha）。黏着性，是水特有的属性。②

（15）声。声是空实特有的属性。其是耳根所对之境。声分为两种：如大鼓等所发的音声（dhvanya）和人等所发出的语声（varṇa）。胜论本典与《尼夜耶经》都共认声为无常，此与弥曼差派的主张相对抗，后者为声常论者。胜论与尼夜耶派的声无常论具体有许多不同，此处从略。③

（16）觉。觉之一德是一切智识作用的原因。现量知、比量知、记忆等都因为觉的作用的缘故。按现今的心理学三分法，觉属于心理现象。本典当中始终会关心智识问题。关于觉的讨论在第九卷中更有详尽讨论。

（17）乐（sukha）与（18）苦。若从《胜宗十句义论》，乐为悦适之心态，而苦是恼逼爱的心理状态。总之指的是内心的快与不快，通常所谓的适意与否即是。胜论本典（X.1.2-6）举三条将它与智识活动相区别。第一，智识有正当和不正当的分别，苦乐则不如是。第二，智识中可以有过去的忆念作用，而苦乐感

---

① *Sūtra*, V.2.4-10 注；《胜宗十句义论》八丁；*Tark*, S. 28。

② *Sūtra*, II.1.2 注；《胜宗十句义论》八丁；*Tark*, S. 29。

③ *Sūtra*, II.2.17 注；《胜宗十句义论》十九丁；*Tark*, S. 30。

受则只能是现在的。第三，智识必然与对象相联系，苦乐感受可以是没有对象的。①

（19）欲（icchā）与（20）瞋（dveṣa）。欲为希求之心，瞋为损害之心，都属于动机化的情感。②

（21）勤勇（prayatna）。欲与瞋之作为动机，会生出或追求或回避的意志努力，就是勤勇。它也就是执意（volition）的意思。③

（22）法与（23）非法。通常说的法与非法是正义和非正义的意思。此处所说的更应该是心理行为的结果，即正义和不正义对于我体的熏习产生某种不可见的势用。因此，它们更像是业用，即在未来会生出善恶的原因。《真理摄集》（72）说，所谓法，是由因命令的行业（vihitakaraṇam）所生。而由被禁止的行业（niṣiddhakaraṇam）所生的，则是非法。一般说来，法与非法都是从吠陀中的命令或禁止而来，但胜论派不是这个意思，他们的法与非法属于更上一层的、由哲学真智而来的结果，即特别指胜法（dharmaviśeṣa）。前面已经说过，胜论对胜法尤其重视。④

（24）行（saṁskāra）。它是一种惰性的负面势力。心理上，有的以念因（smṛti-hetu）表现出来，也有的作为记忆之因、势用之因表现出来；在物理上，有通常所说的物理记忆的作因（kṛti-hetu），例如竹片的弹性就是一种记忆表现。⑤

---

① *Sūtra*, Ⅴ.2.15, Ⅹ.1.1 注；《胜宗十句义论》四丁；*Tark*, S. 70。

② 《胜宗十句义论》八丁；*Tark*, S. 71。

③ 《胜宗十句义论》八丁；*Tark*, S. 71。

④ *Sūtra*, Ⅰ.1.1-2 注；《胜宗十句义论》；*Tark*, S.72。

⑤ Sūtra, Ⅴ.1.17-18 注；《胜宗十句义论》；*Tark*, S.75。

第四节 业句义

本典（Ⅰ.1.17）举业的定义："依附于实；决定无德；作合离之直接因，此是德之特相。"此之定义如同德句义，亦从三个方面显示意义且遣除泛滥。

（1）依附于实，指不单表现得如同合离之德那样的二物间的联系状态，而且有运动附于其中一个实体上——且不论此实体是极微本身还是极微所成之聚集物。此处显示与德句义的区别。

（2）决定无德，谓实体也好，依于一实体所成之物也好，除业自身依附于它们，排除其他任何属性（德）在业上存在的可能。这一点同前面的德句义一样：德除了依附于实，德自身不会有任何属性（即德上无德）。业也是为样，业依于实，业自身亦无任何属性（也即决定无德）。

（3）作合离之直接因，是说因为业自身的特性，其作用的结果使得物体或生分离或生相合。此处所说正是业之本格特质与作用。要言之，业是实上除德以外的运动（kalana）属性，是引起物体场所与位置变动的直接原因。

本典（Ⅰ.1.7）举出五种运动类型[①]。

---

① 业句义云何？谓五种业，名业句义。何者为五？一取业，二舍业，三屈业，四伸业，五行业。取业云何？谓上下方分、虚空等处，极微等合离，因依一实名取业。舍业云何？谓上下方分、虚空等处，极微等离合，因依一实名舍业。屈业云何？谓于大长实，依附一实，近处有合，远近处离合，因是名屈业。伸业云何？谓于大长实，依附一实，近处有离，远近处合离，因是名伸业。行业云何？谓一切质碍实和合，依一实合离，因名行业。（《胜宗十句义论》）

（1）取业（utkṣepaṇam）。依《胜宗十句义论》，先前合在一起的物体分上下两方做运动，但《真理摄集》（75）说是与上方相合为原因的运动。

（2）舍业（avakṣepaṇam）。这是与取业正相反的运动。原文的“舍”为“掷下抛下”含义。

（3）屈业（ākuñcaṇam）。它指使先是伸直的物体收屈回来的运动因。《真理摄集》谓是向着近的方向（sannikṛṣṭa）做运动的原因。

（4）伸业（parisāraṇam）。它是与屈业相反方向的运动因。《真理摄集》谓是向着远的方向（viprakṛṣṭa）做运动的原因。

（5）行业（gananam）。即步行运动的意思。车行人走，只要是平直的运动都是行业。《真理摄集》中把除了上面四种运动以外的都归入行业的类型。

以上五类只是依据运动方向来作的分类。胜论本典之第五卷还有专门的运动现象研究，分别探究其各各不同的原因。不过因为过于支离，总结起来颇为不易。尽管如此，吾人拣取有意思的二三点来介绍。

手的动作是由于什么原因而起的呢？本典（V.1.1）答曰：即因我、手与勤勇三者结合。具体而言，因心中起执，意作媒介，对手作命令，筋肉起动，是有手的动作发生。注释谓，这里的手是主体（和合因）；由我与勤勇和合，心中起执意之主因（不和合因）。这里特别以执意为主要的动力因（nimitta）。但如果是反抗凶恶之徒，手臂挥抡扬起的运动，与前面所说的又有所不同。就捶打言，它仍然是运动的主体，这点是一致的；但支配使手臂的主因并不是自己的心，而遭抵抗的凶徒才是主因。换言之，这里的运动不再是意志的行为，而是被强迫的物理运动。即因这种情况，凶徒若被击杀，所造的业就既不是法，也不是非法（V.1.11）。这里的叙述是以运动论开头，而以伦理思考作结论。也就是说，如果事情的发展是不可避免的行为所造成的话，就不再属于善恶分析的范围了。这是颇有趣味的观点。

再来看纯粹物理性的，比如箭矢的运动。本典（V.1.17）说，箭矢最初的运动依打击（nodana）而起，接下来后面的一系列运动都依赖打击而起的行（saṁskāra）。而这箭矢并不会无限地持续运动，它或者会最后坠落。这是因为惰性（惯性）消失而箭矢的自重发生作用的结果（V.1.18）。这样的解说虽然不像今天的物理学以重力和惯性来说明原因，但它也是对物理现象的说明。必须说，它仍然代表着古代印度对这方面的思考。

第五节 同句义、异句义和俱分句义

概括地说，同句义是使世间万事万物之间有所共通及相同的原理，异句义便是令事物之间有所差别及相异的原理。若仅就此而言，当然说起来颇为简单。但若更进一步思考这里的“同”或者“异”，因其绝非简单的关系意义，如果把它们当成各别的原理深入加以考究，则会引出极为复杂的问题。只从论理学逻辑关系看，概念总会有内涵与外延两方面，因此，就会区分出单独概念（Individualsbegriff）、种概念（Artsbegriff）、类概念（Gattungsbegriff）等的上下属关系。种与类之间并无绝对的分界，同一个概念因不同情况既可以属于种也可属于类。这里的划分原则是权宜性的。今若看胜论原理，如果从心理方面来看同与异的依据，仍然不会超出概念划分的范围。试看本典（Ⅰ.2.3）的颂文："Sāmānya viśeṣa iti buddhyapekṣam（言同言异，皆依觉成）."

也就是说，同与异的概念得以成立，应有一定的条件限制。胜论本典的解释者说，"同"之观念出现是因为觉的包摄功能（anuvṛttatva），"异"之观念出现是因为觉的排拒功能（vyavṛttatva）。然而胜论其实在论立场出发，本会将同异视为客观存在的绝对原理，而如果把觉当成同异产生的原理，两者之间就必然会遇到难以调和的困惑。

先看极端情况下的同。凡世间万有，若求其间的最高共通点，大约也就是所谓"有"（bhāva），也就是说，是存在本身了。一个"有"涵盖了千差万别而无有遗漏。这一层意义在胜论是视为最重要的也是首先的，其对于"同"的论述之先便是"有性"（sattvā），即存在性，胜论亦以有性作同句义的代表。本典（Ⅰ.2.7-9）曰："关于实德业，其所存在的观念之产生，就因为'有性'的缘故。"

也就是说，吾人之所以会持有实、德、业这样一些观念，是因为先有被称为"有性"的独立原理的缘故。使实、德、业存在的正是"有性"。又特别需要指出的，是陈那在其因明论中说到法差别相违因的例子时，专门引了本典的这句——"有性非实、非德、非业，有一实故、有一德故、有一业故，如同异性（samānyaviśeṣavat）"，这本身虽然是因明的立量原型，但它是胜论教义当中最著名的一个句子。关于这个因明立量，传曰：最初的立言人是迦那陀。迦那陀为其弟子名曰五顶的说六句义之主张。先说实（dravyatva）、德（guṇatva）、业（karmatva）义，五顶均能接受。而当说到大有之有性时，五顶无法理解，也不接受，于是迦那陀先不说大有，而讲解后面的异句义。待五顶能够接受异句义后，再回过来说了上面的这个论式。事情是否真的如此，现在当然无从考察。但有一点是肯定的，胜论既然是实在论者，其主张存在性（有性）是一实在，并费尽心机地对它加以证明，则完全是可以理解的。而这里的有性即存在性观念，因为是贯通万有而无有差别、无有遗漏，所以被胜论派当成了根本的本体原理。本典（Ⅰ.2.17）说："有之相无差别故，可简言之，以无差别故，有性唯一。"

接下来看更显著的异。异则是差别相。胜论认为异中的差别有种种。然究其根本上说，可以归结为九种实（体）之间的各不相同。地、水、火、风、空、时、方、我、意这九个实体各各独立，而它们中的任何一个又都是常住的，无论在何种场合下，它们既要保持其独立性，就不能不是各各差别的。实际上胜论正是把这样的差别性当作成立异句义的基础。进而将它看作独立的原理，因其作用的发挥，才有超越了九种实体之间的区别性。《胜宗十句义论》（九丁左）这么说："异句义云何？谓常于实，转依一实，是遮彼觉因，及表此觉因，名异句义。"《真理摄集》（6）为异句义下定义说："异发挥其常住之作用，故成就无数（之体）。"

依吾人猜想，大约《胜宗十句义论》中的意思是说，因为有异句义，则针对九种实体，可以产生这样的观念——"此为空而非地"。此中的"表此觉因"就是"显明此的观念因"，而"表此觉因"就是"否定彼的观念因"。也就是说，所以会一面产生某种智识，一面又否定某种智识，就是因为有了"异"的句义。《真理摄集》

中的意思是说，地、水、火、风四种极微（之积聚物中因为有其他的极微混入），所以被异将它们与其他的五实相互区别开来。而有性不是这样，异对于有性没有分别作用。

如斯看来，胜论如果把异句义的作用只限于常住之实上面，那么，二十四德和五业之类的区别又是怎么看出来的呢？胜论对此虽没有解释，但本典（Ⅰ.1.8）说，实、德、业三者的共通点之一便是，它们上面同时持有同与异二者（sāmānyaviśeṣavat）。就算是这么说了，胜论仍然没有说异句义是如何作用于德与业二者的。恐怕因为德句义本来就只是依附于实上面的，所以没有必要再另外解说什么吧。

如是，若将同与异作对比，虽然相形之下区别显然，但在实际上，吾人的观念中，同异之间仍然不免有许多中间地带。也就是说，因此中间地带，观念中往往一面有包括的作用，另一面则有排除的作用。胜论的教义当中，显然有同与异同时发生作用的情况。胜论的实句义有九种，德句义有二十四种，业句义也有五种。其中，虽然有所谓的包括作用，即“同”的方面，然而，实之在德上没有，德之在业上也没有，据此看来，这就是排除的作用，也就是“异”的方面了。因此，胜论本典（Ⅰ.2.5.）说：“实性、德性、业性，既同且异。”

而若按胜论的说法来讲，实性、德性、业性并不是指九实、二十四德或五业这样的集合名词，而只能是在它们之外、使它们分别成为各个实体的特别原理。所以本典又说：“实性当中有多实，故说实外”（Ⅰ.2.11）；“德性当中有多德，故说德外”（Ⅰ.2.13）；“业性当中有多德，故说德外”（Ⅰ.2.15）。

也就是说，同证明有性为实在的方法一样，上面关于“实外、德外、业外”的论证方式，每一种都可以用因明立量，宣布“实性非地非水乃至非我……有地实故，乃至有我故，如有性”。但也正是在这里，出现这样的问题：所有这些具有同与异两方面的实性、德性等（如果要证明德性非德、业性非业，而从包括方面来找证据的话，则实性与业性），既可以摄在六句义中的“同句义”当中，也可以摄在“异句义”当中。

关于此点，本典当中叙述和看法颇为混乱，殊不可解。若看中国因明诸家所传的六句义，在成立实、德、业、大有性、同异性、和合性时，是把 sāmānya（同）当成“存有性”的（于是同便成为了“大有”）。而在说 viśeṣa（异）时，则在汉文中多加了一个“同”字，结果 viśeṣa 便成为了“同异性”，这是说不通的。

细想一下，中国的因明论师所理解的实性等概念，关于第四句义（同），只是指全部的存在性（bhāva, sattā，最高的大有性）。另一方面，关于第五句义（异），则又包括了绝对的异以及既同且异（同异）这两重内涵。这样的见地，是不是有不当之处呢？

然而针对本典的注释书以及后世的纲要书，都只是把第四句义的“同”一般看待的。即认为第四句义中的“同”分为高等的同（param sāmānya）与低等的同（aparam sāmānya）。大有性是高等的同，实、德、业是低等的同。耆那教中的特罗西耶师大致也是这个意思，但他们的“同”分为三层：大同（mahāsāmānya）、有同（sattāsāmānya）、同异同（sāmānya-viśeṣa-sāmānya）。由于第一的大同，使人产生六句义自身等作为实体存在的观念；第二的有同是使人产生实、德、业等为实体的观念因；而第三的同异同，是解释何以会令人生成实性、德性、业性的原因。[1] 即第一、二为高等同，而第三只是低等同。耆那教一派的教理，即令《卫世师经》的说法来讲，也是与当时胜论的看法符顺不违的。又胜论本典上关于第四句义（同）看法，大体上也属正确。然而，其关于第五句义的看法，不能不说其见地不合道理。

说到底，论理逻辑中的概念分为三种，即单独概念、种概念和类概念的做法是权宜的方便法。而胜论只有二分法，其仅有单独的（异）与类别的（同）两类，这样便产生了种概念如何归属的问题，但这也仅仅是种属划分的不方便而已。

也正是这里的不便，导致慧月一派要在（《胜宗十句义论》中）同异之外再设立所谓的俱分句义。该论中说俱分句义谓："俱分句义云何？谓实性、德性、业性，及彼一义和合、地性、色性、取性等。如是名为俱分（sādṛśya）句义。"即这里所显现的，不仅仅是实、德、业三性，还有它们中各自涵摄的，例如实中的地性、德中的色性、业中的取性等。所有的这些显现因，都由于俱分句义作用的缘故。具体地说，即说到地这个概念，其下摄有无数地极微，而色这个概念下面摄有七种色，以业句义的概念则摄有向上方的运动等，因为有了俱分句义，又生出对地、色、取这些以外的排除。《成唯识论述记》（一末四五）、因明论疏等书中，窥基以俱分句义下的同异分别来解说这样的实在之因：

① Weber, *Indische Studien*, XVII, S.116.

- 总
  - 同——因实性（德性、业性）观念而使实等、德等、业等成立。
  - 异——令实性、德性、业性各各区别。
- 别
  - 同——令地性（水性、火性）等其中的地极微等各聚成类。
  - 异——地性与水性、火性中的极微各各相异区别开来。

如斯，虽然说法颇繁复，然归根结底仍不过显示相同或相异而已。不同层次的相同性与相异性观念，到了《胜宗十句义论》当中，又有另一层的观察，同句、异句之外另增加了俱分句义。俱分就是既同且异的说法。观察到这一层次，也是必然会有的逻辑结果。但若将它视作某种实体性的原理，又不可不说它仍非究竟之论。不过，依吾人的看法，这里的三个句义可以拟示于人类思维的三种规律：同句义所显示的是同一律，异句义显示的是矛盾律，俱分句义则是同一矛盾律的含义。如是理解，更能显出胜论哲学的精彩。

第六节　和合句义

实德业同异是各自独立的五个原理。然其作为自身实在，相互之间又有或主或从的关系，也可以说相互之间又有不同的性质。正是因此，才成立了俱分句义，使它们之间有既共同的关系原理，又有相互区别的特质。这里，关系就是特质。本典（Ⅶ.2.26）曰："因果相望，'此有彼有'的观念便是和合（samavāya）之名产生的原因。"

本典此句的注释说，此处所举的因果关系，不过只是暂时的主体与属性关系的一例。凡是不可分离的关系概念，都可以归结到“此有彼有”（idaidam）的关系上。“此有彼有”观念之所以产生，其实也就是和合句义的作用。《真理摄集》中明确地说道：“和合，是常住的结合（nityasanbandha），是不可分离的存在，是不可分的二物之一融合到另一中间。像这样的例子，比如部分之于整体，又比如德之有德（实）、业之于有业、个物（vyaktim）之于种（jāti）、异（viśeṣa）之于常住之体等。”

和合是诸德之一种。由于和合的作用，原先分离的东西才会相互融合，不再只是单独各立的东西。换言之，它才能成为本体与属性这样关系联结的原理。《真理摄集》和《胜宗十句义论》（十一丁）上都说和合句义为一数。盖因其使五个句义和合起来的能力之外，不再需要别的关系的缘故。同理，同句义或异句义在发挥其使其同或使其异的作用时，也不再需要别的同异句义。和合句义之“使和合”不用再依赖另外的和合关系。否则，则堕入了无穷追溯的关系。

第七节　有能与无能

六句义虽是胜论公认的范畴体系，但若看胜论本典，其中也往往说有其他的概念范畴。形成这种状况恐怕是因为起初的胜论师中，有增添实在范畴的倾向。前面提到的“无说”（abhāva）就属这种情况，因此也就有胜论七句义的说法。到了后来慧月撰写《胜宗十句义论》时，又增加了有能（śakti）与无能（aśakti）这两个概念，于是胜论便有十个句义的说法。十大范畴的顺序如次：实、德、业、同、异、和合、有能、无能、俱分与无说。于此吾人仅说说最后的三项。《胜宗十句义论》上曰："实与德与业，或共或非一，各各造自果，决定成用。"

此说实、德、业三，或者共同或者单独地各自起用，决定造果。例如，因地之极微而生地大（此为单独起用），或因依附于地极微之香生现实中的香味（此是二共的起用）。像这样的作用生果都是因为实、德、业各自禀赋能力的缘故。本典之论说此诸句义之功用本身，有两个颂（Ⅰ.1.9-10）："实之与德，自为一类（sajāti），相对为因。""实生他实，德生他德。"

本典当中此处的说明，是在叙述实、德、业三者共通点的地方，附带言及。虽不好说有多少深意，但推测起来，这也是慧月之所以要成立独立的俱分句义的缘故。

其次，无能是从有能的逆反方向上，令实、德、业（只生实、德、业）而不生他果之原理的名称。《胜宗十句义论》曰："无能句义云何？谓实、德、业和合，共或非一，不造余果，决定所须。如是名为无能句义。"

吾人虽然在本典上看不到大意如上的本文。但既然有成立有能句义的明文，则依据同样的原理而成立无能句义，应当是顺理成章的事。中国学者对于把六句义与十句义加以配伍，以为有能与无能也就是同异性可以涵盖的。此当然为非理之说，毋庸再论。既立其为一种句义，必无包含于另一句义的道理。

最后，看无说句义。前面九种句义都是与存在（有）相关的原理，而无说则是关于"非有（非存在）"的句义。本典（Ⅸ.1.1-10）说的便是其为令非有观念独立出来的言诠因。显示"无说"

句义此种作用的材料在本典中有很多。《真理摄集》（7, 80）列举四种无，《胜宗十句义论》列举五种无。所谓四无，是未生无（pragabhāva）、既灭无（dhavamsābhāva）、更互无（anyonyābhāva）与究竟无（atyantābhāva）。未生无，是说未生之前不存在。既灭无，是说已灭之后不存在。更互无，则说的是两物之间，其中之一，相对于另一，都处在不存在的状态中。比如，实与德中，一个不存，另一个也不存。即无实无德，无德亦无实。究竟无，指根本不存在的东西，如龟毛、兔角之类。《胜宗十句义论》说的五无，即是前者的四无加上“不会无”。所谓不会无，“谓有性实等，随于是处，无合、无和合，名不会无”。即六种句义，乃本来恒有之存在，尽管如此，其中若缺和合，现实中必不存在。在此意义上，其与有部哲学中的非择灭无为（apratisaṅkhyā nirodha）何其相似。

第三章　胜论的教理（综合的观察）

上一章所说，大致属于胜论的基本学说骨架。然而看胜论讨论世界构成的方法，说到底，仍然是分析性的，其所缺乏者是综合观察。因此，问题本来事关重大，故在这里一并加以审察，总结叙述。

第一节　因果观（附因中无果论）

本典（Ⅰ.1.1-2）对因果关系加以规定曰：“原因若无，结果亦无。然结果若无，原因未必无。”

比如，作为结果的桌子若没有，则未必就一定没有作为原因的木材。虽结果必然受到原因的制约，但原因不一定受到结果制约。本典注家商羯罗于此对因下的定义是，简略的制限是指对结果的性质作限制。但这么一来，其所论述的范畴便狭窄化了，主要限定在材料因（causa materie）上面。从根本上讲便不成因果的关系讨论了。《真理摄集》上又有一些别的定义：“对某事物而言，必然不离的先行作用谓之因，若依此因并舍去未生无（的作用）便谓结果。”

也就是说，有一物必有一物之引续作用，无论其方（场合空间），无论其时（时间），一特定事物的产生（亦即当舍去未生无之观念作用时），前件便是因，后件便是果。然而一特定事物的产生必不只因为单纯的一个原因，先有种种条件的准备齐全，才能有其相应结果的实现。按胜论的看法，这种原因有三类：和合因（samavāyikāraṇam）、不和合因（asamavāyikāraṇam）和助因（nimitta）。这里的第三助因，虽然本典以及《胜宗十句义论》中都没有提到，但后来的论释之书及教义纲要书都有明确叙述，所以应当视其为胜论的基本主张之一。

和合因的意思，是说以和合句义作为原因。其主要指的是当实与德业相望时，其作为主体一面展开的作用。盖实、德、业三者的结合，虽依据的是和合句义，但其基础仍然是实。若无实，则德与业也就没有立足处。这样一种关系下，实成为因，而德业则成为果。《胜宗十句义论》里面说"我"，谓其为觉、乐、苦、欲等的和合因缘。本典中在说到手有运动时，以手作为整个运动过程的和合因本身，其实也正是这层意思。将这层意思放到因果关系的考察上，因为是对同一个东西（主体）的观察，所以相对的两方便成为了主体与属性。前因与后果便转换成了所依与能依的关系。异时的因果成为了同时的体与性。

不过在胜论，其对和合因的强调并不只限于前后顺序上，更强调实体与属性之间，甚至整体与部分之间。以瓶罐为例，可以将一瓶或一罐视为两个半边的相合。这样，合格的瓶或罐便成了两部分的和合因（本典，Ⅰ.1.2-3）。又以丝之集合织成绸缎为例，绸缎便成了丝的和合因[①]。要言之，和合因由于是实质上令其结合

① *Tarka saṅgraha*, 35.

不分离的原因，所以《真理摄集》（35）上将和合因定义成“能令与之密切结合的结果出生的”原因。此中虽然也有暧昧的地方，但胜论的真义也已辨识出来了。其次，所谓不和合因，是说在以和合因为前提且其所依存的实体上，不令别的德业生出的原因。这里所指的是这么一种情况，即不使实体与德、业发生和合作用的状态，能够“不令和合因成因”者，即名不和合因。

万有状态的发展变化，必须有因。本典和《胜宗十句义论》中成立了两因，并在两因当中安置了除质料因以外的一切作用。这里分以下四种情况。

（1）依德而生德的情况。例如，因为我与意结合（合德），故于我生出觉、乐、苦、欲等德。

（2）德作为原因而生起业等的情况。例如，物体因其重量而坠落的运动就属于此类。

（3）业之作为原因而生德的情况。例如，由于取业与舍业而令物体与物体发生合离运动。

（4）以业为因而生业的情况。即由于能动而引起反动的场合中，前者就被称为不和合因。

要言之，同一对象当中，就其行动作用言，和合因或者不和合因并没有什么区别，不过是概念名称不同。但就事实表现言，如果放到因果异时的情况下看，和合因则与不和合因不同。

最后来看助因。上面的两种因（和合因与不和合因）只是特指的对象当中的运动因。若观察事实上事物的变化或者有新生物件的情况，其所依赖的还有物外的多种原因。是等原因都是助因。《真理摄集》（35）说到除了二因，其他的一切条件都摄在助因当中。举个容易明白的例子。设想有一人发怒而抬起手臂挥动，这个运动的和合因当然不会是他的手臂本身。我与勤勇的结合（合德）才是运动的不和合因。所以如此，是因为运动的生起并非是心有所感而生出执意，再指挥手臂挥舞。当此之际，成为和合因的无疑是那促使怒汉生出决定以及令他瞋怒发作的另外一个人，也就是那个怒汉要针对他有所动作的家伙。此不仅不是和合因，更应当是不和合因，且凡是在此不和合因以外的其他原因，都可以归入助因的范围。当胜论只认可上面说的两种因时，上边所说的是诸助因，显然都是放在不和合因的范畴内的。

关于因中无果论，如是而言，胜论所以成立种种原因，其用意当然是说凡有一物得成，必然有待于种种原因。这么一来，单从质料因看，说其中已经预备了后来要生出结果的说法，因此便不能不说是非理之论。因中有果说（Satkārya vāda）之所以不对，是由于既然诸因共同促成一个结果，那么因中有果论认可的那预先藏有结果的因是哪一个呢？就单拿质料因这一种来说，其中也有不止一种的因。因此，胜论的因果差别论（Kāraṇa kārya-bheda）或曰因中无果论（Asatkārya vāda），是相对于吠檀多与数论而提出的特色理论。胜论本典第九卷的第一日课在对无（abhāva，非有）做研究时，涉及了对因中有果地我果的批判。后来的注释者又进一步将这种观点加以组织发挥，目的就是与数论相抗衡。不过，胜论本典中也有用《胜宗十句义论》来组织的反驳论述。吾人于此采用罗摩奴阇的《梵经注》（*Brahmasūtra bhasyam*），引述那中间的七个理由（Ⅱ.1.15）。猜想这些理由就是胜论方面的意见了。

（1）因与果并非一回事的缘故。无论什么人都不会认为泥土就是瓶罐，也不会认为绢丝就是绸缎。

（2）因与果是不同名称的缘故。无论何人，都不会把泥土叫作瓶罐。胜论认为，事物的名称是无始以来就由神所规定的，而且一直以来直到永远都不会改变。

（3）同一个原因可能生不同结果的缘故。同一块泥土可能做出瓶罐也可能用来砌井台。因此，因中有果之说是站不住脚的。

（4）因与果之间时间不同的缘故。

（5）因与果之间二物形状不同的缘故。

（6）因与果之间数目不一样的缘故。例如，丝是多数，绢只是一数。

（7）如果因与果两者是同一的，则也就没有必要再由师傅来制作物品了。例如，泥土中如果已经有瓶罐，那还要陶师干什么呢？

以上便是对因中有果说的批驳，也是因中无果说之所以是真理的基本陈述。

不过，要而言之，胜论的因中无果说，是在其形而上学基础即积聚说（Ārambha-vāda）上的推导。这种理论认为万有都是由多数的实在原理组织起来集合而成的。因中无果说便是这种理论的自然结论。而数论的形而上学基础则是发展说，即宇宙由某个大原理衍生出来。数论的因中有果即是这种发展说的逻辑结果。针对数论的发展说或演生论，胜论的驳斥中，有好多理由都显得过于琐细甚至无聊。因此，从其议论的形式上看，显得有些不着边际，缺乏针对性。

第二节 不可见与神

胜论说三因时，其谓万有变化与成立，无论在什么情况下，都离不开不和合因，即不可见(adṛṣṭa)的助因的作用。所谓不可见因，其根本上就是法与非法的别名。这其实也就是他派当中所说的业而已。在胜论师的眼中，此助因不仅是支配着一切有情命运的力量，更是世界得以成立的动力因。本典（Ⅳ.2.7）说，极微聚合之因是一种特别的法（dharma viśeṣa）。又说，因为不可见之原因，起初极微才展开运动。在胜论，它也把世界当成有情轮回的舞台。有情轮回的原因既然是业，则世界的成因自然也应当是业。就此点论，必须说胜论与说一切有部的极微论者的看法是一致的：世界因为诸有情的共业所感而得以成就。然而胜论所说的不可见因不仅是业力，其中还包括了一切不可知的力势。例如，本典当中在解说五种运动时，曾经说到磁石指南的性能，又说到地震的成因等。这些现象之发生，都有不可见的力量在支配着。这么一想，胜论所说的不可见，也就不仅是业力，更有自然力，甚至天意等的含义。总之，凡要解释一切不明白起因的事件，都可以归结为不可见之原因。即胜论虽成立六句义的原理，但把原理发动的根本原因放在有情的业上面，认为业是一种不可思议的力量。后世的胜论所以走向有神论，仍然同这种对不可见的神秘力量的信念相关。

关于有神观的进一步发展，胜论有神观的发展轨迹并不清楚。到八世纪的胜论宗义已经明确地主张唯一神之崇高地位。商羯罗的《梵经注》中（Ⅰ.5）在评判胜论理论时说道，胜论祖师迦那陀是把人格之神（Īśvara）当作动力因的，用极微材料造整个世界的便是自在天。胜论当中也说极微之集合是因为不可见的原因。此种不可见因正是后世胜论师相信有神的依据。尤其湿婆迭底（śivāditya），其《七句义论》（*saptapadārtha*）明确声称以唯一遍在的永恒的大我即是大自在天。此神用六句义的材料创造并支配着整个世界。至此胜论的变化观也就纯然地以湿婆主义二元论作为基础了。

第三节 世界的成立与坏灭

如前每每所说，胜论的基本主张涉及了对既成世界的分解论的研究，而其世界观则说此世间亦有成立（sṛṣṭi）与坏灭（saṁsāra）的周期。不过，世界成坏的理论即令在《胜宗十句义论》或者《胜论经》中都没有言及。吾人今日所知的胜论的世界成坏观，来自普拉夏斯塔巴达及其论释的注释者室利达哈阿阇梨（Śrīdhācārya），他们的立场都是湿婆主义的；再有，从商羯罗的《梵经注》（Ⅱ.2.12）以及中国所传的胜论说中可以得窥一二。韩德在其《吠世师迦哲学》当中说的胜论哲学，也是基于他对普拉夏斯塔巴达和室利达哈阿阇梨立场的了解。吾人在本小节中所叙述的，是对韩德观点的充实。

按室利达哈阿阇梨的说法，劫初世界成立，经梵纪百年而开始坏灭。而梵纪当中，每一日相当于天神的一万二千年，若换算成人世的时间，则相当于112363020000年。在此期间，有情众生随其虽不可见又延续不断的业力，转生于诸方世界，相应领受苦乐之果。然若过此期间，就会有休歇的时节到来。此世界的坏灭到来时，相当于黑夜来临。世界坏灭，其瓦解的次第是这样的：先是地消融于水，水消融于火，火消融于风。诸大的消融，与当初集成诸大的顺序相反。孙极微分解为子微，子微分解为父母二极微。最终一切极微所成的事物都复归于极微态并弥散于无限的大虚空当中。《俱舍论光记》[①]说："有一类外道执：劫坏之时，坏粗色事不坏觉微，此常极微，散在空中各各别住。"这里说的就是这么一种状态。这样的状态持续了梵纪一百年之后，世界再次进入活动期。与坏灭的顺序相反，那最后消灭的现在最先生起。一直以来处于潜伏状态的大我当中的可能性开始展现出来。一开始风之极微活动起来。由父母微而子极微，由子极微而孙极微。风大若成，上更生水极微。再成江、河、湖、海等水大。水大既成，上更生地。地极微成地大。然后是火极微成火大。最后世界复现。《俱舍论光记》说："劫将成时众生业力令常极微两两和合生一粗果。量等父母。所生粗果复各两两和合共生一粗果。故复量等父母。如是展转两两和合成大地等。"这里当然说的就是胜论的宇宙成坏观。

如是成立的世界，相应于四大，也就有四个世界：风神伐由（Vāyu）支配的风界，婆楼那水神（Varuṇa）支配的婆楼那界（Varuṇaloka），人间动物所居的地界，神与圣者所住的日界。然而所有这些形状和特质相关的说法来源如何，为什么这样说，都没有明确的出处。它们在胜论观里面有何种意义也都不得而知。

---

① 《俱舍论光记》凡有30卷。唐代普光（七世纪）撰，故称。收于《大正藏》第41册。神泰、普光、法宝同出《俱舍论》之译者玄奘门下，并称为俱舍三大家。三疏之中，以泰疏为最古，次为光记，最后为宝疏。

第四节 有情论

有情众生，按其所居可分为风界、水界、日界、地界四类。前已有述。而如果依据有情出胎的方式，本典（Ⅳ.2.5）谓有胎生（yonija）和非胎生（ayonija）两种。属于地界的大概都是胎生，而另外的三界则属于非胎生。胜论虽然承认前面的有情分类，但又说地界的众生中，除以地为身躯的，还有以水、火、风为躯干的。当然也就说到这里。更为详细的解说还未见。总而言之，胜论的有情论主要还是局限在人类的范围内。因此，吾人这里的叙述也就只说到人的身体结构和生理、心理作用。

一、生理的组织。人类的身体要素大约有八种。主体之我与从属之意、身，即身体之躯干支柱以及五根，即知觉器官。除了我与意，其余一切都是物质性的存在。特别在胜论，作为其理论特质者在认为身体躯干主要是地之一种元素所成。本典（Ⅳ.2.2）驳斥了身体或为四大或为三大或为二大的说法。其曰：若身体不是一种元素，则身体为眼所不见。为什么呢？眼能见的东西如果与眼不能见的东西如空、风等相合，则结果便是身体亦成眼不可见的东西。此虽为乍看上去不可思议的论法，但这样的思考，后来对于数论亦有影响。《僧佉耶经》当中就说身体是地元素所成，其所举的理由看来相当有力。然而人的身体当中还有血液本身的水元素，又有暖气所赖的火元素，又有呼吸所赖的风元素，这又如何解释呢？本典（Ⅳ.2）说，既有此诸元素的极微混入身体，则身体本身也就不再存在了。也许在此，胜论所说的身体仅仅指骨骼和筋肉吧。附属在此身体中五根的鼻根是地实所成，鼻根的功能在鼻端。舌根（rasāṇa）由地实所成，其功能在舌尖。眼根（akṣu）由火实所成，其功能眼瞳里头。皮根（tvac）由风实所成，其作用在全身。但耳根（śrotra）究竟是怎么回事呢？本典未有说明。只是《胜宗十句义论》上有“耳根即空所成”的话。《唯识疏》[①]（一末五七）中有解释：“彼论说，根有五：鼻根即地，舌根即水，眼根即火，皮根即风，……即实句空取声之时，于身起作用名空耳根也。”这是为了调和空为一不可分割的实体的说法，而不得不做的补充说明。

二、心理观之一般。有情之生理组织与心理发生直接作用的是我与意和根。我又称为心，意指神经，根即感觉器官。根与意的关系是被规定的：同质东西之间的认识作用可以进行，异质东西之间则不会生出感应。如地实所成的鼻根可以嗅取地之德的香，但就不能取水之德味。反过来，以水实所成的舌根也就无法摄取地之德香。此种观点，前面已经说过。颇类似希腊哲学中的恩培多克勒斯的见解。胜论当中，其说我之德用有九种，即觉、乐、苦、欲、瞋、勤勇、法、非法、行。这中间如果把我与意二者添加进来，则可以成立近代普通心理学的体系。就根与意言，可以成立感觉论这个题目。就觉而言，可以成立知识论的题目。而这两个方面又都包含了知觉作用和推理作用。苦乐方面相当于一般所说的感情活动。欲瞋则是对特殊感性活动当中动机的观察所得。

---

① 此疏凡10卷，或20卷。唐窥基撰，又称《成唯识论述记》《唯识述记》《述记》。收于《大正藏》第43册，是对《成唯识论》一书的疏解。窥基是中国法相宗初祖。书中用因明破斥小乘、外道，并说明万法唯心、一切唯识的道理。本书也是中国唯识学之根本圣典，在日本亦为法相宗与各宗之要典，极受推崇。

勤勇则正好相当于意志心理。法、非法、行这三者则相当于习惯、记忆与本能这些心理部门。无论这样的心理分类是不是胜论从一开始就有的，虽然这中间也有许多不足与缺陷，但不能不说胜论师们的思想差不多穷尽了他们可能思考的各个方面，其体系规模是很可观的。

三、知识论。胜论的觉即智识活动有两种：一现量智，二比量智。现量智的意思是指直觉的智识。比量智则指推理的智识。就此而言，在胜论师中间意见大体是一致的。以现量和比量之生出作为智识分类的原则，在胜论是极不寻常的一流特色。本典第九卷第一日课中列举了现量智产生的种种场合。而在《胜宗十句义论》中，将其分为三种：四和合生、三和合生、二和合生。四和合生通常是针对外部世界识，即其中包含了根、境、我、意这四个方面。四者和合便有智识出生。三和合生，则不含对象，而只有根、意、我。《胜宗十句义论》以耳之识声为例。此在今天看来，似乎不太合乎情理。只是看不见声音，不好说是认识的对象不存在吧。以今日为例，毋宁以幻影（hallucination）作为认识对象更为贴切。

其次，关于比量智，本典（Ⅸ.2.6）举比量智谓有五种：（1）由结果推知原因的；（2）由原因推知结果的；（3）由处于结合关系的二者之一推知另一的；（4）对处于矛盾关系中的二者，现知其一而推知另一；（5）对处于和合关系中的二者，现知其一而推知另一。

按本典注释的释例来说，见烟知火即是依据结果而推知原因。聋人看见有人击鼓而知道有鼓声在响，是因原因而推知结果。又若见到犄角而未见动物即是结合关系中，因其一而推知其二。又如果看见蛇在骚动便知道食蛇鼬就在旁边，属于知道矛盾关系中的二者之一，能够推知其二。一般而论，关于结合关系当中的推理认识涉及两相结合的一般原理基础。而关于矛盾关系的推理——例如蛇与食蛇鼬的对立关系，则涉及一个归纳出来的事实原理。最后一个，即和合关系当中的从其一推知其二，比如见热水而推知有火。因为胜论认为水与热的结合必然会有热水产生。总结起来，这里的五种有着密切关系的二事项场合，只要举出其一必能知道其二。虽然如此，吾人觉得，以上五种数目可能并不必要，因此可以适当缩减。《胜宗十句义论》就是这样做的。它的归纳结果只有两种：见同比量与不见同比量。见同比量是指二事项间有一致的关系，因此，知其一便可推知其二；不见同比量则是指处于矛盾关系中的两个事项，知其一也能推知其二。因为现量与比量是印度论理学当中的第一重大问题，所以本典当中注释就它们做了各方面的周详讨论。对此，因为吾人要在尼夜耶派一章中仔细考究，于此姑且从略。

第五节　胜论的实践方面

胜论当中的种种话题，与其说是被当作严格的科学考察对象，不如是服从于他们的解脱目的的。就此而言，胜论与其他印度诸派的旨趣是一样的。不过，比起其他的派别——例如相对于数论与吠檀多来说，胜论似乎更为器重生天的向往。而数论与吠檀多都不以生天为大目标。这就显示出胜论仍然没有摆脱弥曼差派的臼窠。因此，胜论除了其哲学方面的思想考察，在实践方面仍然坚持了吠陀当中有关业品的规定，对于婆罗门的宗教修持是大加褒奖的，认为依教修行才可以达到生天的善果。本典（V.2.2）对此行持加以总结道："Abhiṣecana, upavāsa, brahmacārya, gurukulavāsa, vānaprastha, yajña, dana, prokṣaṇa, dinnakṣatra, mantra, kāla, nityamaśca adṛṣṭāya（灌顶、断食、梵行、住师家、林栖、布施、献供、方、星、咒文、时、持律等，皆为得善业之方法）."

本典注释说的灌顶，指国王的即位仪式；断食即绝食，这是举行仪式前的加行之举，有令仪式更加得大功能的效用；梵行，指不淫；住师家，是为了学习吠陀经典，即以梵志的身份在老师家居住，可随时得亲炙；林栖，指一旦作为家长的职责完成即往森林退隐并修行；布施，做慈善事业；献供，即向神奉献牺牲等；所谓方，谓每到进食时，都要面向东方，以示敬神之意；所谓星，指向祖先作祭，需要看星辰守方位；咒文，指诵念咒文为行持之法；持律，指守戒律护清净、得满足、持苦行、习吠陀等。这些都是正统婆罗门的修行功课，也都是婆罗门经典若《天启经》《家庭经》《法经》中的明文规定①。胜论主张依是等途径修行，聚集善业，最终得生天的果报。以此来看，其所继承的是全然婆罗门教的古风。显而易见，胜论是弥曼差派的一个支流。

从而，胜论之伦理观大体上也同婆罗门的《法经》所规定的责任义务没有大的差别。不过，这当中也有些非常有意思的地方，一望而耐人寻味。胜论主张，有一类规则在不得已而触犯的情况下，也可以不致罪不遭报。本典（Ⅵ.1.1）的复注说，人若因饥渴

① 参照《印度哲学史》第四篇。

逼迫而偷盗是可以无罪的。若七日不饮不食，虽盗首陀罗物，无罪。若十日不饮不食，虽盗吠舍之物，无罪。若是十五日，虽盗刹帝利物，亦无罪。若濒临饿死，盗婆罗门物，不算非法行。这样的解释符合前面讲业句义时的说法，如果是完全自发的意志行为，可以无责无罪。

特别让人惊异的是，甚至在杀人（paratyāga）或者自杀（ātmatyāga）的场合，有时也可以作无罪论的。本典（Ⅵ.6.13-16）说，人若迫于饥渴，经一定时日，盗窃他人财物而遭受抵抗而杀人，对方地位比自己低，可杀（无罪）；若对方与自己地位相同，可以选择自杀或他杀；若对方地位高于自己，应取自杀之途。在印度古来即以杀人为重罪禁戒，不许干犯。今更容认，在保图自己生命的情况下，杀人亦可，实在有些匪夷所思。恐怕这样的思想与胜论的极微论有一定关系。与胜论观念相近的顺世论者也持极微说。其也主张杀人只是刀从极微之间过，其无命可害。

不仅如此，胜论还重视现实，其以为追求生天的快乐理属当然。所以，得最上界（niḥśreyasa）的解脱是最高的理想。这些都是从胜论哲学观念考察得出的结果。本典（Ⅰ.1.4）明言宣告：“由真智（tattvajnanan）而得最上界。”说到胜论的宗教修行，与其他派别无异，禅定仍然是主要的修行方式，以为可以通过修静而达究竟灭苦的状态。本典（Ⅴ.2.16）曰：“意于我上虽立而无作用时，身体无苦。此实即相应（saṁyoga）。我上若有法、非法等罪过，由因得苦乐，营造种种业，使我与意合故。或因行禅定，令意之活动停止时，自然不可见之业力（adṛṣṭa）消灭，苦痛不至。”然此解脱究竟如何的状态，胜论未能像其他派别一样，详加解说。

此种解脱论只是从其教理中推导出来的。总之，自我不再相关于其他的八实，至若自我的属性觉、乐、苦、欲等，也可以离弃，至此，想必也就是充满积极快乐的解脱之境了[①]。吾人这样看，应当不算偏离胜论的见地吧。本典（Ⅱ.1.8）又有说到解脱的定义："Tad abhāva saṁyoga-abhāva' prādurbhāvavaśca mokṣah（于此，无有结合，无有发现。此即解脱）."

盖此处所说的业之意合，直是身之与我合。所谓发现，即指苦的显现。业若灭时，我从身体中解缚，长断痛苦。这样的解脱观与小乘佛教和尼夜耶派相同，都是消极主义的人生观。然而到了胜论后世，当以大我作大自在天，以解脱为神之摄理时，毫无疑问，胜论解脱观就有了相当大的变化。其解脱的理想也充满了能动的力量。

① Handt, *Vaiśeṣika Philosophie*, S.18.f.

第六篇

正理派

第一章　总说

一、地位。正理学说即Nyāya，译名尼夜耶，系印度六派哲学中之胜论派的姊妹派别。两派之间有相共的原理，所谓句义是也。又都共同注意概念之使用，且共认极微观念，又主张相同之声无常论。总之，在许多方面表现出系立场同一的学派。不过，与胜论主要倾心于对万有加以解释不同，尼夜耶派更专注于智识之获得方式，以及推理论辩之形式，即有意于论理逻辑方面的哲理。两家之间的相似性，盖类同于最初之僧佉耶派（数论）与瑜伽派二者间，先为同一潮流，以后逐步分道扬镳。若与希腊思想相比较，胜论好比物理派，其关注点与亚里士多德之范畴论相合；而尼夜耶派则与诡辩论声气相通，与后来亚里士多德所大成的逻辑学相当。然若从印度思想史之大局作概览，正理派之地位比胜论更上一层，其更具哲学意义。

一般而论，自物理层面来解释世界，是哲学史上各国各民族都有的表现；而从思想方法上来研讨论理逻辑，则只有希腊与印度的成就可以比肩。不过，在古代世界，相信纯粹之哲学思辨可以求人生大理想实现的民族，唯以希腊和印度为典范。亦因如此，能以论理逻辑之一科作为自己特色思想产品的，也当以印度民族为最胜。正是在此意义上，可以说正理派之兴起，相较于其他五个印度派别，乃是更值得注意的事件。这里作此声言，的确不为过矣。正因为如此，印度哲学从整体上看可获得人类思想史上很高的评价。就其体系之严整言，相较于希腊哲学，绝无分毫减色。此是至明至显的事。据此而可以宣称，东洋的思辨，对于西洋的哲思亦不让半分。此亦为吾人当有的认识。当然也有更为激进的，以往有一干学者，一心一意要把印度的正理派思想当作希腊逻辑的源头。也即是说彼等认为正理派的思想，乃是世界上唯一的论理逻辑源泉（不过，要对此等声称加以证明，则几乎是不可能之事）。

无论如何，若将对本派的研究放到人类思想发展的背景上，既有意义，也属理所当然且非有不可。比如，就哲学价值言，亚里士多德的论式组织方法，从人类思想史的立场出发，无疑具有重大意义。然若在印度哲学当中亦来考究论式组织方法，则不单只是此工作本身即为一大论题，更具有将理论学思想更作推进的意义。即由尼夜耶派发展出来的论式（五支或三支作法），可引起后世种种论书的编纂及论理应用。若不了解正理派的思想，则不可能了解后来的论书及论理思想讨论，也因此而不免在论理逻辑学面前一筹莫展。例如，看清辩的《大乘掌珍论》也好，理解护法的成唯识的思想也好，乃至阅读马达婆的《摄一切见论》也好，若不懂得印度论理，则到底只是摸头不着脑如堕五里雾中。幸而吾国日本历来对于印度论理学并不陌生。吾国所以有对这门学问的完备研究，乃是因有了因明学的学问。因明学从中国传来，便在日本从未中断。对它有深湛研究的佛教学者颇不少。不过，新因明是佛教带来的论理知识。它的前身是古因明。对古因明的了解，日本却很薄弱。《正理经》上讲的，也正属于古因明内容。亦因于此，吾人在此欲就正理派本典作一二介绍。

二、名称。Nyāya 一名的由来，以词根 √i（行）所成的 ni+ā 而来。其意思是“推理”或者“标准”。在中国通常音译为“尼夜耶”，意译则是“正理”。然而本派以之作为名称，有两种解释。或直接表示它是“显明正理的学派”，或者叫“论究正理的学派”，作为泛称，便都是 Naiyāyaka。另有一种解释，认为本派得此名，是因为其所说十六句义，中之第七支（avayava padārtha）专明论式，又名“尼夜耶”句义，最能代表本派特色，所以用此名“正理”作称呼。因此，尼夜耶的意思便是“主张正理句义的派别”。其名可以代表本派全体。无论如何，所有的名称都同时指明，此派的特点正是重视推理或讲求论式。

但正理其名自身，仍宜看作泛指，更为合乎实际。何以这样说呢？因为早在弥曼差的时代，该派的推理标准中已经有正理的说法，而后来的佛教因明学当中，也用正理来称呼其论理学说，例如佛教的《因明正理门论》（*Hetu vidyā nyāya dvāra śāstra*）、《因明入正理论》（*Hetu vidyā nyāya praveśa śāstra*）两书也都把论理称为正理。以此判断，Nyāya 都是作为泛指论理的名词来使用的。不管如何，这个词语是用来指明思想运用的意思的，相当于希腊语的“逻各斯”一名。逻各斯这个名称与“逻辑”稍稍不同（在希腊，起初“逻辑”指的是斯多噶学派）。如果从其哲学内容来看，它的发展方向恰恰是相反的。尼夜耶派所重视的是论辩方面，希腊的论理则关心的是思想运用过程中需要注意的关键。这种区别是因为两个民族的学风特点不同造成的。相应于此，两个民族的论理特征多有不同。这是吾人预先必须了解的。

三、本派的起源。通常，印度人认为论理学的鼻祖是瞿昙（Gotama）仙人。又说是一位叫足目（Akṣapāda）的圣哲。这个名字很奇特，字面意义是“足上有目或以足为目”。大约与此相关的，还有一位叫目行（Akṣacaraṇa）的古圣。慈恩大师窥基在《因明大疏》卷一当中说“劫初足目，创标真似”，意思是这位仙人在世界成劫之初，即创立了论理的正确与错误的标准。不过，在印度名为瞿昙的人，为数的确不少。这里的瞿昙究竟指哪一个，真的无法认明。再说劫初，究竟指的是什么时候，又足目究竟如何释意，所有这些都是俗说起源论的产物。不管叫足目也好，还是迦毗罗或者迦那陀也好，都只不过是同一名称，历经不同时和不同处流传下来的。因此，关于本派的起源，只是按照其教理内容的特点，介绍通常学界标示的名称，附带说说大概的判断。除此以外，大概也没有更好的办法。然而，前面吾人已指出，本派根源在最早之弥曼差派潮流中。因而于此，吾人会对比本派理论特质与弥曼差的关系，并再参考弥曼差之外的思想要素，经对照总结，推测其起源和成因。

吾人以为本派之特质表现在三个方面的成就：一量论，二论式，三人生观。先说第一量论。前面已经多次提到，本派主张有四种量，即现量、比量、声量及譬喻量。今从一般的学风对其量论加以考究。应当说，早在奥义书的时代，涉及量的种类的认识，就已经显示出时人对认识论问题的了解深度。总体上看，奥义书中主要是考究本体论问题。但它的有关经验认识起源与发展的讨论，也接触到了经验知识的本质问题。因此，吾人所作的推断——本派的量论也直接来自奥义书的说法，不管如何，作为一种推测，倒也不是完全凭空无据的。

从早期奥义书再往后，经历了一段时间，便是原始佛教时代。原始佛教中的认识论明显大大进了一步。以他们的十二因缘而论，佛教认识论在思想深度方面达到了相当可观的程度，但其关于经验知识的衡量尚未形成一套标准与规范。所以，吾人在原始佛教时代，尚看不出有关量的考究权衡迹象。但在同时代诸学派的教义书中，如果涉及有关知识标准与源泉而设立的各种各样的量的分别，则已显非阙如的状态。也就是说，如果吾人来看弥曼差派，他们已经有了六种量(现量、比量、声量、譬喻量、义准量、无体量)；而在正理派这方面，前已指出，他们有四种量；数论和瑜伽则有三种量（现量、比量和声量）；胜论派也有现量与比量两者。如果加上他们对吠陀业分的认同，也即说他们还都承认有第三种量的认识源泉。这样看来，对于量之知识来源的考究虽是学派时代的产物，而其作为系统的哲学被组织起来，则是下一时代的事。不过，吾人会问：在成立上面所说的这些知识来源的量论方面，究竟哪个学派是最先提出自家见解的呢？明确回答这个问题，绝非易事。虽然吾人认为把正理派作为量论的元祖，应该比较符合历史事实本身。

为什么呢？因在吾人看来，观察量之种类的发展，其进程无论是自多向少，还是从单纯向复杂，或者是不是两种倾向并行不悖，在正理派那里都可以寻得出这样的轨迹。因此，可以说印度量论的元祖，肯定就是正理派了。从单纯向复杂也好，从复杂向单纯也好，正理派的四种量都包含在其中。再者，以四量作基础，无论看它们向简单或复杂的哪个方面分化，正理派所知道的都不仅仅是四量。

《尼夜耶经》第二卷说当时尚有其他的量，而尼夜耶派自己有意删裁了别的，仍然保存了本派原始四量的说法。不过在印度量论史上，看量之种类的发展，似乎也并不一定是从单纯向复杂的进步，相反的情况，即从多种类向简约的方向走也是可能的。

例如，看佛教这方面的情况，龙树在《方便心论》中成立的是四量说；到了无著世亲，量变成了三种；再到陈那时，又成了两种。因此，对于佛教本派言四种倒是旧说，二量成了新创见。回过来看尼夜耶派，四量也不是新的创见，它显然是根据以往的种种量说总结整理出来的。只有这样看，才能说得通此点：为什么《正理经》第二卷要批评别派所说的量有四种。若如是思考，最初量论当中列举的量之种类，并不像后来陈述列举的那样，说不上是有多严格的说法，一开始它们只能是暧昧含混的东西。一般说来，还只是依据不同特点列举知识获得的各种方式。从认识论的发展和方法论（Methodenlehre）的逐渐细密化过程看，起初少数的几个原理中包含着较多的论断，而发展的结果是一个逐步精减的过程。依据这个道理，我们把说量的种类最多的弥曼差派当作印度量论发展的起点，也即是正理派的渊源所在。不管读者是否同意吾人所说的量论起源于弥曼差派的判定，但只要看《弥曼差经》中散见的种种说量的段落，其概念形态真是不免含混模糊。到了后来，经正理派加以总结，诸量被束成了四种。此事哪怕作为一种猜测也罢，到底它是引生疑惑最少的吧。

论式是吾人接下来考察的第二方面。如果把量本身当作自悟门，即自己获致知识的手段，则论式是将自己的认识作为一种主张传达给他人的方式。因此，论式属于悟他门。但在正理派，成为其本派特色的地方，正在于其将吾人所见的传达当作重要的研究内容，一心进行这方面的开拓。因此，论式之讲求是正理派的本色所在。探寻论式这方面的发展，吾人当知，从整体上看，印度这个民族自古都喜好讲求论议。早在奥义书时代就可以看到不少学者或往来砥砺、声言互辩，或会聚一堂、议论高下。此等风气，记载不绝于史。因此，若研究当时的论辩之术，仅从论辩之成为学术一门可以知其在学者间受何等重视。《白净识者奥义书》中（Ⅶ.1.2）已经明言论辩学（Vākovākya）是当时重要的吠陀学问之一。

尤其到了佛教出世以后，原始佛教当中的论议之法，更有一种巧妙的提升。就问答方式言，已经总结出“五问四记”的程式。由是大概言之，是等风潮以及因乘此风潮而起之论辩术，无疑启发并促使正理派的论议方式的发展。如果说希腊的论理逻辑因其诡辩法之横行而被激发起来，则在印度，像正理这样的议论形式的发展，也同印度古代的辩论密切相关。话虽如此，但并不等于说，在奥义书时代或者佛教初期，就已经有了成形的正理派。正理派的论式特点，在其五支论法或者三支论法。但据吾人所知，无论奥义书还是原始佛典当中，恐怕都没有用五支或是三支组织起来的议论。印度学者维迪亚布萨那（Vidhyabhūsana）在其所撰《印度中世论理史》一书中说[1]，《长阿含·梵网经》（*Brahmajāla-sutta*）当中已有 tarkī（诡辩家）一语，此即 Tarkin 的由来，以后本派被称为 Tārkika（究理论者），大概即因为此点。他认为至佛

① Vidhyabhūsana, *Medieval school of Indian logic*. p.61.

陀时代当可设想有了正理派之辩论法。然吾人认为，此说颇难成立。何以焉？吾人以为，tarkī 一语不过只是诡辩家的称呼而已。

充其量，吾辈可说奥义书时代与原始佛教时代已有正理派的先驱出世。亦因于此，吾人深信正理派之成立虽得益于弥曼差派者甚多。前也提及，弥曼差派最先采用五段语句形式来讨论问题。而正理派的论式若形式完整，即一定是五支论法的形式，亦即经五个语句形式而达到结论的论述方法。先不必讨论两种五段语句形式之间有多少差异，唯应注意者乃是两者之间的关联。又关于正理派的论式，有种种介绍其作为论议不能成立的驳斥与质难。但看这些反面意见，多半都涉及的是弥曼差派的声之为常的主张。从一开始就可以看出声之为常的说法与正理派的批驳是很少分开来讨论的。果然如此的话，若正理派之论式是为了批判弥曼差派的声常论主张，吾人也不可不注意，本派所拟成的五段语句方法是如何一步步地引导出其自家主张的。正是根据这一点，吾人深信正理派当自弥曼差派脱化出来。此可谓吾人深信不疑的第二点理由。

从而，依论理形式的发展来看，本派成立的时间，无疑必须在弥曼差派之后，而如先所述，弥曼差派大约成立于公元前五六世纪顷，则本派之出世也必不可再推至那个时间之前。但如要判定本派最晚出世究竟在何时，准确的时间虽难判定，但大约可以定在公元前三世纪顷。盖若据维迪亚布萨那[①]，阿育王时代成书的《论事》（*Kattāvatthu*）中，已出现了正理派常用的术语，即宗（pratiñña, pratijña）、合（upanaya）、堕负（niggaha, nigraha）等。

① Vidhyabhūsana, *Medieval school of Indian logic*. p.61f.

亦即是说，据此阿育王当世本派论式已发展成熟，且被佛教吸收。在进入公元以后，大乘经迭出，例如《普曜经》（*Lalitavistara*）等佛典中，“因明”作为一般学科的名称，也已普及开来。

最后来看第三方面，即从人生观角度来看本派的特质。本派特色虽不必限定在论理学说上，然不当忽视者，仍为有他们的人生观主张。这方面主要反映于正理派的第二要谛，即所量谛。所量谛讲的是有情的身体组织结构。其中说到事关有情命运的有十二要素——我、身、根、境、觉、意、作业、烦恼、彼有、果、苦、解脱。前六项是有情身之组织成分，后六项是命运决定成分。然若按后面对十二要素进行的分析考量来说，前六项与胜论的学说相关，后六项则又与佛教的人生观发生联系。

因此，下文将联系胜论与佛教两家的思想对本派的人生问题加以解说。胜论之与本派之出世，孰为前孰在后，学者间意见并不统一。然简要言之，不妨谓其有姊妹关系。虽不能确定其孰先孰后，但从教义主张的性质看，胜论当为姊，本派则是妹。具体的理由是，胜论派一方主要从事对外部世界的考察，而本派则主要留意思想方式的运用。从道理上讲，后面的题目比前面的要更加深入一层。再看两家实际上的话题内容，本派的论议题目居多，这是尼夜耶派的《正理经》第五卷的倒难等类例充分显示的。相对而言，胜论的六句义便成了论议话题的背景。而如果讨论人生观，则本派所言不过只是胜论见解稍作变形而已。又若讨论本派与佛教的前后关联，则可说本派之出世不会在佛教后边。因从正理派方面接受相当论理术语的正是原始佛教。而说正理中的佛教观念要素得自正理派，也不违情理。因此，正理派理论一方面采取胜论的六句义学说，另一方面又不完全地吸收了佛教的十二因缘观。

列出上面的三个特征，当可追寻正理派的起源。要之，可以得到结论：正理派与胜论派是集合了种种思想潮流而形成的。可以认为，在公元前三世纪，正理本派与胜论派一道从弥曼差派的潮流当中脱化出来。胜论派所留意的是世界构成论方面，而本派则专于论理方面用功，最终逐渐独立成为一派。而因为要塑造自家的理论特色，其从当时盛行于世的佛教方面，也撷取了一定的哲学思想，打造成自己的组织体系基础。如果历史上真有足目这个人物，则恐怕其人正生活在此时代，并且还是此时代当中善于弄潮的特异学者。而看本派理论组织，虽然其所谓的十六句义成为组织正理学说的必要纲领范畴，但这样的严整结构应当是相当晚期才由后世学者总结出来的。吾人作此判定的理由，后面还会讨论。总之，在龙树的时代，尚无所谓的《尼夜耶经》，甚至看不到整理完成的十六句义的痕迹。仅吾人的考究所及，从印度本地出产的其他派别的诸论当中，都没有介绍十六句义的。而十六句义的说法，最先可见于到中国弘法的嘉祥大师。恐怕他是第一位最先将本派的来源归结为摩醯首罗天（Maheśvara，湿婆天）的人。因此，正理派初出应是公元前三世纪的事，至于完整的学派则必然形成于四五世纪。

四、《尼夜耶经》。本经为本派的教义典籍。传其作者为足目。本经亦称《正理经》。经有 538 颂，分为五卷。每卷下面再分列第一日课、第二日课等。其结构同于《吠世师经》《胜论经》，以下为其内容摘略。第一卷说根本结构，网罗并对十六句义作概括说明。第二卷以下都可以视为补遗说明。以十六句义为主加以详尽说明，即说第二卷中主要说明第三句义疑谛（saṁśaya）以及第一句义量谛（pramāṇa）。第三卷及第四卷则论说第二句义所量谛（prameya）。第五卷详论第十五句义倒难（jātī）和第十六句义堕负（nigrahasthāna）。不过本经虽有伐差耶那（Vātsāyana）的注释本，但伐差耶那的生期在五世纪顷。故吾人认为此前当已有别的注本问世。《正理经》的形成亦如他派本典，其从酝酿到形成经典，中间必然经历长久的岁月。在本经第五卷可以读到相当原始的“疑问”部分。对此不少学者认为本经的第一卷第一日课应是最早出现的，但吾人以为倒是第五卷的“倒难”即关于诡辩的分类才是最古老的。吾辈相信那个部分反映的是原始的正理常说。之所以这样说，只是因为吾人若看第一卷，其秩序井然、组织清晰，实在不像是本派一开始就形成的东西。因之不当视为初期的作品，应反过来看，即将这些有关诡辩论的论题，看作本派最后完成的规则。这样才符合思想发展的一般规律。又种种的证据显示，对于本派十六句义总结，估计是很晚的事。正因为如此在总结十六句义并作说明的第一卷上，根本看不出一点古老的痕迹。

再有，正理派的重要立场之一是对于声常论的反对。但从本经第一卷上，吾人根本看不到对声之常住的驳斥。这里甚至没有只言片语提及这样的话题。相反，在第五卷第一日课当中，大半的篇幅都用来讨论声音究竟是不是常的问题。这就充分证明了吾人的推断并非没有道理。正因为如此，本派的论理，如果从自然的发展顺序看，上来入手讨论的正应是第五卷的倒难类别那个部分，而不是第一卷的秩序井然的内容。以此判断，后来形成的本经，其第一卷是要讲一般规则，其第五卷才是实用技巧的所在。做这样的安排，也正是一般教义书的编辑原则。

下面探讨本经的成立年代。若进一步问：现今所见的本派教义书，究竟是什么时候形成的呢？据实而言，恐怕这是说不清的问题。因为本经成为今天这个模样，之前也不知经过了几多人，又经过了几多手。这样的想法只是依据佛教所传的伦理书体裁来推测本经的体裁。盖因无论作何强辩，佛教论理之受本派的影响是没有疑问的，或者据同时代佛教的论理形式，可以暗示性地获得对同时期本派本典中论理形式的认识。不过据吾人所知，佛教方面可见其论理研究成果的当数龙树及其《回诤论》（此论汉译在后汉时代，见藏经缩暑一）、《方便心论》（汉译在后魏时代，见藏经暑一）等。

尤其是在《回诤论》中，龙树禀其本体论立场，竭力论证能量与所量皆不能成立。其虽未显示出中观派与本派的正面来往关系，但从反面提供了相当的关联。《尼夜耶经》（Ⅱ.8-19）针对有人不信量及能量之可能，提出正理派的反驳意见。其所抗辩的对手想必正是中观论者。换言之，根据《尼夜耶经》，吾人可知其中已经反映出佛教中观的论法要点。

另一方面，龙树又从他的《方便心论》当中，大约从第二义门的立场出发，讲述了论理方法，从正面揭示出与正理派的关系。不过，这里的关联本身以及关联的密切程度，吾人猜想，并未达到佛教的论理形式要从正理派那里依样画葫芦的程度。于此吾人恐烦，无须对两家的内容再加比较，只是摘取相同的术语作为例子，以显示其间特别一致的地方。于此，吾人无意完全否定为《尼夜耶经》翻案的诸多理由。而且，如果与现今的《尼夜耶经》对照比较，其中并无相关的题目。这些题目是后来才总结出来的。无论怎样，在龙树时代大约还未有现在模样的《尼夜耶经》。

正因为如此，吾人认为，当时佛教尚未形成独特的逻辑论理。从而，也否定了佛教模仿《尼夜耶经》中的论式体裁之可能。如果吾人的意见不错，则显然可以说，在公元前二三世纪顷，尼夜耶本典在很大程度上并不是现今所见的模样。其中连第一卷的第一日课之九句义都没有整理出来。在《方便心论》中肯定是见不到这方面的痕迹的。从此稍稍往后，看弥勒的《瑜伽师地论》卷十五（唐译，来一）、无著的《阿毗达摩杂集论》（唐译，来八）等，将其中所说有因明同本派本经作比较。不仅两边关系相当淡漠，堪作比较批判基础的《尼夜耶经》也并未形成。然而，若再拿世亲的《如实论》（陈译，暑五）作比较的话，则两家显示出惊人的明白的关系。尤其是《如实论》，其书大部佚失，仅存的不过是诡辩论部分。以此残篇同正理本经作比较，犹可明显见得论述讨论的是同一个东西。即《如实论·反质难品中堕负处品第三》的内容与本经第五卷第一日课作比较，大部内容相符。因此，吾人推测，该论中佚亡的大部分当与本经是对得上的。情况如果是这样，则可以认为，在世亲的时代正理本经的大部分已经编纂出来了，正是现在本经所见的模样。这样才能说得通，何以世亲能够直接引用本经申说他自己的见解。

关于本经的成立过程，吾人所以能在下文中得到结论，正是依据上面的几点理由。公元前三世纪顷形成的《尼夜耶经》一方面是因为内部的思想发展，另一方面则因为外部的思想刺激。本经的颂文数目，在此过程中逐渐增多。到龙树的时代，才大体完成了组织结构。但至此仍然没有十六句义的类别敷设。到十六句义结构成立的，已经很晚了，到四五世纪去了。

若情况真的是这样，伐差耶那注释本完成之时，本经尚未定型。更大胆的猜测是，伐差耶那就本派所传的颂文或者颂文集作整理及注解时，本经中还没有现在的第五卷。

五、本经注释。本经注释中，最古老的部分是前面提到的伐差耶那注，也称克西斯瓦明（Pakṣilasvāmin，善论主）之《尼夜耶注》（*Nyāyabhāṣyam*）。他是陈那的先辈，与世亲是同时代伟大的论理逻辑家。他的注释与本经都是正理派的权威理论依据。本派中后来的注释皆依据伐差耶那注作基础。六世纪顷有乌地约塔伽罗（Udyotakara）撰《正理释论》（*vārtika*）。又有瓦恰斯帕底·弥希罗撰《正理释论真义疏》（*Nyāya vārttika tatpāryaṭīkā*）。再后又有名为邬陀衍那（Udayana，意译显现）的撰《正理释论真义疏详解》（*Nyāya vārttika tatpāryaṭīkā pariśuddhi*）等。其论复有注释，注释复有注释，称复注或复疏。此诸作品都收在刊行本的《印度文库》中。然据吾人所知，目前尚未有（西文）翻译本。又传佛教方面的看法，陈那因不赞成伐差耶那的主张，也撰有《正理经释论》的释本。至七世纪佛教方面又有法称对伐差耶那加以批驳，并为陈那辩护。虽传说法称曾撰《正理经释论》，然其书未见于今世。本经之注释本曾有英译者，例如十四五世纪的学者纳塔（Viśva Natha）有英译的《尼夜耶注》。本书在1850—1854年由巴兰提纳（Ballantyne）以《正理经格言》（*Nyāya Aporism*）之名刊行出版。然书未出齐，至第五卷而终止。

现今所见的马克斯·缪勒之文库本中有本经第1—4卷及第5卷之片段。恐怕是目前最为完整的《正理经》译本。又正理派之教理大意书有英译本者有二：毗摩阿阇梨（Bhīmācārya）所撰之《正理宝箧》（*Nyāya Kośa*），以及阿难跋陀所撰之《真理摄集》。

六、关于本篇之叙述法。最后，本篇之叙述原则须在此先行交代。论述当中，若涉及本派与他派的交涉，只是采用那些与本文没有冲突的释文，即选取材料首先考虑本派立场的说明需要。盖本派作为印度六派哲学之一，其当然是独立的且前后一致的派别。然若从整个印度哲学发展史看，此处叙述的正理派或尼夜耶派只是前期的正理思想。此期大约相当于佛教逻辑史上的古因明时代。佛教当中，陈那论师算是古新因明的划分界限。伐差耶那的正理属于古典因明时代。然如果说到乌地约塔伽罗以后的注释，印度的论理学已是全面接受了陈那的洗礼。即令是对陈那的批判，正理派也首先从本典出发作对抗。这中间难免不会生成《正理经》原典中原本并没有的思想。从这样的立场上来看，《正理经》中的见地，恐怕已经不是当初陈那所批判的立场与意义了。因此，吾人本篇中的叙述，一方面将本派当作独立完成的思想派别，另一方面也要考虑恢复古因明学派的原样，因而吾人所采用的释文，只限于伐差耶那注释。除非必不得已，不用伐差耶那以后的《正理经》注本。总之，整个印度论理史，绝非区区数页篇幅就可以简明道尽。此唯俟于后来他时矣。

第二章　教理概说

第一节　出发点与十六句义总说

关于本派起源，正理派主旨虽有不同表达，然若不失其完全，仍以离苦得乐为目标。本典（Ⅱ.2）上来说：“现世多苦，生即为苦。所以有生（janma），因为作业（pravṛti）。业之所作，本于烦恼。烦恼以无知（mithyajñāna）作为根底。故若令人离苦必得先灭无知。因果相随而至消灭时，便得达于最上界。”

此直言人生事实上不过为无明、烦恼、业、生、苦之系列。有情若欲解脱，要离苦得最上界，必得消除根本无明。此种说法也正是佛教四谛之说的内容。揣想其来源于佛教关于十二因缘的考察。然关于如何灭无明而离苦。本派有师友相会，讲说论议，可得解脱的一套说法。此亦可以当作本派之特色所在。本典（Ⅰ.1.12）曰：“知识获得之修习，乃与诸学者共相议论。”从此点看，本派之方法论颇近希腊之苏格拉底。后者也说论理议论是获得正确知识之唯一手段。

关于十六句义，基于上述见地，本派将其论议的题目定为十六种，称十六句义。这些句义中包含了人生观、知识来源论以及议理方法等一切内容。十六句义指的是量（pramāṇa）、所量

（prameya）、疑（saṁśaya）、动机（prayojina）、见边（dṛṣṭānta）、宗义（siddhānta）、论式（avayava, nyāya）、思择（tarka）、决了（nīrṇaya）、真论议（vāda）、纷论议（jalpa）、坏义（vitāṇḍa）、似因（hetvābhāsa）、曲解（chala）、倒难（jāla）、堕负。

据吾人所知，中国所传的本派十六句义，当以嘉祥大师吉藏在《百论疏》（上之中）中所言为最早也是唯一之本派思想材料。嘉祥称，摩醯首罗天曾说十六谛，即量谛、所量谛、疑、用、譬喻、悉檀、语言分别、思择、决、论议、修诸义、自证、难难、诤论、堕负等。然此十六句义之说与胜论的六句义相比较，则其作为范畴的理论依据相当薄弱。例如，所有句义当中，每个句义凭什么理由而得成立，均无说明，殊不可解。恐怕如果真作理论说明，即难免陷于牵强附会。吾人的介绍，虽然也以此十六句义为基础，从总体上将其当作重要的论题，但吾辈无意于逐条地一一加以讨论。这主要是因为如果一个不缺地加以讨论，则必然是枯燥乏味的事。因之，对那些相比较言不甚重要的范畴，先列于此，也给出定义。

（1）量。亦即知识论（后文中有专门讨论）。

（2）所量。即知识对象，特别关系到本派的人生观（后文中有专门讨论）。

（3）疑。关系到能见与所见之间的，即能量及所量间的关系疑惑。其可能有以下的三种情况：第一，因为同相与异相两者同时都有而生疑；第二，因为感觉不清明而生疑；第三，由于感觉不到（对象）因而对真相无从决定，于是生疑。第一种情况即说，夜中见杌，仿佛以为人，虽觉有异，然无从决定，就是这种情况。

第二种情况因为关于对象的知觉不明，所以也就无从决定真相究竟如何。第三种情况因为不能专注或者受他事干扰，不能知了对象，故对真相产生疑惑。对以上这些情况，如果在场有甲乙二人，既然认定不同，难免发生争论。此处即讲第一句义之疑的所以产生。这里所说的是说“疑”之所以成句义之一，有其缘由。总之，因为有“疑”这第一步，才有了后面的议论（于此交代，后面不再冗说）。

（4）动机。由于陷入或是或不是的疑惑之间，于是有了议论，要想解决疑义。本典（I.2.4）为此下了定义：“又或起于行动之主要目的”。虽作此表述，但其真正的意思，大约还是为了显示作议论的动机（于此交代，后亦不再冗说）。

（5）见边。这是万人共通的达到普遍认可的真理，也即是论议当中可作大前提的东西。通常又把它译成譬喻。若译为譬喻，比这个词语的本义（见边义）稍稍不逮（后文中有专门讨论）。

（6）宗义。作议论时所主张的题目（论题）本身（后文中有专门讨论）。

（7）论式。就前一项即宗义所组织的议论形式，也指所谓的五支论法（后文中有专门讨论）。

（8）思择。本典（I.39）曰：“所谓思择，谓于真相不明之事件，计量其理由存在与否，求得真智（确定的知识）。”对此定义所作的解释虽然有好多种，但似乎仍然是指对论式的体会与琢磨的意义，盖论者虽然提出其主张，并将此主张赋予一定论式，但闻者对此论式仍要有正当与否的思索判断，亦即此论式仍然处在未得了然的思择地位（对此，下文中亦不再冗说）。

（9）决了。由有前面的一番过程，对于论式的体会与审察有了结果，遂达至最后的决定。本典（Ⅰ.40）说："由斯而得问题确定，是称决了。"（对此，下文中亦不再冗说。）

以上九句义是第一卷第一日课中所说内容。简单总结起来，为以下的意思。（1）先明吾人的知识来源。（2）审视认识对象。（3）关于此对象生出疑惑。（4）由此而生希求又作出决定。（5）此中用一般普通的经验作基础。（6）提出自己的主张。（7）将主张之以诸论式。（8）与之相对的一方则审视论式正确与否。（9）最终决定生出理解。

因此，九句义基本上完全描述了胜论所主张的论议全过程。与此同时，其又从实用的一面分别看待论式中出现的不同情况。对这些情况的研究分为以下七个句义。（10）真论议：对敌我双方而言都是正当合理的论议法式（后文中有专门讨论）。（11）纷论议：虽然也成立论议形式，但论议中采用了狡猾不实的方法（后文中有专门讨论）。（12）坏义：单只挑出对方的毛病以求获胜的方法（后文中有专门讨论）。（13）似因：本来欲以作立论的依据，若加分析属于错谬的方法（后文中有专门讨论）。（14）曲解：故意歪曲对手的言辞意思、自逞雄辩的方法（后文中有专门讨论）。（15）倒难：玩弄诡辩、破坏正当论议的论法（后文中有专门讨论）。（16）堕负：论议场中落于败北的相状（后文中有专门讨论）。

第二节　人生观（第二句义）

如果看本派的人生观，其出发点则是无明、烦恼，随后有业、生、苦的系列成立，而其终点则是灭无明以得离苦。正理派的第二句义即所量谛，实际上可以用来总括这个题目，显示人生的系列以及命运。它从根本把人生概括起来，这中间又将疑（惑）与动机这样一些琐细的句义与人生的话题等量齐观。如是，则正理派的教义也就相似于他派，无独特的唯一性可言，看不出与别家有何不同。如是，正理派关于人生现状的讨论，也不过是偶然涉及，其间并无深刻的思考。但看正理本典之第三、四卷，两者之间可谓相互发明，讨论详细。这就让人不免起疑：此诸议论，难道真的只是偶然发生的吗？总之，关于正理一派，要说他们在人生问题上有何创见，实不易证明。其人生观，是胜论与佛教之间一番折中的结果。好歹经过剪裁会通、两头兼顾、语辞移借，才算形成了一套差强人意的理论。从上面几点看，正理派之人生观论题上，确实没有特别的优势。

关于人之组织要素，正理以为人身有六个组织要素：我、身、根、境、觉、意。我为主体，觉、意与根是心理机构，身则是维持心理机构的基础所在。境又是身体更要依赖的依止处即世界本身。根的相对之境有色、声、香、味、触等。仅从此着眼，其也相同于胜论的静态人生观，与后者所讲的人身结构没有两样。至于正理派之从动态一面来观察人生命运，其将人生分为六个阶段。它们是作业、烦恼、彼有、果、苦、解脱。六个阶段的意思连起来讲，便是因烦恼业而有轮回，因轮回而有果报。此为一切苦的根源。脱离了此苦，便可达最上界。大致说起来，正理的此论同无明为开端、灭苦为终结的缘起论是一样的。缘起论是佛教方面对人生的系统考察。今据本典中颂文一一罗列十二种要素并加解说。

（1）我。本典（I.10）曰：“欲、瞋、勤勇、乐、苦、智为我之特相。”此与胜论无异。

（2）身。本典（Ⅰ.11）曰：“活动、根、感觉之所依所，名身体。”以此身体由地大所成言，此说与胜论相同。

（3）根。本典（Ⅰ.12）曰：“鼻、舌、眼、皮、耳名为根。是等皆由诸大所成。”即是说鼻根从地大成，舌根从水大成，眼根从火大成，皮根从风大成，耳根从空大成。

（4）境。本典（Ⅰ.13-14）曰：“地、水、火、风、空，皆从四大而成就。是等之德为香、味、色、触、声名为境。”盖所谓境，即五大及五大所成为境界之意。而凡此所说境物，除空以外，余一切皆极微所成。又各大之性质，地有五德，水有四德，火有三德，风有二德，空有一德。此诸说法，与胜论无异。

（5）觉。本典（Ⅰ.15）曰：“觉与知觉，非是两物。”广义之认识作用，即概括名为觉。在胜论，把觉作为我之一德独立看待。本派则将觉放到心脏内（Ⅲ.122），虽然念念生灭，但如灯火能照，可以识别连续之事物定相（Ⅲ.117）。恐怕其并非属于我体之外之物，唯在数论，习惯上将其当作独立之物。

（6）意。本典（Ⅰ.16）曰：“其不与智识同时俱起，乃意之特相。”此意与胜论全同。胜论以意为联络我与诸根的器官。

（7）作业。本典（Ⅰ.16）曰：“语与意与身之营办，名为作业。”即说吾人之有身、口、意三种活动，即名为作业。不过，一切营办作业，皆以烦恼为因。

（8）烦恼。本典（Ⅰ.16）曰：“引起作业，即烦恼之特相。”据Ⅳ.3说，烦恼主要有三种，即贪、瞋、痴。依注释，此三烦恼若更细分，可成二十种。具体的区分与罗列，同佛教也差不多。

（9）彼有（pretyabhāva）。本典（Ⅰ.16）曰："彼有，即为再生。"即说因烦恼与业而得轮回之义。

（10）果（phala）。本典（Ⅰ.16）曰："因作业与烦恼引生之境名为果。"盖指与轮回相联系的一定境界。

（11）苦。本典（Ⅰ.16）曰："苦之特相为障碍。"即是轮回境界中呈现的状态。据本典（Ⅳ.55-56），虽未说它就一定是有情生活无乐的原因，但无论如何，它都会磕磕绊绊不离有情的生活。这样说来也就必然造成辛苦。必须说把苦定义为障碍，实为至理名言。若能脱此苦，便成为解脱。

（12）解脱（apavarga）。本典（Ⅰ.16）曰："由彼苦出而得究竟解脱，名为解脱。"此说，从此出发点离开，最终可以达到最上界。伐差耶那将此释为不苦不乐之境地。

归纳起来说，通过十二分，正理派把人生各阶段先加分解，各各说明其含义。然若将它们视作一个总的系列，则其间的联络不免疏离淡漠，自然让人生出凑泊无常的感受。

第三节　语言和思想的联系

在印度对于语言与思想的关系讨论，最初开始于弥曼差中的文典派，以及主张声为常住的理论上。正理派只是讲求论理，对此问题几乎不曾关注过。姑不说他们主张声无常而反对声之常住，就是看他们的理论主张，其中都没有涉及相关的概念论、名词论等。在这些方面，正理派也说不上有什么建树。正理本派认为，语言虽然也是思想的代表，但二者之间并不存在先天的必然的联系。总之，二者之间，只能说是基于习惯而有关联，并无必然性。举例而言，如说 yava 这个词，在印度的中国（中心地带）虽然它意指“小麦”，但到了边鄙地方，这个词指的是稗子。实际生活中，各种语言当中，语词的含义总是随地方不同而变动不居的。因此，语言只是其于声调曲折而成的音声组合，它不能不是无常的、不确定的。这显然与文典派、弥曼差派所说的常住之语性（artha）、声性（sphoṭa）都不一样。所以本派诸师才会力主“声为无常”。不过，这里的说法似乎只是适合一般介绍的弥曼差派中的前论。这里省略了一个关键的环节，即本派对于语言与概念两相分离的讨论。语与义究竟是什么意思呢？其只是个别者（vyaktim）、种类者（jāti）呢，还是具相（ākṛti）之物呢？日常语言中个别物指单个的具体物，种类指种概念，具相指类概念。对此有某一派便主张说，语词的内容只是个别体的，既不是种也不是类。商羯罗在注释《梵经》时引用过郁帕瓦尔沙（Upavarṣa）的意见，后者就是这样认为的。另外还有一派主张（以为语词内容就是）种或类，而不可能是个别体。这正是文典派和弥曼差派的观点。不过，正理本派针对前两种意见作了调和。正理师说语词不必只能是单一的个别物或者只是种概念，因为个别物完全也可能既是种概念又是类概念的。如果以个别物当作唯名论（nominalism）的存在，以种类说当作唯实论（realism）存在的话，则正理派正好相当于概念论（conceptualism）的立场。就此而言，胜论与正理两家对句义所持的立场大致相同。胜论在任何场合都坚持了实在论的立场，把句义当作实在的哲学范畴。而正理派则从概念论立场出发，句义在正理派那里只是论理体系中的名词而已。

第三章　论理

第一节　知识论（第一句义）

如先所说，本派对量的考察水平，就整体而言，属于知识论发展史的中期阶段。因而，吾人认为，本派的考察尚未达到严密的认识论水平。即正理派的知识论讨论，尚未深入到对知识发生的次第、可能性以及极限边界的认识层面。然从纯粹经验出发来看待知识之可能、知识之成立途径和思想运用原则，则论理学不过只是一种方法论。然在印度，尽管论理广行于世，然仅有正理本派对论理学问才有深入的考察。正理派将思辨与议论的出发点，都放在了名之为量的第一句义上。将知识问题当成其一切研究的起点。无疑，仅就此而论，是无论如何赞赏都不为过的。

正理派所成立的量之种类，前已几次提到。它们有四种：现量、比量、譬喻量和声量。于此，先说量（pramāṇa）名何谓。量之梵语词根为 mā（量度义），通常也有“标准”或者“尺度”的意思。比如印度人若说“汝即是量”，意即“关于这个，您是权威标准”。由此标准，吾人的知识可以分出真伪。与此相适的，便是真的知识。离此标准而获得的就是虚假知识。最后，吾人的一切认识活动的形式，都服从这个标准的衡量，也就称为量。善于诡辩的论者，有的先呈其量而后令智生，有的随智识而作量衡以呈难问。总之，量是知识发生及其运用的程式。实质上，量之与智识是相随不离的。其所以有不同的称呼，只是权宜方便而已。以下就便对四种量一一说明。

（1）现量。它是五种感官于对象境界本相的认识，在其知识中添加了比较等认识作用。本典（Ⅰ.4）举现量定义曰："根境相接而生，不可说明（avyāpadeśya），离于动乱（avyabhicāni），确定不疑（vyavasāyātmaka）。凡属此种特质的智识，称为现量。"

即是说凡称为真现量的知识，其必须满足三个条件：第一，感官与对象相接触；第二，是关于存在对象的本相的认识；第三，其尚未成为被概念化的东西，尚未用语言将其表达出来。一言蔽之，它是一种感觉直观的、其中尚未有思维成分混入的经验。不过，这是从严格意味上来说的现量定义，在日常生活中，凡来自实际经验的见闻觉知，都可以称为现量智。这是普通的用法。因此，在《真理摄集》（38）中，现量被分为两种：一类是无思维的（nirvikalpa，无分别），顾其名可以思其义；另一类叫有思维的（savikalpa，分别），这就是一般所称的经验智了。

（2）比量。其为类推或比知的认知作用。吾人推定并非见闻觉知所得的事件，就是这样的智识作用。盖因吾人自经验而知道，若是一事件与另一事件有相随关系，或者共存关系，在承认自然法则一致的前提下，依据所把握的其中之一事件，而判定实际上没有由见闻觉知获得的另一事件。此一过程便是比量的认识。

本典（Ⅰ.5）给比量的定义极为简单："基于前者之现量者。"但其真实的含义仍然不离上边所讲的理由。不过，对正理派言，其所认为的两个事件之间的关系，可以分为三种不同场合（本典Ⅰ.5）：有前（pūrvavat）、有余（viśeṣavat）及平等而见（sāmānyatodṛṣṭam）的比量。此同于数论的说法。据伐差耶那注释说，有前比量是从原因向结果的类推，例如见黑云而知道有雨。有余比量则同前面的相反，是从结果而向原因的类推。例如，见河水上涨而知道已有降雨。有前与有余两种推理都属于因果关系为基础的推理。第三种情况的平等比量无关乎前后相随的因果联系，而只是就特征相同为基础而向其他事件的推导，其与所谓类比（analogy）相当。伐差耶那所举的例子为：因为知道吾人从一处移向他处是运动的结果，吾人虽然未见到日月的运动，但据观察到的日月东升西沉的位置变动，而知道日月也会运动（此例同于《方便心论》中所举）。《金七十论》上则举有另外的例子：因见巴吒罗国的花开，而推知同样的事发生在憍萨罗国。

四量当中，比量当然是最重要的认知活动。几乎可以认为，哲学思辨即从这里发展出来。也因如是，后世对于它有相当严密的考察研究。但在《正理经》形成的这个阶段，关于它的认识还仍有暧昧之处。经中还没有明确声称：比量之所以可靠，是因为其依据的是必然性的一般理由。例如本典（Ⅱ.37）中，有一论者提出质疑说：人们对降雨的推测，总是依据这些理由，或说是见河水上涨，或说是见蚂蚁搬蚁卵，或听见孔雀鸣叫。但事实是，河水的增加也可以因为池塘坏塌，蚂蚁搬运蚁卵并不一定就会发大水，而孔雀鸣叫说不定是模仿人，亦未可知。总之，把这些当作推理的基础是不稳妥的。这样一来，其质疑也就涉及了对于比量成立的根本依据。不过本经对此质疑是这样回答的：“比量的基础并不只是因为局部（水涨）、因为（蚂蚁）害怕（的场合）、因为类似（孔雀鸣叫），所以汝之质难无理。”

毫无疑问，比量的成立基础虽然并非偶然的诸如此类的预想猜测，但此处竟然一点也没有提到肯定性的、积极正面的、充分的根本条件。因此，吾人只能认为在《正理经》时代，论师们尚未充分注意到比量的必然性认识，也没有完全的理论积累。这就明确地宣布，正理逻辑当中的遍充法则（vyāpti），是以后才发展起来的。有关遍充的论式，吾人放到最后部分中讨论。

（3）譬喻量（upamāṇa）。譬喻量不太容易解释。本典（Ⅰ.6）曰：“又有说言，譬喻量是据已知事实来推知类似事物的活动。”伐差耶那所举的譬喻量例子是，从未见过野牛的人，因为知道家牛是什么模样，一旦在野外或森林中见到了与家牛相似的动物，便知道这就是野牛了。譬喻量与平等比量不同的地方在于，平等比量是根据现量知识来推导未证的事实，而譬喻量则是在已知的名称与现量所得的知觉间寻求其一致性。因此，本典（Ⅱ.48）又把譬喻量称为所谓“此即是彼”的智识作用。例如，先曾听说野牛，而一旦面前出现此物，就会有“这就是那东西”的认识。《真理摄集》（47）又说，（譬喻量是关于）“名称与所名之实物取得一致的智识”。一般说来，吾人的知识当中，由此路径得来的东西往往数不胜数，而此量又很容易被包含在比量或者现量当中，因此，数论与胜论都不承认所谓譬喻量。在佛教方面，虽然龙树在《方便心论》中提到譬喻量，但至无著以后，已经将此量裁去不谈。

（4）声量。所谓声量，指权威者所作的语言教导之知识。本典（Ⅰ.7-8）曰：“从可信赖之人所受，其分为两种：可见者

（dṛṣṭārtham）与不可见者（adṛṣṭātham）。”声量又称传承量（āptavacanam）或圣教量（āptaśruti）。于此，所谓的可见者，指现世当中由经验可以获得的相关事情；而不可见者指的是未来天国的极乐那样的智识。它们与超经验的事件相关。彼之圣道权威者的教示从两个方面来说，都可以是正智的源泉标准。因其以圣言表达出来，所以是声量。佛教自陈那以后，这个量是被包含在比量或者现量中的。本经当中，已有论者提出声量应当放到比量与现量当中去的设想。本典（Ⅱ.49-51）谓，有一论者提出，声量与比量都是对于未知事物的认知，因此两者实有必要再加区分，由是而提出异议。不过本典中也说，相对于声量，比量有自己推知的特色，而声量是因为听了可信之人说的话，因此对其信受承奉。以是，作为一种会通，本典中许可在比量外别立声量（Ⅰ.53）。

一般而论，并不只是所有的宗教才对声量有所认肯。即令在一般的学术活动中，吾人也会承认有所谓学问达人。他们的话也还是有信服力的；日常生活当中，也有为世人所信赖者。这些人所说的话，自然也有信用。因此，实际上吾人始终会对声之为量有所依赖。而声量就是由吾人的知识来确认的。

以上的四种量，都是正理派承认为知识的标准和来源。若历史地加以考察，本派最初也倒没有四种量的说法。当《正理经》成立的时代，正理论师所承认的量也不止四种。本典（Ⅱ.69）中除了上面说的四量，还有另外四量。它们是世传量、义准量、多分量以及无体量。世传量并不是声量，其权威性来自世间大众的评判。义准量是一个论证过程，其为从一事件自身出发而推定另一事件的思想过程。其相当于西洋逻辑中的假言推理（hypothetical inference）（《因明大疏》中有这样的例子：“若言无我，准理亦知无常。”）。而所谓的多分量则是或然性推理（probable inference）。多分量的例子比如：天若有乌云，则会下雨；而若并未见下雨，则也许并无乌云。而所谓的无体量，则是以缺少某种特征作理由来判断该事物的有无。《因明大疏》（卷一、二、三丁）的此例是：“无体量。入此室中，见主不在，知所住处。如入鹿母堂不见苾刍，知所往处。”

在实际应用中，此处之四量颇有必要性。其性质上颇类似于学术活动中的归纳法。虽然其令人颇感到有兴趣，但正理派自己对它们是有所批判的。他们认为世传量包含在声量中；而另外的三量则由比量所摄，因此没有必要单独立量。另外，这后面的四量中，义准量和无体量两者也被弥曼差派所承认。窥基在《大疏》中也说道，古因明的六量中亦包含前面四量，他还大致作了一一介绍。但据吾人所作的调查，在古因明时代没有哪一家谈过世传量与多分量。恐怕也就是弥曼差派才提到过此二量，而且也说得不明不白。

简而言之，本派的量论尚未摆脱驳杂与零乱。一方面，看上去它仍然有不少模糊不清的地方。其虽然尽力要显明本派的思想运用法则和基于经验的归纳法，但其认识水平仍说不上充分与透彻。更为惋惜的是，印度论理的论辩形式虽然发展相当完备，但人们对它的自悟门，即知识的认识路径，看来仍然疏于深入的研究。恐怕真正展开这个工作时，印度已进入了近世阶段。而倾力关注此问题并做周详的批判研究，则是因为受到了近世西方论理学的刺激与启发的缘故。而此则正是吾人为之抱憾而感慊然的地方。

第二节 论式论（第五、第六、第七句义）

量论认为，意在为自己谋求正确知识的方法，属于所谓自悟门。而以此种知识作为基础，向他人传达自己的意见，或是反驳他人的说法主张，都叫作悟他门。然而寻求知识与传达知识，即无论是自悟抑或是悟他，都离不合乎道理的说话议论形式，都必须组织确定的语言。如果语言论议的过程混乱，就不能得到正当的结论。成立正确的语言形式便称为立量，立量就是成立论式。西洋论理主要以研究思想运用的规律为目的，其所组织的论议当下不一定就有对面的质难者。关于印度论式，对面的敌论者是必不可少的。此也是印度论理法的一个重要特征。关于西洋论式，结论在最后才总结出来。印度的论式上来先要亮明旗帜，以成开宗明义。总之，陈那以后的比量（推理认识）分为自己的和为他人的两种。为他比量的功能就要以立量和论议形式才能完成。

正理派的论议形式是为了实现如上的目的而建构起来的。因之作为其论议的基础，必须是立者（vādhi）、敌者（ativadin）都预先达成有所共识的说话理由。立者之成立自家的主张，必须先对这个主张的性质加以审察，然后再用一定的语言形式组织起来。这中间第一是要有见边，即十六句义的第五范畴；第二是十六句义的第六范畴，称为宗义；第三是第七范畴，名为论式。以下分为三项讲述。

一、见边。本典（I.25）谓："凡圣见方（看法）一致的事件，名为见边。"此中的"凡圣"，差不多可以解释成"一切人"。一般人都可以共识不违的事件或者关系，就称作“见边”。盖梵语中，dṛṣṭānta 一语，由 dṛṣṭa+anta 组成，意思是“末了能令人得见的东西”，也就是“经验之终极”的意思。也就是“从以往的经验来讲，无论在什么情况下都可以通行的理由”的意思。而在推定某种事件时或者论证问题时，以它作为基础，则无论何人均不可作相反之论的真理。这就是正理派要把它当作十六句义之一的原因。然就印度论理而言，在陈那之前，尚未有把“见边”以命题形式宣布出来的做法。毋庸置疑，立论者需要出示一个个的单独例子，以证明自己的主张。在本典（《正理经》）的理论范围内，虽然此时尚未出现西方论理逻辑中那样的大前提，但可以肯定，正理派的论式中已经包含了这样的含义。

二、宗义。梵文 siddhānta，音译为“悉檀多”，直译义为“极成”。不过在此它是“主张”的意思，所以也就被译成了“宗义”。盖凡有论式，其中的主张或主题，只是从立论者一面来看才是极成的道理，而在敌对的一面则是不会认可的，所以“宗义”只是就立论之人而言的主张。据本典来看，宗义涉及四种立场：遍所许宗（sarvatantra siddhānta）、先承禀宗（pratitantra siddhāanta）、傍准义宗（adhikaraṇa siddhānta）、不顾论宗（abhyupagama siddhānta）（Ⅰ.27）。因为慈恩大师窥基在其《因明大疏》（卷一・五十九丁）中也介绍了同样的四宗之名，借基师的术语译名，袭用于此。用基师的译名，来解说本典正文，在这里也是说得通的。

（1）遍所许宗。如此名所示，“遍所许”是指无论什么人都不会有相反的意见，即都会同意的意思。本典（Ⅰ.28）谓：“本派用来作为自家主张的，是不与一切教派相违的宗义。”伐差耶那对此所举的示例是好比“鼻根缘香”这样的命题。这样的宗义虽然并不相违，但若自他双方都共同认可，这样的议论主题就失去了双方论争的价值。

（2）先承禀宗。从以往的某代先辈那里继承下来的宗义。本典（Ⅰ.29）谓：“同一学派中确定所有，而他派不会认可的宗义。”即虽就自派而言是遍所许的宗义，但对他派而言为值得论议一番的话题。

（3）傍准义宗。主张者的目的不在其所说的主题上，即在其主张的语句当中埋伏了别的意思，那未明说出来的含义，才是主张者的宗义。本典（Ⅰ.30）谓：“其据以证明某一事的东西，适可证明另外的他事。”此即是所谓的傍准义宗。伐差耶那所举的傍准义宗是这样的例子：物事如同器官，既有某物事、有某器官，便应当有使用物事或器官的主体。比如，若有视觉或者触觉存在，便应有使用它们的人存在。按照印度哲学，这里的人就包含了两层意思：一是普通的肉身凡胎之人，一是灵魂自我那样的人。借上面的说法，来成立“人”，未明说的是成立“灵魂”（jñātṛ），就是傍准义宗的命题主张。《因明大疏》中举有这样的傍准义宗例子，谓：“傍准义宗，如立声无常，傍准显无我。”在吾人看来，例如现代议会中用成立法案的形式来贯彻政府的政纲，其用意在取得信任担保，就是一种立傍准义宗的做法。

（4）不顾论宗。不管经文如何说，不管他派如何说，执意只要提出自家的主张，称为不顾论宗。本典（Ⅰ.31）谓：“经文未有明说，虽无法以作权证，唯认定事实而依之立论的特性之议论。”这个定义读起来不免感到语义有些含糊。西洋学者对它也有多种解释。巴伦提纳（Ballantyne）将其译作“教义暗含”（implied dogma），认为这指的是虽然经上未有明说，但设想有自家同意的教义含蓄其中[①]。道森则将其译为“假定命题”（Lehrsatz der Annahme）。这与亚里士多德的“尝试断定”相当[②]。无论如何，诸家都以为，这是一种说服力最薄弱的论题主张。不过伐差耶那自己则对此说：“此是显示自己的意见为优胜而反驳他人意见而成立的（主张）。”从这句话的字面意义看，这倒成了最强力的论题主张了。而本典中的颂文则表明，这只是把无论经文还是本宗派中都没有说的事件当作自家的主张，可以理解成其用意在表达纯粹个人性质的主张。此处吾人借窥基的话来说明这个不顾论宗：“不顾论宗，随立者情所乐便立。如佛弟子立佛法义。若善外宗，乐之便立，不须定顾。”又龙树《方便心论》中[③]说四宗，即：一切同、一切异、初同后异、初异后同。一切同便是此处所说的“遍所许宗”，而一切异可以确定正是这里说的“不顾论宗”（abhyupagama siddhānta）。亦即意味是一种不受任何别的约束而执意要提出来的独立的主张。

三、论式。前面已述，见边是为了加强论议的基础。宗义的设立是为了审察主题的性质。从此二者更进一步，则是通过因

---

① Ballantyne, *Nyāya Aporism*, Vol. 1, p.30.

② Deussen, *Allg. Gesch. d. Ph.*, I.3., S.379.

③ “已说喻相。执相云何？”答曰：“随其所执广引因缘立义坚固，名为执相。”问曰：“执法有几？”答曰有四：“一一切同，二一切异，初同后异，四初异后同。”问曰：“汝今应当说此四相？”答曰：“凡欲立义，当依四种知见。何等为四？一者现见，二者比知，三以喻知，四随经书。一切同者，如说者言无我我所，问者亦说无我我所，名一切同。一切异者，说者言异，问则说一，是名俱异。初同后异者，如说者曰，现法皆有。”

（hetu）之媒介环节，将宗义和见边连接起来，以确证自己的主张。表述这种主张的方式，亦即语句形式，便成为论式。即四种宗义中，无论是哪一种，都需要借助见边作论证。正理派组织的这个论式，有五个部分（五支），即宗、因、喻、合、结（nigamana）。先来看通常总会出示的两个例子：宗，彼山有火；因，以有烟故；喻，如灶，于灶中可见烟与火；合，如斯彼山见烟；结，故说彼山有火。

只是在用喻支时，有同喻（anyaya-udāharaṇam）与异喻（vyatireya-udāharaṇam）的分别。同喻是可成立宗义的肯定性基础，异喻则是从反面来说的否定性基础。上面的例子当中，喻支使用的类似于同喻，而如果采用异喻论式，则五支稍显异趣：宗，彼山有火；因，以有烟故；喻，如湖水，于湖水不可见烟与火；合，然彼山不如是，彼山有烟；结，故说彼山有火。

而证明声是无常的例子则是这样的。宗：声应无常。因：所作性故（因缘生故）。喻：同喻，如瓶等，瓶上见所作性与无常性；异喻，如虚空，于虚空见常住性与非所作性。合：声亦如是，声是所作（同喻的场合）；声不如是，声是所作（异喻的场合）。结：故曰声无常。

今依颂文对此五支中的各支，逐一加以考察。

（1）宗。本典（Ⅰ.33）谓："所立发言，是名为宗。"此处所立（sādhya），即是所证，亦翻所成。意即立敌之间立而待证的议论主题。又此所立亦名为主张或意见（pakṣa）。前说的宗义，亦即极成之说（siddhānta），是论式的一支，虽先为立者意中而言之"极成说"得名。今则为据此议论主题见地本身而所立的发言。例如，当谓声是无常为宗时，正理派一方虽已确信其义，对于对手敌论者这一方面的弥曼差派言，此宗主题则是必须加以证明的东西。通常这样的宗的命题形式，得用两个名词——主词与宾词——来加以表述。主词在论理学的术语称为“有法”（dharmin），即其领有属性的意思。宾词即谓“法”，即其为主词上属性的意思。不过，宗从形式上又相当于论理当中的断案（结论性的判断句），这样有法则相当于这个判断句中的小词（minor term）。这样一来，法则相当于句中的大词（major term）。不过，正理派在这里并未对系词（copule）“是”加以更多的注意。通常是把它当作大词的属性来看待的。比如他们会说“声无常”而不说“声是无常的”。很多情况下都不会单独将“是”提出来申说。正是这里，暴露出印度逻辑当中对于“质”研究的薄弱。再从“量”这方面来看，正理派的论式组织形式大抵都是全称性质的命题判断，特称判断几乎是看不到的。就此而言，正理论式与西洋逻辑当中清楚地区分了全称与特称论断的命题有很大的不同。也正是从此而论，可以说印度论理在精密性上要较西洋逻辑远逊一筹。即是说正理派的逻辑当中，尚未发展出来这样全称与特称的判断差别：A. 全称肯定（一切声皆无常）；B. 全称否定（一切声皆非无常）；C. 特称肯定（有声为无常）；D. 特称否定（有声非是无常）。

因此，正理当中可以说尚无关于判断的量之区别的意识。而后来因明传至中国，如慈恩大师窥基等人则已经对判断的量稍有认识了。

不过，此处关于宗之定义，当可注意者，是正理本派对作为其论题之宗，已经有了“所立”与相对的“能立”（sādhana）的认识与命名。古因明师把全部宗、因、喻在内的论议形式都称为能立，亦即一律看作证明问题的手段，而把想要证明的所立问题视为论式以外的东西。对此，佛教的新因明家大加驳斥。从正理派之本经来看，新因明家的指责倒也不是完全的无端指责。

（2）因。本典（Ⅰ.34）说："与所立之同喻为同相之理由，也与（所立之）异喻为异相之理由。以彼为能立，能证所立者，即为因。"因，因此是能够达成证明所立宗作用的东西，也就叫作"能成立"。按照上面的定义，一般被认为具有宗上有法（前陈）的性质的肯定例证，以及否定性的不相类似的类例都是理由的根据，其可以用来论证宗上的命题主张。此正是因之为因的理由。例如，为了达到证明"声无常"的宗义，而采用"所作性"（kṛtakatva）作为理由（因）。这个理由之所以能够奏效，是经验上的具有所作性的事物，如瓶啦罐啦，都是无常性的。就其所作性言，类同于声，因此可以自瓶罐的无常性，再推导到声的无常性上去。这里又可以从宗义的"无常性"看到性质完全相反的，即是具有恒常性的虚空，可以作为相反的类例，也就是无常的相异例类。既然虚空从反面揭示了"恒常"与"非所作"的关系，则虚空对立面上的声音也就是"无常"与"所作"的联结。因此，声既是所作，便应当是无常的。其所以在论式中显明立论者的因（理由），就正是因为它把立论者的主张联系到了一般性的共认的真理上边。而此正相当于形式逻辑当中的中词（middle term，媒介词）所起的功能。也因于此，中词之因才有重要的证明作用。因此，在本典当中，对因的相关研究在正理本典中深受重视。《正理经》对第十三个句义——似因作了相当深入的探讨。不过，《正理经》对于谬误之因的研究尚未能成为严密的论理考察。下文中吾人也可以看到，它的不少见地仍显粗疏。

（3）喻。所谓喻，至少是立敌双方都共认的真实事件。因此，在论议中它才能充当大前提一样的推理基础。换言之，此处的喻，便是前面所说的论式中的“见边”一支。如前所说，喻分为同喻与异喻两种。

先说同喻（anvaya-udāharaṇam）。本典（Ⅰ.35）谓：“与所立（有法）相同故，有其法的见边，名为同喻。”以“声无常，所作性故”为例，凡一切具有与宗上有法之“声”的“所作性”相同性质的，因此也有同于这个宗法的“无常性”。立敌双方都共同承认的便叫作“同喻”。换言之。同时具有因的性质与宗法性质的，比如瓶罐这样的东西，就是与宗有法“声”属于同类的同喻。这是因为瓶罐也是因缘所造而出现于世的，因之也具有世人皆可共认的无常性。以这样的必然关联，因此可以决定证明宗有法“声”也一样有无常性。无论仅凭瓶罐这么一个例子是不是证明力太薄弱了，它作为一种“见边”总不失为最终的经验代表。只要在经验范围内，所作性与无常性是相关不离的。宗上有法之“声”也一定领有无常与所作的属性或性质。此之喻例使人坚信不疑：声上必有无常性，此点绝无例外。

其次，来看异喻（vyatireke-udāharaṇam）。本典（Ⅰ.36）谓：“与其（宗法）相违故，与因亦相违者，名异喻。”举例而言，若有一物，其既有与宗法“无常”相违（相矛盾）之常住性质，又有与宗上有法之所作性相矛盾的性质“非所作”的，比如像“虚空”这样的，便可称异喻。换言之，“常住义”与“非所作义”两者紧密联系，是立敌双方所共认的事实，其完全成为同喻的矛盾对立面。不过，异喻之所以能够跟同喻一样，作为证成宗义的大前提，简单地说，便因为异喻是同喻换质换位的结果。即以同喻为命题，异喻就是它的逆否命题。同喻是“一切所作的都是无常的”，异喻则说“一切不是无常的都不是所作的”。同喻与异喻本质上没有任何区别。以后的佛教因明师如陈那就把同喻与异喻合并起来，放到论式当中同时叙述。而陈那的做法如果从论理要求的简洁来作批判性的看待，不免显得累赘。倒是正理派自身在这里将同喻或异喻单独作为论证的原理，反而更具有合理性。不过，此处的喻，尚未达到陈那新因明的喻之水平，即尚未可称为命题（即未足成为所谓“喻体”）。也就是说，尚未达到显示一般原理的大前提意义。实际上，它仅仅是枚举一一事例。也因如此，单举同喻与异喻，不免过滥，难不滋生诡辩。此点务请读者铭记。

（4）合。从论文形式上看，一个论式若有宗、因、喻三支也就够了。因此，此处的“合”支是实际辩论中采用的手法，因此不免显得有些多余。特别当喻已经发展成为全称的命题形式后，它更成为可有可无的东西。但在本经中的此处，“合”之一支，有使“喻”支意义更为明确的功能。正是为重申宗因关系，才特设了此第四支。本典（Ⅰ.37）谓：“指出喻之关联性的，有‘如斯’（tathā）或‘则不如斯’（na tathā）的语句。”

如果用“声无常”的例子作解，举瓶罐为同喻的场合，此“如斯”就意味着：“如同说声是所作时那样，宗与因相属不离。”举虚空为异喻的场合，此之“则不如斯”也就意味着：“在与‘声是所作’之情况完全不一样的场合。”以后陈那把这一层意义总结为正因的三种条件之一“遍是宗法性”（意为：因必须是完全与宗上有法有关系的性质，亦即是说必须在形式上满足“只要是声都一定是所作而成的”）。从此方面看，五支论式中的“合支”实则体现其对（陈那所说的）条件性的满足。

（5）结。接着上面的合支，再回过来对于前面的宗义重说一遍，下了最后的判断结论。因此，本典（Ⅰ.38）谓：“因其理由，再述前宗，名为结。”即是在这里以重说“故此”（tasmāt）的理由，再重申前宗的主张，确认此为立论者的见解意见。

此下，从论理和逻辑意义上来稍稍谈一下五支论式（pañca-avayava-vākya）。其虽然名为五支——宗、因、喻、合、结，其实仍然不出三支（宗、因、喻）的含义。五支的意义可以归结到三支上面。今若举三支论式则如下：宗，声无常；因，所作性故；喻，凡是所作皆为无常，如瓶等（异喻，凡是常住非是所作，如虚空）。

此即是说，类似西洋论式的逆否形式命题的，只有陈那采用的异喻这一形式。若将正理派的异喻功能，用喻、合、结三支来表示，则成为：

喻：凡是所作，皆为无常，如瓶等，……凡是常住，非是所作，如虚空。

合：声是所作……………………………………声有所作性。

结：故声无常……………………………………故声非是常住之物。

也即是说，形式上它大体同西洋论理方式是一样的，不仅是在正式场合中常常使用异喻。因为图方便，正理派自己使用异喻的场合每每可见（如在后面的“倒难”部分中即可以见到）。

总而言之，若看正理派前面的两种三支，或者看他们的五支论式，跟西洋的三段论式（syllogism）在性质上并没有什么差别。而从其格式来看，其同喻则必相当于西洋三段论式的第一格，而异喻则必相当于其第二格。因此，在同喻当中，中词是大前提（喻）的主词和小前提（将因作为一个命题来表述的话）的宾词。而在异喻当中，中词则成为大小两前提的宾词。因此，也才能够完成对结论命题的否定性陈述。试用西洋论式作对比来检查：

大前提：凡所作者皆是无常者。	异　喻：凡非无常，皆非所作，
小前提：声是所作者。	声是所作者，
结　论：故声是无常者。	故声不是非无常的。

换言之，在同喻的陈述中，作为中词的所作性，是大前提的主词，又是小前提的宾词，其自身方能构成第一格三段论的充足条件。而在异喻的陈述中，作为中词的所作性，则无论在大小前提中都处在宾词位置上，如是表述出来的否定形式的结论，也就符合三段论的第二格的要求。然而，如前所说，对正理派而言，其尚未有对特称判断的意识，因之也就在正理的论式中看不到有第三格的情况。又特别是在《正理经》当中，还没有用喻来表达的命题。吾人只是勉强地与西洋三段论形式作比较，才有将喻之内涵当成大前提的说法。此虽可能失于牵强，但也只是亟欲说明：瓶罐之为喻，其上有所作性与无常性二者。从内涵意义上包含着两者之间的必然联系。虽然尚未能够用命题判断来申说这种联系，但《正理经》中可以说已有了这种观念联系的迹象。

不过，本经中的论式可以认为一些根本性的缺点。吾人认为，正理师们的喻支，究竟能不能等同大前提是有待商榷的。论辩的实际过程当中，正理派仍然只是停留在将一一的具体事例当成喻例来使用的，这里还看不出他们对于必然联系有着明确的意识。换句话说，由于正理派在本经的这个阶段，对喻的（原理）意识还很暧昧，所以其未能充分地展现出因与喻之间明确的、必然不离的关系。其只是就个案事例来证明“声无常”的宗义：其中用以证明“所作者是无常者”的原因，是因所作性而呈现无常性的例子，即瓶罐。当然，这样的证明形式，虽然明确然又尚未脱离个案作证的路径。尽管前提是吾人已知，凡是一切所作性的东西都必然是无常性的东西。若以西洋惯常提举的例子来说明的话，吾人可以碰到下面这样的论式，其足于显示出《正理经》（以个案证明个案之）论式的不正之处：

凡水中所栖之动物都是冷血动物，如鲛就是这样。

鲸就是水中所栖之一种动物，故鲸是冷血动物。

上面的论式若以《正理经》中的论议规则来判断，没有丝毫的无理。事实上，也不能就说它不能证明鲸是温血动物。因此，问题出在“凡水中所栖”这上面。如果论域只是“水中所栖的一切冷血动物”的话，当然可以说鲸是冷血动物的结论是正确的，完全符合必然的一般原理。而这里的问题是，单单以鲸与鲛这两个个案来推理。其大前提的一般原理是借鲛之独一个别例子来成立的（本质上只是个案的类比）。以这种方法所作的归纳总结得到的一般原理是不充分的，因此若依据它来作演绎性的推理就可能是不正当的。因此，上面的理论从鲛为冷血动物而推知鲸也是冷血动物，才出现了问题。但也正是在这里，吾人认为单纯把西洋的演绎推理法等同于正理派的论法，不能说是恰当的，从两个体系的精神实质看，它们并不完全是一回事。就演绎法而言，大前提中所说的一切物事，已经包含结论当中的那个主词代表的东西，尽管未必在说大前提时它便清楚地呈现出来了。只是经由小前提的中词媒介提醒的缘故，才在结论当中得到断定。正理派的推理法（并非以普遍性的大原理为出发点），而是基于一般经验所作的归纳，再引出一个类似的断案结论。例如，下面的便是这么一个三段论式：

（凡一切）人皆有死，
孔子是人，
故孔子是有死者。

今若试从演绎法的立场来看，则“凡一切人”的概念当中便已经包含了孔子在其中，但只是对于孔子之死这件事本身尚未有明确的意识。借论式的力量，这个认识才明了起来。因此，此之结论，如果只是局限于大前提的真理上面，则无论如何，并未突破这里蕴含的必然妥当性之思想法则，到底不是对大原理的违背或否定。但若站在正理派的立场上，则小前提中的孔子可以肯定并不是包含在大前提（的“凡一切人”）中的。其所以如此，正理派的逻辑当中已有这样的要求——喻例当中必不能包含宗[①]。

因此，如果按照正理派的看法，仅仅根据一切人都有死来推断孔子的死与不死，是不会有决定的证明力的，因为此间并无必然性的联系。而如果按照“孔子是人”“故孔子有死”的顺序来判断，由于从经验上看，一切人都会死，不曾见过有例外的，而

① 后来的新因明则称此规则为“除宗有法”，即因明论式中，仅能取宗（命题）中所未说及之事物作为宗同品，不得将宗中已有之法亦置于宗同品之列。——译者

这里孔子也是人，所以他也必然会死。这样的说法是可以成立的。原因就在于“一切人皆有死”的原理，在此并非先于论式就有的大原则，而是在当下的经验上归纳总结出来的。正因为如此，正理派之要求作为推理的必然性基础的，是例证而非抽象出来的原理。这个例证，正理派称之为“见边”。也因为如此，其在举喻例时，总不使附上“凡”或者“诸”这样的修饰语，“凡诸”正显示其喻例不止一个，必然是多个。盖因作为大前提的喻，其中一旦被加上了“凡”或“诸”，则可以设想，结论就已经包含在其中了。因此，对于完全本于经验常识的人来说，不需要使论式包藏更多的效果。要言之，正理派的论式其形式上虽然不妨是演绎的，但从精神实质上讲，它更像是归纳性的。就论理的妥当性言，其虽不能不涉及演绎法，然而如果从另一面来看，以经验为基础而使新的知识增加，正是演绎法得以增长发展的原因。

综合起来考虑，此处正理派论式的目的，不但是为了获致新的知识，更是为了要决定有力地贯彻自己本派的主张。采用归纳获致的类推原理，再依据演绎的必然法则来作论证，肯定是有利于立论者一方的确实手段。而这样的论理法的运用，必然会扩展喻的逻辑意义。唯其如此，那种以西洋三段论式中大前提形式出现的全称命题，才始终未能在印度正理派逻辑中出现。也即是说，就喻之命题言，其中的“凡”或“诸”之类的限定，是考虑中词媒介的周延性。而如果违犯了这个规定，便常常会有中词不周延的过失（fallacy of undistributed middle）。但正理派的考虑点不在这里，所以他们有意回避了“凡诸”的说法。然而，事实上任何论式在形式上如果稍有一点不完备，都是不可以的，所以这里就出现了上面说的错误结论——鲸被证明也是冷血动物。

将这一缺点排除掉而完善了演绎式的推理式的，是佛教的陈那其人。由于陈那批判力的影响，后来的正理派中注释家蜂起，对于所谓的遍通关系（vyāpti，遍通性、遍充性）有着深入的思考。遍通关系是下一节的重点。

第三节 关于遍通性

所谓遍通性（vyāpti），指因与喻之间的必然不相离之关系或者法则。更具体地说，在同喻的场合中，凡有因的地方必然有宗法（宗支一句上的宾词）；在异喻的场合中，凡无宗法的地方必然没有因（理由）。就是这么一个关系法则。前者被称为肯定性的遍通性（anvaya vyāpti），后者被称为否定性的遍通性（vyatireka vyāpti）。为使读者诸君容易理解，以下举例进一步说明。

这里吾人以从所作性而证明或推知无常性的例子来看。这当中作为证明基础的东西，还不能说就是所作性之因。这里的因，正理术语叫作“相”（linga）。相是相位，表示其处于可以在论证或推理中当作把手或依据的地位。相对于此，那真正能够证明声是无常性的，叫作有相（lingin）。然而，吾人是将所作性的相本身当成把手，去推论有相之声的性质。由把手或者根据，吾人推定声有无常性。从经验上言，凡具有所作性的东西都是无常性质的。换言之，所作性与无常性之间存在着必然的相随不离关系。这种关系，特别地称为肯定性的遍通关系［它也叫不相离性（avinābhāva）或不离的关系］。这里的遍通或者遍充性，指有相的无常性本身，是完全地遍满于或充满了作为相之本身的所作性的。以图显示的话，便是：

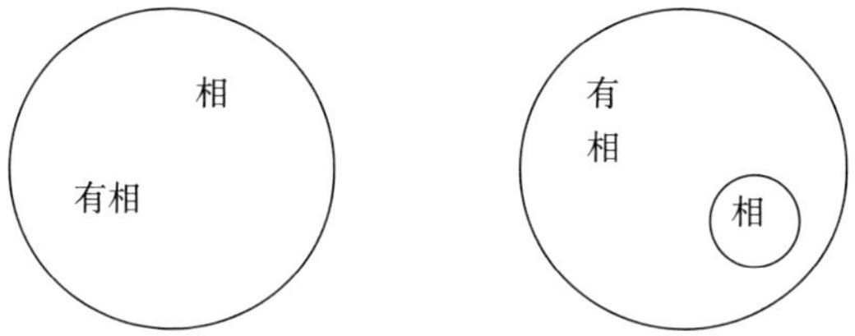

左图：相与有相的外延相待，有相的性质也遍满于相。
右图：有相的外延比相大，有相的性质遍满于相。

上面两图表示，相被包含在有相当中，或者说有相的性质遍满或充满了相。不过，不一定就能够反过来宣称，相也必然充满有相。例如看上面右图，其遍通性就是不可逆的。这里又可以称，有相就是能遍满（vyāpaka，能遍充），相则是所遍满（vyāpya，所遍充）。正因为无常（有相）完全地遍满于所作性（相），而所作性则不一定能够充满全部的无常上面，所以在有所作性缺无的地方，仍然有无常性。不管怎么说，这个遍充性的法则，若将主词与宾词颠倒过来，就会成为错误。在西洋论理学当中，有相与相之间的这种遍满关系的考察，是看作为推理媒介的中词是否周延（distribute）。再用命题形式来说明："凡有所作性者必是无常者。"

因此，肯定性的遍通法则，用西洋论理特有的方式来说，是全称肯定的命题的大前提。这个命题中的前项与后项便是主词与宾词。主词与宾词的这种关系，是表达的万人共认的原理，而这个原理的根据或把手便是相，也就是推理式中的中词媒介。这个中词媒介相对于所欲推定的大词言，应当是周延的。在此意义上说，之前所及的都是一个又一个的喻例，其所体现的都只是这种遍通关系。从这种遍通性着眼，论议当中的任何一个喻例，就都不只是有助于敌者的理解，它更完成了将喻转化为一种命题的作用。

其次，看消极的或否定性的遍通性。这是上面的肯定性命题的否定形式。如果前一遍通性表现在“所作性”遍满于“无常性”的话，这里的否定性遍充则表现为，在“非无常（常住物）”的范围内绝对不存在与“所作性”的关系。图示的话，就是下面两个外延互不搭界的圆圈：

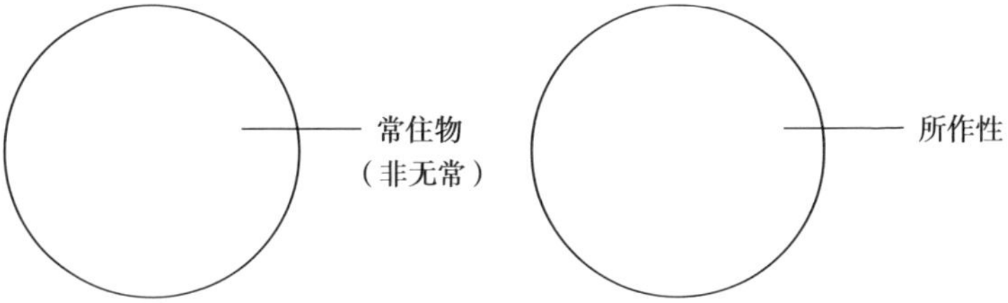

盖若对“声无常”的宗，用“所作性”为因，异喻若是“虚空”，亦可以完全令能立的因奏效。虚空上面的非所作性，若对瓶罐等的所作性而言，可谓全不相关。因之，若反过来说“声无常”与否，也就不具些微的论证能力。如果在常住物当中，哪怕有一点点的所作性的，都可以证明所作也有恒常，那样也就肯定不能推导出或者断定“所作性的”声是无常的。总结上面的说明，否定性的遍满关系作为肯定性遍满命题的逆否形式，就应当表述成为：“凡非无常必非所作。”

也因为如此，在正理派的论式当中，像虚空这样的异喻，不仅从一开始就受重视，更有向陈述关系的命题转移的倾向。

对于遍通关系的研究，不但塑造了以后的正理派，也对吠世师派和僧佉耶派两家都产生过很大的影响。意义尤其巨大的是，在整个印度佛教当中，它促成了新因明一派的出现。要而言之，陈那的九句因理论，就是来自对这种肯定性的遍通关系与否定性的遍通关系的深入考察与推陈出新。在陈那之前，先有世亲对于因之三相加以研究总结。盖如吾人所知，因之三相的第一初相，即遍是宗法性——凡声皆是所作，虽也涉及了宗法与因的关系，但后面二相，即同品定有性和异品遍无性，所谈的正是这里讨论的肯定性遍充与否定性遍充的规定。即是说，同品定有，讨论的是因之同宗上之法（宗之后陈）的性质相同的所有品类（事物）的必然联系。举例而言，这种必然关系必须表述成“凡是所作性的事物必然是无常性的东西”。至于异品遍无性，则是在具有与宗法（宗之后陈）的性质完全相反的事物品类的范围内，必然同因没有任何关系。联系上面的示例，便是“凡是恒常者必为非所作者”而所说的九句因，其实正是用这两个法则来考校因之分别与宗法之同类和异类的状况而作的总结（从来认为九句因是足目所传，然无有证据。应当说其还是陈那的新说为宜）。

又关于遍通性质，相关的讨论颇多。恐烦，此仅择其一个方面的内容来观察：因遍通性而引出的能遍与所遍二者在推理当中有何功用。吾人试讨论“凡一切所作者（所遍）皆是无常（能遍）”这个命题。看看它中间的主词与宾词，在论理意义上的外延相待关系。吾人若抓住“所作性”之为特征（linga，相），那么具有这种特征的名为有相的“无常”就被确定下来。但若反过来说，凡与“无常”同类的事物，就不一定可以说它必定落在“所作性”的范围。这里好比说“凡东京人都是日本人”，如果颠倒主宾，反过来陈述，就可以发现是有问题的。任何人都知道，东京人都是日本人，但日本人可就不会只能是东京人了。为什么会出现这样的问题呢？这是因为按西洋论理来说，主词与宾词分别代表的概念，在外延上各有广狭、宽窄的确定性。总之，这个问题可以由概念的周延与否来解释。所遍通常是周延的，而能遍则不是周延的。按正理派的说法，此处稍稍不同。他们说，所遍是受到能遍的限制的。例如，东京人（所遍）只限于日本首都所住的日本人（能遍）。“受到限制”是问题的根源。如果因为对能遍可以作肯定陈述，便直接对所遍也加以肯定陈述的话，便是将一个本来受到条件限制的东西，当成了无条件的陈述基础，这里若由西洋逻辑中的谬误论来说，便是犯了“无视条件性”的谬误。在西洋逻辑当中，把一个全称肯定的命题作换位陈述的话，一定需要对原来的宾词加以限定，才可以免除错误。因此，用概念的周延与否或者受限制与否来解释说明，仅为术语的不同，并未改变其逻辑本质（仍以刚才的例子来说明这点，“凡东京人都是日本人”的命题，若加换位，要避免出错，就只能转述为“有的日本人是东京人”）。

第四节 议论法的种类（第十、第十一、第十二句义）

前面说过，正理派的议论形式，其目的完全是为了辩论的需要。毋庸置疑，议论的第一目的总还是要探求真理的。虽然好多时候议论中不免有不择手段，一心挫败论敌，以求获胜而逞一快。作为辩论手段的议论法，在正理分为三种，即本派之第十、第十一、第十二句义。

（1）真论议。本典（I.41）定义曰：“用思择、能立（因喻）、非难等，而不背宗义；以立敌双方共许的论式立论，加以驳难，如是论议为真论议。”也就是说，立敌双方遵奉一定的宗义，采用正当的手段，以相互认可的论式展开论争。因此这里也包括了主要是为探求真理而在师弟之间、本宗本派中间的论议活动。本句义与陈那的真能立、真能破相当。慈恩大师窥基在《因明大疏》中（卷一·十七丁）虽说古因明尚无立量破（立论式而驳斥不同的意见），但从上面的定义来看，正理派当中是有立量破的。

（2）纷论议。本典（Ⅰ.42）定义曰：“如前所说，若以曲解、倒难、堕负等作证明手段来兴论议，即名纷论议。”即虽有真论议场合下，立敌双方共奉一定的宗义，以一定之论式来作议论的活动，但也有如下面误谬论一章中所说的，采用不正当的手段来立论，以及反驳敌论主张的事。这种不以求真为所事目标，单以求胜逞快为目的的议论，都属于陈那所说的似能立、似能在的范围。

（3）坏义论。本典（Ⅰ.43）定义曰：“采用同样的理由来驳斥敌论，而未能证明自己的主张的，叫作坏义论。”即如同前论（纷论议）的情况一样，采用不正当的手段，不是为了自家立论，而只是要破斥对方议论的错误论法。在《因明大疏》中，这被称为滥用“显过破”。

此三种论议当中，真正可取的只有第一种真论议。虽然这是大的原则，但具体到平时的论辩中，免不了要采用纷论议和坏义论的手法。本典（Ⅳ.115）说：“为护芽生，须要树立刺篱。如是为护卫真理，得破斥外道或者敌党，其意在令自身站立。为达此目的，不妨采用狡猾的手段。”正因为如此，上面的三种论议方式，在正理派当中都有实用性，对于其本派学徒，都要专研讨论的。

第四章　误谬论

误谬论，指《正理经》上的第十三到第十六句义的全部内容。其中包含了对因之谬误和谬误的驳论、堕负的研讨。

第一节　因的误谬

陈那、天主的时代，对于误谬论的认识已经不局限于因，而扩展到宗、因、喻三方面，总称为三十三过。不过吾人所讨论的《正理经》，其中尚未涉及宗与喻二者。正理派只对因之过失进行了较深入的考究。盖因在正理的论式当中，作为理由的因，是论式最重要的部分，如果因（理由）出了问题，则无论论式本身如何完整，其能立部分的功效必然不能达成。本典（Ⅰ.44）把不正当的因分为五类。它们是不定因（savyabhicāra）、相违因（viruddha）、问题相似因（prakaraṇasama）、所立相似因（sādhyasama）以及过时因（kālātīka）。

（1）不定因。不一定之因（anaikāntika）谓不定因（Ⅰ.45）。例如，说声之无常，以无触对（asparśatvāt）故作为因时，便是这种情况。盖因为“无触对”作为理由，既通行于虚空，也通行于无常的心象等。这样，因之自身既在“无常”同品当中，也在“非无常”异品当中。因为它不能够确定地证明声是无常，所以便落在“不定因”中间。由于无触对的因，其过于宽泛，因此缺乏确定的论证力。

（2）相违因。理由如果自身采用了与宗义矛盾的因，便称为相违因（Ⅰ.46）。如说声常住，以所作性为因。“所作性”因，与宗法之异品“无常”的关系密切，而与宗法同品“常住”性则无任何关联。因之，使用这样的因（理由）只能证明相反的宗义“非常住”。因此，对所欲证明的主张言，其是相违因。

（3）问题相似因。本典（Ⅰ.47）谓：“Yasmat prakaraṇa sa nirṇayārtham apadiṣṭaḥ prakararaṇasamaḥ［对出发点问题的考察，为决了故，所以提出解决该问题的（理由却）是相似的问题，称问题相似因］.”

就此，依梵文原文解释。梵文原句的字面意思一望而知，是说把需要证明的东西，当成证明的理由，也与通常人们所说的“循环论证”（tautolgy; circulus in demonstrande）的逻辑错误极其类似。迄今为止，学者大都觉得对似因作这样的定义，已经可以满足。然依吾人所见，如果按上面定义解释，它同下文中的“所立相似”因也就没有什么区别了。因此，用循环论证的过失来说明此似因并不可取。看伐差耶那举的例子，他的解释就不是采取上面的说法。伐差耶那说：“无法解决立论、反论双方立场的（理由）称为问题相似因。尝试解决先前试图讨论的试验，称为‘考察’。对此（产生明确的决意）而打算付诸实现的研究心，便称为‘为决了故’。然而所提出来的当作两宗的（理由的）是同等的东西，并不能解决上面问题。既然是问题相似，就无从达致决了。”（Ⅰ.47 注之直译）

按这里的解释，立敌双方关于某个事件有不同的看法。为解决两家的意见分歧，无论如何会有相当的说服，最终才能达到决定（决了）。然而当论议最后只是回到出发点上的话，则就称为问题相似了。吾人在此自然深信“问题相似”当作如此解释。盖若能持此见，则不仅可以同“所立相似”清楚地区别开来，还可以顺理成章地联系到后来的《真理摄集》和陈那关于因之误谬论上面来。《真理摄集》（49）有所谓“自宗他宗同力因（satpratipakṣa）”的误谬，陈那也有“决定相违”的误谬。无论如何，立敌双方的因总是难以相并成立的，哪怕其都各有价值，也成不了俱为决定之因的。这方面正理派的“问题相似”是这种谬误的先驱。且不说需要如何严格，只要是针对同一个问题，如果作相反的两个判断，则一定会破坏所谓的“排中律”（law of excluded middle）。而在实践当中，议论的目的主要是为了成立本派的主张，对于同一问题如果允许不同的立场上判断，就会形成这样的结果：同一事物竟有两个相反的（而非矛盾的）断定。村上博士在其《因明学全书》中举出例子，显示这种相违决定的论法：

立论	敌论
宗：殷汤周武是乱臣贼子。	宗：殷汤周武是明君。
因：以其皆弑君故。	因：以治国平天下之功大故。
喻：譬如王莽。	喻：譬如尧舜禹。

立者乃自其弑君这点来看，而敌者则自治平之功这方面来看。所以虽然其议论问题不同，作为论断的，一为乱臣贼子，一为明君贤主，两相对立。既然同等相持，必不能达到议论目的。因此被归结为一类谬误。再者第十五句义的倒难中，也有名为“问题相似”

（prakaraṇam sama）的错误，虽然那是在喻上面出了问题，但也会导致立敌双方的主张正相反对。彼足以作为此处的一种参考。

（4）所立似因（sādhyasama）。与所立相同，也需要论证，名为所立相似（Ⅰ.48）。这就是所谓的“循环论证”，又叫“论点窃取”（petitie pricipii）的谬误。一种自身尚且需要论证的因（理由），却被用来证明其他的论议主张。

（5）过时因（kālātīka）。显示出过时的因，名为过时因（Ⅰ.49）。伐差耶那用下面这个立量论式来说明过时因：“（宗）声当为常住。（因）以结合而发显故。（喻）如同色法。色法上见恒常与结合二者。（合）声亦如是。当鼓槌与大鼓相合时即有声出。（结）故声为常住。”

此处的意思是，瓶等色法本来存在，因与阳光相合而被看见，如是亦可见声之原本恒常。但这里的大鼓与鼓槌相合而可闻，并不等于鼓声就是大鼓与鼓槌相合而新生的。然而伐差耶那的解释，就瓶等的可见性言，实际上吾等看见瓶之前就有所知的，只是时至而证实罢了。但大鼓和鼓槌相击以后才有声音，无法证实它先已存在着的。亦因如此，接下来用“以结合而发显故”当作理由，无视其结合前后的情况而作断定，所以是一种谬误因。然以吾人之见，这样来解释“过时因”不只同颂文不合，而且仅对声论而言的谬误，也令人生出根本不沾边的感觉。今在龙树的《方便心论》（明造论品第一）中还可以见到似因之一的过时因[①]。它解释它之

① 问曰：“云何名为过时似因？”答曰：“如言声常，韦陀经典从声出故，亦名为常。”难曰：“汝今未立声常因缘。云何便言韦陀常乎？”答曰：“如虚空无形色故常。声亦无形是故为常。言虽后说义亦成就。”难曰：“此语过时。如舍烧已尽，方以水救。汝亦如是，是名过时。”（《方便心论》明造论品第一）——译者

所以是似因，并未说它成为理由是由于时间不对，而是说因为遭受了敌者的诘难，才引用先时（当证）的理由。也就是说，在成立论议的过程当中，时间顺序先后不正确，从而导致理由成为似因。但据颂文来看，恐怕应以伐差耶那的解释属于正当且最原始。于此且置所疑。

此处《正理经》中的似因，当加注意者是它的分类。看来此时期的似因分类尚无确定的标准。往后，到了陈那出世时，其将似因分为不成、不定及以相违三类，而当时的正理派中似尚未有系统之分类。唯其如此，吾人认为，以往所传的由足目而创九句因的说法不太靠得住。如先已论，九句因与同喻、异喻的关系相当严密，依其作观察，判断因之正当与否，显而易见有充分的道理。如若认为足目在世时就已经能说九句因，其中当有不少漏洞。对此，吾人会在说似因的部分去讨论。

第二节　不正当的驳论（第十四、第十五句义）

对于正当的立论，玩弄种种诡辩加以反驳，则名为不正当之驳难。这样的错误，被陈那称为似能破。在《正理经》中，不正当的驳难分两类：一是基于语言遣除关系的，一是与基于因喻之间的关联的。前者称为曲解，后者称为倒难。

一、曲解（第十四句义）。对于曲解，本典（Ⅰ.15）的定义是："作意味分别，而故意破坏（对方的）言论，名为曲解。"这里的意思是，对发言者说的话作两样解释，故意把说话一方并没有的意思硬加给他。这样的驳难就称作曲解。曲解又有三类：（1）对语句曲解

（vakchāla）；（2）不当夸张的曲解（sāmānya chala）；（3）对文辞的曲解（upacāra chala）。

（1）对语句曲解。造成所发言的意义不确定，转变语句，造成正好与论者意见相左的意思，名为语句曲解（I.52）。

伐差耶那对此所举的释例是：navakanbalo'yam mānavaḥ（有人着新衣）。由于梵语的 nava 既是“新”（nava）也是“九”（navah），两个意思的语词同形，所以人说新衣，便歪曲其说的是九衣，然后再加驳斥。《方便心论》有“随言而生过”，其曰：“有人说，我所服者乃是那婆衣。”他者难言：“今汝所着，不过一衣，何来九衣？”此例与伐差耶那的释意完全一致[①]。

（2）不当夸张的曲解。（立者）本来正当的意思，被不当夸张而变成不正当的意思，即此之谓（I.53）。

如世有人称，有婆罗门具备智德二者。彼说此语时，闻者就其大意，强作夸张，谓其称说婆罗门之全体皆具备睿智高德，对其驳斥曰：“我知有婆罗门某某，无学而败德。汝何声言彼等智德兼备？”

（3）对文辞的曲解。（某些文辞）有二重含义。（难者或）

① 问曰：“实无量毛，云何而言那婆毛耶？”答曰：“我先已说新名。那婆非是数也。”难曰：“今知此衣是汝所有。云何乃言非我衣乎？”答曰：“我言新衣。不言此物非汝所有。”难曰：“今现见汝身着此衣。云何而言不着衣耶？”答曰：“我言新衣，不言不着。是名似因。亦名随言而为生过。又复随言而生过者。如说烧山。”难曰：“实焚草木，云何烧山？是名随言生过，乃至诸法皆亦如是。复次随言生过，凡有二种：一如前说，二于同异而为生过。如言有为诸法皆空，寂灭犹如虚空。”难曰：“若尔二者，皆是空无。无性之法，便同虚空。如是名为同异生过。”（《方便心论》明造论品第一）——译者

否定（论者的）意思不存在，或歪曲论者的话（令成别的意思）。此称为文辞的曲解（Ⅰ.54）。

伐差耶那对此所举的例子是：若人闻说“满戏园喝彩”（mañchāḥ chroṣanti）时，便质疑说“何有戏园竟能高声喝彩”。根本不认戏园中看客可以喝彩。此句曲解与前面的语句曲解不同在于，前者本来是一音二词两义，此处则本来只是一词两义，一为字面义，一为借代义。本经当中对此有所拆解（Ⅰ.54-57）。《方便心论》曾举“随言而生过”的另外一例是：“闻人说烧山，便说山何可烧？所烧者明明只是草木（此可参见前例底注）。”

二、倒难（第十五句义）。本典（Ⅰ.58）上之倒难定义曰：“因（单纯之）同相（sādharmya）、异相（vaidharmya）而立反对论，名为倒难。”

此处是说因与喻之所以具有能立功能，当然是因上面的同法之相与异法之相的关系基础。然而天下万物中本无两个是完全相同者，也无有完全相异者。即因如此，声之无常的同喻，可以找到瓶罐，因为瓶罐上的所作性与无常性是相联系的。如只顾单纯的同异相含义，那么瓶罐上的可见性与可触摸性，与声音的不可见与不可触摸性，就扯不上关系，两者则成了异喻；反过来，从单纯从异相一边来看，也可认为：虚空既不可见亦不可触，它同那同样也不可见与不可触的声音便成了同喻。因此，此处所说的倒难，并不是指的两者间的遍通性质，而是说所有这些类例，如果拘泥于它们的同相、异相之某一方面，则为形成对立论者正当主张的无端抗拒。[①]正理本经虽在第一卷中举出好些这样的类例，但到了第五卷，在对其第一日课的全部内容加以解说时，又列举了二十四种类例。而如同吾人先前所猜想的，正理派在此所列出的细目，正是该派构造其论理规则的原动力。二十四种倒难的名称如次：（1）同法相似（sādharmya sama）；（2）异法相似（vaidharmya sama）；（3）增多相似（utkarṣa sama）；（4）损减相似（apakarṣa sama）；（5）要证相似（varṇya sama）；（6）不要证相似（avarṇya sama）；（7）所立相似（sādhya sama）；（8）分别相似（vikalpa sama）；（9）到相似（prāpti sama）；（10）不到相似（aprāpti sama）；（11）无穷相似（prāsaṅga sama）；（12）反喻相似（pratidrdṛṣṭānta sama）；（13）无生相似（anutpatti sama）；（14）疑相似（saṁśaya sama）；（15）问题相似（prakaraṇa sama）；（16）无因相似（ahetu sama）；（17）义准相似（arthāpatti sama）；（18）无异相似（aviśeṣa sama）；（19）可能相似（upapatti sama）；（20）可得相似（upalabdhi sama）；（21）不可得相似（anupalabdhi sama）；（22）无常相似（anitya sama）；（23）常住相似（nitya sama）；（24）果相似（kārya sama）。

① 对此以同法之相和异法之相成立反对论而形成倒难的定义，恐怕还应有更明白的说明。国内有刚晓法师对此定义的解释，相当清楚，摘录在这里：所谓同法（之相）立论就是说，两个事物都有甲属性，则这两个事物在乙属性上也同样有。比如，有立论，声无常，所作性故，如瓶。这是一个比量论式。声和瓶这两法，都具备所作性这个相（即性），则此两法在无常相上应该相同。这个就叫作同法之相立论。所谓异法之相立论，两个事物（两法）在甲属性上不相似，那么在乙属性上也应该不相似。比如，声与虚空之两法，在所作性上的相（性）是不同的，则声和虚空这两法在常、无常上也应不相似。虚空是常，声就应该是无常。——译者

所有这些论法，之所以被称为各种 sama（相似），就因为它们都是针对立论人的议论提出来的似是而非的驳斥和反诘。以下各点，是吾人认为需要特别注意之处。

注意点一：此种所谓译为“倒难”的诡辩，梵文 jāti 原义为“生”。为何起这样的名字？道森谓，在欧洲凡是像这样的场合都被理解为“质朴”“朴素”（naivitāt），即“生而不熟”之意，总之是幼稚、不成熟的议论方式[①]。然从《方便心论》中见出，是从同异中而生过的“生”，谓“因中先已生果”的意思。若其因中先已生果，而本派是主张因中无果论的，势必堕入诡辩。在当时，一般称诡辩论也就是生论。又察《方便心论》，其中凡相当于曲解的有过之论，即过论者，都属曲解，也就是这里的 jāti 字面上也仍是“生”义。

注意点二：此处的“倒难”和下面的“堕负”的详说，虽载于《正理经》第五卷，然就吾人所了解，似乎至今还未有学者对之详细加以说明。然此两类，对于想要全面了解印度论理发展学说史的人，有不可缺少的重要地位。吾人仰于高楠教授的指导，与先生共同翻译了伐差耶那的《正理经注》。今虽无需在此完整介绍，仍欲摘取最重要的《正理经》颂显示一二。

注意点三：此处（《正理经》中）所说“倒难”过类，与佛教所传的经典《方便心论》《如实论》及《因明正理门论》中所说的大致相同，似乎多半也都在经序当中有所介绍。

《方便心论》相应品中介绍堕负有二十种，都是就同异喻上面的联系而谈的。它们有：（1）增多；（2）损减；（3）设同异；

① *Allg. Gesch. d. Ph.*, I.3., S. 387.

（4）问多答少；（5）答多问少；（6）因同；（7）果同；（8）偏同；（9）不偏同；（10）时同；（11）不到；（12）到；（13）相违；（14）不违；（15）疑；（16）不疑；（17）喻破；（18）闻同；（19）闻异；（20）不生。

《如实论》中倒难分为三类：颠倒难、不实义难和相违难。此中颠倒难有十，而不实义难及相违难各各有三。

颠倒难的十种是：（1）同相难；（2）异相难；（3）长相难；（4）无异难；（5）至不至难；（6）无因难；（7）显别因难；（8）疑难；（9）未说难；（10）事喻难。次说不实义难之三者：（1）显不许义难；（2）显义至难；（3）显对比义难。次显相违难之三者：（1）未生难；（2）常难；（3）自义相违难。

《因明正理门论》（第四卷）有据称为足目所说的十四种过，另外又有称为"七过"的名目：（1）同法相似；（2）异法相似；（3）分别相似；（4）无异相似；（5）不可得相似；（6）犹豫相似；（7）义准相似；（8）至非至相似；（9）无因相似；（10）无说相似；（11）无生相似；（12）所作相似；（13）生过相似；（14）常住相似；（15）增益相似；（16）减损相似；（17）有显相似；（18）无显相似；（19）生理相似；（20）别异相似；（21）品类相似。

以上所说的名称，三部书中基本相似。因之，皆同《正理经》中的"倒难"过失有密切的关系。但三书今天又都佚失了梵文原典，故无法恢复这些名称当初的梵文模样。当然，也就无从比较：为什么要翻译成现在所见的名称？为什么（同一术语）会有不同的译名？总之，今天如果要作对比勘定，困难是相当大的。在此，只能就相互之间有高度一致性的术语作介绍。二十四种似是而非的倒难，译介如下。

（1）同法相似与（2）异法相似。（立者）以同法或异法来立量时，（敌者）也使用同样的同法与异法，并得以证成与立者成立的主张相反对的论议，这就称为同法相似及异法相似（V.3）。

按伐差耶那的例解，先说同法相似，例如立论者据胜宗义来证明我乃是有受用（sakryā，有执受）活动的存在者。其立量云："宗，我乃是能享用者（kriyāvān ātmā，我有功用）。""因，能令一实与德之功用因相合故（dravyasya kriyāhetuguṇayogāt）。""喻，如同功用因之德与和合所成实体之土块有其所用一样（dravayam loṣṭah kriyāhetuguṇayuktah kriyāvān）。"（下面尚有"合"与"结"两支略去。）

对胜论言，其以我为实体，我是可以同觉、乐、苦、欲、瞋、勤勇等诸德和合而有功能作用的实在，恰如土块也同色、香、味、触、合、离等相和合而有各种作用。两者的情况完全相似，这在前面已经说过了。这里仅从胜论立场来立量，倒是不显什么破绽。然而若有反对者，也用一样的手法，从同喻方面来驳难，他也可以立证我之实体并无享用是等的功用。其敌论一方云："宗：我当无何功用；因：以遍在之实并无功用故；喻：如遍在的虚空亦无功用一样。"

对胜论哲学言，其既认为我与时、方、意等同样有遍在性，而时、方、虚空同时又是无活动性（niṣkriyā）的功用。因此，对胜论也可以用后面的无功用性来成立相反的宗义。即如上说，如果立者可以用泥土为喻，来证明我与功用之德的相结合，则同样实体也有与无活动功能的虚空有相似性，以此证明我之不能有执受功能。

利用同于立者的同喻而成立其不同意的无活动性的主张，这就是“同法相似”错误的来由。然而，实际上对胜论立破量，不能说“一切遍在的东西都是没有活动功能的”。用陈那的话来说，若是这样立量破斥，则已经犯了随一不成（立者不许）的过失。正因为如此，正理本经（V.3）对此判定，立论者所采用的同法中，至少有一部分是并不能确认的。虽然从决定法（dharma viśeṣa）来看，它有真实的部分，但敌者也可以利用同法（当中胜论不会接受的）那部分相似点，来令立者的主张陷于堕负。也即是说，通过揭示那潜伏在遍通性中的对立含义而驳斥立者的论议。这里的谬误与《如实论》中同相难，或《理门论》中同法相似的逻辑错误相当。在《方便心论》当中，这二十四种相似过类，从根本上讲都属于典型的诡辩。

其次，所谓异法相似，其与同喻相似是刚好相反的情况。这里是敌者利用了立者的同喻，将其转变为异喻，从而成立同立者的相反论议。例如，立者在建立上面的立量时，敌者加以反对而说（于此本派正理论者仅用后面三支显示证据）：“喻：与德之功用和合的土块乃是可见可分析的；合：但我（的实体）却不如是；结：故不可说我如同土块有其功用。”即立者因同喻的土块上有可见可分析的性质，与我实之上的不可见不可分析性不同，从而得出结论：我并非土块，我因此没有活动功能的作用。但如果采用土块作例证，说明凡与功用之德相合必有功用的话，则忽略了另一面；如果只是拘泥于土块，则依据土块没有的性质也可引导出相反的主张。与功用之德和合的东西，并不必然就具有可见可分析之确定性质。在此情况下，也就不能说敌者作驳斥的立量没有道理。①

《如实论》的异相难、《理门论》的异法相似都与此相当。

其次，本典当中有一个颂子说自第三之增益相似到第八所立相似的内容。其曰："所立（宗）与喻上，法（性质）有别故，又二者欲共证明故，（则有非难，谓）增益相似、损减相似、分别相似、所立相似。"（V.4）即这种过失是，抓住宗与喻的性质全然同一这点，又要求对喻再作证明之非难的论法。这里有六种大略的相似过，以下一一介绍。

（3）增益相似。以所立宗和喻的性质作比较，把喻之性质当作所立宗之附属，若非如此，便被认为是相违而作非难的论法。譬如，立者成立"我有功用"，以土块为喻，而敌者驳难曰：我若如土块而有功用，我亦有可触对之性质。然我并无可触性，因之断然提出相反的断定：我无功用。此论法虽然与前述之"异法相似"论法颇类似，但在前面的（异法相似）情况下，是从同样

① 对于同法之相立论与异法之相立论的反驳，如果与喻之间的必然关系或者歪曲了这种关系，便为形成驳斥质难的不合法，便称作同法相似和异法相似。对于同法立论、异法立论的立量言，凡有反驳，其敌论既是同法相似针对同法之相立论，也是针对异法之相立论。异法相似也是这样，其既可以反驳异法之相立论，也可以反驳同法之相立论。例如，a. 先说用同法相似反驳同法立论的，一方说，声是无常，所作性故，如瓶。另一方就说，声是常；不可触故，如虚空。b. 异法相似反驳同法之相立论，一方说，声是无常，所作故，如瓶。另一方说，声是常，不可触故，如瓶。c. 同法相似反驳异法之相立论，一方说，声是无常，非所作故，不如虚空。另一方说，声是常，不可触故，如虚空。d. 异法相似反驳异法立论，一方说，声是无常，非所作故，不如虚空。另一方说，声是常，不可触故，不如瓶。一句话，同法相似和异法相似都是无视能证与所证之间的必然联系。刚晓法师认为，同法相似是指在反驳对方的命题时，使用了对方异喻中的事例，这样一来使得自己的因不能成立自己的命题。异法相似就是指在反驳对方命题时，使用了对方同喻中的事例，这样一来使得自己的因不能成立自己的命题。——译者

的同喻中生出的异法，矛盾冲突既因同喻也因异喻才产生的。这里的增益相似场合中，则生自一个完全同一的立场。似乎是同一立场得出的两个对立说法。又，异法相似与同法相似虽被看作是一对，但与增益相似成为一对的则是后面的损减相似。这也算是增益相似与异法相似不同的地方。[①]

增益相似与《方便心论》的增多[②]及《理门论》的增益相当。

（4）损减相似（apakarṣa）。此与前面的增益相似正相反的地方，在于其喻上失去了所立宗法的性质，故称损减，因此而遭非难，谓喻与所立法没有关系。但若从其所举例子看，则恐怕同前者宛然相似，因此所不同的只是思考的视角。要之，增益相似与损减相似都忽视了喻之本身代表着一个普遍原理，在这样的情形下来议论当然是有问题的。本典（V.6）解答此等相似过失时谓：由于喻的特质可以比示（atideśa）所立，所以汝之非难不能成立。[③]

---

① 增益相似的“增益”，就是添加上去的意思。把对方没有的意思强加给对方，再加以驳斥。如立论者说，声无常，所作性故，如瓶。敌者就说，声无常且有形，所作性故，如瓶。此处“有形”就是倒难者给添加的。他的意思，你以瓶来作例子要证明声，瓶既是所作的、无常的，但也是有形碍的，是不是也可以证明声也是无常的、有形碍的呢？立论者只关心声是否无常，并不管有无形碍。这是敌者横生枝节而已。——译者

② 增多者，如言我常，非根觉故。虚空非觉，是故为常。一切不为根所觉者，尽皆是常。而我非觉，得非常乎。难曰：“虚空无知故常。我有知故，云何言常？若空有知则非道理。若我无知，可同于虚空。如其知者，必为无常，是名增多。”（《方便心论》相应品第四）——译者

③ 损减相似，指敌论者损减了立论者的意思，然后再指责对方意思缺少而成错误。如立者说，声无常，所作性故，如瓶。敌者反驳，声无常且不可听闻，所作性故，如瓶。这不可听闻就是敌者从论者话中抹去了的。在敌者心目中，瓶是不可听闻的（瓶是眼所对境，是被看的而不是被听的）、无常的、所作的，既然你拿瓶作喻以证明声，但我以为声本来就是无常且不可听闻的。——译者

（5）要证相似（varṇya sama）。伐差耶那只是简单地解释了这一场合，称其应当理解成“当令其得说明的东西”（khyāpanīyo）；吠室伐主（Viśvanātha）[①]说，这种论法中如宗法因为与喻是同一性质的，宗既需从喻上来证明，则喻自身也需加以证明。[②]

（6）不要证相似（avarṇya sama）。此论法与前一种相对。即是说在前难中如说喻不需要证明，宗与喻既然是同一性质，则必须说宗也无需证明。不管怎么样说，如果依据喻而认为对宗的证明没有任何意义的话，据此不要证相似，论法也就陷入了两难的境地。这是一种以喻之作为立敌共认的真理，却不能在此基础上推断宗义的论议方式。《如实论》和《理门论》中都不见相当于此的两难论法。[③]

唯《方便心论》第四的同异论法与此相似。[④]

（7）分别相似（vikalpa sama）。在喻当中使用了同于因性（sādhana dharma）的缘故，因为喻上有种种性质，所以在论议当

① 吠室伐主，正理学者，生期为十八世纪中。——译者

② 要证相似，指先有人立量，敌者便揪住对方说，你的论式中那个喻还需要证明。如有立论说，声无常，所作性故，如瓶。敌者说，瓶之无常以其为所作故，但并发之如声我不信服。你得证明瓶与声有可比性，要证明瓶亦有所作与无常性。简言之，未经证明的东西不堪作喻例。——译者

③ 不要证相似是说，在辩论时把敌者将立者的论式反过来，本来立者要证明宗有法具有某性质，但敌者利用立者的论式，将其喻例变为宗有法，取消了原来待证的宗义。例如，立者说：“声无常，所作性故，如瓶。”敌者则说：“瓶无常，所作性故，如声。”理由是你的瓶不需要证明，我的声也不需要证明。——译者

④ 问曰：“此同异义，云何为难？”答曰：“欲难同者。作如是言：色以眼见，声为耳闻，云何言同？若色异声，色自无常，声应是常。若难异者，以色根觉故无常，我非根觉故常。瓶我俱有有（being），若同者，瓶既无常，我亦应尔。若说瓶有异我有者，可言我常而瓶无常。常有既同，我应无常。如斯难者，有二十种。”（《方便心论》相应品第四）——译者

中提出非难，以为无从证明所立宗法。例如，提出“我有功用，以与德合故”的论者，把与德相合作为理由来证明其宗义。在敌者方面固然可以想到与德用相合的东西，有像土块的重物，亦有像风的轻物；但也可能想到，与德相合的东西既可能是土块那样的有用物，也可能是无有作用而不能知了的我那样的实体。从此方面提出的非难就是名为分别相似的论法。所谓因之德用，乃是使实体有所活动与作用的意思，忽视这一点所作的非难议论，就陷于分别相似的谬误。①

《如实论》的长相难②和《理门论》的分别相似③与此相当。

（8）所立相似。若所立宗法之尚待证明，喻也一样尚待证明的论议方式。例如，在用土块有功用来证明我有执受的场合，敌者谓，我之有无功用尚需证明，如同土块之有无功用也必须加以

① 立论方说，声无常，所作性故，如瓶。敌者就说，瓶固然可证声，瓶和声确实都有所作性。但是，瓶有质碍，声则无质碍。瓶有质碍如可证声无常。但若承认声无质碍，它也就有与瓶不同的恒常性。——译者

② 长相难者，于同相显别相，是名长相难。论曰：“声无常，因功力生故，譬如瓦器，是故声无常。”外曰：“汝立声与瓦器同相，因功力生故。别有所以，一可烧熟不可烧熟。二为眼所见不为眼所见等。如是别声与瓦器各有所以。声因功力生常住，瓦器因功力生无常，是故声常住。”论曰：“是难颠倒。何以故？我立因与无常不相离与常相离，显此因为无常比智。譬如为火比智显烟，烟者与火不相离，是故，我立因成就不可动。汝显别声不可烧熟，是故常者，欲瞋苦乐风等不可烧熟而是无常，是故不可烧熟不可立为常因，不为眼所见者，亦不可立为常因。何以故？欲瞋苦乐风等亦不为眼所见而是无常。汝因同类异类所摄，是故不成。若汝因与我因同能难我立义。我立义者依三种相因，是故不同。不同者汝说同，是故汝难颠倒。”（《如实论》反质难品中道理难品第二）——译者

③ 今说分别差别故。应知分别同法差别。谓如前说瓶为同法，于彼同法有可烧等差别义故，是则瓶应无常非声。声应是常不可烧等，有差别故。由此分别颠倒所立，是故说名分别相似。（《理门论》）——译者

证明一样。然而这样的要求，不过只是某种循环论证的伎俩，这样的非难是没有道理的。此与第六要证相似极其类似。其间若有不同，只是要证相似与不要证相似属于相互关联的相似论议；而不要证相似则不如此，它只是单独的相似论议。又要证相似虽也包含对因的性质的非难，但它主要是针对喻与宗的关系作非难。《方便心论》中不见同以下相似论议相当的论述。①

（9）到相似与（10）不到相似。因（之作为立证所立者）能还是不能达到所立宗法（不出二途）。若能达到，则与所立无区别；若不能，则不具有能立的力量。由此，这样的论议便成为到相似和不到相似。②

前者（即到相似）与要证相似一样，成为一种两难的非难论法。其主意所指，是说因之为证明宗义的正当因，与因之同宗法的联

① 所立相似在形式上和要证相似、不要证相似一样。立方说，声是无常，所作性故，如瓶。敌方说，瓶是无常，所作性故，如声。所立相似之所以成为过失，是因为故意造成循环论证的缘故，若你用瓶来证明无常，瓶的无常也可用声证明吗？既然瓶和声两者都是所作的，你用瓶来证明我的声，我也用声证明你的瓶。其用意就在取消论议，使陷于无意义。论式中的喻，它应该是双方都承认的例子。因为待证的主词与双方共同承认的喻例在某一点上有共同性，依据此点共同性可以推断宗上语词必然有某种性质，如凭所作性来推断无常性。宗上主词与喻是两个东西，喻是双方共认的，叫共许法，主词则是待证的不共许法。对喻的确定性故意质疑，就会有要证相似、不要证相似和所立相似。——译者

② 所谓到相似是这样的，有人立量“此山有火，现烟故，如灶”。敌方反驳，烟与火是否同时共存？如果是，那你说有烟即有火，我也可说有火即有烟。立方提出因与宗法所立共存的论据，敌方即对此共存性质难，取消因和宗法所立的能证与所证关系，使论议归于失败。至于不到相似，仍看前例，立方说“此山有火，现烟故，如灶”。敌方就说，汝谓有烟就有火，足见汝未同时见烟与火。如是这样，我亦可说有火就有烟。理由也是未同时见到烟与火。我之质难也是因与宗法所立并不共在的缘故。这就是诘难之成不到相似的问题所在。——译者

系究竟是同一个呢，还是分别的两个呢？不管是一是异，都不能引出有效的结论。若为同一，则因为所证与能证为一，也就根本没有什么证明力。若为两个东西，那便是说它们没有关系，也还是什么也证明不了。因之，此之非难成为相似论议。

例如，有人论谓“我有功用，与德有合故”。如作是论，所谓的因本身之“与功用之德相合故”，与宗法本身之有功用，如果是同一的，那么因为同义异语的缘故，则没有任何证明能力；如果它们是两个东西，则因为与功用之德相和合，而宣称其有什么作用，就都显然不能成立。然而此处的因之所以有能证的能力，是因为从前提上先有设想“凡与有用之德和合者必有作用”，因而此处的非难陷于无力。《方便心论》的到不到，《理门论》的至不至难，《如实论》的至非至相似，都与此相当。①

① 复次，汝立我常以非根觉，到故为因。为不到乎？若不到则不成因。如火不到则不能烧。如刀不到则不能割。不到于我，云何为因？是名不到。复次，若到因者。到便即是无有因义，是名为到。（《方便心论》相应品第四）

若因至不至三时非爱言至非至无因者，于至不至，作非爱言。若能立因至所立宗而成立者，无差别故，应非所立，如池海水相合无异。又若不成，应非相至。所立若成，此是谁因？若能立因不至所立，不至非因，无差别故，应不成因，是名为至非至相似。（《理门论》）

五至不至难者，因为至所立义为不至所立义？若因至，所立义则不成因。因若不至，所立义亦不成因。是名至不至难。外曰：“若因至所立义共，所立义杂，则不成立义。譬如江水入海水，无复江水，因亦如是故不成因。若所立义未成就，因不能至。若至所立义已成就，用因何为？是故因不成就。若因不至所立义者，则同余物不能成因，是故因不成就。若因不至则无所能，譬如火不至不能烧，刀不至不能斫。”论曰：“是难颠倒。因有二种：一生因，二显不相离因。汝难若依生因则成难。若依显因则是颠倒。何以故？我说因不为生，所立义为他得信，能显所立义，不相离故。立义已有，于立义中，如义智未起。何以故？愚痴故。是故说能显因。譬如已有色用灯显之不为生之，是故难生因。于显因中是难颠倒。”（《如实论》反质难品中道理难品第二）

（11）无穷相似。相对于见边，其因不能显示故，而作非难，便成无穷相似（V.9之前半）。立论之大前提名为见边，其为不可忘忽的万人共通的事实原理。若所作的非难，不以彼事实作理由，则是诡辩。如果不是用它作证明，而为了立论又另行提出其他的喻来议论，这就陷入了无穷的寻求，称为无穷相似。本经（V.10）就无穷相似所举的例子是，以灯照物时，为得灯火照明，则另外寻求灯火，以是陷于无穷追寻。《如实论》的显不许义难和《理门论》的生过相似与此过相当。①

（12）反喻相似（pratidṛṣṭānta sama）。由反喻而成立反对论，名之反喻（V.9之后半）。如说我当有功用，以同功用之德相和合故，譬如土块。敌论不许，呈其反对之喻。谓虚空与功用之德和合，虚空无其德用。此之敌论，名为反喻相似。若对胜论作敌论，虚空虽与功用之德和合，而虚空无有功用。此非难虽不无至当，然亦是敌论者恣意兴难方从胜论宗义生发为过失矣。《方便心论》

① 此类过失，总体上说，就是置喻体的原理不顾而强行兴难，对喻体提出质问，要求另行证明，或者改变喻体，结果，本来是用灯作显明，结果却要另“寻灯火来照灯火”的无穷追溯。以下是《如实论》和《理门论》所举的同类过失。——译者

一显不许义难者，于证见处更觅因。是名显不许义难。论曰：“声无常。何以故？依因缘生故。譬如瓦器。是义已立。”外曰：“我见瓦器依因缘生。何因令其无常。若无因立瓦器无常者。声亦应不依常因得常。”论曰：“是难不实。何以故？已了知不须更以因成就。现见瓦器有因非恒。有何须更觅无常因。是故此难不实。”（《如实论》反质难品中道理难品第二）

唯取总法，建立比量，不取别故。若取别义，决定异故，比量应无。颂曰：“俱许而求因，名生过相似，此于喻设难，名如似喻说。”论曰：“俱许而求因，名生过相似者，谓有难言：如前所立，瓶等无常，复何因证？此于喻设难名，如似喻说者。谓瓶等无常，俱许成就，而言不成，似喻难故，如似喻说。”颂曰：“无常性恒随，名常住相似，此成常性过，名如宗过说。”（《理门论》）

之喻破，以及《如实论》显对譬喻难，与此相类。[①]

（13）无生相似（anutpatti）。声之未发前（立者持）以为因故，（敌者）反诘，谓之无生相似。此只是针对声无常的立量诘难。当立者说“声应无常，以勤勇无间（prayatnāntarīyakatvāt）所发故”时，敌者一方谓声既未发，无从宣布其是不是勤勇无间所发出。此声既不存在，何可宣布常与无常。因之，不能必然证成声常。若为常住，便无有发生之事。仅从声之有所发生而言，即可知道此之论议实在无理，所以此诘难即有无生相似的过失。其所以错误，因为它把理由和原因混为一谈的缘故。《如实论》的未生难和《理

① 复次，汝以我非根觉故为常者，树根地下水亦非根觉而是无常，我云何常？是名喻破。（《方便心论》相应品第四）——译者

三显对譬义难者，对譬力故成就义，是名对譬义难。外曰：“若无常器同相故声无常者，我亦显常住。譬常住空同相故声常住，若常同相不得常者，无常同相。何故无常？”论曰：“是难不实。何以故？唯无有物名空。若有物常住，此譬则成难亦是实。既无有物常住，空无有物，不可说常不可说无常。此难不成譬，非譬为譬故。此难不实。若人信有物名空，即是常住，是颠倒难，非实义难。何以故？无身不定故。空无身常住，心苦乐欲等无身而是无常。声既无身，为如空是常、为如心等是无常耶？无身不定不得成因故，此难颠倒。复次，声无常有因故。若物有因，即知无常。譬如瓦器等，是义已立。”外曰：“是义可疑。何以故？器生有因是无常，器灭有因是常。声既有因故，于声起疑。为同器生有因无常、为同器灭有因是常？”论曰：“是难不实。何以故？无有实物而名灭者，皆从杖等打物坏灭，故得常名。复次，声无常。何以故？根所执故。譬如瓦器，是义已立。”外曰：“此亦可疑。根所执如同异性，则应是（非）常。声根所执如同异性，声应是常。若如同异性非是常者，若如瓦器不应无常。”论曰：“是难不实。何以故？牛等同异性。若实有离牛等应有别体可执可见。离牛同异性不可执不可见无别体。故知无常。复次无我。何以故？不可显故。譬如蛇耳，是义已立。”外曰：“海水滴量雪山斤两，是有而不可显。我亦如是，是有而不可显。是故不可显因，不得立无我。”（《如实论》反质难品中无道理难品第一）——译者

门论》的无生相似与此相当。[①]

（14）疑相似（samśaya sama）。有性与喻上面都有根之所执性。据此点言，二者相同，以常无常相故（既是常与无常相都有，便不能决定而生疑，所以非难）成为疑相似（Ⅴ.14）。

此非难也是针对声论所立之诡辩。解说颂文：胜论主张其第四句义之有性可以为吾人的感官（根）所把握，这同吾人的根觉可以执受无常之瓶罐也是一样的。然与无常性之瓶罐相同，不能因为声为勤勇无间所发（意志所发）就说它有恒常性。为什么呢？因为常住的东西与无常的东西都有相同的性质在上面，难免不生出疑惑。此之“凡有知觉必是无常”虽是通常共认的道理，但“凡是意志所生即人为的东西一定是无常的”道理，并不是人所共认的。所以敌者提出的诘难沦于似是而非。此之疑相似，相当于《方便心论》的疑、《如实论》的疑难和《理门论》的犹豫相似等。[②]

---

① 未生难者。前世未生时不关功力则应是常。是未生难。外曰：“若依功力声无常者，未生时未依功力声应是常。”论曰：“是难相违。何以故？未生时声未有，未有云何常。若有人说，石女男儿黑女儿白，此义亦应成就，若不有不得常，若常不得不有，不有而常，则自相违此难与义至难不实难相似。”（《如实论》反质难品中无道理难品第一）

生无生亦然者，生前无因，故无所立。亦即说名无生相似。言亦然者类例声。前因无有，故应无所立。今于此中，如无所立。应知亦有所立相违。谓有说言，如前所立，若如是声未生已前无有勤勇无间所发，应非无常。又非勤勇无间所发故，应是常，如是名为无生相似。（《理门论》）——译者

② 疑难者，于异类同相而说疑难。论曰：“声无常，依功力生故。若有物依功力生，是物无常。譬如瓦器是义已立。”外曰：“已生依功力得显，譬如根水等依功力得显，非依功力得生。声亦如是，是故立依功力因不定未生、已生中有故。故依此因于声起疑。此声定如何？为如瓦器未生得生？为如根水已有得显？故非决定。若依此生因起疑，当知非是立义因。何以故？能生能显故。”论曰：“是难颠倒。何以故？我不说声依功力得显，我说声依功力得生，是故声无常。汝何所难？若汝言，功力事有二种：一生二显。

不过此处当注意，《理门论》与《如实论》的犹豫相似及疑难等，只是名称相类似，然其所举例子略有不同。若见《如实论》与《理门论》中，其立声为无常，因为勤勇无间性故。勤勇无间所发，声由是得以新生而出。但它在此前隐没而此后才显现的吗？此处如果依据有性与瓶罐都有被根所执感的共同性的话，则在《如实论》中是归在显对比义难中的，也即是说它与本经（《正理经》）的十二反喻相类。

另外，若依据《如实论》和《理门论》对声作声生或生显的诘难来看的话，在本经当中，这种问题又是放在第二十之可得相似一类中的。如是说来，有关所传的各种诡辩，便成为了自不同方面来分析说明的结果。

（15）问题相似（prakaraṇa sama）。由（常性与无常性这）两者同样的缘故，所以问题不成立的非难，谓之问题相似（V.16）。这仍然是由前面的那种关系而引续发生的诘难。其谓具有常住性的有性与无常性的瓶罐两者都是感官（根）能够执受的。若以此点为它们相同一面的话，就勤勇无间性言，其也同常性与无常性相通。然而，如果立论者依此若把声无常拿出来立量的话，声之为常的另一面则被弃置一边而浪费了。如此一来，就不能不说，此处的非难并没有能够将应当揭示的问题都揭示出来。也即是说，

生者，瓦器等。显者，根水等。声是功力事，是故于中起常无常疑，是义不然……"（《如实论》反质难品中道理难品第二）——译者

难义别疑因故说名犹豫者，过类相应故。汝声说，此中分别宗义别异，因成不定，是故说名犹豫相似；或复分别因义别异故，名犹豫相似过类。谓有说言，如前成立声是无常，勤勇无间所发性故。现见勤勇无间所发或显或生，故成犹豫。今所成立为显为生？是故不应以如是因，证无常义。（《理门论》）——译者

如果敌者以勤勇无间为因，无论立量是声常还是声无常，两者都是势均力敌的，作为非难的论议，它也就缺乏决定性的证明力。这里的问题出在以一个相似（相违决定）的因，用来建立喻之原理。与此相类似的过失，在《理门论》中称品类相似，但《理门论》中未有具体说明。

（16）无因相似（ahetu sama）。于三时（过去、现在、未来）皆不成就的因，谓之无因相似（V.18）。因是宗的能立法，说到因的时间性质，其与宗有在前、同时、随后的三时关系。然而，如果因在宗法之先，其并未证成宗法，何以为因呢？其若在宗后，它又怎么能够叫因呢？若因果同时，能立所立各自独存，因也仍然不成为因。既然它在三时当中都是这么一种情况，那从（因与宗法的联系，即喻之道理）中就根本没有因义可以求得。这里的问题仍然是故意抹杀了原因和理由的差别，从而成为诡辩。联系到后来龙树在《回诤论》中所采用的论法，即对能量和所量两面的否定，说明在印度此曾为非常普遍的诡辩术。此无因相似与《方便心论》的时同、《如实论》的无因难、《理门论》的无因相似相当。[1]

---

① 时同，也称时因。龙树谓，复次汝立我常言非根觉，为是现在、过去、未来。若言过去已灭。若言未来未有。若言现在则不为因。如二角并生，则不得相因，是名时因。（《方便心论》相应品第四）——译者

无因难者，于三世说无因，是名无因难。外曰："因为在所立义前世为在后世为同世耶。若因在前世立义在后世者，立义未有因何所因。若在后世立义在前世者，立义已成就复何用因为。若同世俱生则非是因，譬如牛角种芽等一时而有不得言左右相生，是故是同时则无有因。"（《如实论》反质难品中道理难品第二）——译者

又于三时作非爱言。若能立因在所立前，未有所立，此是谁因。若言在后，所立已成，复何须因。若俱时者，因与有因皆不成就，如牛两角，如是名为无因相似。（《理门论》）——译者

（17）义准相似（arthāpatti sama）。由某种准知而成立其相反宗之缘故，谓之义准相似（V.21）。如有人立量“声无常，勤勇无间所发故，如瓶罐”。敌者随作难言：若从与勤勇所作之瓶罐的无常相有共同性而言，可以说声是无常；然若就声之无可触对与虚空之无触对言，彼二者亦有共同性，因为虚空为恒常性的，故也可以说，声亦恒常。这里的问题出在遍通关系的思考是否周全上面，即不能以因与宗法的局部相同关系来立论，否则便成诡辩①。此与《理门论》中的义准相似相当。②

（18）无异相似（avisśaṣa sama）。（声与瓶上）若一法无别，不可谓一切无别。无论如何，不可因（万物）皆有存在性而谓万物皆无差别，若有此非难，则为无异相似（V.23）。

其实，此之倒难的形成，也是义准相似的一种。若谓因勤勇无间所发这一共同点，可以推知声之无常，如同瓶罐上的无常，当然没有问题。但若根据万有皆具存在性，而竟至断定万有（同声一样）没有触碍性，就成错谬了。然而此处的违背道理，并非因为勤勇无间所发性，而推论与瓶罐相似的声音属于无常。无异

① 义准相似，意为采用错误的义理参照标准。除了上面正文中的分析，还可以从另外一面来看。上面的义理标准，是指因与宗法之间的判断。举例言，如说“声无常，勤勇无间所发故，如瓶”。这里的义理标准就是“勤勇无间所发者是无常的”，而反论者如果错误转换这个义准，将其变为“非勤勇所发就是恒常的”就已经有了问题。道理很简单，人说“凡人皆有死”，不可以因此就说“不是人就不会死”。若犯有义准相似过失的，就会从此错误转换过来的义理标准，进一步作错谬的论断：“闪电是永恒的，以其非勤勇所发故”“兔子不死，以其非人故”诸如此类的荒谬断定。义准相似是错误转换的义理标准造成的。——译者

② 谓有说言，若以勤勇无间所发说无常者，义准则应若非勤勇无间所发。诸电光等皆应是常。如是名为“义准相似”应知。（《理门论》）——译者

相似的错误之所以发生，在于立论者无视瓶罐之因所作而成无常只是例子之一，而据一个事例作无限推论，扩张到万事万物上，认为一切万有都是这样、无有差别，于是便成诡辩。此与《理门论》的无异相似相当。[①]

（19）可能相似（upapatti sama）。两因皆可能用来成立相反的对论（V.25）。伐差耶那解释说，若以声上的所作性为因，而断定声有无常性者，与此同时，有反对者以声之不可触对为因，断定由无触对便可推论其为常住（譬如虚空那样）。此种谬误虽在《如实论》中称为显别因难，在《理门论》中又称可得相似，但该处中的具体解释与这里的稍有差异[②]。按可能相似来说，声之

---

① 如有说言，若见瓶等有同法故，即令余法亦无别异。一切瓶法声应皆有，是则一切更互法同，应成一性。此中抑成无别异过，亦为显示瓶声差别，不甚异前，分别相似故。应别说。若以勤勇无间所发，立无常，欲显俱是，非毕竟性，则成宗因无别异过，抑此令成无别异性。是故说名无异相似。有说：此因如能成立所成立法，亦能成立此相违法。由无别异，是故说名无异相似。（《理门论》）——译者

② 显别因难者，依别因无常法显故此则非因，是名显别因难。外曰：“若依功力声无常者，若无功力处即应是常，如电、光、风等不依功力生亦为无常所摄，是故立无常不须依功力，功力非因故。若是因者离功力，余处应无无常。”譬如离火立烟，烟是火正因，烟与火不相离故，功力则不如此，是故不成因。复次功力不能立无常义。何以故？不遍故依功力生。若遍者得立无常，若不遍者则不得立无常。譬如有人立义：“一切树有神识。”何以故？树能眠故，譬如尸利沙树。有人难言：“树神识不成就。”何以故？因不遍故。一尸利沙树眠，余树不眠，是眠不遍一切树，是故眠不能立一切树有神识。依功力生亦如是。不遍一切无常故，是故不能立无常。（《如实论》反质难品中道理难品第二）——译者

显所立余因名可得相似者，谓若显示所立宗法余因可得，是则说名可得相似。谓有说言，如前成立声是无常，此非正因。于电光等由现见等余因可得无常成故。以若离此而得有彼，此非彼因，有余于此别作方便。谓此非彼无常正因，由不遍故。如说丛林，皆有思虑，有睡眠故。（《理门论》）——译者

无常可以用所作性为因，亦可以用勤勇无间所发性为因，但在不同意声无常的敌论者看来，这两个理由都不对。以吾人所见，伐差耶那的解释同前面说的义准相似并无不同。由此而观，倒是《如实论》《理门论》更合情理一些。

（20）可得相似（upalabdhi sama）。（以立者）所示之因不在的场合而称宗义可知，似此非难名为可得相似（V.27）。立论者为证声无常，以勤勇所发为因。敌论者对他加以诘难说，对于并非勤勇无间作因所发之声也是无常，若风声或者什么物体的断裂声，也一样是无常的。这本来是人所共知的常识，何必非得要用勤勇无间所发来作正因呢？盖敌论者的用意，并不是要说勤勇无间不是无常性的正因，其所欲表达的意思，不过是说常住之声可以喉舌为缘而发显出来。这是声显论者想显示声之为常住的主张。另外，《如实论》的显别因难，《理门论》的可得相似，在表面上看来虽与此相当，但若考虑到后面的一种过失，则将此处所立的破量看作声显论者所提出来的更为恰当。与此相当者，恐怕《理门论》的有显相似或更为恰当。

（21）不可得相似（anupalabdhi sama）。因为某（隐蔽不显之）物不可知，以未被感知到的缘故，由是成立不可知者即不存在；而其相反的（即可知的）论议则名为不可得相似（V.29）。

上一个“可得相似”属于声显论者的诡辩，颂文第八卷第八七颂有重说。其意义深隐而不露，先是声显论者以为本有之声，其性常住，其隐而不现，虽有听闻，犹未显发。而反对声显论的一方则认为，既然这样的隐蔽物（āvaraṇa）根本不显露，则可以立量断定它根本不存在。针对此之立量，声显论者又再申说，声性实有，只是不可得（不能感知到）而已。声显论者二次立量辩解，是为了说明虽无感知，仍可以为声性常存。这就是颂文的大意。因此，这里的相似过谬之诡辩，与其说是论式上的，不如说是内涵上的。《理门论》中的无显相似与此倒难相类。

（22）无常相似（anitya sama）。因以同相故、等法（tulya dharma）可能故，所有一切事物便都无有差别。此种非难，名为无常相似（V.32）。

如果因为声与无常的瓶罐同相，可以得到声为无常的立言，那么声也可以因为一切法的同相（例如存在性那样的共通相），与瓶罐的无常性质共通，从而断定虚空与我都是无常的。这样的非难就叫无常相似。此与前述无异相似大同小异，仍属诡辩。本典（V.34）有对此所作的答复："因有二重意义，一是显示与喻的同相，另一则是显示异相的缘故，因之，汝之非难不能成立。"盖因这里的答难，暗地里显示肯定性的遍通关系，表面上则显示否定性的遍通关系。

（23）常住相似（nitya sama）。常因无常性存在（才说事物有无常），无常，常有故，无常即是常。此之非难即名常住相似（V.35）。

有说声无常者，其声得先为常，其上才能持续有（nityam）无常性，声也才能成为无常。然而此处的常（持续有）这东西，应当也就是常住的异名，也就可以当作声的一种属性。声既有持续不断的无常性，那它就有常住性，这真是很有意思的诡辩方法。此与《如实论》的常难、《理门论》的常住相似相当。

（24）果相似（kārya sama）。以勤勇无间性所生果不一样的缘故，而作非难，名为果相似（V.37）。若有立量，以为"声无常，以勤勇无间所发性故”，说起来，这也不算是可靠的议论。原因就在于，虽然同为人的意志力发动（勤勇无间所发），尽管有如瓶罐这样的东西新生出来，但也有之前隐伏的东西现在发显出来的。所以因是一个，果却两样。即说，声的属性无论如何，都不是明确无二的：从勤勇无间所发性，并不一定能够引出无常性。这里，当然是声显论者的立场。《方便心论》上有因同果同的论法，《如实论》中有事异难，《理门论》中有所作相似，这些都与这里说的“果相似”类同。不过，《理门论》中的解说与伐差耶那的解释不太一样。当中谓，同是所作性，瓶罐的所作性与声的所作性是不一样的，因之，据瓶罐的所作引出无常性来，就勤勇无间的所作性未必能引出无常性来。这应该也是声显论者的立场。此种引出殊异结果的论法，成为一种诡辩。

以上略说各种倒难，共计有二十四种。说来说去都属于本论（正理方面）与声显论者的争辩中发生的诡论。各种论法语言以及内容杂驳而繁芜，诚然显示出形式论理与辩证法尚未分流以前的状况。将此诸倒难论式与《方便心论》《理门论》《如实论》中的讨论作比较的话，大体属于同类，其中有名目相同而说明有异者，亦有类例相同而名目不同者，总而言之，相似而界限并不清楚的论例实在不胜枚举。大约因为如此，后来陈那才在他的《正理门论》中用十四因过来加以整理说明，并且宣布：“即此过类，但少分方便异故，建立无边差别过类，此故不说云云。”

然此之论辩论，如前所说，乃是研究印度理论史的史料，具无比重要之价值。仅以此点看，绝对不可忽视。以吾人的推测，如果认为本派系从弥曼差中脱化出来，则从前面所列举的各种相似倒难中，可以多少看出，正是那些与声论相关的辩难，其可以揭示这一脱化过程当中的轨迹。又吾人从本派与佛教所传因明论书的密切关系，判断这些论例所具有的历史价值，若适当利用，不仅可以看到《尼夜耶经》的成立经过，也可以发现佛教因明发展的精彩内容。唯愿吾人的一番讨论，可以发明其中蕴含的巧妙意味。

第三节 关于议论的败相（第十六句义）

不正因、曲解、倒难等也就仅只是所谓不正而已，它们是直接导致论议当中成败无从决定的原因。但若论议当中情况一转，其中一方宣布自己误解了对方的意思，放弃自己的主张，这就等于是明白地承认自己的败北。而《正理经》的十六句义堕负，就说的是在什么条件下可以判为败北。其定义谓："误解（vipratipatti）或不了解（apratipatti）称为堕负。"（Ⅰ.59）

盖误解也罢，不能了解也罢，算是论议当中最难看的失败结局，所以放到最后去示例说明。第五卷第二日课中列有二十二种堕负。

注意一：《如实论》堕负处品第十三中有负论二十二种。从名称看，其完全相同于本经。吾人对本经的堕负之名称的翻译，一律依照该论该品。因为若作直译，难以保证译名妥当，若作意译，虽可适当一些，而又难得兼顾原来的译名构造。此事颇费思量，故而舍难就易。又《方便心论》明堕负品中所说与本经虽然大多一致，而其省略不说的地方，也未见有特别提起。《理门论》说"负论"："如诡语类，故而不录（第四卷）。"因此没有专门的讨论。《瑜伽师地论》七因明第五中论堕负，虽与本经略同，但叙述顺序有异。

注意二：凡有议论，需要有立者（vādin）、敌者（prativādin）、证义者（sabhya，裁判者）三方。这是无著说议论场所正当的规则。本经对此虽未有提及，然其既然心目中对听众之判别仍有期待，因此看来仍然要承认裁判者的地位。

（1）坏自立义（pratijñāhāni）。于自立喻上认许反对喻之谓。立者引喻称自喻（svadṛṣṭānta），为驳斥故，敌者亦引其喻称反喻（pratidṛṣṭānta）。若举此堕负之例。立者谓声无常，引瓶作喻；敌者不许，引有性（sāmānya）为喻。有性与瓶，皆为根所执受，故瓶如有性，而瓶常住。为驳斥其说，立者遂卷入肯定瓶为常住的过误。此种错误，直接因放弃自己的声无常主张而坏自立义，也称为"弃宗"。《方便心论》上称为"舍本宗"。《如实论》上所释义同。[①]

（2）取异义（pratijñāntaram）。对宗上所说义作质难，（以自喻及反喻）性质不同故，不能成证宗义，但（却用来证）取异义（V.2.3）。例如，前量所立声无常，对以瓶作同喻，敌者引有性作反喻作驳斥。此时，立者为救其论，释曰：有性有普遍性而瓶罐等无普遍性故，因此无常。如是，声非遍故，声即无常。此种论议为维持其宗义不坠的论议法，谓之取异义。盖起初立者的

① 坏自立义者，于自立义许对义，是名坏自立义。外曰："声常。何以故？无身故，譬如虚空。是义已立。"论曰："若声与空同相故是常者，若不同相则应无常，不同相者，声有因空无因，声根所执空非根所执，是故声无常。"外曰："若同相若不同相，我悉不捡，我说常同相，若有常同相则是常。"论曰："常同相者，不定无身物，亦有无常，如苦乐心等，是故汝因不成就。不同相者，定显一切无常与常相离，是故能立无常。"外曰："我亦信无常有因常无因，是名坏自立义堕负处。"（《如实论》反质难品中堕负处品第三）——译者

意思，单在证声之无常，后来至于取非遍作证，宗义成为两端，已经偏离论点，成就异义，陷于败北。此与《如实论》中释意全同。[①]

（3）因与立论相违（pratijñā virodha）。因与宗义相违之谓（V.2.4）。例如，胜论之徒为显示德之与实不同，立量谓“实之与德不同，色等以外不可得故”，其论法皆如此类。一面说实之与德不同，另一面又承认德句义中应当有色味以外的少分之实。然而德句义以外的东西是不可得的，这立马就使矛盾因同前面的主张形成对立。这样的论议立刻陷于败北。《如实论》上的释义与此相合。[②]

（4）舍自立义（pratijñātartha sannyāsa）。自立宗义（paksa）遭受质难时即舍弃之谓（V.2.5）。遭受敌者非难，便随其所说，不再自述其说，只为逃避抨击。此过失同于《如实论》上所释。[③]

---

① 取异自立义者，自义已为他所破。更思惟立异法为义，是名取异自立义。外曰：“声常，何以故？无触故，譬如虚空，是义已立。”论曰：“若汝立声常依无触因，无触因者不定，心欲瞋等并无触而是无常。声亦无触，是故不可定，如虚空等常不如心等无常无触。既不定汝因则不成就，因若不成就立义亦不成就，是义已破。”外曰：“声及常并非我义，我所立义常与声相摄，声与常相摄。我所说声为除色等，我所说常为除无常等。常不离声离色等，声不离常离耳所执等，不相离名相摄，是我立义。不立声亦不立常，汝难声难常并不难我义，是名取异自立义堕负处。”（《如实论》反质难品中堕负处品第三）——译者

② 因与立义相违者，因与立义不得同，是名因与立义相违。外曰：“声常住，何以故？一切无常故，譬如虚空，是义已立。”论曰：“汝说一切无常，是故声常者，声为是一切所摄，为非一切所摄？若是一切所摄，一切无常，声应无常。若非一切所摄，一切则不成就。何以故？不摄声故。若汝说因，立义则坏。若说立义因则坏，是故汝义不成就。是名因与立义相违堕负处。”（《如实论》反质难品中堕负处品第三）——译者

③ 舍自立义者，他已破自所立义，舍而不救，是名舍自立义。外曰：“声常住，何以故？根所执故，譬如同异性者根所执故常，声亦根所执是故常住。是义已立。”论曰：“汝说声根所执故常住，根所执者与无常相摄，譬如瓦器等，瓦器等根所执故无常，声应无常。汝说如同异性常，是义不然。何以故？牛等同异性，为与牛一，为与牛异。若一牛是实，同异性不实。若异离牛同异性自体应可显，离牛既不见同异性。不成常住譬，汝立义不得成就。是义已破。”外曰：“谁立此义，是名舍自立义堕负处。”（《如实论》反质难品中堕负处品第三）——译者

（5）立异因义（hetvantanam）。出无区别因，心存寄望，若遇非难，再附区别。由此而生立异因之堕负（V.2.6）。先提出理由并未加以限定说明，及至遭到非难，再临时添加各种辩解说明。《如实论》中说此过失是前说之因与后来所说完全并非一回事。[①]

（6）异义（arthāntaram）。以不同于原意之意义作解释，此谓之异义（V.2.7）。例如，立者以俚俗语所述的意思，被敌者用差别甚大的文雅语作解释，结果引起误会。此即为异义的堕负。

（7）无义（nirarthākam）。但有文语，无有实义，谓之无义（V.2.8）。完全不知所云的论议。下用梵文例句说明。宗：声是无常（nityah sabdah）；因：以婆婆故（kacatapāh javagad-adasatvat）；喻：如同和和（jhabhangha dhadhasava）。此种过失在《方便心论》中称为无义语。

（8）有义不可解（avijñātārtham）。已说三遍，敌者及听众（证者）均不可解，谓有义不可解（V.2.9）。

（9）无道理义（apārthakam）。因无前后关联而致无有统一意义，此谓无道理义（V.2.10）。同一论议场合，同一论议也合乎规则，但叙述三遍，对手及听众仍然不知所云。此之堕负负责不在他方，而在立论之人。《如实论》的释义与此相符合。《方便

① 立异因义者，已立同相因义，后时说异因，是名立异因义。外曰："声常住，何以故？不两时显故，一切常住。皆一时显，譬如虚空等。声亦如是，是义已立。"论曰："汝说声常住不两时显，譬如虚空等，是因不然。何以故？不两时显者不定常住，譬如风与触一时显而风无常，声亦如是。"外曰："声与风不同相，风身根所执，声耳根所执，是故声与风不同相。"论曰："汝前说不两时显故声常住。汝今说声与风不同相，别根所执故。汝舍前因立异因，是故汝因不得成就，是名立异因义堕负处。"（《如实论》反质难品中堕负处品第三）——译者

心论》亦举是过。[①]

若人说食，谓十个石榴、六果子、瓶、牝羊，乱七八糟地列举，不知所云何欲，便称作无道理义。《如实论》所释义与此不完全相同。[②]当注意者，伐差耶那《疏释》的意思与此无异。《方便心论》也作此说。

（10）不至时（aprāptakāla）。论支次序颠倒之言，谓不至时（V.2.11）。宗因喻合结，诸论支顺序倒乱，不合配列之论法。盖立言非时，前后序乱，遂无立量之力。《如实论》释意与此合。《方便心论》称为非时语（参照似因中之过时因）。[③]

（11）不具足分（nyūna）。论支中任缺一支，谓不具足分（V.2.12）。凡成立论议，论式五支若不完备，谓无体缺。属缺减过失。《方便心论》称其为“语少”。《如实论》上释意与此同。

（12）长分（adhikam）。成立多余之因喻，谓之长分（V.2.13）。与前一种过失相反。前为缺减，此为长分（支分有余）。《方便

① 有义不可解者，若三说听众及对人不解，是名有义不可解。若人说法，听众及对人欲得解，三说而悉不解。譬如有人，说尘无身，生欢喜生忧恼，不至而有损益。舍弥多，不舍则灭，声常住。何以故？无常常故。是名有义不可解堕负处。（《如实论》反质难品中堕负处品第三）——译者

② 无道理义者，有义前后不摄，是名无道理义。譬如有人，说言食十种果、三种毡、一种饮食，是名无道理。（《如实论》反质难品中堕负处品第三）——译者

③ 不至时者，立义已被破后时立因，是名不至时。外曰：“声常住，何以故？譬如邻虚圆依常住，故圆常住，声亦如是。”论曰：“汝立常义不说因，立五分言不具足，汝义则不成就，此义已破。”外曰：“我有因但不说名，何者为因，依常住空故。”论曰：“譬如屋被烧竟更求水救之，非时立因救义亦如是，是名不至时。”（《如实论》反质难品中堕负处品第三）问曰：“云何名为过时似因。”答曰：“如言声常。韦陀经典从声出故。亦名为常。”难曰：“汝今未立声常因缘。云何便言韦陀常乎。”（《方便心论》明造论品第一）——译者

心论》称此为“语多”。在只需要因喻各出一支的地方，增加支分，造成异议，导致败北，即属此类。《如实论》上释义与此相同。[①]

（13）重语（punaruktam）。重复发音或同义反复，意在追说，因重复而致论议败北（V.2.14）。同样的话说两遍，同样的意思一再申说，也算是论议中的毛病。此相当于《方便心论》明造论品第一中说的“言失”过。《如实论》中将此过分为三种：重声（同一事再陈）、重义（同一义的反复）、重义至（同样的道理而表述不一样），都属于随负。

（14）不能诵（ananubhāṣaṇam）。三次重说道理，欲令听众明了而犹不能诵持，谓不能诵（V.2.17）。敌者质问，立者回应，申说主张，三番而听众能解，但问者犹不能记持其道理缘由。此谓不能诵。此之堕负不在论议的话题，而在质问者（敌者）身上，故属于质问一方之败北。《如实论》上所释与此同。《方便心论》当成论议中要避免的大毛病，故特别提出警告。[②]

---

① 长分者，说因多、说譬多，是名长分。譬如有人说声无常。何以故？依功力生无中间生故、根所执故、生灭故、作言语故，是名长因。复次，声无常，依因生故。譬如瓦器、譬如衣服、譬如屋舍、譬如业，是名长譬。论曰：“汝说多因多譬。若一因不能证义，何用说一因？若能证义，何用说多因？多譬亦如是。多说则无用，是名长分。”（《方便心论》明造论品第一）——译者

② 原著者所说的依据《如实论》：“不能诵者，若说立义大众已领解，三说有人不能诵持，是名不能诵。”但《方便心论》中说得更加复杂一些，摘引如下：“若汝说不诵我难，则不得我意。若不得我意，则不得难我。我今共汝辩决是处，若未诵我难，则不得说汝难。汝为诵难能难，为未诵难而难？若汝不诵而得说难者，我亦不诵而得说难。若汝诵难得说难者，则恒诵难。何以故？难中复生难，难则无穷。无有不诵难时，无有得说难时。复次，从难名更有难名。若诵此难名故得说难名，不诵不得说难名者，但得后诵前难名，次难名未得诵。第三方得诵第二难名，第四方得诵第三难名，如是则恒诵无尽。若汝今不诵而得说难名者，初难名亦应不诵而得说难名，若初难名不诵不得说难

（15）不解义（ajñānam）。不能理解，谓不解义（V.2.18）。较前过更进一层。这是说根本理解不了对手（立者）的意思。不过须得满足对手已经说了三遍、所说意在令听众了解等。此释与《如实论》合。①

（16）不能难（apratibhā）。对他不能辩难，谓不能难（V.2.19）。不能诘难他人意见，便谓自家败北。《如实论》谓说是不能破斥他人的合乎道理之立义。《方便心论》说是对他正义，加以诘难，却无法致使他人败北，谓之不能难。但伐差耶那的注释，则似乎只是针对执他方意见的人说的。②

（17）立方便避难（vikṣepa）。以事务烦恼（为借口）而中

名者，第二亦应不诵难名得说难名。第二不诵难名得说难名者，初亦应不诵难名得说难名。而今初难名必须诵方得说难名，第二难名亦应必须诵方得说难名。不应不诵而说。复次，若不诵难而说，难则堕负处。汝不诵自难，汝说难亦堕负处。若汝不诵难而说难，说难不堕负处者，我亦不诵难，而说难亦不堕负处。复次，若汝言说难我，我皆当诵，我难难汝。汝皆当诵。唯得互相领诵，则不得别立难。若恒相领诵，则失正义。譬如两船相系，大水若至，相牵去来。复次，汝言，皆是音声出口则失灭。云何得诵我语？音声既是失灭之法，不得重还故，不得重诵。若音声在则不能诵，以其常声故。若言失灭则无所诵，以其无故。若音声已失灭，汝令我诵，称是汝言，是邪思维。汝说我语前破后。我今共汝，辩决是处。若我说前破后是道理？何以故？我语前汝语后，若我语破后语，我义则胜，汝语则坏。复次，若汝说一切语前破后，汝亦出语前应破后。若汝语前不破后，我出语前亦不破后。”（《如实论》反质难品中无难理难品第一）——译者

① 不解义者，若说立义大众已领解，三说有人不解义，是名不解义。（《如实论》反质难品中堕负处品第三）——译者

② 不能难者，见他如理立义不能破，是名不能难。论曰：“不解义不能难，是二种非堕负处。何以故？若人不解义不能难，不应与其论义。”论曰：“是二种极恶堕负处。何以故？于余堕负处。若言说有过失，可以别方便救之。此二种非方便能救，是人前时起聪明慢，后时不能显聪明相，是愚夫可耻，是名不能难。”（《如实论》反质难品中堕负处品第三）——译者

止论议（V.2.20）。论辩方在进行中，见形势不利，便借口事务繁杂，要求退出论议。提出中止者视同败北。此与《如实论》释义同。[①]

（18）信许他难（matānujñā）。承认自家的意见有过失，但同时指责他方，谓其意见也有同样的过失（V.2.21）。自家的意见受到非难时，不能抗辩反诘，只是声称“你的意见也同我的一样是错误的”。这样的论辩同样被视为败北。世间不可能有这样的论例，承认自己的意见有过失，而还能挫败对方的论议，令其归于堕负的。《方便心论》辩正论品第三对此有说明。《如实论》释同本经。[②]

（19）于堕负处不显堕负（paryanuyojva-upekṣaṇa）。已成堕负，而犹未被判作堕负（V.2.22）。梵文原文是 paryanuyoj，意为“论议中成为堕负而未能指责其堕负”；所谓 upekṣaṇa，与此无有关联的意思。因此，这句梵文定义被译作“已成堕负，而犹未被判作堕负”。它的具体意思是，对手已经具备了所有陷于堕负的条件，而仍未被宣布为已经堕负。从相对立的另一方来说，不能及时宣布对方陷入堕负，便是自己的堕负。这是因为如果对手的败北不被揭示出来，论议就还会继续，继续的最终结局则肯定是自己失败。

---

① 立方便避难者，知自立义有过失，方便隐避说余事相。或言我自有疾，或言欲看他疾，此时不去，事则不办，遮他立难。何以故？畏失亲善爱念故，是名立方便避难堕负处。（《如实论》反质难品中堕负处品第三）——译者

② （有）立量曰：“此过非但唯独我有，一切论者皆有斯过。如言声常无形色故。有过去身以宿命智知故，如是立义如前生疑，故一切处皆有是过。”难曰：“……汝乃言一切有过非独我有。斯则自咎非余过也。所以者何？如人被诬而不自明，而言一切皆悉是盗。当知此人即自为盗。汝亦如是故堕负处。今汝若欲自宣明者，理极于先。必欲复说，则堕多过。”（《方便心论》辩正论品第三）“信许他难者，于他立难中信许自义过失，是名信许他难。若有人已信许自义过失，信许他难如我过失，汝过失亦如是，是名信许他难。”（《如实论》反质难品中堕负处品第三）——译者

《如实论》有已陷堕负的论议[①]，更作辩难无益的判定。因此，就此论辩无有成果言，已是自己的堕负。

（20）非处说堕负（niranuyojānuyoga）。未成堕负处而使其成堕负，便是非处说堕负（V.2.23）。此过失与前面的相反，此处是说对手的论议尚未成为堕负，却被宣布为堕负。因此种态度违背了论议法则，所以它本身就已经沦为堕负。《如实论》说，即令立论对手的论议已经陷于堕负，但若难者的驳斥理由不当，也仍然属于“非处说堕负”。[②]

（21）为悉檀多所违（apasiddhānta，离宗）。虽认可某种宗义主张，却又采取不相符的宗义作议论（V.2.24）。论议中遇他非难，为自救故，采用不合甚至违背自宗主义的理由作辩护，遂至放弃根本主张而沦为堕负。《如实论》称此为舍本宗。[③]

（22）似因（hetvābhāsa）。诸似因如先已说（V.2.25）。如果论议当中采用了第十三句义中所说的五种似因之任何一个，都使论议当场败北。《如实论》中将它分为三种：不成就、不定、相违。盖因《如实论》已经依据因之三相，来分析解释的缘故。

---

① 于堕负处不显堕负者，若有人已堕负处，而不显其堕负，更立难欲难之。彼义已坏，何用难为？此难不成就，是名于堕负处不显堕负。（《如实论》反质难品中堕负处品第三）——译者

② 非处说堕负者，他不堕负处说言堕负，是名非处说堕负。复次，他堕坏自立义处，若取自立异义显他堕负而非其处。是名非处说堕负处。（《如实论》反质难品中堕负处品第三）——译者

③ 为悉檀多所违者，先已共摄持四种悉檀多，后不如悉檀多理而说，是名为悉檀多所违。若自摄持明巧书射，与生因律沙门悉檀多不如理说，是名为悉檀多所违堕负处。（《如实论》反质难品中堕负处品第三）——译者

是等堕负种类，若与前述之倒难相比较，很有些一般规律性的相状，若对其微细的地方加以关注，观察其在论议当中的运用，也是相当有趣的。然若从理论形式方面加以讨论，其之所以沦为失败，主要是因为违背了论理规则。从这个角度来看，用前面的十五个句义来作议论规则的分类显然是恰当的。然而，通览此处的二十二种堕负，除掉第七句义（论式）说的不具足分、长分的，第六句义说为悉檀多所违，第三句义说似因以外，其余的都与前面十五句义无甚关系。盖同前面的倒难一样，主要是拿一些实际论议当中的实例，稍加整理，寻思其间的特性而作的汇编。因此，陈那评论这种状况："又于负处旧因明师诸有所说，或有堕在能破中摄，或有极粗，或有非理，如诡语类，故此不录。余师宗等所有句义，亦应如是分别建立。如是遍计所执分等，皆不应理。"

第五章　余说——杂观

一、补说。以上四章系对《尼夜耶经》内容所作的系统介绍。实际上这只是稍有概括性的说明，但为那些有意做根本研究的读者计，吾人前面所引摘的《正理经》本颂不免有些冗繁。又吾人虽然想对正理派的论理意义略加发明，然如先已说，因为印度论理逻辑自身尚在发展过程中，加之入近世以后又有相当多的晚近思想窜入，于是研究中吾人要甄别的问题也就太多。要之，从根本上看，正理思想作为初期的印度论理，仍未脱离辩证法的论域。论辩法则正是吾人讨论的重点。于此，吾人切望读者能够谅知著书者的用意。又正理派向以宗教解脱的派别自任，因之其实际的修行、所事的祭式、所倡行的禅定，再加上其不时会涉及的神观或生天解脱问题，都需要与他派的思想主张加以比较，才能得到适切的结论。不过，所有这些相对于正理派人生观而言又都是其次的，因此宜放到后边再说。上面说到的那几方面，大体而言，与胜论的主张相差不多。虽不能明确断定两家之间声气相通处究竟有多少，但就吾人的体会言，窃以为有待伐差耶那的注释和正理本典完全译出后才能把握。此是著者持以为望的事情。若此，吾人希望有朝一日，可从另一角度，换一种方法来总结正理派的学说。因此，吾人在此仅就相关的二三问题补充几句。

二、关于《尼夜耶经》的讲究。无论如何，只要涉及对本经的研究，都总会有令人抱憾的感觉。首先，吾人会问，究竟亚里士多德的论理与尼夜耶派的议论术是一种什么关系呢？盖如先所述，虽然两家从根底上讲，都是引向系统的论理逻辑的鼻祖，但它们之间究竟有多少共通的地方呢？这始终是悬而未决的问题。对此，学者之间的意见可以分为不同的几组。有少数学者认为希腊思想对印度论理当有影响。更多的人却认为希腊逻辑论理受到了印度影响而后大成。

看日本方面，尤其是今福学士，他最近的新作《论理学要义》（增订本第550—571页）列举两种论理间的相似之点有九条。他又将这个总结加以发挥，撰文发表于哲学杂志。其结论谓两种论理逻辑间的相同处，从根本上讲绝非偶然巧合可以解释。其结论主张是，亚里士多德理论受到正理派的影响。说实话，吾人对亚里士多德的体系并未有过专门的研究，甚至都未对希腊印度的交通史做尝试研讨。因此，就此问题并无资格发言主张。不过，吾人把相关的意见归纳起来，却不免生出相当的疑惑。

第一，人们从来把正理始祖足目当作亚里士多德以前的古人。但据本人考察，正理派之兴起时间上实与亚里士多德差不多同时或前后不远。因此，不好就断定希腊的论理学一定是后出而新，而印度的这种学说一定更早而古老，并据此而谓亚里士多德必然受足目的影响，因此中的论据相当薄弱。第二，如果说希腊与印度之间相互影响，且以亚历山大王东侵印度为契机者，此虽很有道理，但考虑亚历山大王的出身与背景，其如何能成立亚里士多德论理体系？这本身也是问题；反过来，追随该王的希腊学者掌握论理学，并将它带到印度来传播，又似不太可能。仍然也是属于缺乏事实根据的猜测。像论理学这样的学问，是否适合在戎马倥偬之间传授呢？恐怕颇难让人信从。第三，凡一国有他国学问输入，其所使用的术语，开始时必然沿用外来的词语。此为学习过史学研究方法的人恐怕都知道的。然而亚里士多德论理逻辑与印度正理，两者之间的术语，从名称上讲几无共通之处。且不说梵语与希腊语都是雅利安语的下属语种，其所使用的语词总应当有几分相似。关于此点，特别是说到希腊化的梵语，其中的论理学术语，当更有明显相通的地方。或者哪怕在希腊论理当中，也当寻到如戈列斯（Görres）等所断定的梵语术语。然在实际上这都是很难确认的事。第四，无论亚里士多德论理还是正理学说，都不是突然出世的学问。亚里士多德逻辑之前先有诡辩论者，若苏格拉底、柏拉图等先驱；正理派之先亦有诸多思想兴盛一时，若奥义书中的辩论学（Vākavākya）以及弥曼差派的论究法都先有流行。因之不可设想，如论理思想的体系竟然没有长期的历史发展背景。即令有一方受到外来思想的影响，也需要两边的思想准备作为基础，因此说到底仍然有相互影响的成分。单纯以一方为输入，以另一方为接受的情况是难以想象的。像这样的问题恐怕深究起来，最终总会有步入迷宫的感受。第五，再从印度思想与希腊思想两边的类似来看，恐怕也不光在论理逻辑这个领域当中，可以列举的例子很多，细论则不胜其烦。但时至今日，学界犹未见到有什么人在这方面作清晰的历史梳理。若要涉足这种对照比较的研究，仅就其与论理逻辑相关者言，就不得不联系到别的好多学科，若无宏大的自信力，以及充分的基础学科准备，则不能想象如何获得成功。但看眼前的现实，到底不能说今日已经具备这样的比较研究环境条件。基于以上几点，吾人虽然也说亚里士多德理论与正理学说之间颇多相类之处，但这恐怕应当认作只是人类认识心理活动中必然的巧合，属于某种自然而然发生的规则，不一定表明在历史上实际发生过文化交涉。此种相似，在某种程度上，毋宁说是人类心理活动中间的、不期而同的趋向。人类认识活动的目标，总是对象世界的真理性与统一性本身。

三、佛教逻辑。正理派的辩论论理，启发了整个印度的一般认识论理。因之，辩论逻辑的问题，也就应当是印度逻辑史中的一大题目。亦因于此，本篇所述其实也不仅仅只是正理派的学科大概，而更关涉到六派哲学以外。这就给有志于深入研究的读者提供了指导手册。此处拟作的介绍，特别会涉及佛教论议法的一些基本方面。

说到佛教，其在教理方面，对其他的宗教派别多有吸收，并且作了它自己的评判、取舍和发展，使佛教成为伟大的思想体系。佛教的论理逻辑就是其中的一种丰硕思想成果。先已有说，佛教在原始阶段尚未有组织化的论理逻辑。一当正理派思想出世，立即对佛教产生了重大影响。直到后来大乘佛教崛起，佛教方面都对正理思想极为重视，经批判与吸收，又借龙树、无著、世亲等大家的创造活动，才成就了佛教论理逻辑。一方面，佛教内部同渐次走向组织化的正理派保持接触；另一方面又不断追求建立自己的论理体系，彰显自家的理论特色。五世纪顷，陈那（Dignnāga）菩萨应世。这位又被称为“大域龙”的思想家集所谓新因明人成，开辟了印度论理史上的新时代。作为结果，佛教论理的独立形成自不必说，就是拿正理派自己来讲，当时虽然《正理经》已经组织完备，但随后的《正理经》疏释作品又受到佛教因明论释的影响。从彼以来，一直重视论理逻辑的耆那教派中也是著书不断。耆那派文献中保存了相当多的别教他派的论理书。总而言之，佛教等宗教派别与正理派之间的交涉与思想创造活动，促成了一个论理学问繁荣的时代。论理逻辑的思想又涉及印度思想的各个方面。

在佛教方面，陈那以后可谓人才辈出。先有著名论理学者，即陈那的弟子商羯罗主（Śaṅkara svāmin，亦称天主），后又有更在其上的法称（Dharmakīrty）论师出世；九世纪以降，又有法上（Dharmottara）论师将此学问推向新的高度。由此诸辈的推扬，佛教论理（因明）盛行一时，充分显示出晚期佛教的理论特色。承此波涛的推动，远在东土的中国与日本也承传了以陈那一系为主的因明学问。陈那的《因明正理门论》（*Hetuvidyā nyāya dvāra śāstra*）和天主的《因明入正理门论》（*Hetuvidyā nyāya praveśa śāstra*）经玄奘法师汉译并讲传后，一直就是中日佛教学者尊奉的因明根本论籍。其中的《因明入正理门论》因为结构简明而大受坊间珍重，玄奘的弟子窥基为撰《因明入正理论疏》（略称《大疏》），作为此学的重要傍附之书。窥基门下对《大疏》研究传习，并撰写了更多的论释复疏作品。因明学因之在中日盛行一时。以下列举汉译佛典中的论理学之相关资料：

古因明之部

撰者	论书	译者	所存大藏
龙树	《回诤论同释》	后魏 毗目智仙、瞿昙流支共译	缩 暑 一

龙树	《方便心论》	后魏 吉迦夜	缩暑 一
弥勒	《瑜伽师地论》第十五卷	唐 玄奘译	缩来 一
无著	《阿毗达摩杂集论》	唐 玄奘译	缩来 八
无著	《显扬圣教论》	唐 玄奘译	缩来 七
世亲	《如实论》	陈 真谛译	缩来 五

世亲撰有《论轨》《论心》《论式》，惜乎不传。

新因明之部

撰者	论书	译者	所存大藏
陈那	《因明正理门论本》	唐 玄奘译	缩来十（可参法云注新疏四卷本）
陈那	《因明正理门论》	唐 义净译	缩来十（可参恢领科注本）

陈那其他的著书相当多。其中重要的《因明集量论》（*Pramāṇa samuccaya*）曾有汉译，惜乎今已失传。然藏译正理论书中有署陈那名者五六部。

商羯罗主	《因明入正理门论》	唐 玄奘译	缩来十（可参恢领科注本）
窥基	《因明入正理论疏》	唐 义净译	缩来十（可参晃耀本）

慧沼、智周对此诸书有注疏。另有日僧凤谭汇集中日因明注家文字成《瑞源记》六卷。为《大疏》之重要参考依据。

法称	《正理滴论》（*Nyāyabindu*）	彼得森编纂整理原本	载《印度文库》
法上	《正理滴论疏》（*Nyāyabinduṭika*）	同上	载《印度文库》

此外，印土的佛教论理著作虽还有不少梵本，但今大都散佚。近年来在尼泊尔发现了大量梵文佛经，其中有重要的“佛教论理六书”，即：宝称（Ratnakīrty）的《成遮诠论》（*Apohasiddhi*）、《成刹那论》（*Kṣaṇabhaṅgasiddhi*），无忧般智达（Paṇḍita Aśoka）的《破总相论》（*Samanyaḍuṣana dikpraśāritā*）、《论有分不成》（*Avayavi nirākaraṇa*），宝作寂（Ratnākara śanti）的《分别论议》（*Antavyāpati-samarthana*）诸书。高楠教授自国外携回的梵文书尚有哈里普拉夏斯特里（Haripraṣāstri）之《佛教正理六论》（*Six Buddhist Nyāya Tracts*）（属印度文库刊行本，M. M. Har Prasad Shastri, Bibliotheca Indica, Calcutta, 1910）。是等诸书虽不是纯粹论理作品，而属于佛教或者其他教义的论辩作品，因此是了解相关教义或论理的重要参考资料。

参考文献如下：

（1）村上博士：《因明学全书》。

（2）松浦：《印度逻辑》（*Hindu Logic*, 1900, Philodelphia）。

（3）香村学士：《东洋论理学史》。

（4）Vidyabhusana, *The Mediaeval of Indian Logic*, 1907, Calcutta.

（5）今福学士：《最新论理学要义》（附录）。

（6）宇井学士：《参考论理学》（第二部）。

四、陈那对正理派的正理改革要点。前面已于多次提到陈那改造正理之功，于此再作简单总结。

（1）正理派的知识来源有四。至陈那，对正理四量加以审察裁减，令成现量与比量两种。盖因譬喻量，本性上可以并入现量。而声量则既有现量成分，也有比量成分，实无理由再成为独立的一量。

（2）论议当中的宗之构成，历来不太明确。若说“彼山当有火”以为论题，火之在山并非判然显明之事。《尼夜耶经》中也说，此论题之宗，当为全体之言。有时指的是前陈之“山”，有时指后陈之“火”，足见《正理经》中，至此尚无明确的命题判断之意识。然到陈那时，对此加以明确规定：宗之主义，既不单在主词（前陈），也不单在宾词（后陈），而是两者共同组成的命题。即若谓“彼山当有火”，其所欲安放的意义是“火”而非“山”，其所关注的山上究竟有火还是无火。这一层意思在新因明中，被规定成为“宗依必须极成，宗体可不极成”。即前陈与后陈这样的名词（是宗题所依），对于立敌两方而言，名词本身必须共许极成，而宗之作为命题，才是双方要争论的。

（3）当然，陈那最大的功绩是他对因三相（trirūpa, triliñga）的总结勘定。因三相在世亲的书中虽已可见，如《如实论》中就有；但对三相作严密的考察并力说而备悉的是陈那。因此可以说陈那在因明学说发展史上有不世之功，具不可替代的地位。新因明与古因明的分界线主要就在因三相的理论创造上。所谓因三相是“遍是宗法性”（lingasya-anumeya sattvam evat）、“同品定有性”（sapakṣa eva sattva）、“异品遍无性”（asapakṣa asattvam eva niśicitha）。

所谓第一“遍是宗法性”，是说因的性质必须完全地充满有法（例言：凡一切声必然是所作性的）。所谓第二“同品定有性”，是说因必然存在于一切具有宗之后陈（宾词）性质的事物上面（例言: 凡是所作性的,必然是具无常性质的)。所谓第三"异品遍无性",是说因必然不存在于任何具有与后陈性质相矛盾的东西上面(例言: 凡是常住性的东西必不能是所作性的)。前已说过,这里的第二、第三两种性质,其实也就是正面肯定的与反面否定的两种关系陈述。其所代表的是肯定与否定的遍通关系。符合这样的关系性质,才可以称为正当的证明力量充足的因(理由)。

如前所说,从来的因明史家都谓九句因是足目所创,但从《正理经》的注释中看不到这种说法(虽然窥基《大疏》也说"劫初足目创标真似")。又另外,从西藏的译经中也可得窥一二真相。藏译经典里有陈那的《因轮论》(*Hetucakra hamaru*),就是陈那专论九句因的因明书。因此,恐怕九句因的理论不能不当成陈那的推陈出新的创见。对九句因的分析与综合勘校,显然是陈那对因三相之后二相加以总结的理论来源。其当为陈那得自世亲之学,也是对三相更进一步深入研究的结果。盖所谓九句因,是对同品(同喻)以及异品(异喻)联系考察而得到的,它关注的是因之于同品上是全有、分有,还是根本没有。将因在同品和异品上的分别存在状况全部排列出来,就可以得出九种情况。研究这九种情况,哪些是显示为正当的因,哪些又是不确定的因,哪些又是相违的矛盾因。以下将九句因列出,并举实例加以说明。

九句因

因之分布情况	具体例证	情况分析与结论
1. 同品有异品有(不定)	宗　声应无常 因　所量性故 同喻　如瓶 异喻　如虚空	因过广泛,溢出到同品与异品上,故成不定。

续表

因之分布情况	具体例证	情况分析与结论
2. 同品有异品非有（正当）	宗　声应无常 因　所作性故 同喻　如瓶 异喻　如虚空	正当无失。
3. 同品有异品有非有（不定）	宗　声应勤勇无间所发 因　无常故 同喻　如瓶 异喻　如虚空	以非勤勇所发者亦有无常性，故因不定。
4. 同品非有异品有（相违）	宗　声应常住 因　所作性故 同喻　如虚空 异喻　如瓶	所作性因，与全部异品之无常物关联，而只与部分无常物无关联，故成相违。
5. 同品非有异品非有（不定）	宗　声应常住 因　所闻性故 同喻　缺无 异喻　缺无	因过于狭窄，无从决定其为常住还是无常。
6. 同品有非有异品有非有（相违）	宗　声应常住 因　勤勇无间所发性故 同喻　如虚空 异喻　如瓶或电	因与同喻无关联，却与异喻部分关联，因之成相违。
7. 同品有非有异品有（不定）	宗　声非勤勇无间所发 因　无常性故 同喻　如电如虚空 异喻　如瓶	无常性之因与异品之瓶完全关联，同时又只是与同喻之电等有部分关联，故成不定。
8. 同品有非有异品非有（正当）	宗　声应无常 因　勤勇无间所发性故 同喻　如瓶如电 异喻　如虚空	正当无误。

续表

因之分布情况	具体例证	情况分析与结论
9. 同品有非有异品有非有（不定）	宗 声应常住 因 无触对故 同喻 如虚空如极微 异喻 如心识如瓶	无对触之因既同喻之虚空上存在，又在异喻之心识上存在。跨同喻异喻两边，故成不定。

总之，上面的九句中，二、八为正因，一、三、五、七、九为不定因，四、六为相违因。

（4）正理派的喻，虽说有相当西洋逻辑中大前提的功能，但在印度，因从来对它没有完全的规定，因此实际运行中，此种不甚严密便留下漏洞，常常生出各种奇特的诡辩。吾人在前边已经屡有指出。而陈那的因三相论，对于喻作了一定规范。同喻只是限于因同品（所作性品类）与宗同品（无常性品类）的关系联结。异喻则只是限于宗异品（常住品类）与因异品（非所作品类）的关系联结。此外，喻又有喻体（命题）与喻例（事例）之分。若要发表命题性质的喻体关系的陈述，必随后举出具体的事例。又在古因明中，同喻与异喻可以分别单独使用，自陈那开始在同一个论式当中，并举同喻与异喻两者。这虽也是来自因之三相的必然结果，但说起来仍然不免业务量冗繁累赘。

（5）以往的五支作法，其中的合、结这两支不过是又一次重复宗与因两者。因此，新因明只取五支的前三支，认为其足以成完全的论议形式。这也正是陈那新因明的特点。陈那最先注意到这一点，并且如此声言。举例来看：

宗　　声应无常

因　　所作性故

喻 ┌ 同喻　诸有所作皆见无常　如瓶罐等
　 └ 异品　诸常住者皆非所作　如虚空等

（6）陈那之前，对于误谬论，并未形成统一的标准。什么样的论议属于误谬，不过是罗列一大堆实际经验里的例子。但自从陈那厘定了宗、因、喻三者的规则，所有的谬误都缘于对这三方面的抵触。错误论议的标准也都明确地归结到不正当的宗、因、喻上来。

陈那以后发展起来的法称与法上的学说，其中既有陈那本人不赞同的，也有陈那本人没有细说的。但大体说来，这些后来的见解仍然是对陈那论理精神的进一步发展。这是应当特别指出的。

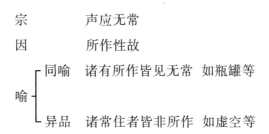

第七篇

吠檀多派

第一章　总说

一、地位。吠檀多是以奥义书为思想基础建立的宗义学说。其体系中发挥了婆罗门哲学的精髓，综合了各种思潮，由此发展成为伟大的哲学学派。吠檀多得名，是因为其教义来自奥义书。奥义书本来也被称为“吠檀多”。因此，吠檀多派就是“以奥义书为依据的学派”的意思。

介绍吠檀多派，按顺序先当说说奥义书的性质。然此问题，吾人在《印度宗教哲学史》一书中已有很详细的介绍。这里，只需简略地重述几句。奥义书的文本属于梵书系列。奥义诸书，通常是梵书最后部分的森林书的附属文本。不过，如果单看奥义书的思想，它又与梵书完全不同。可以说，它在形式上同于梵书，在思想上则具有反抗性质。它是专注于哲学思考而结成的思想结晶。它之所以被称为“吠檀多”，即被认为是“吠陀的终结”，盖因其记载了吠陀学习的最终研究成果的意思。其哲学思想包含了吠陀的最终含义。但奥义书本身种类繁多，是数十甚至数以百计的思想家的思想记录。上下跨越了许多代，搜罗的思想相当庞杂。思想主旨虽有共同之处，但总说起来，还称不上体系严密，当中往往相互矛盾。甚至在同一部经典中，不同的说法间也难以调和。还有好多地方是晦涩而说不明白的。也就因为如此，在学派时代到来以后，各家思想在逐渐系统化的过程当中，尽管努力排除那些相互冲突的说法，让自身的理论尽量显得融洽。特别当各个学派积蓄力量、羽毛渐丰的成长时期，致力于吠陀学问的创造性人物，有从理论方面探窥奥义书的法称，自由地发挥其所期许的观念；在理论的组织结构上，奥义书之徒加紧调和自家的教义主张，尽量联系他们自认为从奥义书中发掘到的真义。广义地讲，这一批思想家就是吠檀多派思想组织化的骨干。

然而，以奥义书为名的思想，并不完全是吠檀多派的研究对象。奥义书本身包含了极广泛的思想内容，其中的种类非常繁复。究竟应当选择哪些东西来组织吠檀多宗义呢？其宗派内部，各种意见都有，往往各执一端。奥义书自身可以分为古新两种。所谓古奥义书，是由三吠陀派所传持下来的。而新奥义书则是阿达婆吠陀一系的产物。古奥义书现存有十一种，它们是：

<table>
<tr><th colspan="2">所属本典</th><th>奥义书名</th><th>所属支派</th></tr>
<tr><td colspan="2" rowspan="2">梨俱吠陀</td><td>1.《艾多列耶奥义书》，《艾多列耶森林书》之第 3—4 册</td><td>艾多列耶派（Aitareya）</td></tr>
<tr><td>2.《考斯塔基奥义书》，《考斯塔基森林书》之第 3 册</td><td>考斯塔基派（Kauṣitaki）</td></tr>
<tr><td colspan="2" rowspan="2">沙摩吠陀</td><td>1.《歌者奥义书》，《歌者森林书》之第 3—10 册</td><td>坦丁派（Tantin）</td></tr>
<tr><td>2.《由谁奥义书》，《塔罗婆伽罗梵书》之第 9 册</td><td>斋米尼派（Jamini）</td></tr>
<tr><td rowspan="2">夜柔吠陀</td><td rowspan="2">黑夜柔</td><td>1.《泰蒂利耶奥义书》，《泰蒂利耶森林书》之第 7—9 册</td><td rowspan="2">泰蒂利耶派</td></tr>
<tr><td>2.《大那罗衍那奥义书》，《泰蒂利耶森林书》之第 10 册</td></tr>
</table>

续表

<table>
<tr><th colspan="2">所属本典</th><th>奥义书名</th><th>所属支派</th></tr>
<tr><td rowspan="5">夜柔吠陀</td><td rowspan="3">黑夜柔</td><td>3.《羯陀奥义书》</td><td>羯陀派</td></tr>
<tr><td>4.《白净识者奥义书》</td><td>缺</td></tr>
<tr><td>5.《弥勒奥义书》</td><td>弥勒道派</td></tr>
<tr><td rowspan="2">白夜柔</td><td>1.《布里哈达森林奥义书》在《百道梵书》中 14 章 4—9</td><td>瓦恰沙勒耶派</td></tr>
<tr><td>2.《伊莎奥义书》（Īśa-Up.），又为《瓦恰沙勒耶》本集之第 40 册</td><td>瓦恰沙勒耶派</td></tr>
</table>

道森核对过是诸奥义书内容，并按出世的年代顺序排名如下：

<table>
<tr><td>《布里哈达森林奥义书》（属白夜柔吠陀）</td><td rowspan="6">散文体</td></tr>
<tr><td>《歌者奥义书》（属沙摩吠陀）</td></tr>
<tr><td>《泰蒂利耶奥义书》（属黑夜柔吠陀）</td></tr>
<tr><td>《艾多列耶奥义书》（属梨俱吠陀）</td></tr>
<tr><td>《考斯塔基奥义书》（属梨俱吠陀）</td></tr>
<tr><td>《由谁奥义书》（属沙摩吠陀）</td></tr>
<tr><td>《羯陀奥义书》（属黑夜柔吠陀）</td><td rowspan="4">韵文体</td></tr>
<tr><td>《伊莎奥义书》（属白夜柔吠陀）</td></tr>
<tr><td>《白净识者奥义书》（属黑夜柔吠陀）</td></tr>
<tr><td>《大那罗衍那奥义书》（属黑夜柔吠陀）</td></tr>
<tr><td>《弥勒奥义书》（属黑夜柔吠陀）</td><td>散文体</td></tr>
</table>

是等奥义书，除《弥勒奥义书》出处尚有疑问外，其余都是梵书的衍生产物。其产生的年代，一般认为是佛教出世之前不久。亦因如此，吠檀多教徒并不信奉《天启经》，而只是把奥义书类（吠檀多经典）当作吠陀的终极真实显示。总之，吠檀多派的目的，

是寻求上述奥义书中的真义并用一类方法组织自家的学说。至于阿达婆派中的新奥义书，情况有些不同。后者多半为后世的拟作，数量颇多，达数百种以上。其中那些直至近世还在制作的也就不甚珍贵。新奥义书一般篇幅较短，带有学派的色彩。这算是它们的特点。对于这些奥义书，吠檀多派内部的看法并不一致。商羯罗本人平时常用的也只有《蒙达卡奥义书》《六问奥义书》《唵声奥义书》《贾巴拉（圣者名）奥义书》这几种。其余的未见他提到过。所以会如此，吾人估计，虽然大多数的新奥义书思想卓越，体系化程度也较高，但吠檀多教徒一般仍旧更重视古奥义书，因为后者的内容结构更有利于他们组织教理。古奥义的见解更适合他们加以发挥。对古奥义书的这种态度，既出于他们的学术习惯，也有延续传统的思想论题的考虑。一句话，新奥义书不会被当作吠檀多的终极意义。新奥义书中的主张，有的吠檀多派同意认可，有的遭到拒绝，一切取决于吠檀多中的主流意见。

二、吠檀多的成立与种类。作为学术派别的吠檀多潮流，从什么时候开始兴起，不好确定。如果从该派的理论特质来看，奥义书思想有多少已经被组织到宗义中，吾人不妨说，当一些人以奥义书中思想为宗归，从他们的主张中看到奥义书的影子时，就是这个派别出世的标志了。但吠檀多派中最古老的思想的流露，可以追到《羯陀奥义书》《白净识者奥义书》和《弥勒奥义书》上面。它们中的好多观念在新奥义书中才充分而明白地显露出来。道森把带有强烈吠檀多气息的这类称作“纯吠檀多主义”（Reine Vedānta）的奥义书。新奥义书中，对《歌者奥义书》《布里哈达森林奥义书》里面最纯粹的吠檀多思想大加发挥，且组织形式又很简明。然而若观察吠檀多派的特质是否在奥义书之外单独形成，是否得到某个派系的系统研究，是否因此而形成自宗的宗义，吾人则可以说，吠檀多派的历史形成相当晚。恐怕其兴盛时期，应在五六世纪。因为据吾人所知，之前印度尚未有吠檀多自己的教义书。从此意义上说，吠檀多派的出现，是在其他诸学派都出世以后，受后者的思想刺激才产生出来的。

以这样的方式来观察吠檀多派思想的体系化、组织化，可以看到有两种发展方式。其一完全局限在奥义书中：以他们信奉的中枢思想作为核心，进行逻辑的理论创造，借以发挥全体奥义书的真髓。其主要的代表就是高达巴达的《曼杜基偈颂》（*Maṇḍūkhyakārikā*）、沙檀难陀（Sadānanda）的《吠檀多精义》（*Vedantasāra*）；此外，还有一些立场持中的会通诸奥义书思想的研究书。例如，意在总括古奥义书中全体思想的《梵经》，其作者是有名的跋达罗衍那。这些都是那个时代的产物。无论如何，当时尚未形成吠檀多派，即尚未形成一个单纯讲传奥义思想的系统派别。从历史材料当中，吾人看不出有以个人为中心的任何团体，成系统地呈现他们的相关见解。不过这里应当注意，所有这类著作中，跋达罗衍那的《梵经》无论就其质还是量而言，都堪称最为重要。这部被称为“经”的书，是以后该派中各分支流派都奉为教义书的。直至今日，它仍然是研究奥义书思想必不可少的指南。一般说来，吠檀多派使是奉此书为本宗典籍的学派。然因本教义书的文义不明处太多，各种注释家纷纷作解，竞逞意见，因此引起意趣分流。注家们利用书中的暧昧意义，各附己见，宣称唯有自家才得到跋达罗衍那的本意。

因此，以本书作为教义根本，本派中产生了好些思想派别。举其明显的分派，有八世纪商羯罗所代表的一元论，有十一二世纪罗摩奴阇所代表的制限一元论，又有十二世纪马达婆的二元论。无论如何，所有这些派别都仍是《梵经》的意见表达形式。特别是在今天，印度教中的诸派若谈哲理，大抵又都不会离开本书的教义宗旨。从此一层意义来看，本派中的色彩纷繁，异见纷纭，正好体现出《梵经》思想根源上的复杂性，其中包含了应有尽有的分歧。

三、吠檀多派之主要论题。如斯而论，吠檀多当中虽有种种源流，但因根本文本毕竟只是一个，故无论何家何派，其所关心的基本问题仍然大致相同。最根本的主题是有关梵我的讨论。其所主张的同宇宙原理之大梵关系，也就是世界与个人自我的关系问题。所有吠檀多内部的思想派别，根本的区别也都围绕这个中心问题才产生出来。新奥义书当中，有一部名为《一切奥义精要》（*Sarva-upaniṣat sāra*）。该书列举了二十余项问题。然后就此诸问题加以简单的解答，提要性地发挥了诸奥义书的各种大义。这中间的解释虽无太大的价值，但题目本身代表了吠檀多派的关注要点，因之介绍如下：

系缚为何耶？

解脱为何耶？

无明为何耶？

明（真智）为何耶？

我之四位（神我之四位：醒位、梦位、熟眠位、第四位）为何耶？

我之五藏（五藏者，食味所成身、生气所成身、意所成身、识所成身、妙乐所成身）为何耶？

作者（kartṛ）、命者（jiva）、灵魂、观者（sakṣin）、神（kūtasthā）、

内导者（antaryāmin），其各自为何耶？

各我（pratyayātman）、最高我（paramātman）、我各为何耶？

幻（māya）为何耶？

这里所提出的问题显得非常杂乱且有不少是异名同义的问题。但仍从中见得吠檀多派的目的，并揣想他们何以要用这些题目来组织其研究活动。问题大致反映出吠檀多的学术兴趣及其规则等。至于具体讨论随着叙述的展开，吾辈可逐渐明白。

四、本篇的方针。要叙述六派之一的吠檀多，不能不先说跋达罗衍那的思想。前已言及，吠檀多学说本身，包含有各种各样的思潮。仅以跋达罗衍那来介绍吠檀多体系，不免以偏概全。吾人的目的，是要通过研究来展示吠檀多思想的全体，同时在一定程度上勾画吠檀多思想的发展轨迹。因此，吾人先勾画跋达罗衍那的个人立场，其次显明与其立场稍异的《曼杜基偈颂》的思想，以及将这两者结合起来的罗摩奴阇的注释；最后再揭示商羯罗的《吠檀多精要》一书的结构与主旨。从根本化讲，哪怕仅仅介绍几个要点，已非易事。而且这样的叙述法，不免大而化之，相当粗疏。然尽管如此，顺着这条路子，多少还是可以显示吠檀多的思潮之发展过程，从而勾画吠檀多学说的开展以及成形。又本篇本来有这么一种设想，即上来先介绍吠檀多的思想开端，依据奥义书对其教理给以说明。本来，这也是一般通行的写法。但因上一部书《印度宗教哲学史》中，第三篇已经做了这方面的工作，所以于此也就没有必要再重复。因此，若非必要，吾人在行文中也不再谈奥义书的内容。读者当中，有对此瞩意者，可自行检阅奥义书那个部分。那对于了解本篇当中的内容，想必多有好处。

第二章　跋达罗衍那的《吠檀多经》

第一节　概观

本经有好几个名称，如称《吠檀多经》《后弥曼差经》《梵经》《根本思维经》（*Śārīraka mīmāṅsā sūtra*）等。本经的作者名为跋达罗衍那，又被称为毗耶舍。通常他也被当成编纂吠陀及《摩诃婆罗多》的那位毗耶舍。但这点再怎么说，也还只是臆想之说，没有任何根据。“毗耶舍”这个词的本义就是“编纂者”“整理者”。印度的所有圣典，差不多都指其作者是毗耶舍，这个名字被认为是古圣仙人中的一位。往世书的作者就叫毗耶舍，瑜伽经的注释者也是这个称呼。因此大可以将其视作一个普通名词。正因如此，把《吠檀多经》的作者跋达罗衍那称为毗耶舍，虽然后者只是编写者的意思，而又将其当成编纂吠陀的那个毗耶舍，肯定是说不通的。更何况，这里的跋达罗衍那是不是真的编写了本经尚有不少可疑的地方。若观本经，其中采录了不少学者的意见主张。稍作深入勘查，他们中提到斋弥尼其人十一次，跋达利（Bādari）四次，奥杜洛米（Auḍulomi）三次，阿湿马洛替阿（Āśmarathya）两次，卡夏克里希那（Kāśakṛtsṇa）一次，卡里希那吉里（Kārṣṇājini）一次，阿特利耶（Ātreya）一次。跋达罗衍那这个名字则出现了九次。即作者把自己当作旁观者，前后九次说到跋达罗衍那这个人。本来印度人著书，倒也不是完全没有直接称自家名字的，但如果屡屡如此，则让人觉得这书是别人的作品了。因此，吾人觉得，本书当是跋达罗衍那的门徒们所编写的书，中心人物是其老师跋达罗衍那。书中辑录了吠檀多派多位学者的主张，如是的估计应当八九不离十。

至于本经编辑完成于什么时候，迄今为止没有确凿的说法。吾人相信，应在五至八世纪。所以作此假定，理由是本经当中记录有不少他派提出的非难，其中仅来自佛教方面的，就有毗婆沙师（vaibhāṣika）、中观派和瑜伽行派即唯识派等的观点（本经Ⅱ.2.18 以下）。

不过，他们中间时间较为早的是毗婆沙师和中观派，而瑜伽行派，准确地讲，则是无著、世亲以后才形成的。瑜伽行派的兴盛是世亲门弟子大力举扬的结果。然而在世亲的年代，虽然佛教中已有种种异论，但本经中所斥责的，都是四五世纪顷所流行的。本经中所言及的问题相当多，但大部分都应视为后来的见地。这些在本经中遭到驳斥的意见，都只见于八世纪的商羯罗为本经所作的注释中。由此，吾人知道，那些观点主张在本经初成时还不曾问世。以是吾人断定，本经当成立于五至八世纪。这种假定应当站得住脚。它依据的是道森基于传统所称的本经承传世系，即毗耶舍 → 苏迦 → 高达巴达（Gauḍapāda），由商羯罗上距高达巴达二百年，所以道森得出本经形成在四五世纪顷的结论[①]。这样的时

① Deussen, *Das System des Vedānta*, S.26.

间推导法，方法上讲可能不算精确，但大致说来也不会太偏离目标。何况本经同其他一些派别的印度圣典一样，都是经历数代才最后完成而定型的。从整体上看，说本经是四五世纪顷的作品当不成问题。可以认为，至迟至四五世纪，本经已经以现在的形式流传于世了。吾等作如是说，当大致不离正鹄吧。

一、本书之体例。本书（本经）编辑层级结构，按章、节、题组成。每章四节，四章十六节。商羯罗的注释书有一百九十二个论题。每个题目所成，或一颂或数颂。仍按商羯罗所说全体共有五百五十颂，不过罗摩奴阇说有五百四十五颂（但有的地方罗摩奴阇把商羯罗的两个颂当成一颂，所以其内容与后者的不尽相同）。但罗摩奴阇的本子，文句过于简略，而且他又没有加注释，所以，读起来往往不知所云的文句，实在不少。盖罗摩奴阇的方法，是先充分讲究教理，而后为了方便记诵，才以三言两语来作总结。因此，可以猜想本经最初的编纂目的，只是为在师徒之间传道授学，未必就能当成吠檀多学说的全貌。若与他派相比较，本书的注释尤为重要，这是不言而喻的。本经的注释本有好多种，据科尔布鲁克说有十几家传本[①]。爱德华·霍尔所发现的有十四种。不过其中所举最初的注释家中可见到跋达罗衍那的名字，可惜名虽有而书已失传。接下来便是不可缺少的商羯罗释本。他的《根本思维经注》（*Śarīraka mīmāṅsā sūtra bhāṣyam*）很早就成为了吠檀多的权威来源。与他的解说立场稍稍有异的是十二世纪的罗摩奴阇《圣注》。其解明的立场属印度教毗湿奴派。比其稍晚而见地

① Colebrooke, *Miscelloneous Essays*, Vol. Ⅰ.1, pp.357-362.

稍有不同的是毗湿奴派当中的马达婆论师，其又名阿难达替尔塔（Ānandatīrtha），其人注本依据的是二元论的哲学立场。另外，还有与罗摩奴阇立场稍近的瓦洛巴（Vallabha）的《梵经注》。其人生期约为十五六世纪。他以为梵的意义当有喜乐内涵。这四种注本代表了吠檀多派学术的四个潮流。今天的印度吠檀多学派，商羯罗注本流行于印度北部；罗摩奴阇的注本流行于南印度；马达婆注本的流传中心地主要在南印度马德拉斯地方，整个印度各地也有人讲传；瓦洛巴的《梵经注》流行于古吉拉特邦一带[①]。然就实质而言，吾人因为商羯罗和罗摩奴阇之外的《梵经注》其实并无太多的人阅读，因此于此略去马达婆和瓦洛巴，不介绍其学。把吠檀多学问当作整体，将四派见地的解释杂糅起来，一并说明的立场可见于《六种学说心要》（*ṣaḍdarśana cintanikā*）这部书。又若要了解马达婆的哲学梗概，可以从《摄一切见论》中得到一般性的了解。

二、本书的内容。所有注家就本经内容范围达成一致意见的，是书中的四章十六节。此一部分中，各家列出的题目也都一样。

第一章说作为大原理的梵，在此部分中先说梵的定义，接下来解说奥义书中有关梵的不同解释，目的是发挥其正确之含义。若谓本书经数代方才完成，则本章显然一开始就已经有了。第二章中，第一节主要意在会通数论的难问，叙述梵之成大原理的理由。第二节是针对数论、胜论、佛教、耆那教、兽主派（Pāśupata）、薄伽梵派（Bhāgavata，毗湿奴派中的一支）的辩难，以求显明唯独吠

① *Studies in Indian Philosophy: Vedānta und Yoga*, p.1.

檀多才是真理所在。第三、四节而回过来再说明自家宗义。显示由梵而生出器物世间以及有情众生的次第。第三章说轮回与解脱。第一节述轮回样状。第二节说自我的四种位。第三节说对梵作冥想之观念法（upāsana; dhyāna）。第四节讨论梵智和祭式。最后一章即第四章专说解脱论。第一节叙述修行之果，如何灭尽善恶业。第二节以下说解脱的过程及各阶次的相状，是对全部解脱的总结。

不过，如果要更进一步详细了解吠檀多的教理，就离不开审读上面所说的诸注家的意见。说到底，那些都是针对本经题目和叙述而来的释论。通过注家的解说，才能明白本经的本意。严格地说，离开了本经教义学者的意见，便不可能了解本经的真实用意。然而，印度的《吠檀多经》注释家们在解释活动中只是将本经的部分内容当成骨架，自由发挥，不少地方都塞进了自家的私货。这也算是各注家的同中有异的地方。因此，要总结出本经中的共通点，也就只能紧扣本经，把相关论题上相近的意思汇集起来。出于这样的考虑，吾人当前应做的工作，就是比较商羯罗和罗摩奴阇的两个注本，再参照列举四家释意的《六种学说心要》中的吠檀多注释。剔除其中非常个别性的意见，而寻出它们相一致的地方。再用第波特（Thibaut）教授的表列法将其排比出来（此可参见《东方圣书》三四卷的序文）。吾人相信，这里总结出来的东西，虽说不上非常完全，而且往往没有明确的定论，但毕竟综合了各注家的特殊意见，也算不失大意。此处若完全依据第波特教授的表列法，毕竟过于繁杂，因此吾人稍稍简化了一下，只求总体上显示比较研究的成果。而这样做，只能是大体呈现总的研究轮廓，而算不得彻底的考察。至于本经种种注释的解说风格，于此则不得不尽付厥如。

第二节　出发点与知识来源

一、本典的内容。弥曼差派的内容是对吠陀祭式的研究，吠檀多派则是为了揭示梵之大原理。本典（Ⅰ.1.1）曰："梵之思索，今从此始。"

相似于此，《弥曼差经》开头也宣布"法智之学，今从此始"。按注释家们的说法，弥曼差派的"今从此始"这句话，也已经包含了吠陀之记诵研究的最终成就，也即是吠陀宗教的大事了毕。进而还可以说，可以将研究的注意力转到对吠陀内秘之哲学（dharmajijñāsā）上来。这句话的意思也就是说，既知弥曼差派当研究的内容，便应当进一步探究本经的终极意义。这中间，其意在暗示本派已经容纳了弥曼差派的训练法，但思想态度却在他们之上。

与此相关，本典规定了对有志于梵学者的资格。按照规定，四姓中只有前三种姓应完成对吠陀集录和梵书等的研究不说；原则上凡是履行了四行期的修习责任的，即经过了梵行期（brahmacārin）、家居期（gṛhastha）、林栖期（saññyāsin）、游行期（vānaprastha）的，都是梵学研究的合格者（adhikārin）（Ⅰ.1.1; Ⅲ.4.36-43）。为此，跋达罗衍那狠狠批判了斋弥尼（弥曼差的始祖），因为后者只是强调四行期的祭祀主义，而对林栖期和游行期不以为意（Ⅲ.4, 18-20）。盖若有梵志，结束了梵行期的吠陀记诵研究，在家居期中又实践了祭祀仪轨，那他在林栖期和游行期便应当深入地从事哲学思维的玄想。这是自古以来婆罗门应当履行的一般责任。假如不能恪守这套制度，那他在思想上也就不过只知道一点空泛之理。特别有意思的是，本典认为，哪怕诸神也负有义务，应当研究吠檀多。按规定诸神也处在轮回的层次，要想究竟解脱，就必须学习梵学（Ⅰ.3.26-33）。弥曼差派作这样的说法，虽本来也是奥义书的精神，但暗地里也埋伏了该派想要生天达神位的念想。《吠檀多经》显然是对抗弥曼差派的这种追求的。要之，据此而论本经与前弥曼差派的经典大约都产生在同一个时代。从思想上看前弥曼差派往往成为本经的批判对象，本经自认为是超越了弥曼差思想的，从这里也透露了梵书与奥义书的联系。

二、知识起源说。关于知识起源，本派的立场也可以同前弥曼差派相互对照。弥曼差派之前后系列，都把（除劫波经外的）广义吠陀文献当成《天启经》。其中，前弥曼差派认为吠陀的本意正在祭祀仪式上，而后弥曼差派则认为吠陀的真正目的，是通过讨论哲理而引人达于解脱。换言之，弥曼差派把探究梵之本相的奥义书，也归结到对吠陀祭式的说明上来。同样，吠檀多派也将说明祭式的梵书视作哲学论究的前提条件。这样一来，弥曼差与吠檀多也都同时承认以吠陀为权威，但一个以梵书为中心，而另一个以奥义书为本据。本派《吠檀多经》中，对于奥义书持有这样的特别观念：所有的奥义书都可视其为《天启经》，无论如何，它们所说的只是同一真理的各个方面，其间绝不可能会有矛盾冲突（Ⅰ.1.4）。如果说其有时也会显示某种表面的差别与矛盾的话，但必须强调，根本的精神仍是同一性的。那些形式上的、语言表述的差异都是完全可以调和的（Ⅰ.4.14-15）。亦因于此，奥义书的教义必然可以解释融通，有不可怀疑的真理性。奥义书的基本精神绝不等同于吾人的经验常识，见闻觉知所得可以怀疑的，奥义书则无可怀疑。本派称此不可怀疑的知识为现量。然而，实际上奥义书中包含了各种的特异思想，为解决其中的矛盾，不得不用别的手段加以整理，达成调和性的解释。本典的解说办法之一，是求助于《传承书》，以《摩奴法典》《薄伽梵歌》一类作品为依据。后者被当成第二知识来源。凡是同奥义书精神不相违背的，就可以认作真智标准。同理，吾人的推理，只要与事实没有不符，就可以说它契合了真实。从这点看，本经称作比量标准的《传承书》，其真理性也就无需再加质疑。本派的现比二量，是否真是本经原著者的本意，先不讨论，但它同一般论理逻辑学术语的意义总是不尽相同的。吾人只需要考虑这么一点，就吠檀多派的性质言，使用这种被牵强解说的术语，肯定是为了本派的理论需要。一句话，本派认为，若论知识来源，奥义书当为第一。至于其他的婆罗门教圣典，应放到第二位。至于经验事实和推理，则都不在吠檀多派的考虑范围。这是本派与他派不同的第一点。若与弥曼差派作比较，后者除了承认《天启经》和《传承书》，也还承认有别的知识之量。这一点将吠檀多与弥曼差明显区别开来。

第三节　梵论：第一章的主旨

一、梵的定义。所有的奥义书都把梵当作万有的根本原理，此点虽可以认作一致的立场，但说到此之原理的必然性，各奥义书还是互相区别的。本典（I.1.2）的定义曰："由此有彼之生等诸事（Janmudi asay yata iti）。"

注释者谓，“彼等”之“彼”，指的是全宇宙（sarva idam），“生等”意谓生、住、灭等。颂文的意思是，万有宇宙当中，无论生或是住或是灭，都以梵作为根源。这就是《泰蒂利耶奥义书》（Ⅲ.1）据其下定义的基础：“实焉，自彼万有生；实焉，自彼所生之物住；实焉，彼为死者所归之处。彼即为梵。”

不过，在此它不仅仅是对梵作定义，它也区别与数论的自性。本经还在其中增添了一种所指，谓其为“有某种意义（īkṣati）的东西”，用来驳斥数论的观点。若详细说，梵之作为宇宙所生的动力因（nimitti），既是有意志的人格的存在，又是作为质料因（prakṛti）使自己展开（ātman kṛteḥ parināmāt）而呈现万有的材料（Ⅰ.4.23-27）。梵就像是兼备了木匠和木材两者的存在。与数论所说的自性不同，后者是无知觉的物质原因。而在湿婆派中大自在天不仅是创世的质料因，也是创世者本身。因此，本经中对于梵的定义是：“作为精神实在，它一方面是万有生、住、灭的计划者，同时它又是万有所成的材料本身。”

盖此以梵为实在的看法，是自梨俱吠陀时代以来就形成了的[①]。其也是贯穿于梵书并且为奥义书所普遍坚持的立场。就此一层意味看，本经中的梵之定义，代表了自吠陀以来一以贯之的吠檀多真义。因此，至少在这里看本经的立场，它的梵观毫无疑问也是实在论的。梵不但是超出个人精神的实在，也是超出万有构成要素之物质的实在，与此同时，它也是包含着梵自身的大实在。不过，若进一步考察，这里的梵之实在如何能够与那被当作唯一

① 高楠顺次郎、木村泰贤：《印度宗教哲学史》，第175—178页。

不二之统一体的实在相调和呢？尤其是如何处理它同奥义书以来一直为人们力说宣扬而盛行的梵我同一说的关系呢？又从论理角度看，现象界中的罪恶、流转、穷迫与相对于梵之自体的纯净、妙乐、自由，是由怎样的关系来对置、差别与联络呢？所有这些与梵之本体相关的问题，仅从本经的文字来看，是不可能全部了解的。这就必须联系到本经注释者们的立场与背景。关于本经的立场，吾人在此权且作一个笼统的介绍，关于本经的思想结果可见于后文中。

梵是唯一不二的实在，因之无论世界还是有情，在其衍生开展的过程中，梵之自体不会发生分裂。万有无论如何生灭变化，梵自身的统一性风光无有增减。但梵的自体是永恒的妙乐之体（ānandamaya），也是绝对自由的实在（atyantamukta）。因此，现实世界当中的种种穷迫也好，罪恶也好，同梵自体是没有任何关系的。总之，说穷迫也好，说罪恶也好，都源自吾人自身的迷惑。相对于梵自身的永远一味平等，所有的迁流不过是实在界中的波澜。而这里所说的梵之真境界，有待于照见真我之时。一旦达此境界，方可成立梵我同一之论。

二、通难。如何会通梵之一多、真妄诸方面的意义呢？按照上面说的梵之定义，一切奥义书中所例示的、放到梵的名号下来解说的、将它当成支配万有的生灭原理来举扬的，这一切都必须视为对梵的说明。无论如何，把奥义书当作梵学的根源所出是没有问题的。本经的出发点也正在这里，其第一章中话题种种，但都与诸奥义书中所表达的根本原理有关，这里叙述的角度与前面的梵定义稍有不同，本经对梵提出了二十余种解说。而从它们的字句表述来看，其内容可以区别为三类：其一是作为宇宙根本原理的梵，它被当成了一切物质现象的根源；其二是指被视作超越于物质的人格神；其三是侧向于将它解说成个人的精神。各种各样的解说很多，但都显得烦琐，这里只就主要的列举于下。

甲、大致被当作非物质的人格之神来理解的情况。

奥义书	问题	本经中所在章节
《羯陀奥义书》Ⅱ.5	被当作婆罗门和刹帝利之食者（attṛ）的宇宙原理。	Ⅰ.2.6-10
《羯陀奥义书》Ⅲ.1	二人入穴，一人是人格之神，一人被理解成个人之我。	Ⅰ.2.11-12
《歌者奥义书》Ⅰ.6.6	日中金人与眼中之主同为一人之说，其既是人格神也是个人精神。	Ⅰ.1.20-21
《布里哈达森林奥义书》Ⅲ.7.3	万有之外有特别之内导者（antay-āmin）。	Ⅰ.2.18-20
《歌者奥义书》Ⅰ.11-14	宇宙中大人格神名为普遍我（Vaiśvārana）的，类似吠陀中的原人。	Ⅰ.2.24-32
《考斯塔基奥义书》Ⅳ.19	彼为一切生物的作者（kartṛ），作者一语倾向于人格的作用。	Ⅰ.4.16-18
《六问》Ⅴ.2	说为梵界的城中之人，其勘定（人的居所）似为人格神。	Ⅰ.3.22-23

乙、大致被当作各别的精神我来理解的情况。

奥义书	问题	本经中所在章节
《泰蒂利耶奥义书》Ⅰ.5	有五藏说，其中的妙乐所成我住于身体内部某一点上。	Ⅰ.1.1.12-19
《考斯塔基奥义书》Ⅲ.2	说生气（prāna）与识我（prajñātman）。	Ⅰ.1.28-31
《歌者奥义书》Ⅳ.151	彼为眼中之主的说法。	Ⅰ.2.13-17

续表

奥义书	问题	本经中所在章节
《歌者奥义书》Ⅷ.1.1	说胸中有小腔有某人,其为万有主。	Ⅰ.3.14.22
《羯陀奥义书》Ⅳ.12	心脏内有人若指大小，为过去、未来之主人。	Ⅰ.3.24.25
《布里哈达森林奥义书》Ⅳ.3.7	说住于生气内而为识之主人。	Ⅰ.3.42-43
《布里哈达森林奥义书》Ⅳ.56	说有阿特曼。	Ⅰ.4.19-22

丙、大致被当作物质原理来理解的情况。

奥义书	问题	本经中所在章节
《歌者奥义书》Ⅰ.9.1	以虚空为世界之原理。	Ⅰ.1.22
《歌者奥义书》Ⅰ.10.11	以生气为世界之原理。	Ⅰ.1.23
《歌者奥义书》Ⅲ.18.7	以光明（jyotis）为世界之原理。	Ⅰ.1.24-27
《蒙达卡奥义书》Ⅰ.1.6	称世界之原理不坏（akṣara）。其因以梵之物质大原理通行于其中的缘故。	Ⅰ.2.21-23
《蒙达卡奥义书》Ⅱ.2.5	说天空地的依处（āyatana）为不死的桥。“依处”是物质依于梵。	Ⅰ.3.1-7
《布里哈达森林奥义书》Ⅲ.8.8	说虚空为不坏的本源。	Ⅰ.3.10-12
《歌者奥义书》Ⅷ.14	说名色之开展便是虚空。	Ⅰ.3.41
《羯陀奥义书》Ⅲ.2.1	说非变异（avyakta）。此恐怕与数论自性解说有关。	Ⅰ.4.1-7
《白净识者奥义书》Ⅳ.5	说不死的牝牛与赤、黑、白。此极易联想到数论的三德说。	Ⅰ.4.8-10
《布里哈达森林奥义书》Ⅳ.4.17	说有五五人。此极易令人联想到数论的二十五谛。	Ⅰ.4.11-13

区分出上面的三种说法，只是为了方便解说。实际上，还有不甚明确而不便归类的。也有的是同一种叙述，思想内容可以跨越类别界限的。此处分类，从名称到性质都只是权宜方便而已。这里的分类主要参考了本经中对梵之本体的大致态度。本经在处理这些问题时，多半是依据敌论者道出的意见，这些意见关系到他们是将梵视为人格神、物质原理，还是个人的精神实体。本经的讲说尽量打通各种意见的隔阂。即针对以梵为人格神的解说，它特别强调了梵之作为万有造化者，拥有支配世界又破坏世界的能力。既特别地强调了梵之作为动力因的作用，又针对梵之被当作物质性原理的解说，也特别强调了梵之作为质料因的功能。或许是为了便于理解，本经中用拟人的方式来解说大梵。这样，人格形式的个人原理，在本经中被显现成象征意味的功能。个人之我成了梵的符号象征，其竭力宣说的不同显现方式，都是要会通种种念梵的观念。从根本上讲，就是想要显明梵之作为本体原理，如何既在现象世界当中同一于物质世界及精神性的自我，同时又超越于精神与物质本身。

不过许多学者也认为，本经中举示的几种分类，都可来源于奥义书。奥义书中说梵有各种表征，可以将它们汇集起来，再分门别类地加以说明。例如，道森有名的《吠檀多体系》（*Das System des Vedānta*）就是这样的安排方法。不过，如本小节标题所示，本经的根本意图，说到底还是为了通难，亦即会通那些看似有矛盾而不能通融的观点。因之，本经的目的看来并不是要从正面来揭示梵观，即梵究竟是什么的问题，而只是为了对以往人们关于梵的各种说法加以调和。吾人所以持这样的看法，基于以下这些理由。

（1）本经解说的顺序相当乱。（2）二十多处引文，没有一句可以看出梵究竟是什么。（3）经中看不到诸如“Tat tvam asi, Aham brahma asmi; Ekam eva advitiyam”这样一些专门显示梵之性质的文句。（4）经中的好多说法，如“非变异”“五五之人”之类，都同梵的含义没有直接关系。（5）经中说到“虚空”“不坏”“生气”等，不惜两处重复。吾人猜想这正是因为它们引自不同典籍的缘故。因此，如果本经的真实用意是要从正面揭示梵的定义，它就应当用别的总结叙述方法，那样会更有利于勾画一个严整的体系。

吾人推测，因为当时的大自在天派之主张神是物质之外的原理，而数论则一心要成立其自性的物质原理；佛教唯识派则高唱唯心之论，本典为防止诸家流派都利用奥义书来自张其说，才特别选择了奥义书中的文句加以说明，以免让人生出对梵的误解。因此，编纂本经的立场与出发点当然是梵观。但本经的主要用意则是为了维护吠檀多派的本义，不让它受到其他思想的扰乱与损害。因此，从本经可以见到，其对梵的定义至为简单而又彻底。

不过本经当中所作的各种解说，联系到本经中文字的用意，对照其所引述的诸注释家的文句，可以看出，本经的本文与解释意思未必是完全相符的。此点读者应当记住。

第四节　第二章的主旨

如前所述，梵既是宇宙太原的动力因，也是物质因。这里说的宇宙也不可离开梵的自体。本经当中说，宇宙是梵之自体的发展衍生（Ⅰ.4.23-25）。例如，其说到宇宙衍化，如同从乳中出酪（Ⅱ.1.24-25）。然而这样的衍化发展本身，与自然的开展过程并不一样。它首先是由梵企划安排的结果。因而，此世界中的万有现象，都应当视作梵这个设计师的作品。一言蔽之，此中万有，若只观察其质料所成，它们是梵的一部分（aṁśa）；若将它们视为产品结果，则其上可发现梵之自身。这应当看作本经的主旨。

一、对梵的难问。即如把梵当作宇宙质料因，当成设计师，就会生出两个质难。一是来自质料因方面的。因为它会引起因中有果的结论，而此世界本应当视为类似于梵的精神性实在。但在实际上，整个器物的世界又为什么是没有知觉的存在呢？这是难问之一。本经说，提出这个问题的是数论师。针对他们的质难，本经作了种种解答，采用了各种譬喻。实际上，吾人可以看到，从无生命的蜜当中会生出小虫子；还可以看到，无生命的头发会从有生命力的身体中生出；因此之故，也就可以有这样的事：没有知觉的器物世界，可以生自梵之精神性实在。从逻辑上说，这是可以说得通的（Ⅱ.4-11）。经中的解说，意思是作为原因的有知觉并不一定就生出有知觉的东西。然而，尽管举了这样的譬喻，解说本身还是极难通彻的。也因如此，后来的注释者才费尽口舌多方辩解。这正是吠檀多教理中的一大难题。

其次，看看梵之为设计师的说法，不禁会问：既然梵已经是自足而完全的存在，那又何必再设想，梵有开展宇宙的动机吗？这是难问之二。本经仍然用譬喻来加以解释——认为梵的动机“不过是一场游戏（līlakaivalyam）”。但若注释者这么说，反倒更说明了国王因为其内心的不满足，才生出了想要借狩猎而取乐的欲望（Ⅱ.1.32-33）。盖因欲而想取乐的说法，亦是奥义书中的看法。奥义书中说，起初，世上只有梵自己，其感觉孤独，所以欲作生殖。因此才创造了世界。像奥义书中所说的这种创造动机，应当看作非常大胆而明确的问题解答。何以全智全能的神要创造世界呢？这算是在游戏之外提出来的合理的创世目的。但若进一步考察本经，其立场也同别的派别一样，也会遭遇困难。如果认为世间只是苦，那么，创造此世界并不能就令人因娱乐而得满足。也因为此，从有情论上来看，若大梵与命我是同一性的，梵就会处在不利的地位。若梵与我不是同一性的，则梵又会遭受对个人命我而言的缺乏慈悲的非难。要对此种二难加以会通，本经只得宣布，梵我之间，既同一又非同一。把有情众生在此世界中的苦难，完全归因于命我自身造业的结果，而无关于梵的意欲所为，因此梵不受此非难（Ⅱ.1.21-23; Ⅱ.1.34-36）。至此为止，将世界创造出来是因为游戏的欲望的说法，从有情论的角度看，还是有意义的。因为它为众生的造业起惑而引生业果提供了“游戏的”舞台。

二、本经的宇宙起源论。本经先就宇宙本体论作考究，然后进至宇宙起源论的讨论。不过这样描述，在奥义书当中极为简单，《泰蒂利耶奥义书》（Ⅱ.1）中仅有一次说到过这种发展次第。上面说，由梵生空，由空生风，由风生火，由火生水，由水生地。由五大元素形成客观世界中的万象（Ⅱ.3.1-12）。而一当到了劫末，则五大解体，所有元素依次被收回到梵当中，其顺序与当初万象渐次衍生刚好相反，即地→水→火→风→空→梵（Ⅱ.3.14）。不过对于五大元素如何构成有形体之器物世界，本经未有一语言及。也就是说，本经中并未有宇宙形体学的说法。恐怕这是因为当时流行于印度思想界的，只是往世书中的宇宙形体论的缘故。要之，本经关于世界由宇宙原理之梵而衍生的思考，完全由实在论的立场出发，丝毫未见幻影说的形迹。

第五节 有情论：第二章第三节至第三章第二节

有情论中最大的问题，乃是有情的本质精神即所谓知我、命我与梵三个术语之间的本体论关系。实际上此问题也正是奥义书的中心问题，因之也是吠檀多派当中各支派的分歧起点。

而若说到奥义书中的梵我关系，通常可以这样客观总结：此观念若达极致，必然合二者为同一；而作为生命体的原理，其本性上与作为大宇宙原理无异。吠檀多术语将此观念称为梵我一如（Brahma-ātma-aikyam）。然若从另一角度来看，梵虽是唯一不二的，但从生命之我的角度看，其又不过是杂多的现象。梵这一端虽是自由而灵妙的，然而生命我则是不自由、不清净的。何因何缘，唯一自由而灵妙的梵，又呈现为杂多不自由而不洁净的生命我呢？若只是遵从传统说法，从语句上宣称两者同一，当然不能令人满意。亦因为要解决此问题，祖述奥义书的吠檀多派当中，也是意见纷纭，分流而成支派。

一、本经对梵我关系的看法。说到本经对此问题的看法，各家注释者出发点虽未必一致，但据吾人观察，他们都是从总体与部分的相待性上来看的。即梵虽然被视为全体，而命我之个人则只是全体的一分。在承认梵我一如的同时，又坚持两者是有区别的。若征之本颂，本经第一章第四节自第二十颂到二十二颂便与此问题相关。于此介绍这三位论师的看法。奥杜洛米（Auḍulomi）论师谓，若我脱离此身便回归于梵。夏克里希南（kāśakṛṣṇa）论师只是简单地称之为“站立”（avasthiti）。而据本经所持的态度，这里所说的意思是指最后的“站立、成立”。但这是什么意思呢？仍然不明确。商羯罗对此作注，如是而言，梵是令个人命我一一站立者。而罗摩奴阇则将这里的站立解释为梵是个人命我的保护者。吾人先把这个“成立”或“建立”放到一边，来看本经当中的其他颂文。其Ⅰ.4.16-18宣布梵是个人之我的作者。Ⅱ.1.21-23则说梵与个我之间有所区别。但这些说法都仍然没有离开本经的通义。即一方面承认梵我一致，另一方面又主张两者还是不一样的：或以梵为本体，以个人为属性；或以梵为全体，以个人为其部分。据此，前面颂文的意思在商羯罗看来，恐怕罗摩奴阇的释义就不太合适。又特别是Ⅱ.3.2-4那段颂文，明确地宣称：“（其）为部分，示区别故。然又被他派认为也是戏子、渔人等（Amśo nānavyapadśād, anyathā cāpi dāśakitava-āditvam adhīyate eke）。”

据注释者，此处大约应为下面的意思：“个人之我是梵的一部分。不管怎么说，奥义书中说个人我与梵是有区别的。但也有别的派别认为，仅从文字承认梵我同一，与奥义书中称戏子、渔人等下贱者也有梵性的说法是矛盾的。”这里的大意是，如果仅从整体和部分的对待关系上看，可以对梵我一致的说法表示敬意。又Ⅱ.3.4.5根据《传承书》来解明这一点。该颂文谓：“又传承也如是说（Api ca smaryati）。”

然而看《传承书》的注释，可以知道，不管是商羯罗还是罗摩奴阇都采取了《薄伽梵歌》的意思。那句话出在《歌者奥义书》

中第XV章的第七节。可以看到，他们都引用了那句话，即“我之常住的一分即是有情界中的命我”。不过，虽然本经要引《传承书》来证明那种说法，实际上它只能承认所谓“部分说”是无可怀疑的。综合起来考虑这些颂文，本经的主要意思不外乎以下四点。（1）在大梵当中，全部的生命我既是其部分也是其属性。（2）全体与部分之间不单是同一的，又是相区别的。（3）就部分不可以离开全体独立出来这点而言，大梵是作者、保护者。一一个我都是被造作者和保护者。（4）然因部分是全体的一分，个人之我就其具备梵性而言，就可以得到结论：人我与大梵本性上是同一的。

此种主张，完全可以征之于奥义书。《蒙达卡奥义书》（Ⅱ.1.1.1）曰：“如能烧的火中迸出无数同性的火花，如是，由常住不坏者（梵）也发生了无数的有情，而又再次回到不坏者当中。”这里所说的恐怕正是本经的基础。这一结论不单不与商羯罗解说的立场相违，而且也显示出经中主要的颂文也完全与吠檀多本体观的实在论立场相吻合。

二、本经的个我论。因此基于这样的立场，若看本经关于个体之我意见，可知其与数论的知（prajña）相类，即认识被当作个我的本质。如同数论，知也是个我的本质属性之一（Ⅱ.3.18）。然又如胜论，本经以个我为作者，即其为作善恶业的主体；然未见到如数论一样的看法，把个我当成无作的非活动者（Ⅱ.3.33-39）。依注释者的引文，这里是用《布里哈达森林奥义书》（Ⅳ.3.12）上的一段话作为证明：“彼决意不死而飞往所好之所。”彼之个我相当微细，如一阿耨（aṇu，原子），住于心脏。若旃檀香木，取木上一点，亦有整个旃檀木香。此我亦是如此，但在身中，即能主全身的知觉（Ⅱ.3.19-32）。彼之自体，既是梵之一分，便不同于物质，没有生灭变化。通于一切轮回诸境，往往只是同一不变的主体（Ⅱ.3.17）。因此，从本质而论，一一个我，各各与梵同性，无有轮回所属的各种个性，无始以来，为业所系，各受业报，承负种种不同之运命。

三、身体器官的种类。这样的个体之我于是成为现实当中的一一有情，而必然是各种身体器官的集合。身体的器官分为生理的与心理的两类。总理生理器官的称为首风（mukhya prāṇa）。其体为一，作用有五，谓出风（prāṇa）、入风（aprāṇa）、介风（vyāna）、等风（samāna）、上风（udāṇa）（Ⅲ.4.8-13）。至于五种活动，本经当中所说的与数论的情况大致一样，总之体现的是全部的生理活动。至于作为心理的器官，它们分为十一种，即眼、耳、鼻、舌、皮之五知根，手、足、舌、生殖器、排泄器之五作根，还有一个总括十根的意（Ⅱ.4.17）。是等器官同数论所说的根意等亦无甚差别，于此不必赘述。至于本经当中所说诸根的材料，其采取的是《歌者奥义书》（Ⅵ.3.23）的说法，所谓的地、水、火三分说。即地之三分，谓粪、肉、意；水之三分，即尿、血、呼吸；火之三分，即骨、髓、语。其真正的意思，本经恐怕是依据五大即空、风、火、水、地再各各加以枉死配列而成的三分。其三分所成有细有粗。其细微者，指细身所成的元素；其中等者，谓是粗身；而其粗者指食物或排泄物。总而言之，生理的与心理的器官都不外乎因物质性的五大分化而来，正说反说，大概也都不离这个意思①。无论如何，说到有情的器官，

---

① 高楠顺次郎、木村泰贤：《印度宗教哲学史》，第 352—353 页。

仍然以梵为起源。对器官的最终支配权也仍然属于梵。有情就是对自己的身体也不能够自由支配。

四、现实中的有情个我。如是个体我得到身体便成为现实中的有情。其在现实中营办种种活动而终其一生。都在梦位（sandhya）、熟眠位、闷绝位（mugdha）中打转，也就在其中不断造业起惑。造业的结果有善有恶，善业与恶业都在熏习细身，培植其支配未来命运的业力。有情众生一方面因禀有梵性而本性同一，另一方面则因昧于梵之本相而在种种境中轮转，驱使有情的正是造业的力量。

五、死后的个我。如是有情一生生涯终了，至其死时，其本来的十根停止造业，还没于生气。最终一切生气皆完全停止，于是归入个我。这便是死位。至此位，个我被细身包裹起来，成所谓的灵魂状态，而逸出了粗身（Ⅲ.1.17; Ⅳ.2.1-21）。

六、灵魂可以趣向的三道。灵魂所趣之道有天道（devayāna）、祖道（pitṛyāna）与第三道（tritīya）。生前学习梵哲学而得梵智者得行天道。虽未行善事而（pitṛyāna）奉行祭祀式者得趣祖道。不行善不祭祀者趣往第三道。此中天道后文当叙。此处对其他二道略作交代。

就中祖道，由于本经以人类为中心的轮回观，讲述相当详细。趣往祖先的道途分为好多阶段。最先是灵魂从身体当中逸脱出来时，从心脏的端点发出亮光照明趣往烟界的路。经下一步则走入夜界，再下一步是进入半月界，再后是半年界，最后终于进到祖界。是等旅程当中，沿途的境界皆用神的名字来命名。在那里灵魂也就由该神灵来作引导，境界一步步地上升。

祖道的说法虽以达于祖先之界为目的，但本经并未止步于此，它又规定了升进的余界：祖界上有空界，由空界可以升到月界。到安住之地可同诸神共享欢乐。盖所有这些神的名字与境界都同奥义书分不开，但用此法来说祖道则未免有几分不妥。但此月界也还是业果所定，一旦果报受尽，退转则必不可免。退转的顺序大致与去向道相反。据《歌者奥义书》（V.10.5-6）：空界→风界→烟界→尘界→云界。如是来至云界的灵魂与雨水一同降落在地上，如寄宿于植物中。植物被有情所食，入于男体的成为精液，最终入于母体中，再次成为胎儿，又来到现实的有情世界（以上为本经Ⅲ.1.8-27的大意）。虽然这样的解说听起来有些异想天开，但其所据则来自《歌者奥义书》（V.3）中五火教（Pañcāgnividyā）的说法。天降甘露成空中之雨，雨下则成食物。食物成为男精，男精入妇胎儿出生。注者即依此说。而自月界来的灵魂，至此现实世界，再分成各种各类。这里的分流缘故，是因为在月界虽然享尽了前世善果，但无始以来的业习气（anuśaya）还有残存。其在现世界中分门别类的依据就是这种前业习气的本质所决定的。现世界中所得的种种业报正是用三世因果的思想来说明的。又现世当中有情因其所受报应而得出生的方式分为四种：母生者（mātrja）是人类和兽类，卵生者（aṇḍaja）是鸟类与虫类，湿生者（svedaja）是水虫之类，种生者（bījaja）指草木之属。

接下来说第三道。其所指的是地狱（naraka）。恶人若死，当即堕入其中，受极大苦的地方。此是阎罗王的辖界。其中有七地狱。各个地狱因不同的果业而划分。本经中注者关于最后之灵魂的不同命运，有种种言论，其间相互矛盾，不见有统一的说法。恐怕也只能按前述的四种生——胎、卵、湿、种及低等动物等来考虑。

要之，本经关于人生观的基本观念，是本于有情分位来作的区分。从有情的本性上来说，都完全是同一无差的，因为都是来自绝对无限的宇宙大我的分身。若就此而言，其见地同大乘佛教一样，属于印度思想中的最高见地。

第六节 修行解脱论：第三章第三节至第四章之全部

本经说修行有二：预修行与正修行。预修行是发生真智的助因（sahākārin），属于吠陀经中业品所说的义务（dharma）之类，也是婆罗门当做的行持，布施、苦行、守四姓的责任义务都属于此类行持。本经虽不似前弥曼差派那样强调此类行持有根本究竟的价值，但仍然以为是正修行的入门方法，因此相当重视。所谓正修行，则说的是真正修习而得解脱的要道。正修行法与印度其他各派一致，强调的是瑜伽，即是禅定功夫。经上（Ⅲ.2.22-30）先说梵是言诠思想所不能及的要旨，然后谓说："然因寂静心而得。此是现量（《天启经》）、比量（《传承书》）所教。"

寂静心是由禅定磨炼得来的心的意思。梵的真相只能经由禅的修炼才能达到。不过本经主要想说的并不是实践修行方法的禅定，而是说的观念法（观想法）。用瑜伽术语来说，其意指智慧瑜伽（jñānayoga），也叫作王瑜伽。据本经，奥义书中的"梵"本来就有许多名称。又假托种种事物之名，其用意无非是完全揭示出梵的观法或显明方式。本经又把所有这些称为"公案"（vidyā，明处、智识点）。在其修行论下所拟的种种题目，就讲的是对种种公案的选择法、各种选择法的调和途径等。如是看来，公案当中虽然也有直接说梵的，也有假托他事来说梵的。因此，公案也就是揭示梵之真相的普遍而适用的事例，不过是揭示梵的各种存在状态。例如，《泰蒂利耶奥义书》（Ⅱ.1）中说梵，谓其为实有（satya）、为智（jñānam）、为无终（anaatam）等。如是，其并未用举例说明的方式来显明梵的性质，而是采取了极其随俗而方便的普遍公案法，（直接而抽象地）观想梵之存在性、梵之为智、梵之无终无始。然而在《布里哈达森林奥义书》（Ⅴ.5）中又是这么说梵的：其为住太阳内者，其为住人之右眼内者。因此该书给梵以两个秘密名称——日（ahar）、余（aham）。这种以假托事物来显示的方法，便是托事观。通常仅在涉及梵之具体各别性时才会用托事观。这里的具体性，即如果把梵当作 ahar 对象来作观，便不能再把 aham 当作观想观念，反过来当然也是这样。本经当中联系到不同的事例，分为十几个项目来讲这种公案观法：它们或是相补的，或是独立的，或是相互矛盾的，如是等等。简而言之，本经中说的修行或者公案，是说通过一心系念于梵来作瑜伽修炼。这当中念梵的最高捷径，尤其应当归功于“唵（om）声秘念法”。然须注意，托事观法中所说的念梵，虽然也有念意、念名之做法，但这种观法绝不是从梵下行的观想法，而是与之相反的，向上求梵而作观的路径。因此，本经屡屡提出告诫，涉及观法的名号（pratīka，标志）时，切不可拘泥执着。如果真能这么实行，则无论何等的公案，效果都是一样的。最终也都指向了得真智、得解脱（Ⅱ.3.58-59）。

一、修行之证果。以如上的用意念念不断地修行，就能够最终发生梵智，制伏过去的业力，不再产生引起未来业行的势力。按照注者的说法，这就可以得到现身解脱。由此，因缘成熟而作为过去业所酬报的现身也就灭尽，也正在此时可能舍弃一切业果而复归于梵，这就是名为最终解脱的终极。《歌者奥义书》（Ⅰ.31）以这样豪迈的语句来描述终极性的解脱："如骏马之抖擞鬃毛，以往的罪恶悉然振落；如从月之从罗睺鬼（Rāhu）的口中逃脱，余之现身振落，一跃而入梵界。"《蒙达卡奥义书》（Ⅲ.13）说："当此之时，智者振落善恶，弃离众秽，行于崇高。"奥义书中的相关文句都说的是这种神圣的解脱境界。

不过，回归此种解脱我之梵的道程，在《歌者奥义书》（Ⅳ.15）、《考斯塔基奥义书》（Ⅰ.3）、《布里哈达森林奥义书》（Ⅳ.2.5）上的说法并不一致。本经对这些说法加以综合，归纳成为下面的：（1）烟（Arcis）；（2）昼日（Ahar）；（3）前半月；（4）前半年；（5）年（samvatsara）；（6）风；（7）太阳（Āditya）；（8）月（candra）；（9）电（vyut）；（10）婆楼那世界（Varuṇaloka）；（11）因陀罗界（Indraloka）；（12）生主界（Prajāpatiloka）；（13）梵界（Brahmaloka）。但所有这些旅程同赴祖道的路途似乎差不多，只有烟与昼日这两项为祖道途中没有。至于各个旅程中之引导神则如其道程名所示。然就此点本经当中不同论师的主张颇有差异（Ⅳ.3.7-14）。跋达利（Bādari）论师谓："得诸神引导而入之梵界，意为初生之梵的楚天义，并非最高的梵。无论如何，梵既遍于一切处所，也就不必再有经历旅程的事。"对此斋弥尼则说："任何人若不以初生梵为究竟念者，彼即必然不以圣者所达梵界为最高梵（以从其所念而境界方开辟的缘故）。"跋达罗衍那论师这样来调和二者，他说："若不单被表号所支配，此二者之间即无过失故。"（Ⅳ.3.15）即似乎跋达罗衍那认为，只要不是执着于表号这样的象征，那么像跋达利那样把念梵的意念对象当作诸神引导的符号，或者像斋弥尼那样把梵分为初生梵及最高梵两种，其实本意上都没有什么过失。无论如何，在跋达罗衍那的眼中得真智这样的修行事，与得诸神引导而趣向梵界都是上面颂文中包含的意义。

二、进到梵界的解脱我之本体。怎么看待进入梵界的解脱我的存在状态呢？本经对此点的解说颇为含糊。一方面，他是细身。此点倒是没有疑问的。尽管此时的个我，自身也已经同梵融合而无有差别（Ⅳ.2.15-16; Ⅳ.4.3），但此时的解脱我的身体究竟是什么情况呢？究竟其为有还是无呢？不同论师之间有不同的说法（Ⅳ.4.10-22）。按本经中说，跋达利论师认为，此时的解脱身其实为中介意身而非实身；斋弥尼则说此时应该具备两种身。跋达罗衍那认为往往此时应当无身而有欲，进而又说解脱我可以借分身的神通力，使我的身体脱出来。但不管如何，三位论师都共认，哪怕在解脱以后，我之个性还是存在着的。又关于解脱的本性，斋弥尼说它与梵性（Brahmaṇa）无有区别，跋达利说此时的解脱本性只是心性，跋达罗衍那说它兼有二者（Ⅳ.4.5-7）。也即是说解脱之我与梵同性，是纯净无垢的精神实在。就此点而论，本经的主意还是在坚持前说的梵之与我，仍然是整体与部分的关系。就极而论，梵我之间可说并无差别。若看个我只是梵性的发挥，当然梵我同性。但若就我之个性而言，虽然与整体的梵已经融合，而又保持其自性，不能因为入于梵道而被取消独立性。看本经关于解脱我的本体属性，可以简单概括为下面这样的思路。

（解脱我）发挥了梵之部分真性。就其灵妙自由而言，其与梵一而无异。虽其心性已经脱离物质性的系缚，但欲望之身尚存，神通妙用犹显。这么一来，换句话说，解脱之我，在有限之中已经感得无限，小我当中已经实现大我的活动，其已经完全呈现了绝对自由的精神活动。这正是吾人所说的解脱的意味所在。

第七节 本经与数论思想的对照批评

以上所述，将本经中的诸注家意见一并加以介绍，但并未把本颂的意思放进去。此下参照前后论述，对《吠檀多经》自身思想试作搜录。从结果上看，本经在根本上因为是不同论点的集合，因之不免缺乏体系的彻底性。若要求本经内部排除一切矛盾，处处融通，自然会显得不合情理。从总体上看，本经的内容仍可称作大致符顺不违。而吾人的研究结果，本经之令人不可思议处在于它立场与观点在很大程度上十分接近罗摩奴阇，反而显示与吠檀多哲学巨擘商羯罗有相当的距离。这是因为商羯罗所据的是纯粹一元论立场。对商羯罗言，从根本上讲，自我之外无神无世界亦无有其他任何实在，一切观念与意见都只是缘于无明而从心中生出的。但本经更亲近罗摩奴阇的立场。因为后者是主张制限一元论思想的。按这种哲学立场，梵虽然是唯一的太原原理，然从它的属性一面来看，物质界与自我都有其实在性的道理，本经的哲学出发点便属于制限的一元论。且不管商羯罗之说梵是不是即从第二义门出发来谈本经的真精神。其实吾人看本经，它并没有真谛门、俗谛门这样的说法。关于幻和无明这样的词语，虽然不是商羯罗所用，但注家当中对这种二门分别作批评的并不少。吾人以为代表本经真义的立场，应当属于第二义门为出发点的。此种判断应当符合实际情况。关于这个哲学立场的讨论，第波特教授在其《东方圣书三十四卷 · 序言》中已经有详细说明。吾人因为在后文中还要详细讨论商羯罗的常说，此处便不再有深论。总而言之，本经的精神立场与商羯罗的注释立场有别。本经坚持了强烈的实在论态度，这是毋庸置疑的。

这里吾等不免要问，本经中注家们所说的看法，难道真的就是奥义书的本意吗？或者说，究竟在多大程度上，注家们的解说反映出他们从《布里哈达森林奥义书》《歌者奥义书》发掘出来的思想呢？也即是说，究竟注家们的解说是否抓住了奥义书的中枢观念呢？但如果真的如第波特所言，注家们把握了奥义书的核心，也不能就说，注家们的见解是突然冒出来的吧。不妨来看《布里哈达森林奥义书》中耶鞠那瓦基亚或者《歌者奥义书》中郁多罗伽等论师的说法。凡精彩之处，他们的表述无疑都属于绝对观念论的立场，极为接近唯我论（solipsism）。像吠檀多中被称为“大格语”（mahāvākyam，金句格言）的“汝即是彼”（Tat tvam asi）、“余即为梵”（Aham Brahma asmi）那样的语句，正是这样的思想结晶。如果坚持这样的极端思想，则不能不走向纯粹一元论结论——除了纯一无杂、不坏而常住的我，此外的一切万有都只能是根本迷妄的产物。因而，从此点看，说商羯罗是从奥义书中得到的唯一至上的精神原则，就是无可否认的事。因此，吠檀多本经不管怎么说，都应当看作是对奥义书中类似思想的反复申扬，尽管它另一面还坚持着实在论的立场。到底说来，本经从奥义书中吸收了奥义书最高潮的思想，并将它们大胆地组织起来。无论如何，从组成本经的那些自相矛盾的各个段落中，吾等可以一再看到它们包含的极端观念论的语句。但如吾人所解，本经又在尽可能地把它们同梵之实在论意义融洽起来。当然，仅从语言形式上，奥义书中的文字并未明白显现这样的意思。因此，本经才本着融会贯通的目的，从根本上把奥义书的主旨加工成为实在论的主张。

于此又产生了另外一个问题：为什么本经会持有这样的思想立场呢？若加追究，可以找到各种原因。然其中最为根本的，恐怕还是数论的影响。就此，吾人不妨稍稍考虑。只要看一下本经成立的时代背景，当时重要的学派已经成立。证据是本经第二章中有那么多对于邪僻见解的驳斥。本经当初编纂时，其动机一面是反对异端，另一面是弘扬其所认为的奥义书中的正统思想。这是一个学派面对外部而自张其说非有不可的举动。然而如果吾人看本经对诸派的批评攻击方式，大抵说来，其第二章的总结不太关涉别的派别，而只是与数论相关。第二章中除少数片段，几乎全篇都与数论相关。其所讨论梵之定义时，称其为“梵乃有意义（īkṣati）者”的说法，注者认为就是针对数论的自性来说的。对异端作一般诘难的部分，相当多的是对物质原理本身的解释说明，而其批评的对象，又多半是针对数论的主张。哪怕是本经自饰辩解的地方，也会迂曲地用到数论的说法。特别是同数论没有直接关系的原理，例如在解说五五之人（pañca pañca janāḥ）的观念时，其完全依照的是数论二十五谛旨要的宣示方法。

又在世界观方面，其解说梵之与世界的关系，以问答方式解说，反复再三。这显然是在设想应付数论的辩难。而在有情论的表述中，说到我是作者的地方就是为对抗数论的非作者（Akartṛ）

论。至于谈修行论，其引《羯陀奥义书》（Ⅲ.10）的“除根以外有境”云云这句来解说，当然是因为本经不赞成数论的立场才专门提出批评的。这么看来，恐怕在本经的眼中数论不只是与其他诸派一样被同等看待的对手，而且还是吠檀多的劲敌。因此，吾人可以猜想，当时的数论派势力相当强大。因之本派利用此前涌出的奥义诸书，据其全体，为我所用，以这样的气概来对抗数论。

如是理解，可以把握两家斗争的背景。如果将本经视为对外抗争的产物，就很容易理解为什么数论会成为经中主要的批判对象。如此一来，在本经的组织体系当中，往往可见到对数论的不满与对立，也不足为奇了。凡能成为自己敌手的，总会有什么地方比自己要强一些。数论的特征就在于其实在论。数论的学说体系井然有序，其中的大原理与现象世界之间有恰当的说明。相比较而言，奥义书显得杂乱，虽然玄理取意相当高远，但只是对现象界断然否定，却没有严整的哲学组织。若就此与数论抗衡，吠檀多则必处在不利的地位。吠檀多的立足点必须比数论站得更高，实现这一目的最好的策略就是尽量采取对方的理论优势为自己所用。从本经的组织结构看，实在地说，已经显示出这方面的用意。本经对“梵”下定义，并未顺着奥义书中一流的观念论这方面发力深入，而是换了一个方向，从宇宙论的原理入手，大谈宇宙世界在物质方面的发展，抓住器物的世界本身正说反说，俨然像是数论在谈二元论，然其归趣的目标仍然不离一元论立场。既然这样的思想，在诸如《布里哈达森林奥义书》那样的作品中未必存在，但在这里不妨直接截取数论发挥的意思。这正显示出吠檀多本经对待数论的拿来主义态度。又，如果因为对奥义书中的某些思想倾向和立场有所嫌弃的话，本经便凭借其兼并蓄取而超胜的策略，对数论思想加以改造，局部地接受后者的实在论立场。这种情况应是符合历史的真实情况的。本经以后，吠檀多虽还有各个时期的发展，但因数论始终是其强劲的对手，因而本派的理论立场也就逐渐发生了同化的现象。之所以产生这样的结果，是同吠檀多派一开始就怀有的企图分不开的。

第三章 《曼杜基颂》

第一节 概观

如前章所述，跋达罗衍那的《吠檀多经》深受数论影响，而在很大程度上透出实在论的气息，因此一定程度上偏离了奥义书的高潮思想。也因感受此点不足，或为保持其思想的独特性，其有意向大乘佛教中截取教理，以发挥奥义书中的观念论。这一过程中形成的作品，就是《曼杜基颂》。作品的名称已表明了它的思想来源。它属于阿达婆吠陀系统的《曼杜基奥义书》。本颂是对该奥义书思想的解说韵文。颂分四章，第一章与本典相关。后面三章叙述作者自己的思想。正是这后面三章才是该颂文的主要部分。其中所叙述者，当看作纯粹的吠檀多一家言。本颂还有一个名字，叫作“阿含论”（Āgama-śāstra）。以是知道本颂的性质也同一般奥义书，差不多也就是《天启经》一类的作品。特别是到了商羯罗时，其对《曼杜基奥义书》本典更是非常倚重，多有参考和引用。该书的注解往往被《吠檀多经》转引作注释。不妨更进一步地说，正是从本颂当中，商羯罗采集了本书的思想，并将它们用到《吠檀多经》中。看所引用的那些有名的注释，可以知道本书对他而言，真是不可或缺的。从此意义上讲，本颂虽然比较简明，但不可否认的是，它在吠檀多思想史上据有极重要的地位。

颂文的作者是高达巴达，其与《僧佉耶颂》的作者同名而被当作同一人。通常被视作商羯罗的老师戈文达（Govinda）的师父。不过道森教授对把他当作《僧佉耶颂》的作者持怀疑态度[①]。近年来马克斯·瓦勒塞尔（Max Wallerser）就此推定作了根本的更正。他认为，观印度诸文选，凡有引用《曼杜基颂》的多会提到它的作者，虽然大多数情况下称其为“高达巴达”，但有时只称“高达”，而略去了“巴达”。前一种情况可以认为其指的是人名，而后一种情况下，即只称“高达”时，其只是意指复数的阿阇梨。因此，“高达巴达”并不是指某一人格的专用名称。在北印度有名为高达的地方，那里有一派吠檀多师，就叫作高达派。所谓的“巴达”是本派的教义书。恐怕应当视为《曼杜基颂》本身[②]。

不管怎么说，本颂并不是一时一地由一人编纂出来的。它是逐步发展起来的，因此是不断增加补充的结果。这样看它的成书过程，也许更符合历史事实。按以前的说法，《曼杜基颂》曾经历了高达巴达和商羯罗这两代人，因之将该颂的制作年代断定在七世纪顷。但依瓦勒塞尔的研究，必须放弃这个年代假定。瓦勒塞尔做过很有说服力的研究。他依据西藏所传的藏经，说自己在五世纪前期为止的材料当中，都没有看到抨击吠檀多思想的言论。而针对《曼杜基颂》的不同异见始见于藏经中五世纪后半期的文献。因此，可以断定本颂产生在五世纪下半期。然而在佛教清辩（Bhavaviveka,

① Deussen, *Sechzig Up.*, S.573.

② Max Walleser, *Der ältere Vedanta.*, S.1-14.

Bhavya）论师的作品当中，可以看到估计是本颂思想的意见。例如，其《般若灯论》（*Prajñādīpa*）中说有一类外道，以大虚空譬喻大我，以瓶譬喻小我，又说到我之解缚脱垢事。这就很像是本颂当中的第三章第三颂及第七颂的内容。又特别是清辩的《辨焰论》（*Tarkajvāla*）第八颂，完全是对吠檀多的批判。这显然揭示出清辩与本颂的交涉。如是看来，本颂的制作年代也就应该判定在五世纪至六世纪后半期①。吾人于此点虽未有专门研究，然看清辩作品，仅汉译藏经中之《般若灯论》第一卷（暑一、六一丁右）就有类似本颂的片段，《大乘掌珍论》虽然不曾说到吠檀多，《辨焰论》也无汉译本，进而仍可以说，其意见虽未必正确，然比较研究相当精细，可以认为其结论妥当而当可采信。

若从制作年代上看本颂与《吠檀多经》究竟孰先孰后，瓦勒塞尔以为是本颂在先。不过他并未提供相应的佐证。《吠檀多经》中不但有看似本颂的文句，更有直接对本颂的反对意见，该经（Ⅰ.7-9）有反驳诸派世界观的一段，其中直接破斥神为娱乐而造世界的目的论，虽未指名，但这显然是针对《吠檀多经》说的神之创世动机“不过只是游戏”的说法。无论如何，两者之间在时间上相去不会太远。此当为接近事实的判断。

本颂之原文及本颂之注释有合刊本，载于加尔各答版的《印度文库》当中。至于本颂之西文译文，以道森之德译本最为完全。该德译本附在道森刊行之《六十奥义书》中《曼杜基奥义书》中。吾人亦曾用一年时间作粗略之日译并载于《和融志》第十六卷附

① Max Walleser, *Der ältere Vedanta.*, S.14-18.

录部分。对于本颂有系统研究之作品是瓦勒塞尔之《古代吠檀多》（*Der ältere Vedanta*, 1910, Heidelberg），然仅见一卷。

第二节 教理

一、大纲。首先就本颂结构作简单介绍。全篇有250颂，分为四章。第一章分陈《曼杜基奥义书》的思想。执照惯例，此无非是“我”之四位，以及解剖“唵”声来由，其为a+u+m合成。若念唵声，可入大觉位。然此说价值在以后影响沙檀难陀撰写《吠檀多精义》一书。第二章以下是作者独立发挥的见解。其中，第二章（38颂）的题目谓为“非真理”（vaitatyam），说现象界的杂多变易，如同梦幻，无有真实。又驳斥了执持实在论的诸学派的误见。同时也叙述了自其真谛门中发生的无生不灭，恒有而唯一之我。第三章（48颂）的题目为“不二论”（Advaita）。其谓大我如虚空，小我如空瓶之小空。大虚空与小空间其实质原来如一，无有不同。显明其主张为梵我不二，进而至于讲说“无触瑜伽”（asparśyoga），认为修此瑜伽，可达此种妙谛。第四章（100颂）的题目叫“静旋火轮”（Alātaśanti）。指斥他派论师所说的因果论，谓其道理不通。证实有不可得的变化。谓现象界之一切有若旋转火轮，无实而不真，但只心识动摇、幻相假现。然而须知心性本净，清净不垢，不暗不妄，亦无生死，能立本觉，便得本静。此诸说法，统为本章要旨。后面三章虽然题目不同，然其所述内容大略重复。仅从不同角度，反复申说同样的意思，因之未免缺乏论述开展之顺序性。若将后三章的偈颂合在一起，共有186之数。与他派之圣典相比较，内容相对于形式，显然薄弱贫乏。尽管如此，其各章中的某些论题，总算说得透彻，不留余地。

二、本体观。奥义书中的根本教条，可以求证于“汝即为彼”“余即是梵”这样的金句格言。本颂为推扬这样的思想，可谓无所不至，直到最终大胆申言彻底一元的观念论主张。其声称，真正实在的东西只有吾人的心性。此心此性便是恒常不变的自我。世界也好，他人也好，只不过是此自我生发出来的幻影。本颂从各个方面来证明此之主张。其中包括了大我与小我如同大虚空与瓶中小空的巧妙譬喻。即大我与大虚空相俱与共，小我与瓶空亦互无差别。若详细说，瓶空虽只是从大虚空中发生出来，但其属性并无特别的不同。本质上，其与大虚空完全同一。同理，小我亦自大我中生出，尽管如此，其本性也与大我完全同一。本颂又说，瓶空尽管是受到暂时之限制而从大空中分割出来，因而与大空有所区别，而小我也因为大我受到限制而呈现，但其本性却是没有任何差别的。因此，打破瓶子，小空即融入大空，而破掉身体的局限，也就实现了与大我合一（本颂，Ⅲ.3-12）。这话等于说，所谓大我只是从本体论上来看的吾人之本性。如果从现象化的角度来看，它就呈现出小我。而就本质上说，两者其实无有分别。乍一看来，《吠檀多经》的解释表明，跋达罗衍那把小我看成大我之一分，跋达利论师则把从肉体中解脱出来的小我视为大我。虽然两者的思想差别并不大，但本颂更作一步推进，将身体受到限制的我，看成似有而非有的幻影所生。总之，吠檀多高唱如是看法，从一开始，小我与大我就根本无有区别。此亦即是不二论的说法。

既然如是，就可以得出结论，人人本性悉为清净、永恒存在、不动寂静、绝对实在，因之必然是本来无有生死，亦不涉迷悟的灵体。表面上说，虽然有我他的彼此分别，但从根本上看，仍然只是同一的普遍的我而已。

不生不灭，无缚无作，亦无解脱。此实为真谛之见（Ⅱ.33）。

诸法自性（各自之心性）本来无始、虚空，无论在何等意义上都不成杂多之事物（Ⅳ.91）。

诸法本来寂静、不生妙静、永恒平等、纯妙等同、无有坏灭（Ⅳ.93）。

与此相似的其他语句还有很多，不胜枚举。要之，不外通过各种描述以揭示人人共有的本性。此之本性超越时间，达于究竟；超越因果成为至上之灵体。此即为本颂的主旨。

既然实在的相状如斯，则返回来看世间事物，在如实的层面当然不应滞于杂多（dvaya, nānatva）、变化（jāti）的现象。盖若有杂多在，则自我非唯一；若有变化在，则取消了寂然不动。从真谛门出发，整个差别流转的现象界只能说是一切不实的有。本颂对此不遗余力，正说反说，正是特色所见。因此，其驳斥数论之因中有果说，又驳斥胜论的因中无果说，反正是要显示因果不可得的道理。本颂最为犀利的论法之一是“梦醒同一”的认识论。本颂一再地重复这个譬喻，以显示一切差别相只是梦幻。即吾人在梦中所体验的一切经验都不过是心识的作用所致，谓其为客观，当然不妥当。对此无论何人都无有怀疑。但也正是这种心识作用，只要它向观念外面跨出一步，则可能获得客观性，变成人们声言其实在性的理由。因此，必须像看待梦境不实一样看待日常经验的荒谬（Ⅱ.1-15）。盖此见地，通常也就是主观观念论者的主张。本颂于此更进一步，论证了一切现象都是梦幻虚假的道理。只是这种对于杂多与变化加以否定的态度，颇类似希腊哲学中巴门尼德的学说，而在论证的深刻性上要比希腊人还要更上一层。

三、现象论。然而如是一体的梦幻之现象究竟是如何产生的呢？本颂从认识论及本体论这两个方面来作答。所谓认识论的看法，无论世界还是有情，都不过是由吾人的心识变现出来的。本颂第四章的主要点就用了旋火轮的譬喻来解释。即如果手执火把，在空中挥舞就可以产生或长或圆的形状，而吾人的心识如果发动起来，也会呈现主观与客观的诸现象。所以人想象出来的各种现象都不过是从心识变现出来的。

从火把的舞动而有直线或圆圈。如斯，若心识的摇动，则现出执（感觉）与执者（认识者）的相（Ⅳ.4.7）。

火把不舞动则（火之）曲线等相不生。如斯，心识不摇动，则识中不会生起各种相（Ⅳ.4.8）。

这里所说的也是唯识佛教的说法。只不过在本文当中，它说得没有佛教那样精密而已。本经注者喜智（Ānandajñāna）说，只要把“种子生现行，现行熏种子”的理论加进去，则益发像是佛教的理论，更难以区别了。

唯识所变说是从个人认识论立场来说明的。它的识性既是从大我而来，则当观察立场有变化，转到本体论上作观察时，整个现象界也都不过是大我本身的动转而已。因此，这理论也称为摩耶论或幻力论。对此的说明主要在第二章中。其有名的语句是：“我神（大我）以自幻力自己表现自己（Kalpayati ātmānam ātmadevaḥ svamāyayā）。”（Ⅱ.12）

此句最重要的地方在于其所说的“表现”（kalpayati）的意义。其究竟以何种方式把自己当作现象表现出来呢？若看本文，大我首先表现的是个人精神（jīva），其次表现的是器物的差别。这就是先内后外的顺序（Ⅱ.16）。即如果借唯识话语来说，先表现的是主观见分，然后表现的是客观相分。喜智论师的注释说梵的可能力有两种，一为暂住性，另一为永续性。前者的表现得借心之相，后者的表现通过器物的世界。如是若加思考，便知其所循的是唯识家的种子生现行的理路，大我也就是梵的种子力（bījaśakti）。大约可以认为，大我发展的结果便是个人及世界的显现。然而，依本颂，此之发展和呈现本身并非真的是梵之本体运动，而不过是大梵一时玩弄幻术的结果。

彼神（梵）变化出无数有呼吸之物类。然是等物类皆为彼神所作之幻现，其不过是神之为幻自诳而已。

盖此说法表明，此幻，一方面有伟力的意义，另一方面又有幻影的意义。本颂中将这两个方面的意义糅合起来。要言之，从两个方面看，无论站在本体观立场，还是站在认识论立场，只要是因迷误而呈现的差别，都可以说是实有的。而一旦吾人能够通达本性，则一切现象都成为虚妄。

而打破此长夜迷梦而树立真性的道路，只能是修行。本颂当中最为重视的修行方法便是无触瑜伽。此行法大约相当于《瑜伽经》中无种定（nirbījasamādhi）的作用。其能抑制心的浮动，使远离昏沉、掉举，往往磨炼智慧之光，令人不受杂多变化的牵引，是直接实现不怖不畏的梵的方法。依此方法，行者无眠无梦亦不依赖名色之对象，因之也就无忧无患，能够进入绝对安稳寂静的涅槃界（Ⅲ.31-45）。

四、本颂与佛教。本颂之所以在吠檀多史上意义重大，先已有所交代：一方面因为其与佛教相关，另一方面则因其成就了商羯罗的先驱地位。关于此点，吾人前面已有叙述，此则不再一一重复。在此，仅稍作补遗。

从方法论上看佛教之影响，浦山（Poussin）曾指出本颂受到佛教的影响。虽瓦勒塞尔亦有此见，然以吾人所知，首先应当指出的是本颂中的判释思想。从实在论角度看，所谓真谛（paramārtha）与俗谛（aparamārtha），即可谓哲学的、常识的基本态度。依此区别的态度，解说奥义书中种种见解立场的学者，采用的是上、中、下三种根机，分别解释何以会有种种主张与见解的变化。然依吾人所见，二门分别的解说方式是《吠檀多经》中所没有的。只有大乘佛教在使用这种方法。特别是在说明教相分别的时候，会用真俗二谛从两面谈，龙树似乎是最先采用这种两边论法的。然如果吾人来看本颂中的判释，可以知道兴盛的中观派与唯识派的方法，倒也不是不可能被借用来处理奥义书中的立场判定。事实上，这种二门分别法也是商羯罗在解释《吠檀多经》时娴于使用的基本方法。不过他是从智的一面先作上下二分的区别，再从对象上分出上梵与下梵，然后又从态度上区分真俗两者。似此则清楚显示出二门分别的基础。另外，所谓梦醒同一的认识论与将现象比作旋火轮的说法，虽然奥义书中未见到，然却是佛教当中，无论中观派还是唯识派都喜闻乐见的论释手法。

以上所说，显示从方法论这一面，吠檀多从佛教所受的影响。

再从内容上来看其受到来自佛教的影响就更多了。平时吾人所说的主观与客观在本颂中称为能取（grāhaka）与所取（gṛhya），就是佛教讲唯识所变的理论中的术语。再若遍计所执性（kalpaka）、依他起性（paratantra）等词语，显然也都是从佛教唯识系统中借来的。这些术语到了以后仍然被商羯罗所继承。比如，他宣称梵内部有所谓种子力的说法，怎么说也是来自佛教的启发。除唯识佛教，还受到中观佛教相当大的影响。本颂当中的一切现象都受到严厉斥责，被指斥为如同梦幻，这样的虚无思想同中观派的“因缘所生法，我说即是空”的主张当然有关，这也是不争的事实。特别是本颂（Ⅳ.83）采用了“有、无、亦有亦无、非有非无”这样的四句说来驳斥差别论者的段落，完全可以判断就属于中观论者的论议手法。总之，本颂论调与《楞伽经》极其相似。很难说不是受佛教影响而糅合了中观和唯识两家的意思，将其置于自家药笼中的结果。

要之，本颂的思想当然以奥义书中最高思想成就为基础。然其组织自家思想时，从佛教那里借取之处甚多。极而言之，其发生于奥义书之大原理之唯一思想，又从唯识派取得人人皆依赖的唯识所变说，杂糅中观派的万法虚无说，三者熔为一炉，可谓得其所宜。本颂当中，若动态地看，此三种成分的调和尚未达到圆融的程度，看上去仍然是各各分离、互不相关。这要等到下一阶段，待商羯罗出世以后，才有人能做此融合的工作，将诸思想要点作有效的组织，创造一个伟大的体系，实现超越自身的理论价值。话虽如此，还应当注意到以下事实：吠檀多本派的正统思想来自奥义书，但在实际的学说组织过程中，其又汲取了诸家各派的思想。类似于此的显而易见之事实，的确是研究印度思想史须要注意的要点。

第四章　商羯罗阿阇梨的吠檀多观

第一节　概观

《吠檀多经》从宇宙宏观的角度来观察本体，而《曼杜基颂》则自纯粹主观的一面来看本体。前者将世界当作梵的发展而作实在考察，后者将世界看成唯识所变因之归其为虚无。如果说前者具有数论的色彩，后者则流露出佛教的口气。今吾人从第三角度来看，《吠檀多经》是把整个奥义书当作基本的材料，如果说它有长处，是汇集并组织了奥义书中共通的思想，但它也丢失了奥义书中最为高远的论调。至于吠檀多的本颂，虽然不失其高远，但又在许多地方表现得缺乏完全的组织性。这么一来，假如能够寻出某种方法，兼顾前面两者各自的长处，自然也就能够多多少少地避免两者的遗憾，同时又能超越数论和佛教。实现这一目标，并有效地组织了本派学说的正是商羯罗阿阇梨这位伟哲。吠檀多哲学之发展至此，之所以能够达成完整而完全的教理体系，全因斯人之贡献也矣。此处作为概观，先来看与商羯罗相关的简单项目。

一、传记。按伽里历（Kaliyuga），其人生于 3889 年。按释迦历，则生在 845 年。其出生地是喀拉拉（Kerala）国的迦罗比（Kālapi）村。公元 787—789 年，此之时代，佛教已经过了其发展鼎盛期，印度教当中的种种思想正在回归，这是印度思想界峰回路转的时期。但若今天来回顾商羯罗其人的行迹，确凿分明的史实仍然不多，铁定而可凭借者寥寥。吾人仅知，其父名为湿婆古鲁夏尔马(Śivaguraśarman，湿婆师铠甲)。其父的此名“湿婆师”以后也是他自己的名字“商羯罗”的异名。以是可以推知，他们家族是信奉湿婆教的婆罗门。他在修学完成后，住在室利伽吉利城(Śriṅgagiri)，并在当地创立了游行派(Parivrājaka)。以后他又游行各地，最终死在香至城(Kānci)。他死时年仅三十岁左右[①]。然其生涯虽短，创造活动则十分惊人。其在宗教实践活动方面，既著书立说、注释圣典，又创立教派、征服异端。其所做事业之多不遑备叙。就印度全境说，婆罗门教之复兴，挫败各种异端，令其思想寝息，相信都与他不竭地奔走努力相关。若谓是人一生救世救教，此语绝非夸张。印度宗教史上，像商羯罗这样的伟大人物，能与之相提并论者，除佛陀释迦以外，恐怕也只有龙树一人。龙树是大乘佛教的实际建立者，商羯罗则是婆罗门哲学的集大成者。他们都是划时代的思想领袖。他们的思想创造活动涉及了许多方面，既是强大的统一力量，其思想体系既兼收并蓄，又有抉择与排斥。此二人都是后世不同的宗派共同宗仰和皈依的祖师，完全可称为印度思想史上的两颗明星。

二、著述。认其思想成就，商羯罗毕生的使命就在对奥义书的统一研究上。其发挥吠檀多的真义，而远超出其他任何婆罗门教派别，依靠他的力量，婆罗门的正统哲学得以建立。为此目标，

① *Das System des Vedānta*, pp.36-37.

商羯罗对重要的奥义书都有注释，例如，有《布里哈达森林奥义书》《歌者奥义书》《泰蒂利耶奥义书》《艾多列耶奥义书》《白净识者奥义书》《瓦恰沙勒耶本集奥义书》（《伊莎奥义书》是其中一部）、《塔拉婆伽罗奥义书》《六问奥义书》《唵声奥义书》（亦名《曼杜基奥义书》）、《曼杜基颂》《薄伽梵歌》，还有《圣金刚针论》（*Āptavajra sūrī*）、《特里浦里》（*Tripurī*）、《奥义问答鬘》（*Upadeśasaharī*）、《梵我菩提》（*Ātmabodhi*）、《摩诃穆达罗》（*Mahāmudgara*，又名《破迷执论》）、《巴洛菩提尼》（*Bālabodhani*，又名《正理成就解脱注释》）和《根本思维经注》。

当然，所有的这些撰述，也可能是其门下弟子或学徒的代笔。但若论思想来源，大部分还当归功于他。这些著作最有代表性的是《吠檀多经》的注本。该书又名《根本思维经注》，体现了商羯罗的思想精髓，也是他倾全力撰写的集大成作品。此书以外的那几十本书，都是为此书在准备材料，是商羯罗为统一全部奥义书思想而撰写大成作品的铺垫。这样的事若譬之于龙树，就像后者所撰的《中观论注》与他别的著作的关系。萨罗室伐底在《诸学分别》（*Prāsthana bheda*）中说："此之圣典，于诸圣典中最是重要。其他诸典不过是此圣典的拾遗补缺。若欲得解脱，必得对此书尊重有加。然此经注中释文并非一定出自商羯罗阿阇梨之手。"

也就是说，商羯罗的注释整体上会通了《吠檀多经》之作为第一解脱圣典的意义。总之，直到商羯罗出世后，《吠檀多经》的真义方得以发明出来。今天的印度，学者达人（Paṇḍita）对《吠檀多经》的见解，大抵都以商羯罗阿阇梨的注释为定论，奉其说为圭臬。

三、《吠檀多经注》的态度。此注的优胜处表现在其保存了奥义书的基本思想，同时也发挥了当中的高明玄远，令吠陀的思想更上一层楼。换言之，其在《吠檀多经》中注入了《曼杜基颂》的一流思想。其扬弃（aufleben）数论与佛教，完成了吠檀多思想的组织化。不过，商羯罗的幸运之处在于《吠檀多经》的颂意大都不太明确，所以他有不少机会把自己的真谛说塞到本颂的解说中，让本颂及释文读起来句义符顺，很是妥帖。倒好像这些意思原本就正是跋达罗衍那制作颂文时想表达的。换言之，所有《吠檀多经》的问题都有两个层面和两种态度——内秘教的与公开教的。内秘教是对上智之人传授的奥义书真义，公开教则指为中下层智力宣说的一般教理。据此对于奥义书也就有了智识的与观察的两种态度。两种知识态度是随对象而区分开来的。即从智识上看可以分出上智（parāvidyā）与下智（aparāvidyā）；从态度上，又可以分为真谛与俗谛；从对象上，又可以区分出相对于上智的上梵（param brahman）之说，以及相对于下智的下梵（aparam brahman）之说；从真谛上可以得到宇宙幻影之论，从俗谛上可以得到肯认现象的理论；又从上智之真谛门（paramārtha arasthā）可以成立唯一的大我（paramātman），而从下智的俗谛门（vyavadāra avasthā）也就可以肯认无数的个别之我；乃至因上智而得真解脱（videha mukti），相对于下智则得渐解脱。所有这些分类都是从二门开始的（如下表）。

上智（真谛门）	下智（俗谛门）	思想出发点
上梵	下梵	本体论上着眼
幻影	世界实有	世界论上着眼
大我	小我	有情论上着眼
真解脱	渐解脱	解脱论上着眼

此处的分类同柏拉图以知觉相对于现象界，又以概念相对于观念界的原则是一样的。当然，这一套说法并不都出自跋达罗衍那的设想。因此，本颂中间处处都有触处难通的地方，再加上两种态度和立场交织一起而造成的含混与暧昧，往往让人不知所云。不管怎么说，经商羯罗的会通，本颂的意义大致变得前后符顺。而依其二门分别的原则，使奥义书中的混沌与模糊得到整理，并变得清晰。因此，若谓此工作有千载不没的功绩，恐怕这样的评价也不算言过其实。

这里的《根本思维经注》今有刊行本，收在《印度文库》中。另有孟买出版之刊本（Nirnayasagara）。第波特有英译本《吠檀多经》（二卷本，S. B. E. 东方圣书）及道森译的《吠檀多经》。以吾人所见，道森译本为善本。又对本吠檀多经注做系统研究的论文相当多。最为完备者仍然是道森之《吠檀多体系》。

第二节　上智与下智之所以区分（无明论）

如上所述，上智和下智的区分基础是真谛门与俗谛门的二分。而此二门分别，实在也是商羯罗哲学体系的根本观念。然而，本来一体的如何产生了两种分别呢？依商羯罗的看法，这是因为两种分别所依的无智（ajñānam），亦即无明观造成的。也就是说，若完全脱离无明，便显现出来的是上智。即虽然也算解脱，而它仍然带有几分无明的便是下智。这是吾人在考察商羯罗的无明时，必须先澄清的立足点。

至于说印度哲学中的无明观念，最早起于何时。吾人认为，从文献材料看，其最初的痕迹在古奥义书初期。例如，《布里哈达森林奥义书》（Ⅳ.4.3）说："人若死时，灵魂即抛弃身体与无明界（经验世间）而逝去。"从此说法当中，隐隐透露出无明的深义。又若看《白净识者奥义书》（Ⅴ.1），其认为梵自身中本来固有这样的发展力。于是，从一个方面看无明观，它是经新奥义书和《摩诃婆罗多》而发展起来的，其在吠檀多教义中发挥了越来越大的作用。另一方面，它被印度的其他学派加以采用，变成了他们通常的教义观念。又特别是在佛教，对无明观推崇备至。它成为了佛教十二因缘观的核心，是有情轮回的本源；联系到佛教的真如观，无明是被看作万有缘起的根本动力。盖对一般印度人而言，其世界观与人生观之意义几乎也就是一回事。因此，若说到罪恶观上，其以为导致人生陷于根本迷误的根源直接是宇宙论方面的。人生论与宇宙论都适用于同一个伦理原则。无明便是此原则的中心。在讨论伦理真相时，虽然比较难懂的是无明观，但自古及今，积习已久，有关无明的说法已经被当作既成的不言自明的道理，往往使用起来便是天经地义的准则。而如果看待商羯罗的理论，无明观是其理论的契机点。商羯罗的这种理论态度，固然有一半是来自他的理论基础，但也还有另外一半，大约也只是遵从和借用了社会的习俗与风潮。

然而，商羯罗自己如何解释他的"无明"呢？他说的无明恐怕还得以主观（viṣayin）与客观（viṣaya）这样的认识论立场作出发点。说到主观与客观，它们是如同明暗一样绝对的区别存在。这就像是我之与你永远不可混同一样。盖主观者，谓见者、闻者、知觉者等的场合，绝对没有认识对象这样的东西；而客观则谓所见的、所闻的以及所知的场合，其中绝对没有能作认识的主体。依据这个道理，如果这两者发生混同，主观性质的被当成了客观的，或者把客观性质的当成了主观的，就只能说已经发生了显而易见的迷误（bhrānta）或邪智（mithya jñāna）。商羯罗所说的无明其实也就是这种“被当成”（adhyāsa，被执为）的意思。但应当注意的是商羯罗心目中所理解的主观与客观，与吾等的主客观概念有很大的区别。他所谓的主观是数论派神我那样的东西，是潜存于心理现象之最深处和最底层的纯粹精神，是处在认识之外的与任何活动和变化无关的凝然不动的理智体。而与此相对的客观则不单单是森罗万象的外界，也指吾人的身体，进而还意指吾人通常所说的被称作感情的和意志在内的心理现象，以及数论所称为觉、我慢等的东西。

这样一来，当发生了主观与客观这样的混同误执时，吾人就会把自己的身体和心理现象直接当成了真我。而把真我当成了在其他某处存在着的超越性的对象。所谓的误解误执就是这样发生的。当然，也不可以因此就说商羯罗是数论那样的二元论者。此处不过是暂就相对的立论来说的。商羯罗的本意远远超出了这个层面。即更进一层地看，虽然主观与客观相互对待，但如果发明揭示这种对待的本相，则客观的东西不过只是吾人表相（pratyaya）的外现投射。无论是世界，还是吾人的身体，在吾人都不过是某种表象。若离开了表象，它们便全无任何意义。就实而论，真真实实的东西只有那纯粹主观的阿特曼（ātman）。而一切与之相对的东西，都不过是唯识所变的，也就是本质上虚无的。

盖若用商羯罗的表述，所谓客观现象，完全只是感性悟性而形成的，它们根本不足以代表身之自体（Ding-an-sich）。按此意思来说，所谓的“误执”即吾人把自己的表象当成了如实存在的身体与世间。这样一来非我就被当成了自我，非他就被当成了他。商羯罗所认为的无明相，也就是落入以我他彼此的差别见的认识状态。这里的论理途径不过是从二元论的论据出发，末了而达到对于客观方面的否定，从而归到一元观念论的立场。用术语来说这就是不二论（Advaita）。不过，吾人免不了偶然地会有“吾身之外有世界”的想法，这样的思维结果倒也说不上是谬误。据商羯罗说这是由无始以来的习气造成的。无明习气是先天而有（naisargika）的倾向。自古及今，若非圣人有谁不作这样的误谬之想呢？因此，无明本身不是吾人的本质，其也是吾人生来就有的本性。

以上是《梵经注》（I.1.1）注释中对商羯罗无明观的简要解说。其含义虽可能比较深奥，其究极的意见，仍有不明了的地方。例如，既然说吾人的本性是灵妙的心体，那么，吾人不免会问，从这样的心性上，无明是如何生出来的呢？又，既然此心体凝然无作不动，那又为何说它有表象的生成力呢？不动与能动又如何调和呢？又，既然心体的表象力已是固有的，那为什么作为表象本身的现象要被否定呢？像这样一些问题，都缺乏确定的解答。盖因商羯罗一面从认识批判论的角度来解说无明，另一面又为了解脱的需要而不得预设确定的本体。用康德的话来说，作为实践理性的要求，必须有本体存在。总而言之，作为认识批判论的结果，一当吾人经验智识受到限制，在这样的局限性识见层面上，实际上印度的本体观也必然遭遇同样的两难悖论。

既然如此，吾人在探究实在之际，无论智识活动如何精致，经验层面上的智识便不会有什么作用。为什么呢？经验的智识必然是立足于主客观的对立上，这样它也就不能不是无明性质的。在这个意义上，商羯罗或者康德都处在相同的境遇当中，必须排斥现量、比量这样的论理手段，因为彼等讨论的本体界是拒绝经验的（知性与感性的）手段的。不过，吠檀多之徒从一开始就承认了阿特曼（我）的存在，这一点同于康德。后者因为要满足自己对形而上学的否定，又不能不以某种方式打开通往实在本体的后门。正是在这里，在其神秘主义下面潜行的表象与概念的背后，有悄悄隐藏起来的自心。作为其认识实在的方法本身，是发动那种所谓的直觉性质的睿智之光。实在究竟如何被认识的呢？简单地讲，是真我发挥其本性来认识它自己，如此而已。

那被商羯罗称为上智的，其实也就指的是所悟得的上智，而所谓的真谛门，也就只是用这样的睿智之光去观察万有。但在这里，得此上智且与积累多年修行之功的圣者，如果不是上上根机，也仍然达不到这种境界。因此，在进至此境界以前，他仍然只能基于第二义门以下的经验智识来观察实在。而如果局限在这一条道路上，也就意味着吠檀多的教理只能由少数人所专享。但如果是经验智，既是正智也是邪智。所谓正智的"正"，是指它虽然尚未达到对实在本性的把握，但它多多少少挨着实在的边，而有些许的了别。所谓邪智的"邪"，就因为它完全不是关于实在自身的，甚至是相背离的认识。而商羯罗所谓的下智，实际上还是经验层面上的正智。在这种智识观察基础上的，正是所谓的俗谛门。即不妨这么看，上智的真谛门是超出了经验层面的趣向于形而上的观察；而下智的俗谛门，则是对于经验有所提炼的科学的观察。

应当如是地看待真谛门与俗谛门的名称（这样说来，真谛与俗谛、上智与下智虽然都是同一个东西，而它们的区别就在于，当主要着眼于说梵的时候，称它为上智与下智；而当主要在讨论世界现象时，则有真谛与俗谛之分。这当中的区别大约也就是用法上的）。

第三节 梵论

按商羯罗的说法，实在之体也是唯一的梵本身。相对于这个梵，吾人因为智慧与态度不同，表现出来的方式也就有异。运用上智的时候，实在就是上梵；运用下智的时候，实在便成了下梵。换言之，实在自身若不受吾人心识限制的自然本位之相称作上梵。若它是透过吾人智识这样的有色眼镜而表现出来的，则它就是所谓的下梵。梵之被区分为上下的说法，可见于《六问奥义书》；而智之分为上下的说法则可见于《曼杜基奥义书》。奥义书中并没有固定配套的说法。商羯罗也只是为了他的注释活动对奥义书加以灵活的运用。

先说上梵，按商羯罗的意思它是语言所不及逮的。一方面吾人的本性之我就是这个东西，上梵是吾人现象心的最深处的永恒不变的心体。若一定要用文字表达，它便是“Aham Brahma asmi; Tat tvam asi”（我是梵，你也是）。不过此之真我本身以及认识主体，如果不是在确定的场合中成为认识客体的话，则吾人必不可能把握它的如实之相。所以商羯罗称它为无德（nirguṇa）、无形（nirākānam）、无差别（nirviśeṣa）、无属性（nirupādhikam）等。不过，商羯罗针对它从一开始也从两个方向来作积极与肯定的称述。即它本身是被当作存在（sattā）与知性（aitanya, bodha, jñā）的。即梵既是实在的，也是精神性的实在。盖若从反面来称述梵，即对它作否定，遣去其一切本质，它也就成为了空的异名。但是对于商羯罗言，这里所谓的存在性和知性，绝不是梵当中可数的属性或者东西。从根本上说梵只有这两种性质。换言之，梵真正是实在的，而且是绝对的精神性（Absolutes Geist）的。这也正是梵之被称为“我”的含义。因此，梵被说成是这样的：“有就是知，知就是有；存在即知，知即存在。”

而若从另一面来说，无知的物质就是没有实在性的东西；实在的东西仅只能是心性。这样的说法，正与《曼杜基颂》的基本精神相一致。因此，商羯罗的真实意思肯定不是在说，若追问知，便已经预设了所知的对象；若追问存在，便已经预设了空间的地位。他所说的知是不待客观的绝对朗然独立的知；他所谓的有（存在），也只能是超越空间性的本体论的存在。要言之，在第一义谛上，唯一绝对的精神才是实在，在此之外，无有神，无有众生，亦无有世界。若如是见，则一切不过只是无明。而此绝对的精神，按照商羯罗的上梵观来看，通常并不是现象心的思维分别。作为静态的统一体，它是无始无终的恒有，是无关于造作与变化的超越时空与因果的凝然的心性。

然而，真正如实地看待（梵之实在）是不可能的事。基于无明而运用下智面对它，它也就成为了有德的下梵。有德之梵的特征虽有多种，但最令人瞩目的是其拟人品格的一面。其显示为有意志、能造作世界的有情，其显示出高高在上、支配白身所创造一切的模样。这里在商羯罗看来，人类对其崇拜的对象之实在，作了偶像化的拟写。用适当的术语来说，即人类依其自身的经验推导出最上善美以及其深信的性质，将其附加给此实在。这也就是对实在的性质规定。在此意义上，所谓下梵又被称为有德的梵（saguṇa brahman），即有制限的（sa-upādhika）、有形的（sa-ākāram）梵。奥义书和梵书当中对于梵有许多地方都作了类似的描绘。于此勿用多说，只是一种方便论罢了。《吠檀多经》（Ⅱ.1.22）曰："奥义书中有关梵的创造说，并非真谛之说。其只是由无明而说名色的世俗谛论。其目的在作教诲：梵即是我。"此之下梵如刚才所说只是表明了《吠檀多经》的表面立场，因此省略了对它的说明。

要言之，商羯罗的梵观显然有机械地调和前代思想的意图。从另一面看，也是对人心的趣向和欲求的返观。仔细地寻味，这中间的确有别样的妙趣。盖若观察人心，就其智慧一面看，人心之欲在性质上是安静的；而若就其情意一面看，人心之欲又是变动不居的。因此，若是主智的哲学，无论如何都会把本体原理视作冷峻的安静的实在；而主情意的宗教，则会把大原理看作有生命的神对其加以拟人的描绘。这也是人类思维和情感的自然走向。人类在本性既有对哲学的也有对宗教的欲求，因此两种欲求而动，若不能平衡，便会有所偏向。宗教或哲学不过就是某一倾向显胜的结果。自古及今，一切大思想家所汲汲乎而为的，也就是寻求此二者之间的合理平衡。柏拉图在成立其哲学的泊然不动之观念的同时，也承认有作为造物者主宰的神（Demargos）的地位。康德虽依据理性的原理而排去了神的存在，但也因人的情意欲求而再承认神的必要性。大乘佛教从理体上成立了冷峻的真如，与此同时，它又盛赞了拟人性质的法身佛的神格。所有这些当然也都是为了满足人类的两种天然欲求。今若返身来看商羯罗的哲学，因为有第一义谛，他设置了凝然不动的绝对我；从第二义谛，他又确立了全智全能、慈悲广大的人格神。吾人认为，其所以如是，也是因为要同时满足人心在这两个方面的需求。

但是，商羯罗之以上梵为真而以下梵为假，归根结底是为了将推行其吠檀多的理性主义。若论其吠檀多学问的优胜之处是哲学的话，则正好这也是它自宗教性一面来看的欠缺吧。

第四节　世界观与有情观

商羯罗的宇宙论，其采取了两种探究的立场。第一，其用严格的真谛门出发，将整个宇宙视为完全的迷妄的产物，完全可以说就是无明熏习（avidyā-adhyropita）的结果。所以如此，主要是因为从唯识所变的立场来作论究时，心识若动，则有万物；心识不动，则一切为空。站在这样的立场上，商羯罗往往把世界称作如幻如梦、如第二月，亦如渴鹿之见水（mṛgatṛṣṇika，鹿水），如是等等。《白净识者奥义书》中已经有这样的讲法，从根本上讲梵中有明和无明；《曼杜基颂》中也有我之神自己欺诳自己的说法。这些也都是商羯罗所同意的立场。《吠檀多经》（Ⅱ.1.14）注释曰："以名色界为轮回之因，令各各有所入的，正是无明。"

此之名色界，如同神的身体，不可遽谓之是有是无（tattva anyatvābhyam anirvacaṇītyam）。《天启经》和《传承书》中，称此名色界是神之摩耶，又称它即是物质。

将梵说成是某种魔术师（Māyavin）而整个世界都只是他的幻

作的说法，这多少带有些神话色彩。这样的说明法，总起来看，也只是从心理角度来作观察的无明观，是在向本体立场转移的思维方式。

其次，从纯然的俗谛门立场出发，把世界视作与下梵相应的第二性存在。此说认为，世界从一开始仅只有独一的梵。此梵自身持有无量的种子力，而在名色发展出来之前，梵处在潜藏的冥然的状态当中。又这种非变异（avyakta）的状态也称作前态（prāgavasthā）。梵在这样的状态当中持续了一定量的劫期之后，因着它自己的意志而先使自己的种子力现实化，这中间便产生了已变异（vyakta）的现实世界。这样的世界再经过一定劫期，梵会自我收敛，重新回到非变异的状态。如是梵会不断地周而复始地运行，这就呈现出世界成、住、坏、空的现状。一句话，这里从《吠檀多经注》的表面立场大概叙述了世俗谛的见地。

再次，来看面对此世界的有情观。若自上智方面说，也就根本不用考虑有情众生什么我他之别、彼此之别。眼前存在的只是恒常而唯一的阿特曼。所谓最上之我（paramātman）就已经指明了它的超越性本位。但若从下智的层面看，创造主本身便是下梵之人格神。对应其所创造的世界就有无数的有情出现于世。这些有情也可以称为个人我（jīvātman，命我）。按跋达罗衍那的说法有情只是梵的一部分。而商羯罗则认为有情是梵之受到限制的结果。所谓限制或者制限，是指种种的属性被附加到（adhyaropita）梵上面，即是五风、十一根或肉体等对梵作了规定（upādhi，制限）。这种受限制而显现的情况，打个比方，就如同天上的月亮或者什么流动性的东西，既可以说它是水桶中的月影光波，也可以说它是草叶上的露珠之类。无论如何，有情众生的显现可以说成是当梵受到限制和规定的结果。按照这样的原则，普遍的梵也就是受到心根限制而成的阿耨分（aṇu，微少分），并且此限制而相互差别开来；因受限制，非作者的不动体也就变成了暂时的活动体；自由独存的本性受到根等的限制，而变得不自由，于是成为了种种造业、随境所转、受诸苦报的存在者。从根本的第一义谛上看所有这些就是梦幻之物，只因其受到迷误的限制所以成为实境。

然而，这里也就产生了疑问：按商羯罗的看法，下梵是受到限制的结果，有情也是受到限制的结果，那么神与众生有情的区别在什么地方呢？他在《吠檀多经注》（Ⅱ.3.45）中回答说：设使真我受到善美的限制，他便成为神。当受到劣等的属性限制时，便有了个人我。盖真我虽是同一之体，对它作信仰方面的拟人化限定，它就表现为支配者、恩惠者那样的人格神；但如果从经验感觉的方面来对它作表象化的限定，也就有了世界与有情众生。《吠檀多经》中所说的我之状态与运命，在商羯罗就是说的无数无量的个人之命我的情况。

第五节　修行解脱论

若自第一义谛出发，因吾人本来即是纯净的大我，因此没有必要再作修行、再求证悟。对此商羯罗在注解（Ⅲ.2.16）中专门引述了这么一个故事，透露了一些消息。其说：往昔曾有瓦斯伽里（Vaskali）其人。他向执有论师（Bhāva）请教梵义，论师默然不答。经再三请问，后者遂开口曰："吾可向汝如实说示，只是汝未必能解，故吾默然。"

即自我常住而放光，从根本上说离言说相、离名字相，因之既不可说，亦不可示。但像这样的第一义谛的议论，若非上上根机，一般人肯定是不能懂的。商羯罗在本经注（I.1.1）中说修习吠檀多，须满足以下四项。（1）欲辨常住与无常，即不满足于无常世间，愿求常住不变的真实界。这也就是起心发愿的意思。（2）无所得心，一心求得真理，不顾世间名闻利养。（3）行六法事，常时修习寂静（ṣanta）、节制（dānta）、离欲（uparata）、忍持（titikṣa）、定心（sāmāhita）、信仰（upāsanā）。（4）作希求解脱事，种种思维修行都是为了最终得到解脱，一切所为都关系到心得解脱。

此之四事，先得成立誓愿。心怀誓愿，自学习吠檀多开始，即要学会操持祭式，礼拜那些能够针对苦行作劝赏的人格神等。经过预备修习，才能进而借修瑜伽行实现自我。《吠檀多经》所说的全部过程都贯穿了上面的四项要求。

笃实修行的结果是得解脱。《吠檀多经》说有两种解脱：一种是经下梵而得来的解脱。凡信此种解脱道者，一旦身亡，灵魂经种种道程而得行向天道，最终止于梵界尽享无限之祝福。这是《吠檀多经》自身的解脱观。不过，商羯罗认为，此种解脱仍然带有能所之相，因此并不是究竟位的解脱。达此位的解脱者仍然滞留在得入梵界的前阶段上，要到劫灭之时，才能转身融入梵位。因此，这样的修行者至多也就处在称为渐解脱（krama mukti）的位置上。与此相对的，是另外一种称为无身解脱的真解脱。此种解脱无需经历前面那样的种种道程，直接进入梵位。用商羯罗的话来说：“余在往昔，深信作业与经验即是梵之本性。而今不同。今若言梵之本性，其通于过未现三世，悟其为非作者非食者本身。犹可更言：

余之实际，即是此梵。是故，余于前此，即非作者亦非食者，现今亦如是，未来亦如是。”（Ⅳ.1.13）此种境地即是所谓当下现成之大自觉。《布里哈达森林奥义书》（Ⅳ.4.6）说：“我非自身中抽脱而出。彼（我）即是梵，我与梵相融。”这样的境界也正是商羯罗在此想表达的意思。

第六节　批评

以上吾人所述，虽不免过于机械，且又错失好些细致而微妙的论述。但整体上来说，它仍是贴近商羯罗体系的介绍，把握了其人的思想大要。商羯罗的思想是消化奥义书精髓、吸收诸学派思想结晶的结果。其自身包含着极微妙而优秀的思辨，与大乘佛教教理相呼应，成为一个唯心论哲学气息贯彻始终的体系。因此，商羯罗在《吠檀多经注》中的杰出思想，实为世界思想史上的一大伟观。从形式上讲，商羯罗不仅是一个合格的注释家，还是一个对义理把握非常透彻的思辨家，更是一个气势庞大的宗教折中家。虽然读其注释，细作思考领会，当中可以非难者亦颇不少。关于商羯罗体系中的优异之点，前已述及。此处仅就其思想薄弱处，总结两三点。

先看其《吠檀多经》的注释，商羯罗肯定并未拘泥于该经的本意。如果《吠檀多经》真的是像商羯罗告诉吾人的那样，只是要揭示有关上智与下智、真谛与俗谛的两种态度、两种立场，那么该经当中，就应该处处可以见到此术语。然而吾人搜寻全书，经文当中无有一处可以见到诸如上智下智、真谛俗谛、上梵下梵、有德无德这样的对语。显而易见，就是从本颂中也找不到能够证明这种对语讨论的文句。又商羯罗哲学的骨干概念，诸如无明说、摩耶（幻）说、制限说（upādika）等，在本典颂文中也都并不存在。经中仅有一处说到梦位说；至于提到摩耶说的地方，则根本与世界观的存在义没有干系。从整体上看《吠檀多经》中的颂文，凡意思明了的语句，综合起来都属于商羯罗所谓的第二义门的立场。相对于此，凡是商羯罗用来表达其第一义门立场的，都是那些意义极不明确的颂文。通过解释和发挥，商羯罗把他所谓的第一义谛塞进这些文句当中。按第波特教授的说法，如果商羯罗关于《吠檀多经》中的语义不明处的解释，真的就是跋达罗衍那的原意，那等于是说，当初跋达罗衍那撰写本经，只是为了糊弄学人让其徒增困惑。这当然是于情于理都说不通的。天下哪里会有这样撰写教义书的人呢？总之，无论如何，商羯罗的《吠檀多经注》中发挥的大意，不可能是跋达罗衍那撰写本经的立场和初衷。

其次，再从教理方面来看“无明说”，究竟算不算本经的教理特色呢？前已说过，“无明说”是本经中所包含的绕不开的难点。商羯罗之以“无明为吾人生而具有的谬见”的说法，似乎与康德、叔本华所谓的“现象乃是吾人之表象”的说法相通。其哲学意义无疑相当深刻。但是，就康德学说的认识论背景而言，因其承认感性和知性的作用，也就能够让本体（Ding-an-sich）的实在地位之假定得以成立。这里没有什么说不通的。然而，商羯罗的哲学从一开始就断定，实在是不动而唯一的梵。这样，他再将梵解释为吾人心上的无明主体的说法，就不合乎逻辑了。无论如何，既已宣称“唯一的实在就是这个不动而纯净的灵体”，那么，在此实在之外，绝对不会再有面对它的认识者的地位——哪怕姑且允许商羯罗作此补救之说：现象心与实体心是两个东西。无明只是现象之心。然而，在商羯罗，现象心就已经是无明的衍生结果了。这种以无明证明现象心，又以现象心证明无明的手法，不过只是自相论证的循环谬误而已。商羯罗之谓（无明）“不得言有不得言无（tattva anyatavābhyām anirvacanīyam）”的说法，虽然也表明其既是本体也不是本体的意思，但归根结底，仅以这样的见地，既以实在为心性，同时又把实在视作唯一不动者的话，则无论是用无明观来看本体，还是从本体观来看无明，都是说不通的。当然，吾人也同意，人先天地就有不能如实地看待实在的毛病。这虽为不争的事实，但若据此推开去论说，用商羯罗的“无明说”来作补救，恐怕也无济于事。细作寻思，无明之说是从学派时代的奥义书中衍生出来的，得到印度哲学的普遍认同。发扬无明说最为有力的非佛教莫属。商羯罗对于“无明说”的发挥与推崇，既可以说是吠檀多学说的自然发展结果，但也同佛教的强烈影响不能分开。罗摩奴阇也曾竭力论证“无明说”。宣扬信仰主义的《莲花往世书》（*Padma purāṇa*）当中有湿婆神与雪山神女（Parvatī）关于无明说的如下问答：“女神哟，余在迦梨时代（kali yuga，现代）曾以婆罗门之姿高唱伪装的佛教之摩耶说。”[①]

这里的“以婆罗门之姿”指的就是商羯罗其人的创教活动。而湿婆神为惩罚不信之人而使其陷于邪道。幻论是假佛教形式而宣说的东西，算是商羯罗的垂迹示现。于此，湿婆大神宣布，虔

① 《数论解明疏》。

信主义的印度教认为，商羯罗只是遮掩起来的旁门左道，是伪装的佛教徒。可惜，吾人并未见到来自佛教方面对商羯罗的斥责。婆罗门教徒通常都说，是佛教徒接受并利用了商羯罗。不过，佛教的中观论者尽管并不强调唯一独存的本体，但如果认真地贯彻彼等如梦似幻的观念论，逻辑上就不得不预设纯粹的静净之实在，这就很难不陷入商羯罗一样的论理困窘。

如是，“无明说”既然有其理论弱点，则作为其第一义谛的无神论、无宇宙论也就难免遭遇许多矛盾。因为无明既为本源，神的摄持一切或者有情的分化区别，都只能说是无明现象的呈现。从根本上讲，这会形成一定的逻辑困难。吾人的信仰，既要有理论逻辑的支持，实际生活中也要有常识配合，离此二者，吾人的宗教情怀就不能满足。如果说以纯正的哲学体系提供信仰的基础，算是宗教哲学的本职任务，那么，在这里先不说商羯罗主义是不是完全的体系，只就上面的缺点而言，因为把经验生活斥为完全的虚妄，这就成了某种重大的遗憾。

第五章　罗摩奴阇的吠檀多观

第一节　概观

商羯罗一朝起而高唱不二论调，其所创流派因之亦大有荣焉。若无商羯罗，恐怕后世遂失却了吠檀多之真义。有神论者与实在论者两边，都对其盛唱之第一义谛感到惊骇不满，纷纷起而拒斥，一时异流丛生，纷繁异呈。吾人手边的材料足以显示，当时对阵商羯罗的营垒，势力何等强大。本书在前面也曾指出，如《莲花往世书》中引的那句话显然就是反对商羯罗的，显然是一种激烈对抗的证据。正是在此种思想形势下，以实在论为基础，发展出另外一种修正的有神主义。它就是罗摩奴阇的制限不二论。罗摩奴阇虽也承认梵是最高第一原理，然又肯定了现象界中，世间及有情也是实在的教理主张。

作为制限不二论的创始人，罗摩奴阇 1017 年出生在南印度马德拉斯附近的室利柏仑布土尔（Sriperumbuthur）。其父名为阿修利克夏婆阿阇梨（Āśurikeśava），属于阿帕斯坦比耶（Āpastambīya）派的婆罗门。阿修利克夏婆深娴阿育吠陀（Āyur-veda，医学）学问，也在本地行医。其母名康提马提（Kanthimati），据传也是一位贤惠的婆罗门妇人。罗摩奴阇幼时随其父学习梵语和达罗毗荼语之吠陀。父亡后随母移居孔吉毗兰（Conjeeveram），亦即建志补罗城（Kāñcīpura）。在那里他从学于商羯罗一派的耶达婆普拉迦沙（Yādavaprakāśa），后又拜在摩诃普罗（Mahāpurṇa）门下。通过种种苦修勤学，罗摩奴阇掌握了诸奥义书本旨及《传承书》的教统，因为要坚持他认为的教行不悖、内外一致，他放弃了商羯罗的教说。其间又一度还俗，娶妻生育。因嫌家室之累，不久又再次出家，以履行婆罗门的第四期游行义务。一直为兼顾人神全一而努力。因偶然的机缘，他值遇室利楞伽（Śrīraṅga）的一位有名的婆罗门学者。后者是一名制限一元论（Viṣiṣita-advaita）者。此人名叫阎牟那阿阇梨（Yāmunācārya）。这位阿阇梨死前留下遗嘱，指定深具德智而信心坚笃的罗摩奴阇做本派的继承人。罗摩奴阇慨然承诺，遂移居室利楞伽城。在那里他聚徒讲学，宣扬制限不二论，著书立说，弘传教义，又抨击佛教、耆那教等。对于商羯罗一派他也不假辞色，严加挞伐，因此而历经种种迫害，然最终立于不败之地。罗摩奴阇的宗教主张博爱宽仁，深得某位首陀罗贵妇的赞赏。也因后者的襄助支持，罗摩奴阇一派在南印度大行其道。罗摩奴阇毕生教众，对本宗教多有改革，居功至伟。他在1137年辞世，逝时据称已有一百二十岁。其生前深得教众拥戴，死时哀荣备至[①]。

要之，罗摩奴阇并非只是单一之思想家，其更大的意义则是一位伟大的宗教实践家。若只看他的思想创造活动，其绝不逊色于商羯罗那样的宗教组织者。其在传教聚徒方面非常成功，堪称

① M. Ranga Chalulu, *Life and Teaching of Rāmānuja.*

气魄宏大。其哲学议论方面的精锐，往往有超过商羯罗的地方。罗摩奴阇完全无愧于大哲学家的称号。作为宗教家，他在传教事业上的重大影响暂且不说；作为思想家，他的地位在印度是永载史册的。其虽生于十二世纪，然所承袭的思想体系远绍古昔。罗摩奴阇派的名称最早可见于《吠檀多经》（Ⅱ.42-45）及《罗摩奴阇圣典》（Ⅱ.40-43）。后者当中的所谓五夜派（Pāñcarātra），也叫薄伽梵派。据商羯罗说，跋达罗衍那当初为批驳罗摩奴阇派的思想不得不将其条列出来，而按照罗摩奴阇《圣注》列举出来的谬见，就应当是该派原本的主张。无论如何，评价吠檀多中各派地位，要看它们对《吠檀多经》的依从程度与态度。《吠檀多经》的立场与罗摩奴阇撰述圣典，意思最为接近。罗摩奴阇本人晚年在组织自家学问体系时，显然主要的依据便是本经。罗摩奴阇派以为，大梵就是人格神毗湿奴。毗湿奴又名为那罗衍那（Nārāyaṇa），也称为世天（Vāsudeva）。作为最高的原理，毗湿奴也被吸收到了僧佉耶派和瑜伽派的思想中，成为这两家教理组织的一部分。盖毗湿奴在古奥义书中有不同的称呼，如迦达卡、大那罗衍那、白净识者等，按数论、瑜伽的体系他属于人格之神，到《薄伽梵歌》中成为最高的神灵。吠檀多神学中薄伽梵派似乎即是以他作为信仰中心的一派。此派又称为夏特瓦塔（Sātvata）或一元论者。《大婆罗多·解脱法品》（Mbh., Ⅻ.350, 81-82.）谓："作为第二十五谛之神我，若其业果尽，即显其真正之神我。"关于他的智识，僧佉耶、瑜伽、吠陀中的森林书（Āraṇyaka=upaṇisad）、《五夜解脱书》（*Pañcarātra*）所述是一致的，而且所有材料相互补充。其皆以那罗衍那为最高至上不二之神。

以是吾人可以知道，此派以信仰主义为中心，广泛包含了各种思想来源。此派的圣典有如下这些：《五夜解脱乘》（*Pañcarātrayaṇa*，今所传者已有部分散佚）、《大本集》（*Mahāsaṁhitā*）、《青莲花本集》（*Pauṣkarasaṁhitā*）、《毗湿奴本集》（*Sātvatasaṁhitā*）等。这些书，罗摩奴阇《圣注》皆有引用。如是，罗摩奴阇的思想系统最早可以回溯到《吠檀多经》之前，必须说，它从一开始就是综合思潮的产物。基于此点，罗摩奴阇的治学方法也就带有时代思潮的特征。一方面他依据诸圣典，另一方面他又坚守自己的主张。他像商羯罗一样重视古奥义书，但也把受商羯罗排斥的许多圣典拿过来当权威证据。例如，罗摩奴阇引用的奥义书，其中有属于阿达婆吠陀的《大奥义书》（*Mahā-upaniṣad*）、《那罗衍那奥义书》，有属于毗湿奴主义的《人狮子－前黄金奥义书》（*Nirsimha-pūrva-tāpanīya Up.*）、《人狮子－后黄金奥义书》（*Nirsimha-uttara-tāpanīya Up.*），有属于瑜伽主义的《剃刀奥义书》《梵点奥义书》（*Brahmabindu Up.*），以及如《苏巴拉奥义书》（*Sūbāla Up.*）之类。至于往世书，有所谓《毗湿奴往世书》（*Viṣṇu-purāna*）。所有这些文献都成为罗摩奴阇组织其教理的重要理论依据。

罗摩奴阇有不少撰述书及注释书，其中最重要的总结概述之书是《吠陀论纲要》（*Vedhārtha-sangraha*）。对奥义书中缺乏缘起论述的，其用往世书的相关内容作补充。对于《梵经注》之前的古文献，他屡屡引用，并因此大大充实了《梵经注》的内容。《圣注》虽是他倾全力完成的作品，然传说参与编纂的协力弟子竟多达七十四人。他在编纂过程中参考最多的经典是《吠檀多经》

古注本、跋达罗衍那的《经注》（*Sūtravṛtti*）。罗摩奴阇自己在《圣注》序中说："尊者跋达罗衍那之《梵经》的详细注释，有先前诸师为之加以删裁缩略。余今对本经所作注释，悉依彼诸师之意见。"

此处的跋达罗衍那，如果就是那个七世纪中被库马立拉（Kumārila）所驳斥的人，则此跋达罗衍那的注释就比商羯罗的注释至少还早一百年。加之罗摩奴阇又屡屡引用德拉米达（Dramida）的意见。按照传说，此人是《梵经》作者毗耶舍的徒孙辈，因此远在跋达罗衍那之前。如果这中间的前后关系真的可靠，则罗摩奴阇的《圣注》虽说是十二世纪的作品，但该书所具古传统的纯粹性，并不逊于商羯罗的注释。可惜吾人虽未能把德拉米达的注本与跋达罗衍那的《经注》加以对比，但按楞伽·恰鲁鲁（Ranga Chalulu）的说法，两个本子的作者的哲学立场都是制限不二论的。如此，可以揣想，罗摩奴阇在《圣注》中的立场也不会距离他们很远。无论如何，罗摩奴阇的《圣注》具有悠久的学统，且又汲收了不少古籍中的思想，并借助了众多门下弟子的参与。因此，完全可以断定，《圣注》与商羯罗的注释相比，同样也是优秀的作品。看《圣注》中所引的丰富材料，以及罗摩奴阇本人作议论时的精辟，往往远出商羯罗论师之右。更何况《圣注》当中还汇集着罗摩奴阇本人宝贵的哲学见解。

参考文献

（1）*The śribhāṣyam of Rāmānuja*, tr. by Rangacārya andVaradraja, Vol.22, 1899, Madras.

(2) *Vedhārtha-saṅgraha*, with Tatpāryadilika(仅为原典), printed by Rama Miśra Śastri, Benares.
(3) M.Ranga Chalulu, *Life and Teaching of Rāmānuja,* 1825, Madras.
(4) Bhandarkar, *Vaiṣṇavism and Śaivaism*, pp.51-57, 1913, Strassburg.

第二节 对商羯罗派的态度

罗摩奴阇曾在耶达婆普拉迦沙门下学习，因此一度是商羯罗派的教徒。然因对该教感到不满，又改从五夜派(Pāñcarātra)学习；后又继承阎牟那阿阇梨的衣钵，成为制限一元论者（不二论者），而且采取了坚决反对商羯罗派的立场。其所以给《吠檀多经》作注释，动机之一就是要指责商羯罗注释中的非理，破斥后者的学说。即因于此，罗摩奴阇在《圣注》（*śribhāṣyam*）中，通篇发挥的大问题并不多，而只是针对商羯罗或其他追随者一一驳斥抨击。特别是围绕该经的第一颂，为了全力驳斥对方的意见，他把所有一切相关的论点都搜罗出来了。仅看他列出来的那些条目，就已经呈现了商羯罗派的学说梗概。

罗摩奴阇与商羯罗意见分歧之开端，应当是梵学研究的前提。商羯罗主要强调了哲学智识的重要性。他的学说上来先把四个方面当作首要条件，其中他特别加以强调的是信仰与祭式义务（karma, dharma）。然而，罗摩奴阇刚好相反。罗摩奴阇最重视的是对人格之神的信仰。其深信，若无神的摄理，绝对不可能有解脱。因此，为得神的喜悦，才要信仰他、祭祀他。从而，他认为在这个意义上，信仰与祭祀才成为梵学的必要条件。他说奥义书中说的“因智识而得解脱”（jjñānā-mokṣah），说到达到智识成就，需要通过禅定、信心和祭式各方面的锻炼。单单学习哲理绝对不可能得解脱的。据此，他重新强调斋弥尼的前弥曼差派祭祀解脱的意义，针对商羯罗的主加以修订，使成为梵志修学者的条件之一。即按前弥曼差派之教，他们认为，修行者只不过因为有限的功德（生天之德）而出生，为了讨神的欢喜才修学，但修学得智只是解脱的阶梯。唯其如此，他反对商羯罗从纯粹哲学思辨得解脱的观点，主张应采取坚决的宗教立场。罗摩奴阇既对立于商羯罗的弥曼差观，但又认可商羯罗的智解脱主张。他们二人的区别，从一开始就必须留意到。

罗摩奴阇对于商羯罗的纯粹哲学批判，还有针对其所谓“无德梵”这个观念的。商羯罗在许多地方都谈到他的无德之梵。他说，本体之梵除了存在性与智性以外，再没有任何属性，亦即没有任何的作用功能之活动。他的这种说法，无论在《天启经》中，还是在《传承书》系统中，都找不到任何依据。毋宁说，依据古义，传统认为，梵就是毗湿奴，其具有无量威德，可以应对万机而有无限作用，是能动的实在。奥义书中虽然从反面用“不细不长”之类的话来描绘梵，但那只是不完全的表示。奥义书又在说梵时谓“曰非曰非”（neti neti），但用意也只是强调梵之本相远出于凡夫之智的计较与表达能力。绝对不可能是商羯罗所说的无属性与无活动。也即是说，在罗摩奴阇眼里，商羯罗的抽象哲学原理实质上排除了梵的生生不息之德，有德之梵才是本体自身。因此，罗摩奴阇对商羯罗的无明说大加排挞。他的批评也更深入到细微的理论层面。简而言之，如吾人在前对商羯罗论梵的方法论批判。吾人反复强调，从宇宙论的层面来看，无明说本来是没有道理的。于此，吾人不必再作赘语。按《天启经》与《传承书》文献，其中如果把不真（anṛta）和无智当作迷界之因的话，其用意也只是为了说明业（karma）这东西，是无始以来就有的。绝对不是要把“说有说无皆不可得”的怪物当成其会通的结果。也就是说，从个人方面来说，不妨承认个我是“无智（无明）”的，然而从本体论上看，本体之梵很难说也是“无智（无明）”的。

正因为如此，基于无明之梵的宇宙论之幻说，也受到罗摩奴阇的讨伐。按此理论，世间一切有差异的东西都是虚妄不实的。这样的论断，即令奥义书也不会赞同。若坚持这样的讲法，这种主张自身不也陷入虚妄了吗？因此，这显然是过于武断的说法。罗摩奴阇认为，就是奥义书当中，也并非一味只说世间虚妄、宇宙不实。那样的说法，只不过是商羯罗的曲解和自以为是的解释结果。商羯罗所说的那一套，其实不过是重复佛教的“一切空论”（sārvśunnyāvāda）的讲法。《天启经》及《传承书》中所说的“幻”，实际其所强调的只是神的不思议之力。是说神的能力，如同魔术师（Māyāvin）变幻出奇迹一样，令人赞叹。而绝不是要说它虚假不真，因此归为空幻的意思。《白净识者奥义书》（Ⅳ.9-10）就把神称作幻术师。其中所说的幻，其实指的正是物质（prakṛti）；《薄伽梵歌》（Ⅳ.7）中所说的幻只是三德生起的作用，往往都差不多是指实在的东西。要之，罗摩奴阇认为宇宙是实在的，认为商羯罗所说的实在论完全属于违情悖理。至于在心理论方面，罗摩奴阇更不同意商羯罗主张的梵“即是知与存在”的说法。他强烈反对把知（智）直接当成自我的本体，尤其反对商羯罗把知的主体等同于知的手（jñātṛ，工具、作用），精神原理被当成常住不变的自照体（svayamprakaśatva）（即不同意商羯罗将主体等同于属性（prakāra）、将本体当成性质的态度）。虽然有知即是不疑的意思，但知本身并不能就是主体，而只能是某种属性或者作用。吾人意识中发生的生灭变化，是在日常生活中可以亲历、可以感受的，但它们哪里就能成为常住不灭的我体呢？我体之作为知的活动的所有者，说明它仍然还落在生灭变化的范围内。经验上存在的东西，不可以成为绝对的原理。它只是经验中被称为“余”（aham，我）。虽然此“余”不妨暂且当成认识主体，但相对于别的认识主体，即别的“余”，后者也可以被成为客观。显然也被他人的语言行动所依附，是受他心判断的客体。这是不证自明的事实。

商羯罗不肯承认这样的认识之主也是客体，因此商羯罗的议论是绝对违情悖理的。盖商羯罗把吾人的智识作用当成原封未动的本体来看，肯定是说不过去的。罗摩奴阇的不同地方在于，可以承认运动的东西就是运动的，这当中仍然有不动的主体站立在那里。又商羯罗虽然说我的主体是自明自照之体，而罗摩奴阇则认为，凡是认识所生，不单有我还得有相对于我的对象（称为对境）。若无对境，知识不可能产生出来。凡生出第二月的知识，必是以眼病为（错误）因的。错误的基础是生理方面的。而如果人做梦，梦中的对象是过去经历之境；若黄疸病患者见什么都发黄，那是因为光波与黄和合一气的缘故；如果把绳当成蛇，也是因为两者上面的共通性被搞混了的缘故。因此，商羯罗把一切错乱的认识当成“非有”是不对的，所有的错乱都是对象的错认和误解。何况依据人们都有的经验，完全可以判定，所谓的唯心所造只是一种语言表述。

这就等于宣称，依据其二元论，我之与物，主体之与对境，是从一开始就站在那里的。也因为此二元的成立，才有认识的发生。

当然，商羯罗除了上面的这些论断主张，还有不少的论题。吾人于此恐烦，只得略去。总而言之，商羯罗的第一义谛为根本道理的论述，看来是站不住脚的。罗摩奴阇在这里的论法，兼用了教证与理证的方法。既引用奥义书来证明他的意见，借其中的事实来判别教理，有的时候也利用因明的三支论式来作证明，这更显示了他在方法论上的精密。通过这样的批判，罗摩奴阇重创了他的对手，即吠檀多骁将商羯罗一派的神哲学主张，从而建立了本派制限不二论的积极学说。

第三节 罗摩奴阇的教理

上一节讲商羯罗与罗摩奴阇之间各自的理论主张与哲学立场。以下对罗摩奴阇的教理作一大略的综述。但吾人于前面实际上也已经指出，他的思想在许多情况下与吠檀多派见地相通。为避免重复，以下将罗摩奴阇的见解单独举呈，分几个方面加以叙述。

一、梗概。若简单地用一句话来总结，罗摩奴阇的学说，可称为用有神论组织起来的数论见解。虽然他一面承认精神与物质的二元相对关系，但又在此二者上面成立了梵之一元的统辖。假如说万有的本体是梵亦即是毗湿奴的话，那他中间一定有着无量的力用与无量的妙德。在梵的本体当中包含着的是作为其属性的无数个人精神（ajaḍa, cit，心；jiva，命）以及唯一的物质（jaḍa, acit，非心；prakṛti，自性）。也就是说，罗摩奴阇把物与心都当作神的属性，并给予此二者以实在的地位。不过，一方面他说它们有实在性，另一方面又说它们是至眠劫世界才最初显现的。彼劫之前，物之与心都只是潜在的尚未呈现的实在。那个时候，它们还只是相当细微的有（sūkṣma，存在）。

在此意义上，它们也是同梵并无二致的东西。当此之时，此有（存在）既无名亦无色，更无任何丝毫的差异相。作为本体的是独一之神那样的东西。他称此状态中的梵为因态（karaṇa avasthā）。然此梵凭自己的意志力而开始演化本身。作为梵的物质属性而呈现出来的，是现实的世界与有情的身体（śarīra）。而作为梵的精神属性，即神性而呈现出来的，是个人的精神，亦即是有情的灵魂。而梵自身也以种种形式而分化出来，权现于世界中成为有情的支配者（Antaryāmin）。罗摩奴阇又把后者称作梵之果态（kārya avasthā）。而若追寻梵之从因态往果态移动的原因，他说是因为神一方面要依据个人精神的前劫之业行而对其施行赏罚；另一方面，神又出于无限的慈悲，而赐给他们解脱的机会。罗摩奴阇的思想是调和了劫灭说、业说与神的慈悲说三者的结果。不过，至此吾人看见梵与世界有情的关系，被当成从因之状态上、从支配向被支配者的运动关系的表述，梵从全体而向部分的运动，也就是从一元向二元的转变。这里正是制限不二论的根本大原理之所在。

按这种说法，一元论的高玄妙味与二元论的平易常识便调和起来，体现出一种从形而上的高明而流入形而下的森罗万象的世界呈现论。而如果一味坚持商羯罗的不二论，对个体我的否定就失去了根据，迷妄的根源反而落到了大我之梵上面。这样就会同宗教的根本宗旨相抵触，这是不能允许的。但如果肯定真性本体中原来就蕴含着我、梵、世界，三者都是从本体中流出的，则既可以从现实上肯定各各的个体，又能够维持本体的尊严与个体的独立性。无论如何，本体当中已经包含了世界与个人的可能性。就个人言，无论其有什么样的恶业，都无碍于本体的纯粹；而从现实一面看，神之与人又判然分别，个人因为个人的业行而自己承担责任，怨不得神的安排。如是一来，也就显示出神超越凡夫，对凡夫有至上的支配力。从这一点来看，这样的神人关系极其类似于基督教的神人原理。依这样的理论，罗摩奴阇对于身体与精神关系的解释，也兼顾了神圣与世俗的相待性。一方面身体与精神是结合一体的，另一方面它们又是各各独立的。而且其间仍然有主仆关系，一如神之与现象（亦即心之与物的）关系。从这种既二且一的对立统一关系上看，可以说神即是我，也可以说神之与世界就是神与其身体的关系。《摄一切见论》中说罗摩奴阇的一元论时这么表述："凡一切事物、一切形色，都只是对梵的限定而产生的，只是唯一真实者而不是多。而唯一之梵采取了物质的及精神的种种形相。其作为多样性的存在，它既是一真同时也是多真。再者，精神、物质与神，它们在形相和体性上各各差别、不相混杂，但又都是多样性之真实者。"该论恰如其分地道破了罗摩奴阇的哲学立场。

二、神观。罗摩奴阇的神观甚为复杂。自崇高一面论，神是万有之唯一本原；自尘俗一面看，神不过是一些英雄或者偶像以及鬼神观念之权化。所以如此，盖因其视神即是毗湿奴。而在当时印度社会深信毗湿奴之垂迹处处化现（avatāra），此即为泛滥一时的毗湿奴主义。按罗摩奴阇的说法，处在因态当中的神乃为唯一者，且具无量功德，其向果态的方面运动，便成为世界有情的支配者、救济者，为实现支配与救济，神便化现成种种的相状。而论其化现之样状，《摄一切见论》谓有五相，意为以下五个种类。

（1）微细相（sūkṣma）。其谓神之为梵亦为世天（vāsudeva）。其维持崇高之自体，居于创造、破坏和支配的大原理的本位。

（2）内导者（antaryāmin）。其作世界精神支配着全宇宙。其作为个我主宰居于心脏内。其居于有情之支配地位。

（3）四分身（vyūha）。此是五夜派的教相之说。即依崇拜毗湿奴神的潘遮拉特拉派（Pāñcaratra）神话、克里希那（Kṛṣṇa）神创造了世天。而此天神有四种显化，既是克里希那的兄弟圣卡里希那（Samkaṛṣṇa），又是他的儿子布拉提云那（Pradyumna）、他的外甥阿律楼驮（Aniruddha）。这四个身份和形态都是克里希那的分化之身。虽有四身，但又都只是神的显相。因此，此四身说应当视为神之衍化的自我分流，从另一面看，其又有高度的本原性和统一性。

（4）权现者（vibhara）。神也以人身形式随时出现在人世间，从事救济众生的工作。这种俗世中的位置可以表现在如《摩诃婆罗多》当中的克里希那（黑天）或者《罗摩衍那》中的罗摩王子。

（5）种种偶像。在此层面上可以认为他就是所有庙宇殿堂当中供奉的泥木石头的神像，受众生崇祀而示现灵验。

上面的五种神观显示出罗摩奴阇的神灵态度。其涵盖了从至高哲学原理到俗世信众的偶像，虽然范围极广，然又以一神来收摄。不过，概括而言，首先他以为神是万有的质料因，又将他当作计划者、支配者。就此而言，他的神祇观同《吠檀多经》的主意并无大的出入。《摄一切见论》当中关于这方面说到罗摩奴阇的梵的定义："最高的梵即为世天，具有妙德，为万有之质料因，又为世界之创作者、有情之支配者。"

三、世界及有情。关于此问题，罗摩奴阇的立场与《吠檀多经》一样，也可以说同数论气味相投。个人精神与物质都是梵的属性（prakāra），或者就身体而言，虽与梵相随不离，但两者只是所显示的相态差异。总之，这种看法与数论其实是一样的，又特别是以物质性为唯一者，谓其由喜、忧、暗三者配合而成。把个人的精神当成无始无终的实体，其数目上是无量无边，这基本都是数论的观点。又谓当梵向着果态移动时，作为其属性的自性（prakṛti）三德当中，失去平衡，因之从自性生出大，再由大生出空、风、水、火、地，也就形成了世界。与此同时，在大梵当中潜伏的个人精神开始活动，一开始凭借前劫存留至今的业行，成为物质性的五风十一根，再成为分为高低层次不同的有情众生。盖彼所作如斯之论，鼓吹的正是《薄伽梵歌》的毗湿奴、风息论等宗教观，这与数论的有神观也是极为接近的。特别是在世界与众生产生的顺序上，更是按照《苏巴拉奥义书》来叙述的。尽管罗摩奴阇同数论也有一定的不同，例如数论的神我是没有活动性的寂静的非作者，但罗摩奴阇则与《吠檀多经》的立场一致，个人的精神是能动个体，是有作有为的；又数论心目中的物质是恶的东西，而罗摩奴阇并不认为物质是本源之恶，他只是把业当成迷误本源。又在数论，其视有情的组织为神我与物质性的生理与心理器官的结合。如是结合的产物，便是一个个有情的基本单位。相对于此，罗摩奴阇仍然把神我视作外在于生理和心理组织的内部指导者。他的自我是梵的一分化身，是个人之精神之外的存在，但又居于心脏之内。不过，此点意见的特异恐怕不单不同于数论，甚至也有别于《吠檀多经》的意思。这应当算是罗摩奴阇派的独特见解。其他还有一些该派同数论和《吠檀多经》不太一样的地方，但都于此省繁从略。

四、修行解脱。罗摩奴阇认为，个人精神虽不可遽谓即大梵，然从根本上说，其总多少具有梵性。其所以与梵不同，盖因其在创造世界之支配力的规模上不一样，但性质是完全同一的。只是因为无始以来的无明即业的缘故，个人精神之我才沦落于不幸和不自由的境地，并显示出如是的一副凄惨相。罗摩奴阇在这里的态度与《法华经》相似。经中以富贵长者的穷子流落他乡，最终重入家门的譬喻，揭示出这种窘况可以结束，而个人精神终得解脱。商羯罗把解脱的原因归结到真智发现，即正遍知的实现。罗摩奴阇虽也用同样的术语，但其内涵则别有所指。他认为，解脱是因为个我的修持得到神的喜欢。即商羯罗认为解脱的依据是自家的力量，是哲学思想的力量。而罗摩奴阇则完全仰赖于他力，仰赖于对神的虔诚信仰。在他的眼中，人类的解脱命运完全取决于神的支配，没有神力加庇，一切无从谈起。罗摩奴阇常常引用并强力推荐的圣句是《羯陀奥义书》（Ⅱ.23）上的："依赖论议、观智以及书本的研究，不能得梵（我）。唯有依持我的择选才能得如其意。因彼而我自开演本性。"《薄伽梵歌》（Ⅸ.10）这样说神的加持之力："常皈依于我，常礼拜于我，常向我呈爱意者，我赋其以力，令其达于我。"

不过，为解脱作正修正行，讨神欢喜，得神力加被从而消灭业种，这只是可选择的途径之一。罗摩奴阇所说的修行之途，除了讨神欢喜，更有其他的修行道。这当中他引用《吠檀多经》（I.1.1）的瓦其喀拉注（注者身份不明），总结有七种修行法：（1）分别（viveka），食净者不食不净者；（2）脱离（vimokṣa），远离贪瞋痴；（3）精进（abhyāsa）；（4）作业，履行四种姓义务，尤其是其中的祭祀一业；（5）善根（kalyāas），实行正直、慈善、布施；（6）不怯（anavasāda），勇猛精进之谓；（7）不放逸（anuddharṣa），达于寂静等。又《集一切见论》中说罗摩奴阇推荐了五种敬神的方法：（1）亲近（abhigamanam），即亲近神的殿堂；（2）携来（upādānam），以香花等作供奉之意；（3）捧祭（jvā），手捧祭品之谓；（4）学习（sarvādyāya），掌握念诵那罗衍那（克里希那神）的名号、咒文、赞歌等；（5）禅定（yoga），念神持想。如是的修持行法，其要领都只在最终舍弃自我、全身心投入对神的爱戴系念。所有这些方法都只是近神的条件，都围绕着《薄伽梵歌》上的"专念瑜伽"（bhaktiyoga）这个中心而来的。实行这些途径，可以得神的恩惠，而灭尽无明业种，发挥本来净性，最后成就解脱。不过，依罗摩奴阇，人得解脱后，个体的格位还在，但已经在神中得享妙乐与无限自由。从这一点看，这既符合《梨俱吠陀》以来的婆罗门教的生天理想，甚至也近似于基督教的天国观念。

要之，罗摩奴阇的神哲学特色，是把神格视为实在者。因此，神的能动性也是实有所作的。因为他承认精神与物质二者的实在性，并把它们放到梵之一元统摄下面。从形式上看，罗摩奴阇的梵，有若斯宾诺莎的实体，哲学上有非常深刻的意味。而从宗教的角度看，他的信仰心比商羯罗更高一层，而又不失经验常识，因之，更能博得大众信仰的心理满足。唯其如此，罗摩奴阇一派到今天仍有巨大活力，该派当中的许多分派仍然活跃，可谓法业兴盛。当然，罗摩奴阇的学说，与其说是悉依《吠檀多经》，不如说是撷取奥义书中宗教观念作组织。又因为他一面把物与心都当成梵的属性，另一面又视它们为完全独立自存的实在，因此，从哲学的内恰性上说，究竟还有欠缺。如果他把心物都视为实在的属性，认为它们依附于梵，也许更恰当。罗摩奴阇的教理主张，并非要取代吠檀多的学说。吾人甚至可以说，如果就宗教性言，商羯罗也只能立于罗摩奴阇教义的下风。

第六章　沙檀难陀的《吠檀多精义》

一、地位。前面所述似乎都只是一味的吠檀多派。实际上，吠檀多当中还有许多不同的派别，它们大都不为人们所熟悉。此种意见纷呈的现状，如前所说，多半缘于奥义书中的观点。加之有奥义书原本文句上的含混暧昧，再因解说人的背景与立场不同，遂生出许多殊异的流派。如果看以往的发展史，从思想的变迁痕迹中，可以寻出有趣的背景缘由。在此，吾人采用了黑格尔的哲学史的观察方法，即可以观察正→反→合的绝对观念的辩证发展过程。相对于《吠檀多经》的正题，再是《曼杜基颂》的反题，然后是商羯罗出世，于是有正反两者的合题。最后则是罗摩奴阇之正题，其相对于商羯罗之反题而更上升一层。虽然这里的相似性可能是偶然的，虽然这里有可能忽略了具体事件间的联系，但吾人以为，依据这样的哲学史叙述法，各事件项目可以揭示如下：通过这样的对比，可以发现商羯罗与罗摩奴阇之间的某种联系，从而了解二者之间承前启后的关系。可惜的是，据吾人所知，迄今为止，有关吠檀多的研究，罕有作此种观察的。当然讨论它的写作目的之作品倒也不是完全没有。比如，沙檀难陀的《吠檀多精义》就是这样的著作。吾人相信此书可以当成总结吠檀多教理的著作，因之把它放到本篇最末来作总结性的介绍。

沙檀难陀其人的生平与本事，吾人都不清楚。但他既然在《吠檀多精义》一书中采纳了智比丘的看法，所以吾等估计，他生活的年代不会早于十六世纪。考寻他的学说主张，他曾提到过自己的老师名叫阿达伐耶难陀（Advayānada）。戈尔布鲁克说[①]后者曾经为商羯罗的《吠檀多经注》撰有复注。然此复注虽然学术源流属于商羯罗派，但后者对本书中的见解并不完全接受。复注中广泛搜罗各家见解，详细罗列各家学说，所以它成为一部综合性的注释书。也因此能够多方面满足人们的理论需求，而不只是局限于介绍一家一派的主张。因此，沙檀难陀之撰《吠檀多精义》，是为了回应十五六世纪吠檀多思想中诸流竞现、意见纷纭的现状。其目的是要汇合所有诸种见地。因此不难设想，当初罗摩奴阇在编撰其教义书《圣注》时，当然要参考并引用沙檀难陀的《吠檀多精义》，吸收其中的部分思想以建构自己的体系。吾人认为，本书虽未必是调和商羯罗与罗摩奴阇思想之作品，但《吠檀多精义》当中，在一定程度上，的确有可以调和两位思想家的立场。本书史上有甚多的刊行本，吾人依据所能接触到的列举如次：

Bothlingk-Garbe, *Saṅskṛt Christhomathie*, S.287-326.（原文及德译）

K. Sundrama, *Vedantasāra*, with the commentary Balabodhi of Apadeva and critical English introduction, 2922, India.

Deussen, *Allgwmeine Geschichte der Philosophie*, Ⅰ.3., S.638-670.（德译并说明）

① Colebrooke, *Miscellaneous Essay*, Vol.I, p.359.

二、教理纲要。《吠檀多精义》有240颂，分为十二项目。试拟为以下题目：

（1）序言及题目1—2

（2）吠檀多修学之条件3—33

（3）无明之附加（adhyaropa）34—66

（4）无明之隐蔽力（āvaraṇaśakti）67—69

（5）细身的发展70—122

（6）粗身的发展123—145

（7）退治邪执146—160

（8）还灭（apravāda）161—163

（9）格言“余即是梵”164—186

（10）格言“汝即是彼”187—195

（11）修行论（anuṣṭhānṇa）196—226

（12）有身解脱（jivamukti）227—240

上面的（3）（4）（5）（6）四项可视为精义的核心部分。它们探讨了本体观、宇宙论。而所有这些议论的特征充分显示出材料的丰富、条目的周详、体系的完整。以往凡关于吠檀多教理的研究题目，重要的都尽搜无遗，并且巧妙地编织在结构框架中。无明说、三德说、四位说、五藏说、发展说、迷妄说、神人同一说、差别说等详备悉然，位置的分配上亦各得其宜。因此，可以认为，本书在撰述之先，对基本的纲目要领都已经有成熟的考虑。简述如下。

沙檀难陀的哲学立场同商羯罗一样，他也认为梵只是唯一不二的、没有任何变动的心。但因为受无明的干扰，遂有种种现象发生。虽现象为多元，但本性仍同一。沙檀难陀的哲学有其自身特点，他不像商羯罗那样竭力主张纯粹的净智。他看待三德所成的物质仍有几分实在性。他所叙述的无明在渐次展开的过程中呈现出来的诸有具有浓厚的实在性。这可分为四个阶段来观察。四个阶段的名称及类型可以设想原始的依据是《曼杜基奥义书》。该书中自我的四位说正是经沙檀难陀的极力发挥而脱化出来的。《曼杜基奥义书》中把自我放到第四阶位。第四位是觉位，其下面有慧位（prajña，熟眠位）、光位（taijasa，梦位）、万人位（viśva，醒位）。第四位上可见到梵的自相，下面三位则由高到低表示无明的渐重程度。如果居于第四位，心则进入无差别的平等本体地位；而自慧位以下的三种位，犹有个人与神、世界与有情的对立。针对后面三种又可分别对世界全体与个体人我作分别观察。据前者可得总相（samaṣṭi）；据后者可以名别相（vyaṣṭi）。所有这些术语都出于《布里哈达森林奥义书》（Ⅲ.3.2）。又沙檀难陀在精义中又借用《泰蒂利耶奥义书》（Ⅱ）的五藏说。他采用该奥义书的语言来描述物质现象界的衍生过程。这五个术语正好是表明自高向低、无明越来越强烈的过程。这五个术语分别是妙乐所成、认识所成、意所成、生气所成、食味所成。

如是，沙檀难陀所拟设的发展过程，依次展示了物质现象界的逐渐衍生。在第四位上梵仅仅被极薄的无明衣所覆，这里总相所显示的是自在天神亦即世界本身，别相上所显即是个人之我。然而在此位上世界与自我的对立尚未形成明确的对立。正确地说，恐怕自我尚处在发光的微妙细位上。若按四位说，此称为熟眠位；若依五藏说，此称为妙乐最胜之位。盖奥义书中说的熟眠位，谓自我离于对象而独自存在，此位中只有独存的自我。这也就是妙乐之境的得名由来。然而随无明增进一层，发展进而具体化。总相的金胎神（Hiraṇyagarbha）即创造之神的成立，别相的光我（Taijasa）即现象心也兀立出来。与此相随与进的后来位，则人格色彩渐渐浓厚。然至此位犹未见到物质作用表现出来，完全具体化的现象界的起点是四位说中的梦位，五藏说中的则分为认识所成（vijñānamaya）、意所成（manomaya）和生气所成（prāṇamaya）这三分。盖从精神现象来看，其成自识、意、生气这三者。而梦位指的是此现象心离于对象，凭借独照之光而变化出万有的相位。然而如果无明更进一层，则会有完全无知觉的暗钝的物质产生出来，由此而发展出具体的现象界。至此总相上的万人位即成为各种各样的应现神，别相上的则有个人形态的肉体（viśvs）出现于世。按四位说此位谓之醒位，按五藏说此位名曰食味所成（annarasamaya）。今以图表示诸观念搭配：

四　位		五藏说
第四位（无差别之本体）		
熟眠位：┌自在天神总相显示┐ └个人我别相显示┘	----------------	妙乐藏
梦　位：┌世界精神总相显示┐ └现象心别相显示┘	-------------	认识藏、意藏、生气藏
醒　位：诸神（总相显示）有情别相显示	---------------	食味藏

由是，因无明的深浅不同，自同一实在便发展出三个不同的阶段。三阶段中间，虽区分出总相与别相，但沙檀难陀说，他这里说的本体决定不离其不变常住的本位。于是他巧妙地借用了《曼杜基颂》中关于大虚空和小虚空的譬喻方法。即所谓别相，他认为便如森林中的一棵棵树。而总相，不过是现象的全体，也就是

那片森林。本体于是成为了贯通全体的大虚空。因此，无论树木还是森林，都只是观察的角度不同，其间并无根本性质的差异。作为别相的个人与作为总相的宇宙，从现象上看有异，而本质上则是完全一样的，都不过是同一实在之梵的不同显示。又此大虚空，尽管贯通了一一各别的树木，同时也贯通了作为全体的森林，它自身却没有任何一点点的增减；同样，作为本质的个体之我，尽管也贯通了世界现象及个人现象，他的本质也依然没有变化，始终是同一的。即沙檀难陀一面以实在当作万有的本原，另一面他又认为，此实在是超出万有之上的绝对者。

像沙檀难陀这样看待本体原理的，在印度绝对不是唯一的孤例。看佛教的《大乘起信论》，其中说由真如而有三细生出的发展，虽有流出与衍生，但真如自己又是超越性的心体。这样的说法，显而易见与沙檀难陀极其接近。若比照西洋哲学思想，这种说法颇类似柏拉图一派的观念论。普洛提诺（Plotinos）说，实在是唯一绝对的有。万有皆由其分衍派生。此绝对有，也经历理性的阶段，其次进到精神的阶段，最后又发展至物质阶段。然而在三个阶段当中，本体有之自身始终保持着不变不动的地位。将普洛提诺的说法与沙檀难陀作比照，从高向低，前者的太原之有正相当于后者的第四位之梵。至于理性则相当于前述之第三位，精神又相当于第二位之光位；物质则相当于第一（也是最低）位的万人位。尽管这一过程当中，一层一层地向下衍生，本体并不要为此完全负责，而只是显示了不同的相位而已。也就是说，早在奥义书当中已经存在着类似柏拉图的观念，进一步地发展更新，形成了新柏拉图主义的观念论，这真是非常耐人寻味的现象。综上所述，下面分别再看几个问题。

三、本体观（第四位）。怎样定义本体之梵呢？这在吠檀多诸派算是一大理论问题。最初，《泰蒂利耶奥义书》一方面将梵看作万有生、住、灭的原因，另一方面又说它是实有（satyam）、是知（manas），并且无始无终（anantam）。从那以来的吠檀多师们的说法也都多多少少地相似。这是因为大致说来，一派人主要从宇宙论角度来观察，另一派人又主要从本体论角度来观察。前者因此将梵视为世界发生和发展的根本因，后者的关注主要放在梵之作为本体的根本属性上。沙檀难陀所说的第四位的梵，大致是被放到本体上来看的，因此这个定义也就是用本体的属性来确定本体自身。他所依据的，从根本上说是《泰蒂利耶奥义书》的梵之三相，仅稍稍改变，把三相说成是实有（sat，存在）、是知（cit，智）、是妙乐（ānandam，喜，词形上与 anantam 相似）。三者又可以用合成词的形式来表示，成为 Saccidānandam（sat+cit+ānandam）。于是，梵便被定义成为“有、知、喜”。沙檀难陀的《吠檀多精义》（35）中说：“梵是唯一之实在，是有喜乐的。”

盖因吾人曾在拙作《印度宗教哲学史》的“奥义书”一节中指出，以梵为精神性的实在，将其当作绝对无忧无欲的妙乐之体，其实是奥义书全体所执的共同看法。必须说，这样的定义非常简明而恰当地道破了本体梵的相状。然必不可忘记的是，商羯罗所说的梵之为实在同时又是知本身，与沙檀难陀的三相乃梵中的属性或者事物的说法，是不一样的。当沙檀难陀说离实在无知，离知则无妙乐时，他便否定了（后二者的）实在性。简单地说，即是梵＝实在＝知＝妙乐＝我，本体与诸相之间的关系便是等同如一。

在这一层含义上，他把梵简称为“纯粹精神”。这当中，实际上也已经包含了实在和妙乐的意义。要言之，他认为梵之自身是不变不动的、唯一绝对的实在，形相上不受任何的限制，作为清净无垢的纯粹精神，亦即绝体的我存在着。此外，无论吾人如何地拟写梵的形象，也都不会超出上面的意蕴。当然，如果仅从此点看，《曼杜基颂》也好，商羯罗也好，也都必须视为与此立场同出一辙。

四、无明论。此处的“有、知、喜”之本体，受无明所掩之时，便会有现象产生。因此，宇宙太原的梵虽然是梵，但更准确的说法应当是梵在本原状态上是被无明所掩蔽的。《吠檀多精义》当中(37)为无明作定义时曰：“人谓，无明者，不可说其有亦不可说其无。其以三德为性，其障碍真智，令现象之相呈现，或成就事物。”

所谓“不可说其有亦不可说其无”，虽然明显地是追随商羯罗的学说，但以三德为性，却不是商羯罗说的话。这样的思想恐怕来自《白净识者奥义书》的以摩耶为物质的看法，以及《薄伽梵歌》中比比皆是的“摩耶即三德所成”的套语；自然，这里也可能有几分罗摩奴阇的影响，后者就把物质本身当作神的属性。不过，这里如果问，无明究竟因何而起，它与梵究竟是什么样的关系？则沙檀难陀本人根本未置一词。看来他的讲说只是承袭了本派中的教理，照本宣科罢了。思想的惯性总是这样，既然已经有固定的说法，照着说就是了。万事因此自然无忧，何其省心呢。

按沙檀难陀的说法，无明有两种力量——隐蔽之力(āvaraṇaśakti)与开展之力(vikṣepaṇaśakti)。隐蔽力指无明之掩盖梵的真相，恰如乌云遮掩太阳的作用(《吠檀多精义》，

67—68）；而所谓的开展力，指的是这样的作用力，其令掩蔽于梵之本相上的非有相不显，亦即是将绳子上面的蛇之假相去掉，从而显示出本来的绳相来。即是说隐蔽力是无明的消极作用，而开展力是其积极的作用。但它在实质上，只是同一作用功能在不同方面的显现。因此，如果隐蔽力不强的话，开展力就会增强。如果无明增强，相应地梵的真相就会变得昏昧，于是种种不纯净、不完全的现象界便展现出来。即沙檀难陀认为，若现象界向着具体化的进程发展，则梵的真相便逐渐远去；反过来，若物质向着精细化的方向发展，则梵之真相便越来越被逼近。前面已经说到，在沙檀难陀眼中，由精微向着粗大发展的过程可以分为三个阶段。每一阶段中都有总相的观察（samaṣṭyabhiprāya）与别相的观察（vyaṣṭyabhiprāya）。而依据总别二相来观察，则世界与有情个人都可以得到一贯的说明。为方便叙述，吾人将诸阶段称为第一次开展、第二次开展和第三次开展。

五、第一次开展。沙檀难陀在说明万有之开展次第时，以无明如何受三德作用来加以解明。先说第一次开展，本体之梵，被纯然的喜德所附加，于是总相上示现而有所谓神。这是说绝对无有属性的本位稍稍被人格化，于是便带来了全智全能的作用。作为世界支配者和有情救世主的梵是指他的这个位势。此意义上，他也可以名曰“世界的因”“内导者”“总支配者”。要言之，他也是商羯罗所说的有德梵（saguṇa brahman）的位势。然而受喜德所附加的本体梵，在含有几分不纯的喜德的作用下，别相上便示现出个人之我的相来。这也被称为慧位，亦即名为圣者。这也就是商羯罗所谓的顺解脱位。但在这里不过是顺序相反，它是从本体本位下降一面来看的。此之位势若与神的位势相比，本身只是不自由及小智。就个人而言，其最为纯粹的状态，正是罗摩奴阇所说的得真解脱之见的境界。因此，此之第一次开展之无明的结果，尽管从总相与别相上看，都尚未有恶的含义，充其量只是就其外皮所受到的微妙遮蔽来说的。正因为如此，据四位说，它是被称为“最上归趣”的熟眠位之异名。而按五藏说，它的名字又叫作“妙乐藏”。

六、第二次开展。第一次开展是无明因为纯喜德的作用而出现的结果，接着因为暗德的作用而得以成第二次开展。即在作为神的梵上，衍生出空、风、火、水、地这五种要素。不过，这里所说的五大与通常所说的五大不同，而与数论所谓的五唯则有所相当。而沙檀难陀自己是称其为五唯的。另外，此五唯虽是暗德作用的结果，但其自身又具备着三德。正因为这一层德的作用，无论如何而由五知根、五作根和五风发展出来。为避免过于烦琐的说明，以下表示意（觉与意都是从五唯全体而生的）：

	喜的	暗的	忧的
空→	耳根→	口→	出息
风→	眼根→	手→	入息
火→	眼根→	足→	介风
水→	舌根→	排泄器→	上风
地→	鼻根→	生殖器→	等风

上面表列的搭配，原本看上去就有些勉强。特别是五作根，它们的安排完全是随意性的。不过，由五唯而成五作根的一套说法，倒是《摩诃婆罗多》里面本来就有的。不但数论当中有这样的主张，

胜论也都承认类似的这套说法。因此，这里也算是同以往的传统有其一致性。至于这些范畴间搭配的功能作用，于此省去说明。

关于细身的成立，如是而有十七种要素相集，以五唯为基础而组成了一一的个体之身，这就是所谓细身。而作为此细身的依所，从总相上所示现出来的，即是前面已经说到的神之进一步具体化。其结果便是有智慧有欲望的身体得以形成。沙檀难陀把它称为通我。盖若从经验的层面上来把握，这正是将它称为金胎神或者梵天的缘由。与此同时，若从此细身的依所来看，其别相所现即是所谓的“光位”。光位是前面慧位进一步具体化的位势。而此位上的别相所显，也正是数论师等通常所称的细身。此之细身之所以能够成立，是因观照的内具而成的心理身之细微体，也就是被称为光位的别相所显。至此之第二次开展，无论总相还是别相，都较前一次的开展更加具体化。这里所说的细身，即是细微身，所强调的是心识虽然已经形成，但物质上尚无显示。这样的细身的对象不过是某种细微之境。因此，以四位说来看，这里指的是梦位；以五藏说来看，则是相应于所成要素，称其名为认识藏、意识藏和生气藏。

七、第三次开展。所谓第三次开展是指更进一步而生出五大之粗物质，终于形成了器世间和有情众生的身体。沙檀难陀说五大的世界由五唯而成。此说法部分吸收了《歌者奥义书》（Ⅵ.3.2）中的三分说，即五唯中各要素依一定比例相互混合，或成地大，或成水大，或成空大，如是等等。无论如何搭配混合，都完全是五唯所成，他的《吠檀多精义》（125）中清楚地说到五唯配合的比例：“使（五唯）各各二分，更将前一半再作四分；使除前唯之其他四唯各各与前唯（之后半）相加。如是因彼之全部五唯而成（Dvidhā vidhāya caikam caturdhā pratham punah, svasyatara dvitiyam śairyojanāt pañca pañca te）。”下图则显示出五大各各所成时，诸唯之间的搭配比例。

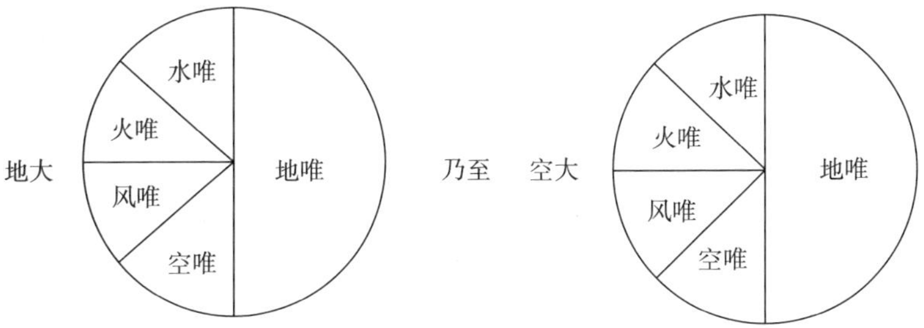

此处所说，在思想方法上，颇类同佛教说一切有部的“坚、实、暖、动之实四大生出地、水、火、风之假四大”，也类似数论的“色、声、香、味、触之五唯，混合而有五大”。然而说到所生五大的性质，空中有声，风中有声与触，火中有声、触、色，水中有声、触、色、味。沙檀难陀在这里的思考与数论是一样的。

如是，因此五大而生成现实世界及现实有情。沙檀难陀认为，世界是一梵卵（brahmāṇḍa）当中的十四界。它们分别是：上界中的布尔（Bhūr）、布瓦尔（Bhuvar）、阿瓦尔（Avar）、马哈尔（Mahar）、贾纳斯（Janas）、塔帕斯（Tapas）、萨蒂衍（Satyam），下界中的阿塔兰（Atalam）、维塔兰（Vitalam）、苏塔兰（Sutalam）、罗萨塔兰（Rasātalam）、塔拉塔兰（Talātalam）、摩诃塔兰（Mahātalam）、帕塔兰（Pātālam）。以上这些名字都是《摩诃婆罗多》和往世书中所说的各个世间的名称，反映了那当中宇宙形体论上的世界观[①]。但在沙檀难陀这里，这些世界名只是有情众生各各的居处，并不一定指有情的形体区别。有情生命的类型，他仍然只以称为胎、卵、湿、动的四生为限。于此，若看总相与别相的话，总相中前之称执系一切我的梵天，其寓于分散多有（Vaiśvānara）之形，即一切人的模样，应现于世间成为种种天神（sūtrātman）；别相上，前之光位上的细身，得到粗身形而以四生之任一种出生世间。不过在此位上，无论总相还是别相，因为都采取了具体的肉体，故而按五藏说，便都属于食味所成；而形体若按四位说，则相当于主观和客观相对的醒位。

八、解脱还灭。如是唯一不动的绝对妙乐实在，因为受无明的附加作用，经历了三个阶段的复杂变化，从而演进成不纯不净的现实世间。尽管如此，沙檀难陀反复强调，此处的真假仍然是森林与树木的关系，虽然显示为种种形式，但不会对大虚空有分毫的增减。无论现象呈现何等的变化，都只不过是实在的本体上观察点的区别。不单是树木与森林都不可能脱离大虚空而存在，此现象界的一切都在梵当中，因为其只能是梵显现的缘故。对于能够勘破真相而成就达观的人，现象界中的一色一香，无不只是实在之相的某种示现。在这个层面上，沙檀难陀所拈提解释的只是吠檀多的大格言——“我即是梵”“汝便是梵”。而吾人只是因为陷溺于迷误中，因之不能不把此世界视为分裂、变化、微少、窘迫的境界，而一旦吾人能够从中脱化，也就现出了本地风光。为达如是目标，《吠檀多精义》列举了种种修行法，扼要地说，它们可以归结成三者，

① Barnett, *Antiquities of India*, pp.196-198.

即闻（śravaṇa）、思（manas）、修（nididhyāsana）及三昧（samādhi）这四种法门。其实，这正是奥义书当中所说的听闻义理、思维义理、了解义理以及入禅定三昧，念念不舍梵我不二这个公案的意思。

如是修行，渐次可令无明之附加物变薄，最终完全露尽，于是达到解脱的妙境。此谓有身解脱（jivamukti）。对此，《吠檀多精义》中专门辟有一项说明。扼要言之，一方面保持肉身，而以要超越身体，这样的精神状态已经得现身实现第四境界。从此以后，才能舍弃形骸，实现所谓的无身解脱（videha mukti）。到此无须分别即入大我，亦即梵之妙境。此中无明已经根除。而如先所述的开展衍生全部止息并回复到起点上，再次回到那唯一绝对的有—智—喜（saccidānandam）的本体实在中。

以上吾人对于《吠檀多体系》中的思想，择重而作了大致叙述。最后当重申，如上理论所言，同一体系当中虽有种种异出见解，然而在现实人生当中，其价值观的最终落脚点则完全是统一的。要而言之，彼等吠檀多之徒所强调者，是通过修行努力而在自身上面实现完全而圆满的梵，此为本派所一致争取的目标。换言之，贯通全宇宙的绝对生命与吾等肉体寄寓的生命，从根底上讲，即当大自觉现实时，二者是完全相通的。故而，若从此点出发，可以次第说明由梵生出的万有世界，这不仅仅是一个理论的问题，它更应当是一个生命实践的问题，即逆向地从万有的现实回归趣向于梵的终极原因。那也正是一切有情的生命理想。而吠檀多用语言来说明此之过程时，只不过是显示其在人生观上的意义。吠檀多的宇宙论与人生观正是这个理论体系的两个侧面。吾人愿意用印度诗人泰戈尔的见解来表达这一层意义：“梵之为梵，其只是对于无穷无限所抱有的完全理想。然而吾人并不能达到证实吾人真性的境地。故吾人必须不断地趣向真实，必须不断地成就梵的意义。正是在这种由本真向现实转变的过程中，始终伴随着无限之爱所奏响的音乐。而那始终地支撑着根本秘密中的这个创造的，正是梵这个一切善与美的根本。"①

吠檀多的思想，今天仍然支配着印度的信仰界，进而并正在成为世界的光。如果今日的世界中，吠檀多哲学依然有其意义，吾人必须从积极的方面去理解它。

① *The Realisation of Life*, p.155.

附录：数论的三德论

一、数论派之三德的意义

数论派认为万有是三德所成。无论是物的现象，还是心的现象，一切运动的事物、变化的事物、适用于因果律的事物都成立于三德。因此，万有的杂多现象，归根结底，也只能是三德配合的产物。然而三德究竟是什么呢？三德术语，指萨埵、罗阇、多摩。如前所述，三德究竟为何物，实在不容易说清楚。故此处并未译出它们相应的意思。

数论派说三德相状，谓大凡吾人作任何价值判断，其所据者，或是其外表所显，或是其运动特点。因此，总体上讲，数论派论三德价值，萨埵以德为胜，而罗阇与多摩则价值有所减低，特别是多摩简直是下劣一等。如此看待三德，算是一般的公有之论。在此意味上，数论派又说三德的特征分别为喜、忧、暗。总之，吾人心中的状态，即快与不快，或者沉钝，正是三德所代表的特征（汉译经典中，中国人称其为喜、忧、暗三者）。

盖若视此三者为吾人的心情中最直接的经验感受，且又当作一切判断基础的话，三德相当人之感情三态，是解释万有存在的公认标准。然在数论派，三德非仅为心理价值的评判标准。若就物理现象言，因为一切事物也都是三德所成，所以三德既是心的也是物的特征显示。以是原因，事物的平静一面（例如光明）就是因为萨埵的喜德使然；事物的动态方面（如风的运动）则因为罗阇的忧德使然；就事物之沉重（如大地之性质）而言，则因为多摩之暗德所使然。盖事物的平静能够使吾人的心因静而生喜；事物之动摇不定则使吾人的心中不能安宁，从而感到不快；而物之沉滞又令吾人的心中有暗钝之感。因为这样的原因，在数论派看来，物与心这两方面的现象，都是因为同样的质料引生的不同作用。

从此出发可以妥当地安置主观价值与客观价值的关系，这就是数论所主张的三德理论的目的。于此数论派更进一步举出，通行于物心二者间三德的一般特质。即从整体上看，照明平静是萨埵的性质，跃动不安是罗阇的性质，而沉滞涩昧这样的性质则归属到多摩之德上。

如是，数论派于认识基础上把一切现象加以三分，再用三德各各与之搭配，得到观察结论。这也成为数论派的世界观方面之一大特征。而此特征又有极广泛的应用范围。若自其大而言，可以涵天盖地；自其小而言，可见于草叶水滴。借助辨识三德各自的优劣、显昧与强弱，可以说明事物现象的不同特征差异。

因此，吾人认为，数论对三德所作的搭配，虽然可能不尽合理，亦非有穷尽性质，但大概而言，其关于上、中、下的价值评价，并不完全同于伦理的、宗教的价值基础。用三德次第来作评判的原则，是贯穿数论全体的一大方针。

吾人于此不可能用三德标准来评论所有的场合，唯将其最主要的搭配关系列在下表中：

萨埵	罗阇	多摩
喜 照 轻光	忧 动 恃动	暗……………………心的物征 缚……………………物的倾向 重复……………………心物共通
天 天道 快 理性（觉） 善 上 赤	空 人道 不快 意（我慢） 杂（不属无记） 中 白	地……………………世界 兽道……………………有情 暗昧……………………感情 物质（五唯）………现象开展顺序 不善……………………善恶 下……………………等差 黑……………………三色

在数论派眼中，所谓三德，本来是三个不同的原理，或者是同一个原理的三个侧面或者三种表现。此虽不易理解，但关键是要看两个方面：一方面，三德乃是各各分别而不同的实体；另一方面，三者又始终是未曾分离的一个浑然整体。进一步详论数论关于三德的意见，即其三位一体说，从现象上看，其虽主张三德各各相异，但从本质上看，三德又绝不是相互分离的，三德间的不同只是表现出来的强弱、明昧的程度有异。又特别是当万有处在未曾显现的因位中时，连强弱的差别都不存在。彼时的三德之间，平稳均衡，既未有分割，又无始无终，纯为浑然一体。根本无从分辨出丝毫的差异。数论自家把这个当体（当下本身）称为本因，或自性，或未开展。因此，三德虽然称“三”，其实只是唯一。而本因虽为一，其中又有以后可以显明的可能性。正以此三种可能，谓其为三，这是数论派自己的一种答复。

然若更进一步，此之唯一本因之自性及三德，实质上既同且异。换言之，究竟是“自性（本因）= 三德平均”呢，还是“自性 = 三

德平均 + X”呢？说到底，数论的落脚点是前者，他们是把自性视为三德的。因此不能不说，数论眼中，若离三德的总和，便没有自性可言。总而言之，显然数论把三德视为实体。所以他们才把三德的均衡状态称作自性。特别是数论的注释家，他们的自性与三德关系，被譬喻成三色线绞在一起而组成绳子，或者被譬喻成三种不同颜色的树成就的树林。然而在实际上，如果动态地看数论派，他们也可以认上面说的第二种等式，即“自性 = 三德平均 + X”的说法。这恰好就是宣称，自性立于三德以外并且是主持者的含义了。

盖若通览三德观之发展史，其强有力的能动过程所以能展开的原委便在这里。即先有同一原理中分为三个方面的观念。这正是数论三德观的思想先驱，乃为后来的种种波澜伏流的成因。无论如何，数论虽有三德，即自性中的三位一体观，但同时他们也把三德看作是各自独立的三种本质。不可忘记，若加细论，数论所强调的更是后面这种一分为三的说法。

以上为数论三德观的大概情况。虽然此有文献依据，但仍有待于对文献的理解分析。今乃以前述为基础，扼要地总结数论三德观之特征，大概可以条列如下：（1）数论三德观以三分法作基础；（2）三分法的标准又依伦理的或宗教的价值来设置；（3）依三德既可说明物的现象，亦可说明心的现象（亦即对于宇宙和个人均加以统一的说明）；（4）虽然可将万有视为三种要素的组织，但同时亦可以把三德视为万有所包含的三个性质或三个方向；（5）轻光现象是萨埵性质的显示，动摇现象是罗阇性质的显现，沉滞现象是多摩性质的显示；（6）尽管三德可以视作并存的要素，但此中也可以见到其为三个变化顺序的思想；（7）三者可归于一以及从一开展出三，正是三位一体的意思。

二、三德的起源及其开展

从文献上看，奥义书中三德之说略已成形。其中的术语及特征描述也已大致具备。这一切都发生在古奥义书末期。主要以《白净识者奥义书》为开端，至《弥勒奥义书》才达到圆熟阶段。如是说来，三德思想在印度思想史上应属晚出。然称其晚出，只是就其明确的理论形式之产生时间而言。正如迦尔比所断定的[①]那样，三德说既然最初属于数论观点，就不能据此以简单地判定其出世得很早或很晚。到此，吾人认为，三德说既是一种先驱观念，则其多半很古老。吾人前已说明，数论思想直接以梨俱吠陀为渊源[②]。三德的观念，也可以在梨俱吠陀中看到痕迹。甚而说梨俱吠陀是它的古代源头亦无不可。自然，若看上面有关三德的那些特征，虽不能说它们全都可以代表最早的数论观，但其中的二三特征，以及据此二三特征逐步发展起来的思想体系，理所当然地可以说它们是一开始就有的思想基础。以下就此发展次第作简单的回顾。

一般而言，印度三分考察法的开端，可以说始于梨俱吠陀时代。因此，概括地讲，三德的一般的理论背景属于梨俱吠陀时代。又

---

① R. Garbe, *Saṅkhya Philosophie*, S.209.

② 木村泰贤：《印度六派哲学》，第 80—94 页。

若特别联想三分思考法，同那个时代的许多思想内容间的某些关联，例如，若看天、空、地之三界，亦即把全宇宙分别看成光明界、气流界、大地界的话，足以显示一体为三的三界观。这种宇宙观也是数论承认的。萨埵、罗阇和多摩的三德就是三分观的例证。如前所述，当特别留意者，梨俱吠陀中空界已被称为罗阇[①]。当然这里说的“罗阇”仅仅表示“朦胧”“模糊”之意，虽其不过只是说气流现象之混沌。吠陀当中，天空又称 sattva，大地则称为 tamas，而夹在两者中间的气流界，则需注意它的运动性。相关的观察则注意到天空的光明、大地的沉重等。从这一角度思考，可以说吠陀时代的三界观，在一定程度上便是三德说的原型。艾因加尔（Srinivasa Iyengar）和奥登堡都指出过三界说与三德说间的这种联系[②]。

不过，这只是纯从外部形式上来看待的一种思想萌芽。而如果从内部来寻求其中的关联，可用晚期的梨俱吠陀之《无有歌》作为例子。其中说到混沌未分之时，有一颗种子，其动而成欲爱，进而成现识，由是宇宙成立。道森指出，这样的观念就已经是数论思想（之大体）先驱雏形[③]。再进一步，狭义地看三德，亦不得不承认它是很早的思想。自然，一瞥之间，不好说《无有歌》与数论两者间就有严密的相关性。但稍加思索，此种思想与后来的

① 高楠顺次郎、木村泰贤：《印度宗教哲学史》，第 83 页。

② Srinivasa Iyengar, *Outlines of Indian Philosophy*, p.106.Oldenberg, *Die Lehre der Upaniṣad und die Anfänge des Buddhismus.*

③ Deussen, *Allg. Gesch. d. Ph.* I.1., S.124. 高楠顺次郎、木村泰贤：《印度宗教哲学史》，第 190—195 页。

三德说也还是可以寻得出若隐若现的关联。也就是说，吾人在这里可以看到从一而开为三的思想（若种子→欲爱→现识）、物心一致的思想。两者都有同于三德说的特征。须知，数论的三德说尽管侧重于三种要素并存的意味，但它同时又含有开展而渐次衍生的意思。这里的《无有歌》正代表了世界从本原向现象展开的过程之思想先驱。将此观念同《弥勒奥义书》中下面的三德观作比较，此种前后相继的关系就非常明显了："世界之初仅为暗态。彼从属于最高之原理。然此暗态因最高原理之激发而活动，便成动态。此之动态更受激发而成明白态耶。"（*Maitrāyana Up.*, Ⅴ.2）

此处所说的暗态与《无有歌》中混沌界之一颗种子相当；而所谓动态则与《无有歌》里的欲爱相当；同样，明白态则意指《无有歌》里的现识。如是说来，《无有歌》的思想可以视为《弥勒奥义书》中三德观的先驱。这样的推导当无有疑问。

亦因如是，在梨俱吠陀时代，虽然可以说已有三德思想之萌芽，但梨俱吠陀中的立场还只是处在较早的宇宙论阶段上，其还未联系到个我身体的要素组成观念上。这是不能不注意的事实。审查本原的眼光，转向个我之身体，且明确提出三德术语来说明的，是后来的阿达婆吠陀时期的事。《阿达婆》（Ⅹ.40）曰："若知于梵，亦知彼魔物（Yakṣa，药叉）。彼之所住，在三德围绕之有九门的莲中。"

此处之魔物，谓是"内我"之义。"有九门"者，谓人之身体有九个孔窍。总之，此句所述的意思是说达到了梵的境地，便进入心体的深处，通达心脏内部安住的秘密之灵魂。不过这里提到的"三德"究竟指什么呢？还不是太清楚。其很有可能指的是身体的构成要素[1]。果如其然，此即意味着对下面的二者已经有了清楚的分别：一为非三德性的神我，另外则是具三德性的身体（此中安置了心理的器官）。这已经是数论思路的证明了。这显示的是后来才发展起来的思想分别。这是从思想内容或者术语表达两方面来看三德观的发展。如果寻求三德思想的划时代的节点，此为必须注意的重要事项。

因此，可以说三德观的思想萌芽于吠陀时代，并在接下来的奥义书及学派时代，成为了进一步发展的理论铺垫。但对奥义书之前的过渡时代，即梵书涌出的那个时期，吾人的研究还远远不够，因此尚不能清楚地描绘出三德思想究竟是如何一步步生长起来的。当然，梵书时代的三分思考法，可以肯定，还说不上有多圆满。与此相关，吾人还须把握的是三界统归于一元的思考、一元展开成为三阶的猜想，以及万有如何衍生的细节等。关于它们，相关的很多文献表述，也都有待于研究者廓清；尤其是万有组成要素的形成细节、三位（三种势相）思想的呈现等，吾等都还未准确地了解。盖梵书的目的，本在建立对祭坛仪式的哲学思考。虽然其中也涉及了万有构成要素的思考，但那也只是第二甚至第三等的意义了。

如是进一步发展，便是挟梵书入奥义书的时代。至此，三德的先驱思想复活，吠陀时代以来一度沉寂的思想观念活跃起来，更作跃上一层的发展。此中尤为有意思的是，它上来就已经有了两个哲学取向，即三德或者是相并而立的，或者是依次先后发展

① Srinivasa Iyengar, *Outlines of Indian Philosophy*, p.106.

的。这正是思想家兼顾而不偏废的思考。以这两种观念为核心，数论的三德教理可以用《歌者奥义书》和《布里哈达森林奥义书》分别作代表。

其中之一为“三要素说”。道森指出[①]，它最先出现在《歌者奥义书》（Ⅵ.2）中。所谓“三要素说”，认为万有发生之初，有所谓的唯一“非有”（asat=avyakta）或者“有”（sat=pradhāna）。随后因为自发的活动，先是生出“火”，进一步则生出“水”，更进一步则生出“食（即地）”。如是，三种要素（水、火、食）之间，更作种种分化配合，万有于是形成。又特别是身心组织，因此得以完成。这其实正像是吠檀多学说中有名的“三分说”（trvṛt）。

如果从三德观的角度看，宇宙的本原便是那称为“一”的某种东西。由彼“一”而发展出来的是最细微的三种要素。此三要素的分化与配合造就了万有世界。这当中其他的相关细节还有种种，到底都可以同数论的世界衍生说扯上关系。看来这是无可否认的事实。也就是说，此之思想观念，正可以视作梨俱吠陀中《无有歌》思想的更上一层的提升。从《无有歌》而至前所提到的《弥勒奥义书》，有关三德顺序（暗态→动态→明白态）的说法已是随处可见。

其中另一个是“三位一体论”。这种观念出自《布里哈达森林奥义书》。它与《歌者奥义书》一样古老。但吾人认为，同样，它与上面的三分说相关，亦可说是与三德观深有关系的进一步思考。即我的属性是有名、有色、有业这三者。但我与此三者仍然

① Deussen, *Allg. Gesch. d. Ph.*, I. 1., S.124.

只是一体："实焉，名色业成三。……彼虽成三位而犹是一体，即成为我。此我虽一，犹是其三。"

于此的称名，有广义和狭义。广义上它是形式上的，狭义上它是心理方面的（彼非真我）。以色而言，广义上可说其为质料，狭义上其指身体。以业而论，广义上它指运动，而狭义上即谓行为。即是从广义上看，谓全宇宙的体系与活动；狭义上看，则指个人的身体与行为。此句的主要意思是梵我的属性，与梵我自体本身是一种不离不异的关系。

而从梵书时代以来，名之与色，就被用作身心的相待关系。虽不是什么罕见的事，然而一当名色之间再添加了"业"，便成了三位。梵书当中虽未见判然分明的三位一体思想，但三位对三德思想的萌生极重要。一旦能说一而三、三而一的话，即从形式上暗示了自性与三德的关系。特别是此处所作的三位与三德的对照，简直若合符节。盖数论之三德，虽有种种含义，然最终萨埵属心理义，罗阇属运动义，多摩属物质义。再后来，便被直接称作名、色、业了。加之，此名、色、业三，在作为知觉体的我身上汇为一体。在数论，三德则是在无知觉的体之自性上汇聚。两者虽然乍看上去不同，但稍作思考，便会发现其实并没有差别。盖若以奥义书作基本思考，梵我虽是一切现象的本源，而在实际上，梵我自身上面，既有变化亦有不变化的两个部分。从现象界的发生与呈现说，自然界是出自梵我的变化部分，因此，才说名、色、业与梵我本为一体。归根结底，其（现象界）与梵我中的变化部分实为一体；而放到数论的立场上，变化的那个部分基本上就是指自性本身。两者的所指都是一个东西。

如是看来，《布里哈达森林奥义书》说的三位于我之上汇为一体的说法，也正是数论的三德即是自性的说法。其间全为一事、无有别致，并不违理。但此间亦有不同处，即相对于此，奥义书中把不变一面同变化一面合为一体，认作梵我。而数论是将此二者判然区别开来，将变化的一面当作自性之独立原理，而把不变化的一面当作独立的神我。而此差别表明了两者的关系——前者正是后者的先驱。此点是绝不能用别的思想系统来加以解释的。以后的《薄伽梵歌》中，神作宣言“余知摩耶为三德所成”时，恰恰是将此变化的要素当作名、色与业的观念之继续。不管如何说，此之《布里哈达森林奥义书》中的三位一体说，是相对于之前的《歌者奥义书》三德顺序而来的，是三德并存观的先驱思想的有力代表。也是比以前更近一步趋近数论思想的表现。

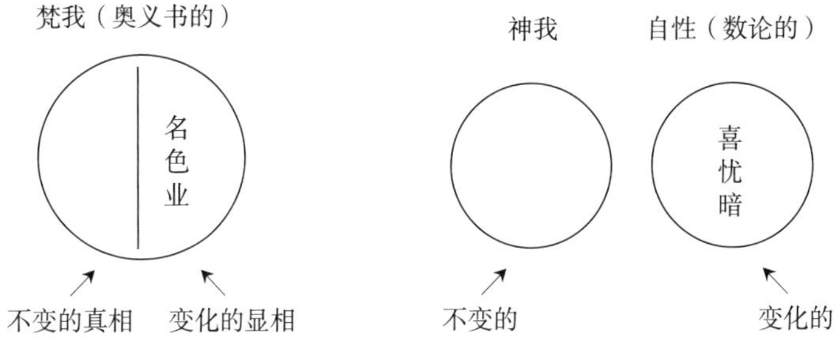

如是，奥义书从一开始便已经含孕了后来三德观的先驱思想。后来的完满理论是进一步发展的结果，显然只需要假以时日便能水到渠成。与数论思想相关的《泰蒂利耶奥义书》中未见到有三德观的迹象；《羯陀奥义书》中虽然有非变化、神我等数论术语，但亦尚未见有三德观这样的思想雏形，其中的某些片段却已经显示出准备了日后复杂的三德理论之原始材料。例如，《羯陀奥义书》

（Ⅵ.7）中其未用 buddhi（觉）而用 sattva（明白、心力）这个词便是一例。

最终，当到了《白净识者奥义书》《弥勒奥义书》的时代，以往的先驱思想被吸收进来，大致形成了所谓三德之说的样态。特别是在数论三德观当中占有重要地位的那几个步骤：由上、中、下的价值而被断定的三要素，从三德的角度来对吾人心理现象的说明企图等，都在《弥勒奥义书》当中得到了鲜明的表现。可以说，到此为止，有关三德的思想大抵已经成熟，即诸如此类的观念：三德各自的名称完全成立、从自性看三德一体的思想、以三德做事物构成要素（尤其是身体要素）的思想、以三德来看心之构成要素的思想都完成于这个时期。关于《白净识者奥义书》《弥勒奥义书》中的三德观，吾人在介绍数论哲学那一篇中已经说得较详细了[①]，只是没有怎么谈到数论的教义书。因此，这里还得再对三德观交代几句。此处还需要联系诸奥义书，指出它们与数论有关的地方：其中，或以主观、客观及支配者三位作配列说（*Sve. Up.*, Ⅰ.7）；抑或将搭配的三者视为鲁得拉（Rudra）、梵天、婆楼那（Varuṇa）（*Maitr.Up.*, Ⅲ.2）；抑或配列于宇宙发展的三态（*Maitr.Up.*, Ⅴ.2）加以说明；抑或配列于不同的心理作用（*Maitr. Up.*, Ⅲ.5-6）加以说明。但此诸说法当中，看不出究竟哪一种才是其理论重心。唯其如此，可以断定，古奥义书中的三德观，在《白净识者奥义书》《弥勒奥义书》中，初步达到成熟。从数论派看来，其表述方式仍未脱离先驱思想的阶段。

① 木村泰贤：《印度六派哲学》，第 100—104 页。

然而，此诸奥义书中的三德观——若放到吠陀以来的大背景下——可以认为数论三德观是奥义书的发展结果。大体上，前后是相互呼应的。实际上，从奥义书到数论，中间尚有一个过渡阶段。那应当就是诸如叙事诗《摩诃婆罗多》中的思想发展，尤其是它中间的“四哲学书”。四哲学书表达的正是数论思想。三德观是这种思想中的一部分。当然，到数论完成其公认理论时，已经有学者在努力解说三德了。正是经过此种过渡，才有可能用三德搭配对一切现象作解释。当特别注意者，三德项目的成立，既同伦理的心理学解释，也同心理作用的分析之尚好有密切关系。三德教理的形成，正是伦理、心理诸方面的道理发挥时形成的。

《薄伽梵歌》第十四章有三德说，其足以成为说明三德的绝好例子。看三德与太原的关系：一方面，三德是梵或神的属性；另一方面，又有一种倾向将其视为渐渐独立的自性要素。与之相应，这里当注意的并不是三德的称名顺序，而是它们相并而立的存在关系。随三德的应用范围变大，作为其核心的三德自体特征也固定下来。最终也就完全形成了数论学说。吾人先于本书讲数论派学说时，对三德观已经省去未作介绍。按理说此处当趁机补叙，引用原典来显明三德的多方面作用。限于篇幅，真想了解的读者最便捷的方法是直接阅读道森的《摩诃婆罗多中的哲学文本》(*Die vier philosophiesche Textc dcs Mahābhārata*)。又特别应当注意，如果把该书末后的索引当作指导手册，更容易看到诸哲学观念是如何发展起来的。要之，到了《摩诃婆罗多》的阶段，例如《僧佉耶颂》《僧佉耶经》中那样概括三德说的定义性说明还没有看到，但如果把零星的说法汇聚起来，仍然可以看到基本的组织材料是几乎已经完美具备了的。不仅如此，甚至可以说，只要将所有这些材料汇集起来，稍加整理，前面所说的数论三德说便已经是呼之欲出的东西。而联系到数论在不同场合所发挥的三德观，可以设想在哲学背景上基本的材料都已经完备了。

最后，尚有一寸工夫须作考究，即观察三德与自性的历史关系。根据既成的结果，自性不妨可称三德之平衡状态（sāmya-avastha）。三德是自性的组成要素，然若放到历史过程当中来看，三德与自性倒也不一定就处在同一的论域中。盖论三德，从根本上讲，它是对万有作三分考察的出发点。自性只是先此过程、万有尚未展开时的存在状态，相应于根本因之寻求才有的概念。而所谓的三德考察与自性考察，无论如何，只是两相结合起来观察的问题。若从广义角度着眼，因为问题不得不涉及印度三位一体观的发展，在此吾人只能简略地叙述几句。即从现象之三分说角度来看，所谓的本源考察，或许可以孤立地进行。进而也可以说，它只是个人必须把握命运的行动。因为如果是三分的考察，则要对杂多的现象作单纯化的处理，每一步之所以可能，原因都是预先规定了的。又本源性的考察，虽起初只是由杂多而向本一的回归，然进而论之，若问此本一如何成多，则不经三数，不能成答（二是复数，然非多数，自三以上，乃称多数）。

因此，论一三关系的道理，既是逻辑原则的讨论，也是事物现象的追寻，三德的考寻与自性的追究，都必然经过思想的自然开展。自然之数的探求与人生命运的探求，都遵循着同样的路径。唯其如此，在梨俱吠陀时代对于宇宙世界观人们以三分法而作探寻。这样的汇三归一之思想方法，直接产生了有名的《无有歌》。

在奥义书时代，关于身体、心理、运动（或动作）的现实人生观同梵我的思想结合起来，成为对自我之属性的名、色与业的考察。及至学派时代，是等人生要素再结合以精神形式的三态观（增加了精神价值的）考察，并且结合以未曾开展出来时的本因位相的思想，于是便有喜、忧、暗的三德观凝固而成形。然此处必须注意的是，若以三德作自性构成要素，即若以三德均衡为自性（相应地，三德失衡也就归于零位）的数论观成立以后，则不必再有三位一体观作必要条件之前提。盖原来的三位一体考察的本意是，无论何种方法，归根结底都要达成现象之三与本体之一的调和，这样才说得过去，未必就真的是说在具体实物上此三与一是相即相入、无有不同的。然则能够调和三与一的方法有多种，把三看成一的属性就是方法之一，把三看作一之三个势用也未尝不可，甚至把三看成一的一个部分也是可以的，未必一定只能把一当作三的总和。此种思考或看待，都是至数论派形成以前的先驱思想，其存在于种种流派的思想讨论中。

总而言之，以一为主而以三为其属性（或性质）或其作用的思考最为有力。对数论而言，要素一语，并不完全符合“德”的本义。之所以仍然沿用此术语，是因为数论“德”的思想经历了这么一番历史过程的缘故。到数论出世之所以确认自性便是三德的总和，完全因为如先所述的，原本奥义书中的“持主（持有者、主体）”概念被抹去的缘故，自性同神我之间既无交涉但又必须同后者有点关系，说到底从实在论出发，对现象界加以说明的企图走到这一步，实在是无可奈何的结果。

三、三德之科学意义

前两段所述，介绍数论三德观形成之种种历史背景，及三德观形成后之种种内涵用意。因之，乍看起来，虽三德之言由来已久，然其所含意味极其复杂，整理条列，亦颇不易。前面两节说明，意在寻求统一之理论解释，实在而言，似在勉为不可能之事。至多也就是求得外表形式上的大致符顺而已。从另外一面考虑，数论的基本主张主要在其针对自然现象（亦含心理现象）作三分区别，使成三种要素或曰力能。以三者之配合作用，说明万有生灭变化。彼之三德说，归根结底，宜视为自然哲学建设之理论。然数论在此建设当中，又相当注重价值的衡量，虽因此引起种种的混乱，但吾人尤不当忘忽者，乃是数论学说当中包含的冷静的科学意义。吾人之面对混乱的三德观，除了其历史的心理的内容考察，有必要尽可能地发掘其中包含的科学意义。

如是，循此目的，吾辈虽不少费顾虑与功夫，实际上亦有《印度六派哲学》一书出版，然仍未能对三德观形成准确的概念把握。因此，心中犹然不能舍念。从去年年末以来，日渐感到很有必要说明三德观中所包含的现代科学意义。即谓，很有发明印度的精神－能量－物质这三者的关系。吾人在考察当中，发现不少暗示。总而言之，关于此三德问题，最有益处者，仍集中在数论三德的意义方面。直白地讲来，也就是所谓 sattva 的精神义，所谓 rajas 的能量义，以及 tamas 的物质义。因此，三者的竞争与配合遂有现象界的发生。数论的本位意义亦当从此点上来解释。

盖如前说，假如考察其历史形态，奥义书中的名、色、业的说法可以认为是此三德说的先驱思想。此之所谓名、色、业，狭义地说，即心（名）、身（色）、行为（业）；广义地讲，根本上就是指的精神、物质和力能。由此，可以说，三德当中所包含的含义也不只是这些，还有数论解释其三德之相时所说的光照作用（奥义书中通常都说精神有此作用的）、跃动作用及沉滞作用。三种作用起初就被认为是普遍性的。再有就是上面所举的、最重要的参考含义。但这里必须先有一个分别，如上所说的这些，严格地讲，都不是现代科学意义上概念的内涵。

盖数论的三德，总括起来讲，除了是实体之说，而谓萨埵（精神）或者罗阇（力）之为某种实物，恐怕是只相当弹性的概念，必须看作是 energy（能量或力能）。但说起来，吾人所以用现今的科学术语来翻译，只是因为这样处理起来大家容易理解。那是一种先入为主的见解，不好说究竟恰当与否。

今更联系有关三德的可能解释事例，再作说明。虽此做法未必严密，大体而言，因是预先设想，故而能够大抵满足各种场合的需要。例如，就精神现象言，可视作智、情、意之三德配合。恐怕数论本意，也只是以智为关于 sattva 的体现。体会数论的智-情-意关系，意则只是关于 rajas 之体现，情又只是关于 tamas 的体现。精神现象从总体上看，虽然是关于 sattva 的表象。就中的纯然者为智，rajas 添加到智中便成意志。tamas 添加到智中便成为情（此又特别指不好的恶情）。同样的思维原则，快、不快和沉钝也是可以称三德的。深入思考这里的道理，以可以将三德视为感情生活的基本方面。其本来的意思，倒也不是只把它们看成三德的纯然特相或者显相。当然，如从总体上观察感情，它虽是 sattva 与 tamas 相加的结果，但这中间，sattva 的成分偏胜时便呈现为快，rajas 偏胜时则成不快，而 tamas 偏胜时则成迟钝亦即盲昧。而在更下一等的物质现象当中，其解说三德性质的方法也仍然是同样的。总之，就物的总体现象而论，tamas 更多代表这种性质，相比较言，sattva 多半提供了运动性，而相对要宁静一些的 rajas 则造成物质的动摇不定性。而 tamas 若在纯然状态下，则呈现沉重的形态，比如大地这样的物质状况。

此外的其他情况，差不多也都可以用类似的原理作推论。按这样的方法，从此以往凡作科学解释，都可以从物质 - 能量 - 精神三个基本方面来发挥。而站在数论的立场，所有的解释也都可以自圆其说。这样来看，应当算是得到了数论的真义。而凡是站在这样的立场上，数论的三德观便成为一种价值判断依据，同时也就成为其宗教的精神生活的立场。而就数论本身言，由于他们重视力能胜过物质，重视精神胜过力能；在精神生活中，他们重视意志甚于感情，重视理性甚于意志，所以说三德基础上的伦理观是宗教性的。数论的这种价值倾向，其应用的范围相当广大，且往往流于独断。因为数论觉得，按三德分别的方式来认识事物，可以省去不少麻烦。以三德当作一种认识标准，有利于认识事物，易于理解和说明事理。

亦因于是，吾人认为将三德解释成精神 - 力能 - 物质，有其方便与合理的地方，因此数论的自然观才有意外的长足发展。此之重大发展，不仅可以说是意外，甚至可以说是惊人。无可怀疑的是，数论在观念上是主张物质不灭和力能永存的。何以如此？按数论的说法，三德本身就是常住永恒的，若谓其有什么差异，那只是三德的状态或显明或隐潜而已。再说到心之与物的关系上，显然数论是主张一种可谓心物平行论（parallelism）的主义。盖数论一方面把三德说成是分别各异的，但又宣称它们绝不是相互分离的，三德之间往往是相互依持而又相互竞争的。也即是说，数论师认为心（萨埵）之与物（罗阇或多摩）在无始的往昔中就是结合在一起的，但它们表现出来又是有所不同的。如果物的一面减弱而心的一面增胜，则世间进步；反之，则世间退步。至若其他方面，比如关于数论哲学的研究，哪些内容历来不受注意而今可能成为议题的，此亦省烦，略去不说。

这样的思考，即把三德释为精神－力能－物质，亦不独为数论所为。在整个印度的自然哲学中，可以说往往可见此诸思想倾向，可谓一饶有兴味的关键现象。具体到吾人，深信运用数论的三分法，在《印度哲学研究》以后开拓研究可以得到新的认知。这也是余去年三月顷与会时发表的看法。不过，吾人的意见，目前尚未得人赞同亦未遭反驳。本来数论三德说，实际运用中，就已是五花八门。例如，关于精神－力能－物质范畴如何正确判定，很难说有一定的标准（例如，那种以为金币因为其中喜德而胜进的说法即是一例，其实，人之对于金钱的态度，对金钱的好恶嫌爱之倾向，并不是从金钱的物质性上引出来的）。因本问题目前还在研究中，故此暂不发表意见。

不过，记得今年四月，余之印度哲学研究室收到一本新书：《古代印度的实证科学》（*The Positive Science of the Ancient India*, by Brazendranath Seal, Bombey, 1915）。当即披览，见其开篇即

说三德之论。其中所言，较之吾人的理解判然不同，与前面的科学说明亦全不相干。而该书之陈述见解，举证理由，皆不指明出处。似乎其所言者，都是人尽可知的常识。实在令人惊诧而无所措手足。世之治学，岂有如此之论法耶？余心中不免疑惑，此为印度此前早有的释说之方耶，莫非只是吾人孤陋寡闻？无论如何，该书实在证明了余先前猜想的一种解经释说的方法。亦因于此，也增强了吾人论学的信心。今将三德说解释，加上数论发展史的简述而拟成小文，附本书后发表，以为鸣谢。本文的材料基础，悉为去年三月参会发表时的笔记。对上书则几乎未加引用。权附记于此。

作者　大正五年（1916）六月识

名词对照表

A

abhāva 非有，无，不存在
abhāva 无说，不存在
abhāva 无体量
Abhidāna-cintamaṇi《布施瑰宝论》，宝月撰
abhigamanam 亲近，即亲近神的殿堂，罗摩奴阇之五种敬神法之一
abhimāna 迷妄，我执
abhiyudaya 生天
ābhu 种子
abhyāsa 精进，《吠檀多经》的七种修行之一
abhyudaya 生天
abhyupagama siddhānta 不顾论宗
Absolute Zeit 绝对的时间
acit 非心
adharma 非法
ādhibhautika 依外苦
ādhidaivika 依天苦
adhikam 长分
adhikaraṇa siddhānta 傍准义宗
adhikaraṇa 推论；题，问题
adhikāravidhi 适人仪规讲述可以担任此种仪式者的资格
adhiṣṭānāt 依
adhiṣṭhānam（根）依处
adhyaropa 附加，受限；无明之附加
adhyaropita 附加
adhyāsa 被执为，被当成
ādhyātmika 依内苦
adhyavāsaya 决智
adhyāyanam 读诵
adhyāya 章
adhykaraṇa 题目
Āditya-loka 日界，太阳
ādmadeva 我之神
adṛṣṭātham 不可见者
adṛṣṭa 不可见
advaita 不二论
Advayānada 阿达伐耶难陀，吠檀

多学者
Āgama-śāstra 阿含论
agnihotra 火祭
ahankāra 我慢
Ahar 昼日
ahetu sama 无因相似，正理派二十四种倒难之一
ahimsa 不杀生，瑜伽五禁戒之一
āhnika 二日课
aindriyakatva 根之执受性
aiśvaryam 自在
Aitareya Up.《艾多列耶奥义书》
ajaḍ 个人精神
ajñānam 不解义，无智
ākāraja 色彩
akartṛbhāva 非作者
Akartṛ 寂静的非作者
ākāṣa 空，空处
ākṛti 具相
Akṣacaraṇa 目行
Akṣapāda-darśana 足目论者，尼夜耶派
Akṣapāda 足目
akṣara 不坏灭
ākuñcaṇam 屈业，胜论业句义中的运动之一
alabdabhūmikatva 不得地
Alam Brahma asmi 我即是梵
Āḷāra 阿罗蓝仙人
ālasya 堕怠
Alātaśanti 静旋火轮
Alāta 火轮
Alberuni 阿伯鲁尼，十一世纪阿拉伯学者，译《僧佉耶颂》和《瑜伽经》为阿拉伯文
alpajña 小智
Amitābha 无量光
Amitāyus 无量寿
amla 酸，胜论六味之一
Amrtabindu Up.《甘露点奥义书》
aṁśa 梵的一分
anaiśvaryam 非自在
Ānanda jñāna 喜智
Anārabhyādhīta 各各单独讨论的问题
ānandakośa 妙乐藏
ānandamayātman 妙乐我
ānandamaya 妙乐所成
ānandam 妙乐，喜
Ānandatīrtha 阿难达替尔塔的，即二元论者马达婆
anantam 无始无终，无终
Ananta 无限蛇
ananubhāṣaṇam 不能诵
anapekṣatvāt 无原因的缘故
Anārabhyādhīta 前祭，前辅祭
anavasāda 不怯、勇猛精进，《吠檀多经》的七种修行之一
anavasthitatva 不确立
Anaxagoras 阿那克萨戈拉斯，希

腊哲学家
andhatamiśra 盲暗
anekam 多
Anirudha-vṛtti《阿律奴陀疏》
Anirudha 阿律奴陀，人名
anīśvara 不自由
anitya sama 无常相似，正理派二十四种倒难之一
Annabhatta 阿难跋陀,《真理摄集》的作者
annarasamaya 食味所成
annuddharṣa 不放逸，《吠檀多经》的七种修行之一
anṛa 不真
antaḥ karaṇam 内具
antanyāmin 有情的支配者
antaraṅga 内支，瑜伽内五支
Antariyāmin 内导者，梵的五相之一
Antavyāpati-samarthana《分别论议》，宝作寂所撰
Anugītā《增上歌品》(《摩诃婆罗多》四哲学书之一)
anugraha sarga 恩惠世间
anumāṇa 比量，比量知
anupalabdhi sama 不可得相似，正理派二十四种倒难之一
anusnaśīta 不冷不热，胜论皮根之触对境之一
anutpatti sama 无生相似，正理派二十四种倒难之一
aṇu 微少分，阿耨分；微细，胜论量德五种之一
anvaya vyāpti 肯定性的遍通性
anyatrakarmaja 随一业生，胜论离合之德三态之一
anyaya-udāharaṇam 同喻
anyony ābhāva 更互无，《胜宗十句义论》的五种无之一
anytiam 无常
aṅgamejayatva 战栗
aṅguṣṭhamātra 人若指大小
apakarṣa sama 损减相似，正理派二十四种倒难之一
apāna 阿波那入风，入风
aparam sāmānya 低等的同
aparama brahman 下智下梵之说
aparamārtha 俗谛
aparatva 此体
aparavidhyā 下智
aparigraha 不贪，瑜伽五禁戒之一
apārthakam 无道理义
apasiddhānta 离宗
Āpastanbīya 吠陀的阿巴斯坦比耶门派
āpas 水
apavāda 还灭
Apohasiddhi《成遮诠》，宝称撰
aprakṛti 异自性
aprāptakāla 不至时

aprāpti sama 不到相似，正理派二十四种倒难之一
apratibhā 不能难
apratipatti 不了解
aprīti 忧
āpta-agāma 圣教量
āptaśruti 圣教量
āptavacanam 传承量，圣教量
Āptavajra sūrī 圣金刚针论
apūrva 无前
āp 水
Ārahata 耆那派
ārambhavāda 积聚说
Āraṇyaka=upaṇisad 吠陀文献中的森林书
Arcis 烟
Ārhata-darśana 耆那派
Ārṣeya kalpa sūtra《阿尔塞耶劫波经》
arthamātra nirbhāsā 唯对象的辉光位
arthāntaram 异义
arthāpatti 义准量
arthāpatti sama 义准相似，正理派二十四种倒难之一
Arthasaṅgraha《义理汇集》，洛迦克希·巴斯伽罗撰
arthavāda 释义
artha 境，义；为事，目的
artsbegriff 种概念
Ārunika Up.《阿卢尼迦奥义书》
aśakti 无能
asamavāyikāraṇam 不和合因，胜论三种因之一
asaṁprajñatā samādhi 无心三昧
āsana 坐法
asapakṣe asattvam eva niśincittam 异品遍无性
asat=avyakta 非有
Asatkārya vāda 因中无果论
āsaya 余业
asiddha 不成
asmi 我在
asparśatvāt 无触对
asparśayoga 无触瑜伽
Āśrama Up.《阿室罗摩奥义书》
āśrama 行期，修行处，学苑
Asshidha-savyabhicāra-viruddha 不成－不定－相违，三种有问题的因
aṣṭavaṅgaṇi 瑜伽八支
asteya 不偷盗，瑜伽五禁戒之一
asurabhi 恶香，胜论鼻根二所对境之一
Aśura 阿修罗
Āśurikeśava 阿修利克夏婆
Āśuri 阿修利
Āśvalāyana 阿湿波拉耶那门派
Atalam 阿塔兰（摩诃婆罗多中的世间名）
Atharvaśikha Up.《阿塔婆吉奥义

书》
atideśa 比示，间接显示
atihya 世传量
ativādin 对立的论辩者，敌者
Ātivāhika 引导神
Ātmabodhi《梵我菩提》，商羯罗撰
ātmāmahān 大我
ātman kṛteh parināmāt 使自己展开、发展
Ātman Up.《自我奥义书》
ātman-śarīra-indriya-artha-buddhi-manas 我身根境觉意，正理派之人之组织要素
ātman 我，自我
ātmatyāga 自杀
ātmika 体
Atomistische Weltanschauung 原子世界观
Ātreya 阿特利耶
attṛ 食者
atyanta kavayam 究竟解脱
atyanta mukti 最终解脱，究竟解脱
atyanta vivikta 绝对的区别，究竟分别
atyantābhāva 究竟无，《胜宗十句义论》的五种无之一
atyantam 究竟，法
atyantavimokṣa 究竟解脱
aufleben 扬弃
Aulukya-darśana 吠世师迦派，胜论学说
aum 唵
avakṣepaṇam 舍业，胜论业句义的运动之一
āvaraṇaśakti 无明之隐蔽力
avarṇya sama 不要证相似，正理派二十四种倒难之一
avārthānumāṇa 为自己的推理、为自比量
Avar 阿瓦尔（摩诃婆罗多中的世间名）
avasthā 状态
Avasyaka 阿瓦西耶伽，耆那教的异端派别，奉行基要主义、笃行主义
Avayava / nyāya 论式，正理十六句义之一
Avayavi nirākaraṇa 《论有分不成》，无忧般智达撰
avayavin 有分，即含有局部者、有部分者
āvibhaga 无有差别
Avidyā/ajñānam 无智
avidyā-adhyropita 无明熏习
avidyā 无明
avijñātārtham 义不可解
avinābhāva 不相离性或不离的关系

avirati 爱着
aviśeṣa sama 无异相似，正理派二十四种倒难之一
aviśeṣa 无区别，无分别
aviveka 无分别智
avubhāga 无差别，无错乱
avyabhicāni 动乱
avyakta 非变异，未展开
avyāpadeśya 根境相接
āyatana 依处
ayonija 非胎生
Āyur-veda 阿育吠陀医学

B

Bādarāyaṇa 跋达罗衍那，《梵经》的作者
bahyam karaṇam 外具
Bālabodhani 巴洛菩提尼，《正理成就解脱注释》的作者、《正理经格言》的刊行者
Baudhāyana（吠陀的）波达耶那门派
bhābantah pramāṇa 汝即是量
bhādhana 障碍
bhadrāsana 贤坐，瑜伽坐法之一
bhāgatuṣṭi 感得喜
Bhagavadgītā《薄伽梵歌》（《摩诃婆罗多》四哲学书之一）
bhogya 客观
bhakti yoga 信仰瑜伽
bhakti 信心，信仰
Bhanadeva 巴纳提婆，瑜伽经复疏者
Bhanaganeṣa 巴纳甘纳夏，瑜伽经复疏者
Bharadarāja 巴罗达王，人名
Bharadvāja 颇罗堕阇门派
Bhāṣāparicchda《语义抉择》，般遮那纳撰
bhāsya 注释，疏释，疏
Bhatta 跋陀派论师派
bhauma tejas 地火
bhāva, sattā 全部的存在性，最高的大有性
Bhavaviveka 清辩
bhavā 心态，念想
Bhavya 清辩
Bhīmācārya 毗摩阿阇梨，《正理宝箧》的作者
bhogya 被食者，客观
Bhojarāja 婆阇罗阇王
bhoktṛbhāvāt 食者独离故
bhoktṛ 主观，食者
bhrānta 迷误，错乱
bhrānti darśana 妄见，邪说
Bhṛgāraguhya 弥曼差派本派的论书《布里伽秘密》
bhūdatya ahankāra 大初我慢
Bhūr 布尔（摩诃婆罗多中的世间

名）
bhūtātman 现象我
bhūta 肉体，身体
Bhuvar 布瓦尔（摩诃婆罗多中的世间名）
bījaja 种生者，指草木之属
bījaśakti 种子力
bodha 知
Brahma sūtra bhāṣyam Vallabha《梵经注》，瓦洛巴撰
Brahma Up.《大梵奥义书》
Brahma-ātma-aikyam 梵我一如
Brahmabindu Up.《梵点奥义书》
brahmacārin 梵行期
brahmacarya 不邪淫，瑜伽五禁戒之一
Brahmajāla-sutra《梵动经》，《六十二见经》，《梵网经》
Brahmaloka 梵界
Brahmananda 梵喜，《努力瑜伽灯明》的注释者
Brahmaṇaspati 祈祷主
Brāhmaṇas 梵书，梵性
Brahmanirvāṇa 梵涅槃，涅槃
Brahman-mīmansa 梵弥曼差派
Brahman 梵
brahman 祈祷
Brahma-randhra 梵极，喻指头顶
Brahma-sūtra《梵经》，跋达罗衍那撰
Brahmavidya Up.《梵明奥义书》
Brahmā 梵天
Bṛhadāraṇyaka Up.《布里哈达森林奥义书》
Buddhacarita《佛所行经》
Buddha-darśana 佛教，佛说
Buddhamitra 佛陀密多罗
buddha 觉，觉者
buddhīndriya 知根
buddhi 觉

C

caitanya 变动的心，知性
cakṣuh 眼，眼根
Candra 月
Cārvāka-darśana 顺世派
catanya 认识
causa materie 材料因
cause 原因
chala 曲解，正理十六句义之一
Chāndogya Up.《歌者奥义书》
Cinmatra 智，知
circulus in demonstrande 循环论证
cit / cetana / caitanyajñā 知，心知
citmātra 思考性
citra 杂色，胜论七色之一
citta prasādanam 心的沉静
citta vimukti 心解脱
citta vṛtti 心用

cittimatra 心性
cit 心，知，智
Colebrooke 科尔布鲁克
Conjeeveram 孔吉毗兰，亦即建志补罗城（Kāñcīpura）
copule 系词
Cowell 考威尔，英国印度学学者，《摄一切见论》的译者

D

dabara 小腔
dāna 布施
daṇd hāsana 杖坐，瑜伽坐法之一
dānta 节制
darśanaśakti 认识之力
Darśapurnamāsau 新满月祭
Das System des Vedānta《吠檀多体系》，道森撰
daurmanasya 动乱
Deismus 自然神教
Demurgos 主宰的神
Der ältere Vedanta《古代吠檀多》
Descartes 笛卡尔
Deussen 道森，德国印度学学者
devayāna 天道
dhanurāsana 弓坐，瑜伽坐法之一
dharāṇa 执持，炼心之瑜伽三支之一
dharma viśeṣat 特别的法，决定法，胜法
Dharmakīrti 法称论师
dharmamegha samādhi 法云三昧
Dharma-sūtra《法经》
dharma 达摩，法
dharmin 宗有法、宗命题之主词
Dharmottara 法上，人名
dhavamsābhāva 既灭无，《胜宗十句义论》的五种无之一
Dhyanabindu Up.《禅点奥义书》
Dhyānayoga 禅那瑜伽
dhyāna 静虑或驮衍那，炼心之瑜伽三支之一
Die atomistsche Grundlage der Vaiśeṣika-sūtra《胜论经的原子论》，德国学者汉德撰
Die Mondaschin der Sāṅkhya Philosophie《数论哲学宝石》
Ding-an-sich 物自体
dīrgha 长，胜论量德五种之一
distribute 周延
dis 方
ditya tejas 天火
Drāhyāyaṇa（吠陀的）德拉喜衍那门派
Dramiḍa 德拉米达阿阇梨，吠檀多学者
draṣṭṛtvam 见者
draṣṭṛ 知者，指神我
dravatva 液体

dravya padārtha 实，实句义
dravya=subatance 陀罗骠
dravyatva 实性
Dravya 供物，实体，实
drei Aspecta 三德指物的三个方面
dṛkśakti 能见之力
dṛṣṭam 可见之事实
dṛṣṭanta 见边，正理十六句义之一
dṛṣṭārtham 可见者
duhkha 苦
duh khavighātāstrayah 离三苦
dvaita 二元论
dvāra 门，窍孔
dvārin 门者，守门人
dveṣa 瞋
dvidha 要素

E

Edward Hall 爱德华·霍尔
ekāgratā pariṇāma 心一境的开展，心趋向于同一
ekāgratā 心之凝定
ekāntam 决定
Ekāntin 一元论者
ekatānatā 混一性，不可分别
energy 力能，能量
Enpedocles 恩培多克勒斯，希腊哲学家
Entelechie 精神之外有，与肉体一同生灭的灵魂
ether 以太，空

F

fallacy of undistributed middle 中词不周延的过失
Fitz Edward Hall 菲茨·爱德华·霍尔

G

gananam 行业，胜论业句义中的运动之一
Gandharva 乾达婆
gandha 香
Garbha Up.《胎藏奥义书》
Gattung 种（德文）
Gattungsbegriff 类概念（德文）
Gauḍapāda 高达巴达，人名
Gautama dharma sūtra《乔达摩法经》
Ghrāṇa 鼻，鼻根
Gobhila （吠陀的）戈比罗派
Goldstücker 戈尔德斯塔克，德国印度学学者
gomukhāsana 牛口坐，牛口大约是一种乐器，瑜伽坐法之一
Goṇikaputra 果尼伽子，波檀迦梨在其《大疏》中的自称

Gorakṣanātha 哥罗刹那塔，瑜伽派学者
Gorṇada 果纳尔达国，地名
Gotama 瞿昙，正理说之始祖；乔答摩
Govinda 戈文达，吠檀多圣者
grāhaka 能取，认识，取
Graha 古拉哈祭，苏摩祭之一
grahītṛ 主观，能取
gṛhastha 家居期
Gṛhya-sūtra 《家庭经》
gṛhya 所取，客观
guṇa padārtha 德句义
guṇatva 德性
guṇa 德，副供物
gurutva 重体
Guru 古鲁，师，上师

H

hallucination 幻影
Haṁsa Up. 《诃萨奥义书》
Handt 韩德，《吠世师迦哲学》的作者
Haripraṣāstri 哈里普拉夏斯特里，《佛教正理六论》的编者
harita 绿，胜论七色之一
Haṭhayoga Pradīpikā 《努力瑜伽灯明》，斯瓦马罗摩撰
haṭhayoga 努力瑜伽
Hemacadra 宝月，《瑜伽论》的作者，耆那学者
hetumat 有因
hetuvābhāsa 似因，谬误因
Hetuvidyā-nyāya-dvaria-śāstra 因明正理门论
Hetuvidyā-nyāya-praveśa-śāstra 因明入正理论
hetu 因
hetvābhāsa 似因，正理十六句义之一
hetvantanam 立异因义
Hiraṇya keśin （吠陀的）喜罗尼耶科欣门派
Hiraṇya Saptati 金七十论
Hiraṇya （吠陀的）喜罗尼耶门派
hrasva 短，胜论量德五种之一

I

icchā 欲
idaidam 此有彼有
īkṣati 意义，有意义者
Īkṣvaku 甘蔗，甘蔗区
implied dogma 教义暗含
Indische Studien 《印度研究》，韦伯所编纂
Individualsbegriff 单独概念（德文）
Indra 天帝

Indraloka 因陀罗界
indriyāṇa 根
indrya 根
īśvara praṇidhāna 瑜伽五修行之一
Īśvarakṛṣṇa 自在黑
Īśvarapranidhāna 念自在天神，修行法之一
Īśvara 神，自在天神

J

Jābāla Upaniṣad Up.《贾巴拉圣者名奥义书》
Jacobi 雅各比，德国学者
Jagatkāraṇam 世界的因
Jaimini-darśana 弥曼差派
Jaimini 斋弥尼，弥曼差的始祖
jalpa 纷论议，正理十六句义之一
Janaka 阇那伽，米替那国王
Janas 贾纳斯（摩诃婆罗多中的世间名）
jarāyaja 胎生
jāti 倒难，正理十六句义之一
jāti 种类者
Jāyāna Tarkapancānana 贾衍那罗耶那，《胜论经复疏》的作者
Jīhva 舌
jivanmukti 有身解脱
jijñāsa 欲知，欲知哲学
jīvabhūtā 命地
jīvātman 命我，个人我，小我
jiva 命
jñā 智，知
jñānā-mokṣah 智解脱
Jñāna-kāṇḍa 智品，吠陀经典中
jñānam 知，智慧
jñānayoga 智慧瑜伽
jñānendriya 知根
Jñā 智，知
jvā 捧祭手捧祭品，罗摩奴阇之五种敬神法之一

K

Kādaka 古奥义书中毗湿奴异名
Kailalya Up.《尼理心诃奥义书》
Kaipuvalya Up.《解脱奥义书》
kaivalya pāda《独存品》，《瑜伽经》四品之一
kaivalyam 独存，神我之独存
kaivalyam 瑜伽派的解脱
kaivalyārtham pravṛtteḥ 五因立我有
Kālapi 迦罗比
kālātīta 过时因
kālatuṣṭi 时节喜
kāla 时
Kalisantarana Up.《普度斗争世奥义书》
Kaliyuga 伽里历，印度历法制度
kalpaka 遍计所执性

Kalpa-vāda 劫波说
kalpa 劫
kalyāna 善根，实行正直，慈善，布施，吠檀多经的七种修行之一
kāma 欲爱
Kamendriya 作根
Kaṇabhuj or Kaṇabhakṣa 蹇拏仆，食米斋仙人
Kaṇāda 迦那陀，胜论祖师
Kanci 香至城，建志补罗城
Kāñcīpura 建志补罗城
Kanthimati 康提马提
Kapilaṛsi 迦毗罗仙人
Kapilavastu 迦毗罗卫城
Kapila 迦毗罗
kapiśa 褐，胜论七色之一
Kāragnirudra Up.《迦那诃祇尼楼达罗奥义书》
kāraṇa avasthā 梵之因态
Kāraṇa kārya-bheda 胜论的因果差别论
karma kāṇḍa 业品
karma padārtha 业句义，业
karma/dharma 祭式义务
karma-adṛṣṭa 诸业余势
karmakāṇḍa 业分(吠陀经典中的)
Karma-mīmāṁsā 业弥曼差派
karmatva 业性
karma 祭式，祭祀事务，业
Kartṛ 有作有为者，暂时的活动体，作者
karuṇā 悲
kārya sama 果相似，正理派二十四种倒难之一
karya-avasthā 梵之果态
Kāśakṛtsṇa 夏克里希南，论师名
kaśaya 涩，胜论六味之一
Kāthaka Up.《羯陀奥义书》
Kāṭhaka-śrauta-sūtra《羯陀天启经》
Kāṭhaka 羯陀门派
Kattāvatthu 论事（论名）
kaṭu 辛，胜论六味之一
Kātyāyana 卡提耶那派
Kauṣītakin 考斯塔基门派
Kausitaki Up.《考斯塔基奥义书》
Kautuma 考杜马门派
kāya vimukti 身解脱
Kena Up.《由谁奥义书》
Kerala 喀拉拉国
Kern 克恩，印度学学者
kevalatva 独存境
kleśa 烦恼
Kolebrook 科尔布努克，人名
Kosmogonie 宇宙起源论
Kosmographie 宇宙形体学
krama mukti 顺解脱，渐解脱
kriya yoga 作法瑜伽
kriyā 作业，履行四种姓义务尤其是祭祀，《吠檀多经》的七种修行之一

Kṛṣṇa 克里希那，大黑天
kṛtakatvāt 所作性
kṛti-hetu 记忆的作因
Kryāvāda 心之执受的学说
kryāyoga 作法瑜伽
Kṣaṇabhaṅgasiddhi 成刹那论
kṣetra jñā 知田
kṣetrajña 灵魂
kṣetra 田地
Kṣurika Up.《慧剑奥义书》
kukuṭāsana 鸡坐，瑜伽坐法之一
Kumārilabhaṭṭha 库马立拉论师
kumbhaka 瓶相即若水满于瓶而无晃动之相状，瑜伽调息之屏气
kurumāsana 龟坐，瑜伽坐法之一
kūṭasthā 神

L

Lābukāyana 拉布伽耶那
lakṣana 特相
Lalitavistara《普曜经》，《过去现在因果经》
Laugākṣi Bhāskara 洛迦克希·巴斯伽罗，《义理汇集》的作者
lavana 咸，胜论六味之一
law of excluded middle 排中律
Lehrsatz der Annahme 假定名题
līlakaivalyam 游戏
lingam 没，消失
lingaya-anumeya sattvam eva 遍是宗法性
linga 特质，特征，相；五大身；细身；相身，即一切有情身体
Logic 逻辑
logos 逻各斯
Lokāyata 顺世论者，顺世派

M

M. Weber 韦伯，东方学学者
Mādhavācārya 马达婆阿阇梨
Mādhāva 马达婆，十二世纪人，二元论者
madhura 甘，胜论六味之一
Madhusūdana Sarasvati M. 萨罗室伐底，《诸学分别》作者
Madhva 马达婆论师
Madhyamika 中观派
madhyasthāna 中直者
madhyasthyam 中直者，中立
Mahabharata《摩诃婆罗多》
Mahābhāṣya 波檀迦梨的《大疏》
Mahadeva 摩诃提婆，吠檀多徒
mahāmoha 大痴，大迷
Mahāmudgara 摩诃穆达罗，破迷执论
Mahān/maha/mahat 大，胜论量德五种之一，又数论之统觉我
Mahānārāyaṇa Up.《大那罗衍那

奥义书》
Mahanarayana 毗湿奴在古奥义书中的别称
Mahāpuṇa 摩诃普罗，人名
Mahar 马哈尔（摩诃婆罗多中的世间名之一）
mahāsāmānya 大同（范畴）
Mahāsaṁhitā 大本集
Mahaśvara 湿婆天，摩醯首罗天
Mahātalam 摩诃塔兰（摩诃婆罗多中的世间名）
Mahātapasvin 大苦行师，湿婆
Mahātman 大我，梵之我
Mahā-upaniṣade 大奥义书
mahāvākyam 金句格言，大格语
Mahāyogin 大瑜伽师湿婆
Maheśvara 大自在天
Mahsini-i-fāni 马辛尼梵尼，十七世纪阿拉伯学者，其书 *Dabistan-i-muzabāb* 述瑜伽派学说事
Maitrāyaṇa Up.《弥勒奥义书》
maitrī 慈
major term 大词，相当于法
malīnasattva 几分不纯的喜德
manas 识，意；现识，心根
Mānava-dharma-śāstra《马那婆法论》，即《摩奴法典》
Mānava 马那婆门派
Mandaukhya 曼杜基派，吠檀多派之一
Māndukhya Up.《唵声奥义书》
manomaya 意所成
manovijñāna 末那识
Mantra 祭文
Mantrika Up.《智顶奥义书》
Manu 摩奴
Maśaka 马夏卡门派
matānujñā 信许他难
mātapitṛja 父母所生身
mātṛja 母生者，指人类兽类
matsyanāthāsana 鱼主坐，瑜伽坐法之一
matter 物质
Maṇḍūkhyakārika《曼杜基颂》，即《唵声颂》
Max Wallerser 马克斯·瓦勒塞尔，印度学学者
Māyāvin 魔术师，幻师
māya 幻，宇宙幻影
mayunāsana 孔雀坐，瑜伽坐法之一
Meister Ekhart 梅斯特尔·埃克哈特
middle term 媒介词，中词
Mīmāṅsā-darśana 弥曼差学说
Mīmānsāka 祭式学者，弥曼差师
minor term 小词，相当于有法
Mithilā 米替那国
mithyajñāna 无知，邪智
mīyī 神之摩耶，又称它即是物质

Mokṣadharma《解脱法品》(《摩诃婆罗多》四哲学书之一)
Moṇdaka Up.《蒙达卡奥义书》
Monier Williams 威廉姆斯，印度学学者
mṛgatṛṣṇika 鹿水，渴鹿之见水
mudrā 契印，手印
mugdha 闷绝位
mukhya prāṇa 首风
mukta 脱者
mūlakaraṇam 根本原因
mūlaprakṛti 本性，根本物质
Muṇdukya Śloka 《唵声颂》
Muṇdukya Up.《唵声奥义书》
muni 牟尼指迦毗罗(Kapila)
muñja kuśa 草衣

N

na tathā 并不是这样，不如斯
Nadabidu Up.《声点奥义书》
Nagojibhaṭṭa 那羯吉巴塔，《瑜伽经复疏》的作者
naisargika 先天
Naiyāyaka 正理派
Nakulīśa-pāśupata darśana 那库里沙兽主派
nāma 名相，名称
nāmadheyam 祭名
nāmarupa 名色
naraka 地狱，那落伽地狱
Nārāyaṇa Up.《那罗衍那奥义书》
Nārāyaṇa 那罗衍那，人名
Nāsadāsīya sukta《无有歌》
navah 九
nava 新
neti neti 不然不然，非是非是，曰非曰非
nidrā 睡眠，瑜伽智识之五种作用活动之一
nigamanam 结
nigraha/ nigaha 堕负
nigrahasthāna 堕负，正理十六句义之一
nihś reyasa 最上界，至善
nīla 青，胜论七色之一
nimitta 动力因，助因，胜论三种因之一
nirākāram 无形
Nirālamba Up.《离所缘奥义书》
niranuyojānuyoga 非处说堕负
nirarthakam 无义
nirbījasamādhi 无种定
nirguṇam 无德
Nirīśvara saṅkhya 数论无神论
nīrṇaya 决了，正理十六句义之一
nirodha pariṇāma 静止的开展，心趋向于静态之逐步开展
nirsabīja samādhi 无种三昧
Nirṣimha-pūrva-tāpanīya Up.《人

狮子－前黄金奥义书》
Niṛsimha-uttara-tāpanīya Up.《人狮子－后黄金奥义书》
nirupādhikam 无属性
nirvāṇa 涅槃，又叫梵涅槃
nirvicāra samāpatti 无伺等至
nirvikalpa 无思维的，无分别的
nirvitarkā samāpatti 无寻等伺
niṣedha 禁制
niṣiddhakaraṇam 被禁止的业、行业
niśi 黑夜
niṣkriyā 无活动性，无作用
nitya muktatvam 常恒解脱
nitya sama 常住相似，正理派二十四种倒难之一
nityam parimaṇḍalam 圆体常住
nityasanbandha 常住的结合
nitya 恒常
niyama 缚、尼夜摩法，劝诫、劝制
nodana 打击
nominalism 唯名论
nūs 精神
Nyāya Aporism《正理经格言》，1850—1854 年由巴兰提内刊行
Nyāya Kośa《正理宝箧》，毗摩阿阇梨撰
Nyāya sūtra《正理经》
Nyāya vārttika tatpāryaṭīkā pariśuddhi《正理释论真义疏详解》，邬陀衍那撰
Nyāyabhāṣyam《尼夜耶注》，帕克希拉斯瓦明撰
Nyāyabinduṭika《正理滴论疏》
Nyāyabindu《正理滴论》
Nyāyamāla《正理花鬘》，马达婆撰
Nyāya-vārttika-tatpāryaṭīkā《正理释论真义疏》，瓦恰斯帕底·弥希罗撰
Nyāyavṛti《尼夜耶注》，毗湿婆纳特撰
Nyāya 尼夜耶派，正理，尼夜耶
nyūna 不具足分

O

Oldenberg 奥登堡，人名
om 唵

P

padārtha 范畴，句义
Padārtha-anusamaya-nyāya 事件关联法则
pāda 节，足
pada 语
Padma purāna《莲花往世书》
padmāsana 莲坐，瑜伽坐法之一

Paingala Up.《频伽罗奥义书》
paksa 自立宗义，宗义，主张或意见
Pakṣilasvāmin 帕克希拉斯瓦明，《尼夜耶注》的作者，陈那先辈
pañca mahābhūta 五大
pañca pañca janāh 五五之人
pañca tanmātra 五唯
pañcabautika 五大所生
Pañcāgnividyā 五火教
pañcajñānendriya 五知根
pañcakośavāda 五藏说
pañcakośa 五藏
Pañcarātrayaṇa 五夜解脱乘
Pañcarātra 五夜书，潘迦罗特拉派，五夜派
Pañcaśikha 槃尸诃
Pañcaśikhin 婆罗门般遮尸弃，即五顶
Paṇḍita 学者达人，班智达
Paṇḍita Aśoka 无忧般智达
Pāṇini-darśana 拜尼尼派
Pāṇini 拜尼尼，梵语文法家
Pānī 手
paracitta jatijñā 知他心之智
parāgati 最高趣，最高位
parallelism 心物平行论
param sāmānya 高等的同
parama brahman 上智上梵
paramāṇu-vāda 极微说
paramāṇu 极微，原子
Paramārtha saptati《七十真实论》
paramārthatā 真谛，真理
paramārtha 真谛，人名
paramātman 大我，最高我
parārthānumāṇa 为他人的比量
Parasara 帕拉萨罗，《毗湿奴往世书注释》的作者
paratanam 属他
paratantra 依他起性
paratva 彼体
paratyāga 他杀
paravidyā 上智
parimāṇa 制限
parimaṇḍala 圆，胜论量德五种之一
pariṇama vāda 发展说
pariṇāma 开展，进化
parisāraṇam 伸业，胜论业句义中的运动之一
Parivrājaka 游行派
parṇa 巴尔纳树，巴尔纳木
parokṣam 超越性的对象
Parvatī 雪山神女
paryanuyojva-upekṣaṇa 十堕负处不显堕负
Pāśupata 兽主派
Pātālam 帕塔兰（摩诃婆罗多中的世间名）
Pātañjala-darśana 瑜伽派

Patanjali 波檀迦梨
Pauṣkara saṁhitā《青莲花本集》
pāyu 排泄器官
petitie pricipii 论点窃取
phychy 精神
Piṇda Up.《糍供奥义书》
Piśāca 鬼神
pīta 黄，胜论七色之一
pitṛyāna 祖道
Plato 柏拉图
Porphyrios 波菲瑞阿斯（232—304），希腊神秘主义哲学家、新柏拉图主义者
pothetical inference 假言推理
Poussin 浦山，印度学学者
Patañjali Bhāṣya《波檀迦梨疏》，《瑜伽经注》
Prabhākara 普拉巴伽罗
pradhāna 物质原理之自性
Pradhāna 自性，本因，胜因，根本原因
Pradyumna 布拉提云那
prāgabhāva 未生无，《胜宗十句义论》的五种无之一
prāgavasthā 前态
Prajāpatiloka 生主界
Prajāpati 世主、生主、波阇波提
Prajñādīpa 般若灯论
prajñātman 食我
prajñā 慧
prajña 慧位，熟眠位，《曼杜基奥义书》中自我的四位之一
prakaraṇasama 问题相似因
prakaraṇa 问题相似，正理派二十四种倒难之一
prākara 梵的属性，属性，照
prakṛtituṣṭi 自性喜
prakṛti 物质，原形，质料因；自性；物质原理之自性；自性唯一的物质
pralaya 劫灭
Pramahansa Up.《波罗摩诃萨奥义书》
Pramāṇa samuccaya《集量论》
pramāṇa 量，正理十六句义之一；正智，瑜伽智识之五种作用活动之一
prameya 所量，正理十六句义之一
Praṇagnihotra Up.《生息火祀奥义书》
prāṇamaya 生气所成
praṇava 咒语
prāṇayāma 调息
prāṇa 波那出风，出风，呼吸或风，生气
prāpti sama 到相似，正理派二十四种倒难之一
prāsaṅga sama 无穷相似，正理派二十四种倒难之一
prasaṅga 综合叙述，论成

Praśastapāda 普拉夏斯塔巴达，胜论学者
Praśna Up.《六问奥义书》
Prasthāna-bheda《诸学分别》，M.萨罗室伐底撰
Pratibinba 返影说，即反映说
pratidrdṛṣṭānta 反喻相似，正理派二十四种倒难之一
pratijñā virodha 因与立论相违
pratijñāhāni 坏自立义
Pratijña-hetu-udāharaṇam-upanaya-nigamanap 宗，因，喻合结，正理论式之五支
pratijñātartha sannyāsa 舍自立义，取异义
pratijñña 宗
pratipathi karmani 名誉祭
pratitantra siddhānta 先承禀宗
Pratyabhijñā-darśana 悟证派
pratyāhāna 制感，即抑制五根、修静
pratyakṣa 现量知，现量
pratyātman 各我，感觉之我
pratyaya 表相，境相
pravṛti 造，作，作业
pravṛtti-doṣa-pretyabhāva-phala-duh kha-apavarga 作业－烦恼－彼有－果－苦－解脱，正理派之人生周期或命运的六个阶段
prayatnāntarīyatkavāt 意志所生性，勤勇无间所发性
prayatna 勤勇
prayoga vidhi 次第仪规说明祭祀仪的展开过程
prayojina 动机，正理十六句义之一
preritṛ 支配者
prīti-aprīti-viśāda 喜－忧－暗
prīti 喜
probable inference 或然性推理
Proinos 普诺提诺（205—270），新柏拉图主义者，倡世界从神流出论
pṛthaktva 别体
Pṛthivīloka 地界
pṛthivi 地
puṃs 男
punaruktam 重语
punarutpatti 再生
puraka 满相即气息充满胸腹，瑜伽调息之吸气
purarārambhah 业之有
Purnaprajña-darsana 满智派
puruṣa viśeṣa 分别之我，特别之神我
puruṣa 精神原理之神我，神我，原人，自我
pūrva jatijñā 知宿命知他世之智
Pūrvamimāṅsā-sūtra《前弥曼差经》
Pūrvapakṣa 先说，前论

pūrvavat 有前（比量）
pyamāṇa 义量谛，正理十六句义之一

R

rāga 离忧
Rājā-mārtaṇḍa《婆阇罗阇王疏》
Rājasūya 即位式
rajas 动态，动相，刺阇，忧
rāja-yoga 王瑜伽
Rakṣa 罗刹
rakta 赤，胜论七色之一
Rāmānuja's Śribhāṣyam 十二世纪罗摩奴阇的《圣注》，其解明的立场属于毗湿奴派
Rāmānuja-darśana 罗摩奴阇派
Rāmānuja 罗摩奴阇，《吠檀多经注》的作者
Rāma 罗摩，克里希那化现身之一
Rāṇāyanīya 罗纳耶尼耶门派
Rasāṇa 舌，舌根
Rasātalam 罗萨塔兰（摩诃婆罗多中的世间名）
rasa 味
Raseśvara-darśana 水银派
Ratnākara śanti 宝作寂，《分别论议》的作者
Ratnakīrty 宝称，《成遮诠》的作者
Rāzendolāla Mitra 密特拉，印度学者
ṛc 赞歌，主要是劝请神灵来赴祭筵的赞歌，多在沙摩吠陀本集中
realism 唯实论
reason 理由
recaka 虚相即胸腹保持虚空，瑜伽调息之呼气
Reine Vedānta 纯吠檀多主义
relation 关系
Rohagutta=Rohagupta 罗诃祜多，耆那教祖师
Ṛṣajaḥ 圣者贤达
Rājarṣayaḥ 诸王圣系
Rudra 鲁得拉
rūpa 色

S

sa-ākāram 有形的
Śabara bhāṣyam《夏巴拉疏》
Śabara Swamin 夏巴拉·斯瓦明，人名
Śabdārtha/śabdhātha 声性
śabda 声，声量，圣教量
sabīja samādhi 有种三昧
Saccidānandam 有 - 智 - 喜
sādana pāda《方法品》，《瑜伽经》四品之一
Sadānada 沙檀难陀，《吠檀多精义》

的作者

sadbhāva 存在性

ṣaḍdarśana 六见

ṣaḍdarśana cintanika 六派学说心要

sādhana dharma 同于因性

sādhana 能立

sādharmya sama 同法相似，正理派二十四种倒难之一

sādharmya 同相

sādhya sama 所立相似，正理派二十四种倒难之一

sādhyasama 所立似因

sādhya 所立，宗

ṣaṭkauṣika 六依

sādṛśya 俱分，俱分句义

ṣaḍāyatana 六入

saguṇa brahman 有德的梵

saguṇa 有德

Śaiva-darśana 湿婆派

sajāti 自类，自品

sakryam 有事

sākṣin 观者，指神我

sākṣitvam 证义

śakti 能，有能

samādhi pāda《三昧品》，《瑜伽经》四品之一

samādhi pariṇāma 等持的开展

samādhi 三摩地，三昧，定，等持，炼心之瑜伽三支之一

sāmāhita 定心

samāna 等风，娑摩那等风

sāmānya chala 不当扩张的曲解

sāmanya padārtha 同句义

Samanyaḍuṣana dikpraśāritā《破总相论》，无忧般智达撰

sāmānyatodṛṣṭam 平等，平等比量

sāmānya-viśeṣa-sāmānya 同异同

sāmānyaviśeṣavat 同异性

sāmānya 同

sāman 歌咏，此为赞美受请的神灵

samāpatti 等至

samaṣṭhi buddhi 总觉（相对于别觉）

samaṣṭi 总相

samaṣṭyabhiprāya 总相的观察

samatva 平静

samavāya padārtha 和合句义

samavāya 和合

samavāyikāraṇam 和合因，胜论三种因之一

sāmayika 习惯

sambhava 多分量

Saṁhitā 集录，本集

samśaya （针对问题之）疑问所在

samśaya sama 疑相似，正理派二十四种倒难之一

samsiddhika 水之特性

Samvatsara 年

sāmya-avastha 三德之平衡状态

samyagdarśana 正智
samyama 瑜伽派的总制，即调伏，由修执持、静虑和三昧获得
samyoga 相应，调伏
saṁbhava 多分量
saṁghātaparāthatvāt 聚集为他故
saṁkalpaka 分别，亦区分或分析
saṁkalpika 分别生
Saṁkariṣaṇa 圣卡里希那
saṁprajñatā samādhi 有心三昧
saṁśaya 正理十六句义之一，疑惑，义疑谛
saṁsiddhika 化生
saṁskāra 行
saṁyogaja 合生，胜论离合之德三态之一
saṁyoga 合
sanātana 太古
Sanatsujāta parvan《萨纳苏贾塔教诫品》（《摩诃婆罗多》四哲学书之一）
sandhya 梦位（亦作 svapna）
Saṇdilya Up.《商积略奥义书》
sangat 余论
Śankara Miśra 商羯罗・弥希罗，《胜论经注》的作者
Śānkara-darśana 商羯罗派
Sāňkhāyana 商羯耶那门派
Sāṅkhya kārikā《僧佉耶颂》
Sāṅkhya sūtra《僧佉耶经》
Sāṅkhya-darśana 僧佉耶派
Sāṅkhya pravacaṇam《僧佉耶经解明》
sannikṛṣṭa 方向
sannyāsin 游行期
śanta 心之寂静，寂静
santoṣa 满足，瑜伽五修行之一
Sanyāsa Up.《出世奥义书》
Saṅkhya pravacana bhaṣyam《僧佉耶经注疏》
Sāṅkhya tattva kaumudī《数论真实月光疏》
Sāṅkhya-krama-dīpikā《数论渐阶灯明》
Sāṅkhya-sāra《数论精义》
Sāṅkhya-sūtra《僧佉耶经》，《数论经》
saṅkhyayoga 僧佉耶瑜伽
Sāṅkhya 僧佉耶，数论派
saṅkhyā 数
sanskāra 行
sapakṣa eva sattvam 同品定有性
Sapasīyan 萨帕西耶，波斯宗派一派
Sapta-padārtha《七句义论》，湿婆迭底撰
Śārīrāka-mīmāṅsā-sutra-bhāsyam《根本思维经注》，商羯罗撰
Śarīra-indriya-viṣaya 身－根－境
Sariraka Up.《舍利奥义书》

śarīra 身体，舍利
Sarvadarśana saṅgraha《摄一切见论》
sarvajñātva 全智
Sarvaniyantṛtva 总支配者
Sarvasara Up.《精华奥义书》
Sarvāsthi-vāda 说一切有部哲学
Sarvaśunyatāvāda 一切空论
sarvatantra siddhānta 遍所许宗
sarvāthāta 心之涣散
Sarva-upaniṣat-sāra 一切奥义精要
sarveśvara 全能
Sassatavādin 常见论者
sat=pradhāna 有
Satkārya vāda 因中有果说
sattāsāmānya 有同
sattā 存在，胜论之有性
Sattra 苏摩祭
sattva-rajas-tamas 三德：萨埵－罗阇－多摩
sattva 明白，明白态，明亮，天空；平相；萨埵；喜
Sātvatasaṁhitā 毗湿奴本集
Sātvata 夏特瓦塔派，吠檀多派别
Satyam 萨蒂衍（摩诃婆罗多中的世间名），实有
satya 不妄语，瑜伽五禁戒之一
sat 实有，存在
śauca 清净，瑜伽五修行之一
Saugata 佛教
sa-upādhika 有制限的
savādhyāya 颂赞，颂克里希那名号、咒文、赞歌等，罗摩奴阇之五种敬神法之一
savayavam 有分
savicāra samāpatti 有伺等至
savikalpa 有思维的，分别的
savitarkā samāpatti 有寻等至
savyabhicāra 不定因
saṁ sāra 世界的坏灭
Schroeder 施罗德，德国印度学学者
Sechzig Upaniṣad des Veda《六十奥义书》
Seśvara saṅkhya 有神论数论
siddhānta 成就见解，极成之说，宗义，正理十六句义之一
siddhāsana 瑜伽坐法之一
siddhi 成就，自在成就
sinhāsana 狮子坐，瑜伽坐法之一
śīta 冷，胜论皮根之三触对境之一
Śivaditya 湿婆迭底，《七句义论》的作者
Śivaguraśarman 湿婆古鲁夏尔马，湿婆师铠甲
Śiva 湿婆天
Six Buddhist Nyāya Tracts《佛教正理六论》，哈里普拉夏斯特里所撰
Smṛti 传承书，记忆，瑜伽智识之

五种作用活动之一，念
smṛti-hetu 念因
sneha 润
sparśa 触
sphoṭa 常住之声，声，声音；语性，语言之实性
sraddhā 信
Śrauta-sūtra《天启经》
śrauti 天启（经）
Śravaṇa-manas-nididhyāsana-samādhi 闻－思－修－三昧，梵经中四种法门
Śrībhaṣya 《圣注》，即罗摩奴阇的《梵经注》
Śrīdhācārya 室利达哈阿阇梨
Śriṅgagiri 室利伽吉利城
Srinivara Iyengar 艾因加尔，人名
Sriperumbuthur 室利柏仑布土尔，地名
srotra 耳，耳根
sthūla śarīra 粗身
styana 沉钝
Sūbāla Up.《苏巴拉奥义书》
substance 实体
śuddha 清净
suh rtprāpti 友得
Suka 苏迦，人名
sukha 乐
śukla 白，胜论七色之一
Śukra 苏克拉，人名
śūkṣma bhūta 微细物质，如五唯
sūkṣma śarīra 细身
sūkṣma viṣaya 细微之境
sūkṣma 微细相，梵的五相之一
Sulabhā（比丘尼）苏拉巴
Śūlikā Up.《剃刀奥义书》
Sumeru 苏迷卢，须弥山
surabhi 好香，胜论所说鼻根相二所对境之一
Sutalam 苏塔兰（摩诃婆罗多中的世间名）
Sūtra vṛtti 跋达罗衍那的《经注》
Sūtra 经书
svabhāva 自存性，自存者，自性
svādhyāya 学诵，瑜伽五修行之一
svadṛṣṭānta 自喻
śvāsa-praśvāsa 出息入息
svastikāsana 幸坐，瑜伽坐法之一
Svātmārāma 悉瓦马罗摩，后世的瑜伽行者之一
svayamprakāśatva 自照体
svedaja 湿生，指水虫之类
Śvetāśvatara Up.《白净识者奥义书》
Śvetaśvedara 毗湿奴在古奥义书中的异名
Swamarama 斯瓦马罗摩，撰《努力瑜伽》
syllogism 三段论式

T

taijasa 光位，梦位，《曼杜基奥义书》中自我四位之一
Taittīriya Up.《泰蒂利耶奥义书》
tiajasa ahankāra 焰炽我慢
Talātalam 塔拉塔兰（摩诃婆罗多中的世间名）
tamas 暗，暗态，大地钝性
tamiśra 重暗
tānmātra 唯，细微
tantra 祭理、祭仪之根本教理；教理书、吠陀祭仪的教理说明；教义
Tapasvin 苦行者，行塔布斯者
tapas 苦行，瑜伽五修行之一；塔布斯；塔帕斯（摩诃婆罗多中的世间名）
Tārikh-ul Hind《印度记录》
Tarka Saṅgraha《真理摄集》，阿难跋陀撰
tarka 观慧，慧观，思择，正理十六句义之一
tarkī 诡辩家
tasmat 故此，以是之故
Tadvyapadeśa nyayā 以是而得名的法则
Tat tvam asi 汝便是梵
tathā 就是这样，如斯
tat-mātra 唯彼有
Tattva-samāsa《正理聚义》，传为迦毗罗所著
tattva anya tavābhyām anir vacanīyam 不得言有不得言无
tattvajnanan 真智
tautolgy 循环论证
tejas 火
Tejobindu Up.《光明点奥义书》
tejomaya-antah karaṇam 观照的内具
Terasiya 特罗西耶师，胜论或耆那派
Theismus 有神论
tikta 苦，胜论六味之一
titikṣā 忍持
transcendent 超越性的
trasareṇu 光微
Traum idealismus 梦幻说之观念论
trayoguṇah 三德，三德之说
triguṇādiviparyayāt 异三德
triliṅga 因三相
Tripuri《特里浦里》
tritīya 第三道
trivṛtkaraṇam 三分说
trvṛt 三分说
tryaṇuka 第三微
turīyam 觉位，《曼杜基奥义书》中自我的四位之一
tuṣṭi 喜
Tvac 皮，皮根
tvag indriya 皮根，触觉器官

U

ubhayakamaja 俱业生，胜论离合之德三态之一
udāna 上风，优陀那上风
udarya 消化热
Udayana 显现，亦名邬陀衍那，《正理释论真义疏详解》的作者
udbhijaja 种子生
Uddālaka 郁多罗伽，奥义书中圣仙
udita 心之活动
Udyotakara 乌地约塔伽罗，《正理释论》的作者，六世纪
ūha 用，引用；思量
Ulūka 优楼迦或温露迦，意为鸺鹠、獯猴
upacāra chala 对文辞的曲解
Upādānam 携来香花等作供奉之意，罗摩奴阇之五种敬神法之一
upādānatuṣṭi 取喜
Upadeśasaharī《奥义问答鬘》
upādhika 限定，附加，性质规定
upādhi 规定，制限，受制限
upalabdhi sama 可得相似，正理派二十四种倒难之一
upamāṇa 譬喻量
upanaya 合
Upaniṣad 奥义书
upapatti sama 可能相似，正理派二十四种倒难之一
Upa-purāna《毗湿奴往世书注释》
uparata 离欲
upāsanā 崇拜，信仰
upastha 生殖器官
Upavarṣa 郁帕瓦尔沙，人名
upekṣaṇam 舍、舍弃
Urstoff 原质（德文）
ūsmaja 热生
Uṣṇa 热，胜论皮根之触对境之一
utkarṣa sama 增多相似，正理派二十四种倒难之一
utkṣepaṇam 取业，胜论业句义中的运动之一
utpatti vidhi 发端的仪式规定，例如先行火祭这样的命令
uttānāsana 背龟坐，瑜伽坐法之一
Uttara-mīmāṅsā 后弥曼差派
Uttarapakṣa 随前论而后说，随后的批驳

V

Vācaspati Miśra 瓦恰斯帕底·弥希罗，人名，意译语主
Vācā-virūpinityayā 以不变常住之语
Vac 舌，语言
vāda 真论议，正理十六句义之一

vādin-prativādin-sabhya 立者－敌者－证义者，即裁判者，三方具备是议论场所合法的条件
vādin 说话人，立者
vahiraṅga 外支，炼心之瑜伽外三支
Vaibhāṣika 毗婆沙师
vaidharmya sama 异法相似，正理派二十四种倒难之一
vaidharmya 异相
Vaikhānasa 拜伽那萨门派
vaikṛta ahankāra 变异我慢
Vaiśeṣika 吠世师迦派，胜论派
Vaisiṣṭha 瓦悉斯塔，圣仙名，瑜伽坐法阐释者
Vaiśvārana 普遍我，总相上的万人位
Vaitāna śrauta sūtra 三圣火天启经
vaitatyam 非真理
Vājasaneyin 瓦阇沙尼耶门派
Vajrasuci Up.《金刚针奥义书》
vakchāla 对语句曲解
Vākavākya 辩论学
Vallabha 瓦洛巴，《梵经注》的作者，十五、十六世纪人
vānaprastha 林栖期
Vāraṇasi 婆罗奈斯，婆罗尼斯
varṇya sama 要证相似，正理派二十四种倒难之一
Vārṣagaṇya 伐里沙伽尼耶，著名数论学者
Vārttika 库马立拉论师的《论释》
vārttika《正理释论》，乌地约塔伽罗撰
Varuṇaloka 婆楼那界
Varuṇa 婆楼那，婆楼那水神
vāsanā 熏习或者习气
Vasiṣṭha（吠陀的）瓦西斯塔派
Vāsudeva 世天，婆薮天
Vātsāyana 伐差耶那，《正理经》最早注家
Vāyuloka 风界
Vāyu 风，风大之风界，风神伐由
Vedānta Sūtra《吠檀多经》
Vedantasāra《吠檀多精义》，沙檀难陀撰
Vedhārtha saṅgraha《吠陀论纲要》
vibhāga 离
Vibhara 权现者，梵的五相之一
vibhūti pāda《神通品》，《瑜伽经》四品之一
vibhūti 神通
videhamukti 无身解脱
vidhi 仪规
Vidhyabhūsana 维迪亚布萨那，印度近代哲学家，《印度中世论理史》的作者
vidyā 公案
vihitakaraṇam 命令的业，行业
Vijñāna-bhikṣu 智比丘

vijñāna-mayātman 识所成我
vijñānamaya 认识所成，识所成
vijñāna 识
vikalpa sama 分别相似，正理派二十四种倒难之一
vikalpa 分别，瑜伽智识之五种作用活动之一
Vikramathitya 力日王
vikṛti, vyakta 所变异，变形
vikṣepa 立方便避难
vimokṣa 脱离，远离贪瞋痴，《吠檀多经》的七种修行之一
Vindhyavāsaka 频阇诃婆娑，频度耶山住
viniyoga vidhi 方法仪规行此仪式，例如以奉献发酵的酸奶为标志
vipāka 异熟果
viparyaya 疑倒
viparya 似智，瑜伽智识之五种作用活动之一
vipratipatti 误解
virāga 离欲
virāsana 勇士坐，瑜伽坐法之一
viruddha 相违，相违因
vīrya 勤
visada 阇
viṣaya 客观，客观性，所观，论究的对象
viṣayin 主观
viśeṣa padārtha 异，异句义
viśeṣavat 有余（比量）
Viśeṣika-nikaya-daśa-padārtha-śāstra《胜宗十句义论》
Viśeṣika 吠世师迦，胜论
Viṣiṣta-advaita 制限一元论，制限不二论
visiṣtasya jivātman 分殊化的神我
Viśṇu-purāna 毗湿奴往世书
Viṣṇu 毗湿奴天
Viśva Natha 毗湿婆纳特，《尼夜耶注》的作者，十四、十五世纪人
Viśvakarman 造一切者
Viśvanātha Pañcānana 般遮那纳，《语义抉择》的作者
viśva 万人位，醒位，《曼杜基奥义书》中自我的四位之一
Vitalam 维塔兰（摩诃婆罗多中的世间名）
vitāṇḍa 坏义，正理十六句义之一
Vivarta-vāda 迷妄说
Vivasvat 遍照者
vivekajam prajñā 分别生智
vivekajñā 分别智
viveka 食分别净与不净者，《吠檀多经》的七种修行之一
Vivṛtti《胜论经复疏》，贾衍那罗耶那撰
viyatireky-udāharanam 异喻

Vṛtti 心之分辨
vyādhi 疾病
Vyākaraṇam 文法
vyakta 变异
vyaktim 个别者
vyāna 介风，婆那介风
vyāpaka 能遍满，能遍充
vyāpti 遍通法则，遍通性，遍充关系
vyāpya 所遍满，所遍充
Vyāsa 毗耶沙，即《瑜伽经疏》的作者
vyaṣṭi buddhi 别相觉
vyaṣṭi 别相
vyaṣṭyabhiprāya 别相的观察
vyatireka vyāpti 否定性的遍通性
vyatireya-udāharaṇam 异喻
vyūha 四分身，梵的五相之一
vyuthāna pariṇāma 动态的开展，心趋向于动态之逐步开展
Vyut 电

W

W.Handt 汉德，德国印度学学者，撰《胜论经的原子论》
Weber 韦伯，德裔英国东方学学者、宗教学学者
Windisch 文第希，德国印度学者

Y

Yājñāvakhya-gita《耶鞠那瓦基亚歌赞》
Yājñāvakhya-smṛti《耶鞠那瓦基亚圣传》
Yājñāvakhya 耶鞠那瓦基亚，圣仙名，瑜伽坐法阐释者
Yakṣa 夜叉，禁制，夜摩
Yama 阎罗王的辖界
Yāmunācārya 阎牟那阿阇梨
Yoga bhāsya《瑜伽疏》
Yogabhāṣyam《瑜伽经疏》，毗耶沙撰
Yogacārabhūmi Śāstra 瑜伽师地论
Yogacāra 瑜伽行派，即唯识派
Yogaśikha Up.《瑜伽顶奥义书》
Yoga-sūtra《瑜伽经》
Yogatattva Up.《瑜伽真性奥义书》
Yogavārttikam《瑜伽经论释》，智比丘撰
yoga 禅定念神持想，罗摩奴阇之五种敬神法之一
Yoga 瑜伽，瑜伽派
yonija 胎生
Yuj 联结，瑜伽的词根

图书在版编目（CIP）数据

印度六派哲学 /（日）木村泰贤著；宋立道译．—北京：商务印书馆，2022（2024.6 重印）
（宗教文化译丛）
ISBN 978-7-100-20868-0

Ⅰ.①印…　Ⅱ.①木…②宋…　Ⅲ.①古典哲学—印度　Ⅳ.①B351.2

中国版本图书馆 CIP 数据核字（2022）第 042725 号

宗教文化译丛
印度六派哲学
〔日〕木村泰贤　著
〔日〕高楠顺次郎　审阅
宋立道　译

商　务　印　书　馆　出　版
（北京王府井大街 36 号　邮政编码 100710）
商　务　印　书　馆　发　行
北京新华印刷有限公司印刷
ISBN 978－7－100－20868－0

2022 年 10 月第 1 版　　开本 880×1230　1/32
2024 年 6 月北京第 3 次印刷　　印张 17¼

定价：108.00 元

“宗教文化译丛”已出书目

犹太教系列

《密释纳·第1部：种子》
《密释纳·第2部：节期》
《犹太教的本质》〔德〕利奥·拜克
《大众塔木德》〔英〕亚伯拉罕·柯恩
《犹太教审判：中世纪犹太－基督两教大论争》〔英〕海姆·马克比
《源于犹太教的理性宗教》〔德〕赫尔曼·柯恩
《救赎之星》〔德〕弗朗茨·罗森茨维格
《耶路撒冷：论宗教权力与犹太教》〔德〕摩西·门德尔松
《论知识》〔埃及〕摩西·迈蒙尼德
《迷途指津》〔埃及〕摩西·迈蒙尼德
《简明犹太民族史》〔英〕塞西尔·罗斯
《犹太战争》〔古罗马〕弗拉维斯·约瑟福斯
《论犹太教》〔德〕马丁·布伯

佛教系列

《印度佛教史》〔日〕马田行啟
《日本佛教史纲》〔日〕村上专精
《印度文献史——佛教文献》〔奥〕莫里斯·温特尼茨

基督教系列

伊斯兰教系列

其他系列

《印度古代宗教哲学文献选编》
《印度六派哲学》〔日〕木村泰贤